A Literatura no Brasil

Afrânio Coutinho

Foi professor, fundador, diretor, organizador da
Faculdade de Letras da Universidade Federal
do Rio de Janeiro (UFRJ).

Criou e presidiu a Oficina Literária Afrânio Coutinho (OLAC),
localizada em sua residência,
com uma biblioteca de 100 mil volumes.

Afrânio Coutinho

DIREÇÃO

Eduardo de Faria Coutinho

CODIREÇÃO

A Literatura no Brasil

3 *Era Romântica*

global
editora

© Afrânio dos Santos Coutinho, 1996

8ª Edição, Global Editora, São Paulo 2023

Jefferson L. Alves – diretor editorial
Jiro Takahashi – editor executivo
Flávio Samuel – gerente de produção
Jefferson Campos – assistente de produção
Victor Burton – capa
A2 Comunicação – projeto gráfico e diagramação
Danilo David – arte-final

Dados Internacionais de Catalogação na Publicação (CIP)
(Câmara Brasileira do Livro, SP, Brasil)

A Literatura no Brasil : volume 3 : parte II : era romântica / direção Afrânio Coutinho ; codireção Eduardo de Faria Coutinho. – 8. ed. – São Paulo, SP : Global Editora, 2023. – (A literatura no Brasil ; 3)

ISBN 978-65-5612-380-6 (obra completa)
ISBN 978-65-5612-365-3

1. Literatura brasileira - História e crítica I. Coutinho, Afrânio. II. Coutinho, Eduardo de Faria. III. Série.

22-130512   CDD-B869.09

Índices para catálogo sistemático:
1. Literatura brasileira : História e crítica   B869.09

Eliete Marques da Silva - Bibliotecária - CRB-8/9380

Obra atualizada conforme o
NOVO ACORDO ORTOGRÁFICO DA LÍNGUA PORTUGUESA

global
editora

Global Editora e Distribuidora Ltda.
Rua Pirapitingui, 111 — Liberdade
CEP 01508-020 — São Paulo — SP
Tel.: (11) 3277-7999
e-mail: global@globaleditora.com.br

- globaleditora.com.br
- @globaleditora
- /globaleditora
- @globaleditora
- /globaleditora
- /globaleditora
- blog.grupoeditorialglobal.com.br

Direitos reservados.
Colabore com a produção científica e cultural.
Proibida a reprodução total ou parcial desta
obra sem a autorização do editor.

Nº de Catálogo: **2043**

"Tudo pelo Brasil, e para o Brasil."
GONÇALVES DE MAGALHÃES

"Since the best document of the soul of nation is its literature, and since the latter is nothing but its language as this is written down by elect speakers, can we perhaps not hope to grasp the spirit of a nation in the language of its outstanding works of literature?"
LEO SPITZER

"Não há dúvida que uma literatura, sobretudo uma literatura nascente, deve principalmente alimentar-se dos assuntos que lhe oferece a sua região; mas não estabelecemos doutrinas tão absolutas que a empobreçam. O que se deve exigir do escritor, antes de tudo, é certo sentimento íntimo, que o torne homem do seu tempo e do seu país, ainda quando trate de assuntos, no tempo e no espaço."
MACHADO DE ASSIS

Este tratado de história literária complementa a Enciclopédia de Literatura Brasileira, *dirigida por Afrânio Coutinho e J. Galante de Sousa.*

São Paulo, agosto de 1997

SUMÁRIO

A LITERATURA NO BRASIL

VOLUME 3

PLANO GERAL DA OBRA (Seis volumes). VIII

SEGUNDA PARTE
ESTILOS DE ÉPOCA
Era romântica

23. O MOVIMENTO ROMÂNTICO 4
24. OS PRÓDROMOS DO ROMANTISMO. 37
25. GONÇALVES DIAS E O INDIANISMO. 69
26. O INDIVIDUALISMO ROMÂNTICO. 138
27. CASTRO ALVES 199
28. JOSÉ DE ALENCAR E A FICÇÃO ROMÂNTICA 231
29. A CRÍTICA LITERÁRIA ROMÂNTICA. 320
30. MANUEL ANTÔNIO DE ALMEIDA 345
BIBLIOGRAFIA SOBRE O ROMANTISMO. 352

PLANO GERAL DA OBRA

(Seis volumes)

VOLUME 1

PRELIMINARES

Prefácio da Primeira Edição (1955)
A questão da história literária. A crise de métodos. Conceitos. Relações com a crítica. Métodos histórico e estético. Tipos de história literária. A periodização. Conceito de geração. Comparação entre as artes. Historiografia e estilística. Estilo individual e estilo de época. Periodizações brasileiras. Definição e caracteres da literatura brasileira. Influências estrangeiras. Conceito, plano e caracteres da obra.

Afrânio Coutinho

Prefácio da Segunda Edição (1968)
Revisão da história literária. Conceito literário da obra. Que é estético. A obra literária em si. Estética e Nova Crítica. Periodização por estilos literários. História literária e trabalho de equipe. Conciliação entre a História e a Crítica. História e Literatura. Autonomia Literatura. Literatura e vida. Arte e social. A Crítica e o problema do Método. O método positivo. A Crítica não é gênero literário. A Nova Crítica. Para a crítica estética. Equívocos sobre a Nova Crítica. Forma e conteúdo.

Espírito profissional. Princípios no Princípio. Concepção estilística. O demônio da cronologia. Vantagens da periodização estilística. O início da literatura brasileira. Literatura colonial. O Barroco. Bibliografia.

Afrânio Coutinho

Prefácio da Terceira Edição (1986)
Encerramento do Modernismo e início do Pós-Modernismo. As vanguardas. Novos rumos da Literatura Brasileira. Autonomia e Identidade Literárias.

Afrânio Coutinho

Prefácio da Quarta Edição (1997)
1. LITERATURA BRASILEIRA
   (INTRODUÇÃO)
Origem. Barroco. A literatura jesuítica. Neoclassicismo, Arcadismo, Rococó. Nativismo. Romantismo. Realismo-Naturalismo. Parnasianismo. Simbolismo. Impressionismo. Regionalismo. Sincretismo e transição. Modernismo. Gêneros Literários. Lirismo. Ficção. Teatro. Crônica. Crítica. Outros gêneros. Caráter do nacionalismo brasileiro.

Afrânio Coutinho

PRIMEIRA PARTE

GENERALIDADES

2. O PANORAMA RENASCENTISTA
Que é o Renascimento. Mudanças operadas.
O humanismo em Portugal.

Hernâni Cidade

3. A LÍNGUA LITERÁRIA
A transplantação da língua portuguesa e
a expressão literária no Brasil-colônia. A
consolidação de uma norma linguística
escrita. A feição brasileira da língua portuguesa e os movimentos literários: a polêmica
nativista no Romantismo; a posição dos
escritores e o purismo dos gramáticos no
Realismo-Naturalismo; a língua literária no
Modernismo e sua plenitude e maturidade
pósmodernista.

Wilton Cardoso

4. O FOLCLORE: LITERATURA ORAL
E LITERATURA POPULAR
Colheita e fontes da literatura oral. Importa-
ção europeia. Os contos. As lendas e os mitos.
A poesia. O desafio. A modinha. Os autos
populares. Os jogos infantis. A novelística.

Câmara Cascudo

5. A ESCOLA E A LITERATURA
A educação na história da literatura.
O ensino colonial. Missionários e civiliza-
dores. O aprendizado da língua. Meios de
transmissão de cultura. Escola humanística.
D. João VI. Ensino superior. Tradição literária do ensino.

Fernando de Azevedo

6. O ESCRITOR E O PÚBLICO
A criação literária e as condições da produção. Literatura, sistema vivo de obras.

Dependência do público. Diversos públicos
brasileiros. Literatura e política. Nativismo
e associações. Indianismo. Independência.
O Estado e os grupos dirigentes. Escritor e
massa. Tradição e auditório.

Antonio Candido

7. A LITERATURA E O
CONHECIMENTO DA TERRA
Literatura de ideias e literatura de imagina-
ção. Literatura ufanista. Retratos do Brasil.
Política e letras. Modernismo e folclore.
Nacionalismo linguístico.

Wilson Martins

8. GÊNESE DA IDEIA DE BRASIL
A descoberta do mundo novo aos olhos dos
europeus renascentistas. Pero Vaz de Caminha e sua *Carta*. O mito do paraíso terrestre.
A catequese dos índios. A antologia cultural e a revelação do Brasil. A exaltação da
nova terra. Visão edênica. As repercussões
na Europa. Primeiras descrições.

Sílvio Castro

9. FORMAÇÃO E DESENVOLVIMENTO
DA LÍNGUA NACIONAL BRASILEIRA
Período de formação. Pontes culturais.
Os jesuítas. Humanismo novo-mundista. Os
indígenas. Processos linguísticos. Consolida-
ção do sistema: séc. XVII. A reação lusófila:
Pombal, o Arcadismo, as escolas régias, o
séc. XIX. O Modernismo e a língua brasi-
leira. Enfraquecimento da norma gramatical.
Conclusão.

José Ariel Castro

VOLUME 2

SEGUNDA PARTE

ESTILOS DE ÉPOCA

Era barroca

10. O BARROCO
Ciclo dos descobrimentos. Quinhentismo português. Mito do Ufanismo. Caráter barroco da literatura dos séculos XVI a XVIII. O termo classicismo. O conceito da imitação. Gregório de Matos e a imitação. O primeiro escritor brasileiro: Anchieta. O Barroco, etimologia, conceito, caracteres, representantes. Barroco no Brasil. O Maneirismo.

Afrânio Coutinho

11. AS ORIGENS DA POESIA
Raízes palacianas da poesia brasileira. Anchieta. A sombra da Idade Média. Os Cancioneiros. Poesia épico-narrativa: a *Prosopopeia*. Início do Barroco. *A Fênix Renascida*. *Júbilos da América*. Início do Arcadismo.

Domingos Carvalho da Silva

12. A LITERATURA JESUÍTICA
O jesuíta. O teatro hierático medieval e o auto. A estética jesuítica. O Barroco. Gil Vicente. Anchieta. A língua tupi. A obra anchietana. Nóbrega.

Armando Carvalho

13. ANTÔNIO VIEIRA
Vieira brasileiro. As transformações da língua portuguesa. O estilo de Vieira. O barroquismo de Vieira. A arte de pregar. Traços estilísticos. Pensamento e estilo. Alegorismo. Antíteses. Hipérbole. Originalidade.

Eugênio Gomes

14. GREGÓRIO DE MATOS
O Recôncavo no século XVII. Barroquismo. Gregório e a sátira. Visualismo. Estilo Barroco. Caracteres Barrocos.

Segismundo Spina

15. O MITO DO UFANISMO
Aspectos do Barroquismo brasileiro. O ufanismo. Botelho de Oliveira e o Barroco. Polilinguismo. Cultismo. Estilo barroco de Botelho. Nuno Marques Pereira e a narrativa barroca.

Eugênio Gomes

Relação do Naufrágio

Cândido Jucá Filho

16. A ORATÓRIA SACRA
Importância da oratória na Colônia. O Barroquismo. Eusébio de Matos. Antônio de Sá. Características estilísticas.

Carlos Burlamáqui Kopke

17. O MOVIMENTO ACADEMICISTA
Papel das academias no movimento cultural da Colônia. Barroco acadêmico. Principais manifestações, cronologia e variedades do movimento academicista. Academia Brasílica dos Esquecidos. Academia Brasílica dos Renascidos. Academia dos Seletos. Academia Científica. Academia dos Felizes.

José Aderaldo Castelo

Era neoclássica

18. NEOCLASSICISMO E ARCADISMO. O ROCOCÓ
O Classicismo e as escolas neoclássicas. Correntes racionalistas e "ilustradas". O Brasil do século XVIII. A diferenciação e consolidação da vida na Colônia. O surgimento de novos cânones. A origem da Arcádia e a influência dos árcades italianos. A Arcádia lusitana. Os "árcades sem arcádias". O Rococó.

Afrânio Coutinho

19. A LITERATURA DO SETECENTOS
O Setecentismo: Neoclassicismo e reação antibarroca. A ideologia da época. O Iluminismo. A ideia de Natureza. O Bom Selvagem. Pré-romantismo.

António Soares Amora

20. O ARCADISMO NA POESIA LÍRICA, ÉPICA E SATÍRICA
O lirismo arcádico. O Rococó. Cláudio, Gonzaga, Alvarenga, Caldas Barbosa, Sousa Caldas; poesia narrativa: Basílio. Durão. *As Cartas Chilenas*. Melo Franco.

Waltensir Dutra

21. PROSADORES NEOCLÁSSICOS
Matias Aires, Silva Lisboa, Sotero.

Cândido Jucá Filho

22. DO NEOCLASSICISMO AO ROMANTISMO
Hipólito, Mont'Alverne, João Francisco Lisboa.

Luiz Costa Lima

VOLUME 3

Segunda Parte

ESTILOS DE ÉPOCA

Era romântica

23. O MOVIMENTO ROMÂNTICO
Origens do movimento. Definição e história da palavra. O Pré-romantismo. A imaginação romântica. Estado de alma romântico. Caracteres e qualidades gerais e formais. Os gêneros. As gerações românticas. O Romantismo no Brasil: origem, períodos, caracteres. O indianismo. Significado e legado.

Afrânio Coutinho

24. OS PRÓDROMOS DO ROMANTISMO
Início do Romantismo. O Arcadismo e o Préromantismo. A vida literária na Colônia. A era de D. João VI: a renovação cultural nos diversos aspectos. José Bonifácio. Borges de Barros. A imprensa. As revistas literárias. Maciel Monteiro. Gonçalves de Magalhães.

José Aderaldo Castelo

25. GONÇALVES DIAS E O INDIANISMO
Gonçalves Dias e o Romantismo. O Indianismo: origem e diversos tipos. O lirismo gonçalvino. O poeta dramático e o poeta épico. Linguagem poética. Intenções e exegese. A poética de Gonçalves Dias. Originalidade e influências. *Sextilhas de Frei Antão*. Prosa poemática. Contemporâneos e sucessores. Bittencourt Sampaio, Franklin Dória, Almeida Braga, Bruno Seabra, Joaquim Serra, Juvenal Galeno.

Cassiano Ricardo

26. O INDIVIDUALISMO ROMÂNTICO
Ultrarromantismo e individualismo lírico. Álvares de Azevedo. Imaginação, psicologia, subjetivismo. O byronismo. Junqueira Freire, Casimiro de Abreu, Fagundes Varela,

Bernardo Guimarães, Aureliano Lessa, Laurindo Rabelo, Francisco Otaviano.
Álvares de Azevedo (*Eugênio Gomes*)
Junqueira Freire (*Eugênio Gomes*)
Casimiro de Abreu (*Emanuel de Morais*)
Fagundes Varela (*Waltensir Dutra*)

27. CASTRO ALVES

Antecessores. A década de 1870. Hugoanismo. Pedro Luís, Tobias Barreto, Vitoriano Palhares, Luís Delfino. A poesia e a poética de Castro Alves. Realismo. Narcisa Amália, Machado de Assis, Quirino dos Santos, Carlos Ferreira, Siqueira Filho, Melo Morais Filho. Sousândrade.

Fausto Cunha

28. JOSÉ DE ALENCAR E A FICÇÃO ROMÂNTICA

Romantismo e Romance. Precursores. O primeiro romance brasileiro. Lucas José de Alvarenga, Pereira da Silva, Justiniano José da Rocha, Varnhagen, Joaquim Norberto, Teixeira e Sousa, Macedo, Alencar. A obra alencariana: romances urbano, histórico, regionalista. Bernardo Guimarães, Franklin

Távora, Taunay, Machado·de Assis. Características estruturais do romance romântico: influências da literatura oral, do teatro, do folhetim. Características temáticas: solidão, lealdade, amor e morte, natureza, nacionalidade. Legado do romance romântico.

Heron de Alencar

29. A CRÍTICA LITERÁRIA ROMÂNTICA

Origens. O ideário crítico: sentimento da natureza; ideias da nacionalidade e originalidade: Santiago Nunes Ribeiro, Joaquim Norberto. Indianismo. Macedo Soares, José de Alencar. Definição de "escritor brasileiro". Início da historiografia literária. Literatura da fase colonial. Problema da periodização. Sociedades e periódicos. Machado de Assis crítico: sua doutrina estética, sua prática. Outros críticos.

Afrânio Coutinho

30. MANUEL ANTÔNIO DE ALMEIDA

Romantismo ou Realismo? Influência de Balzac. Obra picaresca, influência espanhola. *As Memórias* e *O Guarani*. O Romantismo dominante. Fortuna da obra.

Josué Montello

VOLUME 4

Segunda Parte

ESTILOS DE ÉPOCA

Era realista

31. REALISMO. NATURALISMO. PARNASIANISMO

Movimentos literários do século XIX. Critério de periodização literária. Realismo e Naturalismo. Sistema de ideias da época: o materialismo, o cientificismo, o determinismo. Estética e poética do Realismo e do Naturalismo: definição e caracteres. O Parnasianismo. Histórico da situação no Brasil. As academias. Introdução das novas correntes no Brasil.

Afrânio Coutinho

32. A CRÍTICA NATURALISTA E POSITIVISTA

Ideário crítico da era materialista. Fundo filosófico: Comte, Taine, Spencer. Positivismo, evolucionismo, monismo, mecanicismo, determinismo, ambientalismo, cientificismo. A geração de 70 e a renovação brasileira. A Escola do Recife. Rocha Lima, Capistrano de Abreu, Araripe Júnior, Sílvio Romero.

Afrânio Coutinho

José Veríssimo (*Moisés Vellinho*)

Outros críticos: Franklin Távora, Valentim Magalhães. A herança romeriana. A História Literária: Ronald de Carvalho, Artur Mota. João Ribeiro. Impressionismo crítico.

Afrânio Coutinho

33. A FICÇÃO NATURALISTA
Origens do Naturalismo no Brasil: Inglês de Sousa, Aluísio Azevedo, Celso Magalhães, José do Patrocínio. Do Realismo ao Naturalismo: de Balzac a Zola. Influxo da ciência. A polêmica naturalista no Brasil. Papel de Eça de Queirós. Anticlericalismo, combate ao preconceito racial, à escravidão, à monarquia e ao puritanismo da sociedade em relação ao problema sexual. Aluísio Azevedo, Inglês de Sousa. Júlio Ribeiro. Adolfo Caminha. Outros naturalistas. Naturalismo e regionalismo.

Josué Montello

34. A RENOVAÇÃO PARNASIANA NA POESIA
A reação antirromântica. Poesia filosófico-científica. Teixeira de Sousa, Prado Sampaio, Martins Júnior. Poesia realista urbana: Carvalho Júnior, Teófilo Dias, Afonso Celso, Celso Magalhães. Poesia realista agreste: Bruno Seabra, Ezequiel Freire. Poesia socialista: Lúcio de Mendonça, Fontoura Xavier, Valentim Magalhães. Advento do Parnasianismo: Artur de Oliveira, Machado de Assis, Gonçalves Crespo, Luís Guimarães; Alberto de Oliveira, Raimundo Correia, Olavo Bilac, Vicente de Carvalho; Machado de Assis, Luís Delfino, B. Lopes. Poetas menores e epígonos: Rodrigo Otávio, Artur Azevedo, Filinto de Almeida, Silva Ramos, Mário de Alencar, João Ribeiro, Guimarães Passos. Venceslau de Queirós, Emílio de Meneses, Zeferino Brasil, Augusto de Lima, Luís Murat, Raul Pompeia, Francisca Júlia, Magalhães de Azeredo, Goulart de Andrade. Características da forma parnasiana.

Péricles Eugênio da Silva Ramos

35. MACHADO DE ASSIS
Importância do escritor, sua vocação artística. Atitude em face das escolas literárias. As fases de sua evolução estética. O poeta. Os primeiros romances: desenvolvimento do seu processo narrativo. Contar a essência do homem. Os grandes romances. O contista.

Barreto Filho

36. RAUL POMPEIA
Formação e iniciação literárias. Classificação. Impressionismo. Técnica da composição. Doutrina estética e processo de captação da realidade. Prosa artística: os Goncourts. Visualismo: influência da pintura. A técnica da miniatura. Estilo.

Eugênio Gomes

37. JOAQUIM NABUCO. RUI BARBOSA
O Parnasianismo na prosa: a oratória, o gosto pelo estilo requintado. Joaquim Nabuco e a campanha abolicionista. Nabuco escritor, estilista, pensador, orador.

Luís Viana Filho

Rui Barbosa e a campanha republicana. Rui, político ou homem de letras. O escritor, o orador, o homem público. A reação vernaculizante e a pureza da língua. Primado da eloquência. Missão social. Mestre da arte de falar e escrever.

Luís Delgado

38. EUCLIDES DA CUNHA
Definição de Euclides e de *Os sertões*. Obra de arte da linguagem, epopeia em prosa. Realismo, espírito científico. O estilo euclidiano. O poeta e o ficcionista em *Os sertões*. Seu senso do coletivo, a obsessão da palavra. Expressionismo e impressionismo. Interpretação do Brasil.

Franklin de Oliveira

39. LIMA BARRETO. COELHO NETO
O Naturalismo retardatário. Lima Barreto: o homem na obra. Conflito entre a estética e a revolução. O romancista. Sentimento de inferioridade racial e social.

Eugênio Gomes

Coelho Neto: posição do escritor. Obsessão com o Brasil. Seu realismo. A sua teoria da palavra, seu vocabulário. Retrato nacional.

Otávio de Faria

40. O REGIONALISMO NA FICÇÃO

Conceito de Regionalismo: evolução da ideia de incorporação do *genius loci* à literatura. Regionalismo e Realismo. As regiões culturais e os ciclos literários regionais. Influência das regiões no desenvolvimento da literatura brasileira. Ciclos: nortista, nordestino, baiano, central, paulista, gaúcho.

Afrânio Coutinho

Ciclo nortista

Caracteres. Fases: naturalista, com Inglês de Sousa e Veríssimo; do "inferno verde", com Euclides, Alberto Rangel; ufanista, com Raimundo Moraes, Carlos Vasconcelos, Alfredo Ladislau, Lívio Cesar, Jorge H. Hurly; modernista, com Abguar Bastos, Lauro Palhano, Dalcídio Jurandir, Eneida de Morais, Araújo Lima, Gastão Cruls, Osvaldo Orico, Francisco Galvão, Viana Moog, Peregrino Júnior, Aurélio Pinheiro, Ramaiana de Chevalier, Oséas Antunes, Nélio Reis, Ildefonso Guimarães, Lindanor Celina, Odilo Costa Filho. Ferreira de Castro.

Peregrino Júnior

Ciclo nordestino

Caracteres. Franklin Távora e a "Literatura do Norte". Adolfo Caminha, Rodolfo Teófilo, Antônio Sales, Domingos Olímpio, Araripe Júnior, Emília de Freitas, Pápi Júnior, Francisca Clotilde, Oliveira Paiva, Ana Facó, Fonseca Lobo, Gustavo Barroso, Teotônio Freire, Carneiro Vilela, Faria Neves Sobrinho, Zeferino Galvão, Olímpio Galvão, Mário Sete, Lucílio Varejão, Carlos D. Fernandes.

Aderbal Jurema

Ciclo baiano

Características: As diversas áreas: san-franciscana, cacaueira, garimpo, pastoreio, alambique, praia. Rosendo Muniz Barreto, Xavier Marques, Lindolfo Rocha, Fábio Luz, Cardoso de Oliveira, Afrânio Peixoto, Anísio Melhor, Nestor Duarte, Martins de Oliveira, Rui Santos, Dias da Costa, Jorge Amado, Clóvis Amorim, Herberto Sales, James Amado, Emo Duarte, Elvira Foepell, Santos Morais. (Adonias Filho).

Adonias Filho

Ciclo central

Características: Bernardo Guimarães, Felício dos Santos, Afonso Arinos, Avelino Fóscolo, Aldo Luís Delfino dos Santos, Amadeu de Queirós, João Lúcio, Abílio Velho Barreto, Godofredo Rangel, Aristides Rabelo, Afonso da Silva Guimarães, Guimarães Rosa, Mário Palmério, Nelson de Faria, Carvalho Ramos, Bernardo Élis, José J. Veiga, Gastão de Deus, Ivan Americano, Veiga Neto, Pedro Gomes de Oliveira, Domingos Félix de Sousa, Eli Brasiliense.

Wilson Lousada

Ciclo paulista

Garcia Redondo, Batista Cepelos, José Agudo, Ezequiel Freire, Monteiro Lobato, Veiga Miranda, Amando Caiubi, Valdomiro Silveira, Cornélio Pires, Albertino Moreira, Jerônimo Osório, Oliveira e Sousa, Leôncio de Oliveira, Salviano Pinto, Léo Vaz, Hilário Tácito. Os modernistas.

Edgard Cavalheiro

Ciclo gaúcho

Caldre Fião, Bernardino dos Santos, Apolinário Porto Alegre, Aquiles Porto Alegre, Alberto Cunha, Carlos Jansen, Oliveira Belo, Alcides Maia, Roque Calage, Simões Lopes Neto, Darci Azambuja, Ciro Martins, Érico Veríssimo, Ivan Pedro Martins, Contreiras Rodrigues, Otelo Rosa, Vieira Pires, Viana Moog.

Augusto Cesar Meyer

Era de transição

41. SIMBOLISMO. IMPRESSIONISMO. MODERNISMO

Uma literatura em mudança: oposição Parnasianismo – Simbolismo. Valorização do Simbolismo e sua influência. Origens do Simbolismo. Definição e caracteres. Cronologia do Simbolismo no Brasil: os diversos grupos e figuras. Impressionismo: gênese, caracteres, influências. O Impressionismo no Brasil. A incorporação do nacional à literatura. Desintegração e aventura: preparação do Modernismo: antecedentes europeus e nacionais. Expressionismo. O "moderno" em literatura: definição e caracteres. A Revolução Moderna no Brasil: definição, antecedentes, eclosão. A Semana da Arte Moderna. Futurismo e Modernismo. Modernismos brasileiro, português e hispano-americano. Graça Aranha. Os grupos e correntes do Modernismo. Regionalismo. Gilberto Freyre. As revistas e os manifestos teóricos. Cronologia e caracteres do Modernismo. Mário de Andrade. Saldo e legado do movimento: problema da língua; poesia; ficção; crônica; teatro; crítica.

Afrânio Coutinho

42. PRESENÇA DO SIMBOLISMO

A explosão Cruz e Sousa. A primeira e a segunda gerações simbolistas. No Paraná, Minas Gerais, Bahia. Nestor Vítor, Gustavo Santiago, Oliveira Gomes, Colatino Barroso, Antônio Austregésilo, Neto Machado, Carlos Fróis, Artur de Miranda, Silveira Neto, Tibúrcio de Freitas, Saturnino de Meireles, Félix Pacheco, Carlos D. Fernandes, Gonçalo Jácome. Narciso Araújo, Pereira da Silva, Paulo Araújo, Cassiano Tavares Bastos, Castro Meneses, Rocha Pombo, Gonzaga Duque, Mário Pederneiras, Lima Campos, Dario Veloso, Emiliano Perneta, Silveira Neto, Guerra Duval, Júlio César da Silva, Leopoldo de Freitas, Venceslau de Queirós, Batista Cepelos, Jacques D'Avray, José Severiano de Resende, Alphonsus de Guimaraens, Viana do Castelo, Edgard Mata, Adolfo Araújo, Mamede de Oliveira, Pedro Kilkerry, Francisco Mangabeira, Álvaro Reis, Durval de Morais, Astério de Campos, Marcelo Gama, Ernâni Rosas, Eduardo Guimarães. O poema em prosa: Raul Pompeia. A ficção simbolista: Virgílio Várzea, Alfredo de Sarandi, Graça Aranha, Rocha Pombo, G. Duque. O teatro simbolista. Legado do Movimento.

Andrade Murici

43. O IMPRESSIONISMO NA FICÇÃO

O Impressionismo: caracteres. Penetração no Brasil. A ficção impressionista: Raul Pompeia, Graça Aranha, Adelino Magalhães. Influências e repercussões.

Xavier Placer

44. A CRÍTICA SIMBOLISTA

Os críticos do Simbolismo. Nestor Vítor. A crítica de arte: Gonzaga Duque, Colatino Barroso. Outros críticos: Gustavo Santiago, Frota Pessoa, Elíseo de Carvalho, Pedro do Couto, Severiano de Rezende, Tristão da Cunha, Felix Pacheco.

Andrade Murici

45. SINCRETISMO E TRANSIÇÃO: O PENUMBRISMO

O fenômeno da transição em história literária. Sincretismo. Epígonos do Parnasianismo e do Simbolismo. Penumbrismo. Ronald de Carvalho, Mário Pederneiras, Gonzaga Duque, Lima Campos, Álvaro Moreira, Felipe D'Oliveira, Eduardo Guimarães, Homero Prates, Guilherme de Almeida, Ribeiro Couto. (Rodrigo Otávio Filho).

Rodrigo Otávio Filho

46. SINCRETISMO E TRANSIÇÃO: O NEOPARNASIANISMO

Os epígonos do Parnasianismo e o Neoparnasianismo. Júlia Cortines, Francisca Júlia,

Carlos Magalhães de Azeredo, Belmiro Braga, Amadeu Amaral, Luís Carlos, Martins Fontes, Humberto de Campos, Da Costa e Silva, Artur de Sales, Gilca Machado, Hermes Fontes, Augusto dos Anjos, Raul de Leôni, Olegário Mariano, Adelmar Tavares, Batista Cepelos, Catulo Cearense, Luís Edmundo, Múcio Leão, Nilo Bruzzi, Bastos Tigre, José Albano.

Darci Damasceno

47. A REAÇÃO ESPIRITUALISTA
A Reação Espiritualista e seus antecedentes. A Companhia de Jesus e o humanismo espiritualista. A educação na Colônia. Desenvolvimento das Letras. Sentido religioso da vida. Espiritualismo definido e indefinido. Romantismo: ecletismo e sentimentalismo espiritual. A Escola do Recife e a desespiritualização da inteligência. A Questão Religiosa. Início da Reação Espiritualista: Carlos de Laet, Padre Júlio Maria. No Simbolismo. Farias Brito. No Pré-Modernismo. No Modernismo. Leonel Franca, Jackson de Figueiredo. O grupo de *Festa*. Durval de Morais. O espiritualismo contemporâneo. (Alceu Amoroso Lima).

Alceu Amoroso Lima

VOLUME 5

SEGUNDA PARTE

ESTILOS DE ÉPOCA

Era modernista

48. A REVOLUÇÃO MODERNISTA
Antecedentes do Movimento Modernista. Atualização das letras nacionais. A Guerra de 1914. Os futuristas de 1920. A palavra "futurismo". A Semana de Arte Moderna de 1922: organização, realizações. Depois da Semana: consequências e repercussão. Os diversos grupos modernistas: "Antropofagia", "Pau-Brasil". "Verdamarelo", "Anta". Congresso Brasileiro de Regionalismo, no Recife, 1926. Principais livros do Modernismo. Encerramento do ciclo revolucionário: 1930.

Mário da Silva Brito

49. O MODERNISMO NA POESIA
Modernismo em poesia: definição. Fase da ruptura: a geração de 1922. Periodização. A Semana de Arte Moderna. Diretrizes da Renovação. Futurismo. Grupo paulista: "Pau-Brasil", "Verdamarelo", "Anta", "Antropofagia". Mário de Andrade. Oswald de Andrade. Menotti del Picchia, Guilherme de Almeida. Sérgio Milliet. Cassiano Ricardo. Raul Bopp. Luís Aranha. Rodrigues de Abreu. Grupo carioca: Manuel Bandeira. Ronald de Carvalho. Álvaro Moreira. Ribeiro Couto. Felipe D'Oliveira. Manuel de Abreu. Grupo de *Festa*: Tasso da Silveira. Murilo Araújo. Cecília Meireles. Francisco Karam. Grupo mineiro: *A Revista*. Carlos Drummond de Andrade. Emílio Moura. Abgar Renault. João Alphonsus. Pedro Nava. Grupo *Verde*: Ascânio Lopes. Rosário Fusco. Enrique de Resende. Guilhermino César. Francisco Peixoto. Grupo gaúcho: Augusto Meyer. Grupo do Nordeste: Ascenso Ferreira. Joaquim Cardoso. Gilberto Freyre. Câmara Cascudo. Jorge Fernandes. Jorge de Lima. Grupo baiano: Eugênio Gomes. Carvalho Filho. Hélio Simões. Pinto de Aguiar, Godofredo Filho. Sosígenes Costa. Expansão do Modernismo: Américo Facó. Dante Milano. Edgard Braga. Segunda fase: Augusto Frederico Schmidt. Murilo Mendes. Vinicius de Moraes, Mário Quintana. Henriqueta Lisboa. Geração de 45:

Bueno de Rivera. João Cabral. Domingos Carvalho da Silva. Geraldo Vidigal. José Paulo Moreira da Fonseca. Geir Campos. Lêdo Ivo. Maria da Saudade Cortesão. Péricles Eugênio da Silva Ramos. Concretismo: Haroldo de Campos. Augusto de Campos. Décio Pignatari. Ronaldo Azevedo. Ferreira Gullar. A forma da poesia moderna.

Péricles Eugênio da Silva Ramos

50. VANGUARDAS

Concretismo. Neoconcretismo (*Albertus da Costa Marques*)
Poesia-Práxis (*Mário Chamie*)
Poema-Processo (*Álvaro Sá*)
Arte-Correio (*Joaquim Branco*)

51. O MODERNISMO NA FICÇÃO

I. Antecedentes:

As duas linhagens da ficção brasileira: legado do século XIX. O Modernismo. Pioneiros do ciclo nordestino: Franklin Távora, José do Patrocínio, Rodolfo Teófilo, Oliveira Paiva, Domingos Olímpio, Gustavo Barroso, Mário Sette. Outros precursores do regionalismo modernista. O romance carioca do Modernismo. Adelino Magalhães. Classificação da ficção modernista: corrente social e territorial; corrente psicológica e costumista. A explosão modernista. Rachel de Queirós. Gastão Cruls. Marques Rebelo. Ciro dos Anjos.

Afrânio Coutinho

II. Experimentalismo:

Mário de Andrade, Oswald de Andrade, Menotti del Picchia, Plínio Salgado, Alcântara Machado (*Dirce Côrtes Riedel*)
Ribeiro Couto (*J. Alexandre Barbosa*)

III. Regionalismo:

José Américo, José Lins do Rego, Jorge Amado (*Luiz Costa Lima*)
Graciliano Ramos (*Sônia Brayner*)

IV. Psicologismo e Costumismo:

José Geraldo Vieira (*Antônio Olinto*)
Cornélio Pena (*Adonias Filho*)
Érico Veríssimo (*Antônio Olinto*)
Lúcio Cardoso (*Walmir Ayala*)
Otávio de Faria (*Adonias Filho*)
Josué Montello (*Bandeira de Melo*)

V. Instrumentalismo:

Guimarães Rosa (*Franklin de Oliveira*)
Clarice Lispector, Adonias Filho (*Luiz Costa Lima*)

VI. Situação e Perspectivas:

José Cândido de Carvalho, Herberto Sales, Mário Palmério, Bernardo Élis, Jorge Medauar, Ascendino Leite, Macedo Miranda, Geraldo França de Lima, João Antônio, Rubem Fonseca, José Louzeiro, Nélida Piñon, Samuel Rawet, Osman Lins, Autran Dourado, Jorge Moutner, Dalton Trevisan, José J. Veiga, Geraldo Ferraz, Assis Brasil.

Ivo Barbieri

52. A CRÍTICA MODERNISTA

A crítica e o Modernismo. As várias gerações e os gêneros modernistas. A crítica sociológica. Tristão de Athayde. João Ribeiro e Nestor Vítor. As Revistas. A crítica Social. Mário de Andrade. Outros críticos. A crítica estética. Eugênio Gomes.

Wilson Martins

A Nova Crítica. Congressos de Crítica. Movimento editorial.

Afrânio Coutinho

VOLUME 6

Terceira Parte

RELAÇÕES E PERSPECTIVAS

53. NOTA EXPLICATIVA
Divisão da obra. Características. Conceitos sociológico e estético. Literatura literária. O valor da História Literária.

Afrânio Coutinho

54. EVOLUÇÃO DA LITERATURA DRAMÁTICA
Inícios do teatro: os jesuítas, Anchieta. Alencar, Martins Pena, Gonçalves de Magalhães. No Naturalismo: França Júnior, Artur Azevedo, Machado de Assis, Roberto Gomes, Coelho Neto, Cláudio de Sousa. Joracy Camargo, Oswald de Andrade. O teatro moderno. A renovação: o Teatro Estudante; Pascoal Carlos Magno, Guilherme Figueiredo, Oduvaldo Viana, Magalhães Júnior, Ariano Suassuna, Jorge Andrade, Dias Gomes, Millôr Fernandes, Nelson Rodrigues, Silveira Sampaio. O teatro infantil: Maria Clara Machado. Lúcia Benedetti. Os atores: João Caetano, Apolônia Pinto, Leopoldo Fróes, Procópio Ferreira, Cacilda Becker, Maria Della Costa, Tônia Carrero, Fernanda Montenegro, Sérgio Cardoso, Paulo Autran, Jardel Filho. Dulcina de Morais. Principais companhias.

Décio de Almeida Prado

55. EVOLUÇÃO DO CONTO
Primeiras manifestações. No Romantismo: Álvares de Azevedo, B. Guimarães. Machado de Assis: sua técnica. No Naturalismo: Aluísio Azevedo, Medeiros e Albuquerque, Coelho Neto, Domício da Gama, Artur Azevedo. Regionalistas: Valdomiro Silveira, Afonso Arinos, Simões Lopes Neto, Alcides Maia, Darci Azambuja, Telmo Vergara, Viriato Correia, Gustavo Barroso, Eduardo Campos, Monteiro Lobato, Carvalho Ramos. No Modernismo: Adelino Magalhães, Mário de Andrade, Alcântara

Machado, Ribeiro Couto, João Alphonsus, Marques Rebelo, Guimarães Rosa. Novas tendências.

Herman Lima

56. LITERATURA E JORNALISMO
No jornalismo político: a era da Independência. A era regencial. O Segundo Reinado. A imprensa acadêmica. A propaganda republicana. A era republicana. Polemistas e panfletários.

Américo Jacobina Lacombe

57. ENSAIO E CRÔNICA
Ensaio e crônica – gêneros literários. Definição e caracteres. Conceito de crônica. A crônica e o jornal. Histórico e evolução da crônica – Romantismo. Francisco Otaviano, Manuel Antônio de Almeida, José de Alencar, Machado de Assis, França Júnior, Pompeia, Bilac, Coelho Neto, João do Rio, João Luso, José do Patrocínio Filho, Humberto de Campos, Orestes Barbosa, Álvaro Moreira e a *Fon-Fon*. Berilo Neves, Osório Borba. Genolino Amado, Benjamim Costallat. Henrique Pongetti, Peregrino Júnior, Manuel Bandeira, Antônio de Alcântara Machado, Carlos Drummond de Andrade, Rachel de Queiroz, Rubem Braga. Classificação da crônica. Problemas da crônica: linguagem e estilo, crônica e reportagem, literatura e filosofia. Autonomia do gênero. Importância na literatura brasileira. Outros gêneros afins: oratória, cartas, memórias, diários, máximas, biografia. Gilberto Amado, Lúcio Cardoso.

Afrânio Coutinho

58. LITERATURA E FILOSOFIA
Incapacidade para os estudos filosóficos. Ausência de correntes de pensamento. Filosofia e Literatura. Século XIX, marco inicial. A

independência intelectual. Romantismo. Silvestre Pinheiro Ferreira, Gonçalves de Magalhães, Mont'Alverne, Eduardo Ferreira França, Tobias Barreto, Soriano de Sousa, Sílvio Romero. Os Positivistas. Capistrano de Abreu, Euclides da Cunha, Farias Brito, Jackson de Figueiredo, Vicente Licínio Cardoso, Graça Aranha, Paulo Prado, Tristão de Athayde, Euríalo Canabrava, Miguel Reale, Artur Versiane Veloso. *Revista Brasileira de Filosofia. Kriterion.*

Evaristo de Morais Filho

59. LITERATURA E ARTES
Os estilos de época. Inter-relações das artes. Barroco e Pós-Barroco. Neoclassicismo. Romantismo, Realismo, Parnasianismo. Impressionismo e Simbolismo. Modernismo.

José Paulo Moreira da Fonseca

60. LITERATURA E PENSAMENTO JURÍDICO
O século XVIII e a transformação jurídica do Estado. A vinculação da literatura com o direito. O arcadismo mineiro e os ideais jurídicos da burguesia. Gonzaga. *As Cartas Chilenas* e os Direitos Humanos. As eleições e a ideia

da representação e assentimento popular. O constitucionalismo liberal. José Bonifácio. As faculdades de Direito de Recife e São Paulo focos de produção literária. Escritores e juristas. Rui Barbosa.

Afonso Arinos de Melo Franco

61. LITERATURA INFANTIL
Que é Literatura Infantil? Fontes. Folclore. Evolução e principais autores e obras. O século XIX e a moderna literatura infantil. Uso na educação. Aparecimento no Brasil: Livros didáticos e traduções. Diversos gêneros. Monteiro Lobato. Teatro infantil. Literatura religiosa. Histórias em quadrinhos. Revistas e jornais.

Renato Almeida

62. O VERSO: PERMANÊNCIA E EVOLUÇÃO
Debate histórico: a metrificação. Os tipos de verso. As regras. Do Barroco ao Simbolismo. O Modernismo e a mudança no sistema. Conclusões.

Mário Chamie

CONCLUSÃO

63. O PÓS-MODERNISMO NO BRASIL
Pós-Modernismo e a produção literária brasileira do século XX: Guimarães Rosa, Clarice Lispector, João Cabral de Melo Neto. A ficção brasileira dos anos 70 e 80: José J. Veiga, Murilo Rubião, Lygia Fagundes Telles, Nélida Piñon, Edla van Steen, Maria Alice Barroso. O Poema-Processo e a Arte-Postal.

Eduardo de Faria Coutinho

64. A NOVA LITERATURA BRASILEIRA
(O romance, a poesia, o conto)
Definição e situação da nova literatura brasileira. O ano de 1956: a poesia concreta, Geraldo Ferraz, Guimarães Rosa. No Romance: Herberto Sales, José Cândido de Carvalho, Osman Lins, Autran

Dourado. Os novos. Adonias Filho, Clarice Lispector. Na Poesia: João Cabral. Poesia Concreta: Décio Pignatari, Haroldo de Campos, Augusto de Campos, Ferreira Gullar, José Lino Grunewald, Reinaldo Jardim, Ronaldo Azeredo. Edgard Braga, Pedro Xisto. Invenção. Poesia-Práxis: Mário Chamie. Poemas-Processo: Wlademir Dias Pino. No Conto: Samuel Rawet, Dalton Trevisan, José J. Veiga, José Louzeiro, Luís Vilela, Jorge Medauar, Rubem Fonseca, José Edson Gomes, Louzada Filho.

Assis Brasil

65. A NOVA LITERATURA
(Década de 80 / Anos 90)
Escritores de maior atividade nesse período. Escritores veteranos

XIX

pós-modernistas. Romancistas e contistas mais novos. Poetas veteranos em atividade. Poetas de província. Poetas novos com ligação com as vanguardas. A Poesia Alternativa dos anos 80.

Assis Brasil

66. VISÃO PROSPECTIVA DA LITERATURA NO BRASIL
Uma história predominantemente nacional. A crise da transição. Morfologia da exaustão. Emergência da paraliteratura. A voragem do consumo. A crônica. Alternativas vanguardistas. O signo radical. Indicações prospectivas.

Eduardo Portella

67. HISTORIOGRAFIA LITERÁRIA EM NOVO RUMO
Posição desta obra na historiografia literária brasileira. As várias fases da história literária no Brasil: a antológica e bibliográfica, a historicista, a sociológica. Varnhagen. Sílvio Romero. Outros historiadores. Orientação estética: *A Literatura no Brasil*, um compromisso anti-romeriano. Sua posição, suas características, suas consequências. O ensino literário. A crítica e a história literária.

Afrânio Coutinho

68. AINDA E SEMPRE A LITERATURA BRASILEIRA
As teorias das origens. A expressão da Literatura Brasileira. Nossa Literatura. Independência literária. Uma literatura emancipada. Raízes culturais. O Barroco na América.

Afrânio Coutinho

69. AINDA E SEMPRE A LÍNGUA BRASILEIRA
Língua Portuguesa. Denominação da língua. Que é Língua Brasileira? Ensino da Língua. O professor de Língua. O processo de descolonização. Busca de identidade. Nossa língua. Por uma filologia brasileira. A revolução linguística. A nossa língua. O Português do Brasil. A língua que falamos. A língua do Brasil. O idioma e a constituição. Purismo e classe. Purismo linguístico.

Afrânio Coutinho

70. VISÃO FINAL
O "neoparnasianismo" da geração de 45. A procura de novos cânones. As revistas de vanguarda. A fase transitória dos congressos. As décadas de 50 e 60 – *Grande sertão: veredas*. A nova feição da crítica. A Poesia Alternativa pós-60. Fim do Modernismo.

Afrânio Coutinho

BIOBIBLIOGRAFIA DOS COLABORADORES
Aderbal Jurema. Adonias Filho. Afonso Arinos de Melo Franco. Afrânio Coutinho. Albertus Marques. Alceu Amoroso Lima. Américo Jacobina Lacombe. Álvaro de Sá. Andrade Murici. Antonio Candido. Antônio Olinto. Antônio Soares Amora. Armando Carvalho. Assis Brasil. Augusto Meyer. Bandeira de Melo. Barreto Filho. Cândido Jucá Filho. Carlos Burlamáqui Kopke. Cassiano Ricardo. Darci Damasceno. Décio de Almeida Prado. Dirce Côrtes Riedel. Domingos Carvalho da Silva. Edgard Cavalheiro. Eduardo de Faria Coutinho. Eduardo Portella. Emanuel de Morais. Eugênio Gomes. Evaristo de Morais Filho. Fausto Cunha. Fernando de Azevedo. Franklin de Oliveira. Herman Lima. Hernâni Cidade. Heron de Alencar. Ivo Barbieri. João Alexandre Barbosa. José Aderaldo Castelo. José Ariel Castro. José Paulo Moreira da Fonseca. Josué Montello. Luís da Câmara Cascudo. Luiz Costa Lima. Luís Delgado. Luís Viana Filho. Mário Chamie. Mário da Silva Brito. Matoso Câmara Jr. Moisés Vellinho. Otávio de Faria. Peregrino Júnior. Péricles Eugênio da Silva Ramos. Renato Almeida. Rodrigo Otávio Filho. Segismundo Spina. Sílvio Castro. Sonia Brayner. Xavier Placer. Walmir Ayala. Waltensir Dutra. Wilson Lousada. Wilson Martins. Wilton Cardoso.

ÍNDICE DE NOMES, TÍTULOS E ASSUNTOS

A LITERATURA NO BRASIL

Neste Volume
PARTE II / *ESTILOS DE ÉPOCA*
Era romântica

No Volume 1
PRELIMINARES
PARTE I / *GENERALIDADES*

No Volume 2
PARTE II / *ESTILOS DE ÉPOCA*
Era barroca / Era neoclássica

No Volume 4
PARTE II / *ESTILOS DE ÉPOCA*
Era realista / Era de transição

No Volume 5
PARTE II / *ESTILOS DE ÉPOCA*
Era modernista

No Volume 6
PARTE III / *RELAÇÕES E PERSPECTIVAS*
CONCLUSÃO
Biobibliografia dos Colaboradores
Índice de Nomes, Títulos e Assuntos

Segunda Parte
ESTILOS DE ÉPOCA
Era romântica

23. *Afrânio Coutinho*
O MOVIMENTO ROMÂNTICO

Origens do movimento. Definição e história da palavra. O Pré-romantismo. A imaginação romântica. Estado de alma romântico. Caracteres e qualidades gerais e formais. Os gêneros. As gerações românticas. O Romantismo no Brasil: origem, períodos, caracteres. O indianismo. Significado e legado.

ORIGENS E DEFINIÇÃO

1. Aos olhos do comparatista e do historiador estilista — "stylistician qua historian" chama-lhe Hatzfeld —,[1] o Romantismo aparece como um amplo movimento internacional, unificado pela prevalência de caracteres estilísticos comuns aos escritores do período. É, portanto, um estilo artístico — individual e de época. É um período estilístico, consoante a nova conceituação e terminologia, e a perspectiva sintética, que tendem a vigorar doravante na historiografia literária.[2] É, ademais, um conjunto de atividades em face da vida, e um método literário.

O uso da palavra Romantismo e seus derivados em crítica literária já foi historiado de maneira completa.[3] Remonta ao século XVII na França e na Inglaterra, com referência a certo tipo de criação poética ligado à tradição medieval de "romances", narrativas de heroísmo, aventuras e amor, em verso ou em prosa, cuja composição, temas e estrutura — particularmente evidenciados em Ariosto, Tasso e Spencer — eram sentidos em oposição aos padrões e regras da poética clássica. Assim, romântico, romanesco, são termos encontradiços no século XVII, e, segundo Wellek, deve-se a Warton (1781) o primeiro emprego da oposição clássico-romântico, que teria fortuna, embora nele a antítese não tivesse a plena significação que lhe foi posteriormente adjudicada. Da palavra francesa *roman* (*romanz* ou *romant*), as línguas modernas derivaram o sentido corrente no século XVIII, e que penetrou no Romantismo, designando a literatura produzida à imagem dos "romances" medievais, fantasiosos pelos tipos e atmosfera. Quanto ao substantivo "Romantismo", seu uso é mais recente, variando nos diversos países europeus pelas duas primeiras décadas do século XIX (na França, 1822-1824).[4] Em Portugal, a palavra *romântico* foi introduzida por Almeida Garrett, em 1825, no *Camões*, e no Brasil ainda não aparece nos trabalhos de 1826 de Gonçalves de Magalhães e Torres Homem, mas é empregada pelo primeiro no prefácio à tragédia *Antônio José* (1839), em oposição a clássico.

ERA ROMÂNTICA

Qualquer que tenha sido a época de introdução do termo *romântico* e seus derivados, o fenômeno, em história literária e artística, hoje conhecido como Romantismo, consistiu numa transformação estética e poética desenvolvida em oposição à tradição neoclássica setecentista, e inspirada nos modelos medievais. A mudança foi consciente, generalizada, de âmbito europeu, a despeito de não haver o mesmo acordo quanto à introdução da palavra que designaria o movimento. A nova era literária, o novo estilo, nasceu em oposição ao estilo neoclássico anterior, embora a etiqueta só depois tivesse aceitação geral. Mas o que ela veio designar foi cedo geralmente entendido: o movimento estético, traduzido num estilo de vida e de arte, que dominou a civilização ocidental, durante o período compreendido entre a metade do século XVIII e a metade do século XIX. Conforme a concepção de história literária sintética, é um movimento conjunto e unificado, com características gerais e comuns às várias nações ocidentais, elementos positivos e negativos no plano das ideias, sentimentos e formas artísticas, e, no dizer de Wellek, a mesma concepção da literatura e da imaginação poética, a mesma concepção da natureza e suas relações com o homem, o mesmo estilo poético, formado de imagística, símbolos e mitos peculiares.

A história das transformações operadas na mentalidade ocidental, no século XVIII, que redundaram na revolução romântica, foi narrada esgotantemente, à luz da perspectiva comparada e sintetizante, por Paul Van Tieghem em vários trabalhos.[5] Deve-se-lhe, sobretudo, o relevo dado à fase pré-romântica, noção recente na história literária, cuja fixação é necessária à compreensão da maneira como os elementos românticos foram de camada em camada penetrando a alma ocidental e dominando a arte e a literatura. Durante o período pré-romântico foi que ocorreu a luta contra o Neoclassicismo, contra as regras e gêneros regulares, que ele estabelecera, e que o Romantismo revogaria, realizando o ideal já anunciado pela Querela dos Antigos e Modernos.

Não se pode fixar o lugar onde primeiro surgiu, porquanto os movimentos literários se formam gradativamente, ao mesmo tempo em diversos lugares, sem ligação entre si, como o resultado de evolução interna das formas e sensibilidade, e segundo leis imanentes à natureza dos estilos.

As novas tendências que se opuseram no meado do século XVIII aos ideais neoclássicos, preludiando o Romantismo, refletem um estado de espírito inconformista em relação ao intelectualismo, ao absolutismo, ao convencionalismo clássicos, ao esgotamento das formas e temas então dominantes. A imaginação e o sentimento, a emoção e a sensibilidade, conquistam aos poucos o lugar que era ocupado pela razão. A noção de natureza e seus corolários — a bondade natural, a pureza da vida em natureza, à superioridade da inspiração natural, primitiva, popular — atraem cada vez mais o interesse e o pensamento dos homens.

Uma série de fatos relevantes constituem os marcos dessa "longa incubação" pré-romântica, em que se produziu a desintegração do Neoclassicismo:

a mudança do foco de irradiação do temperamento novo da França para a Inglaterra, de onde irrompem as fontes da poesia popular e natural, produzindo um intenso movimento europeu — o ossianismo — iniciado pela fraude memorável de Macpherson (1760-1763). A redescoberta ou revelação de Shakespeare, por outro lado, constitui a outra face da contribuição inglesa à renovação em curso. Da Alemanha, o *Sturm und Drang* (década de 1770), a ressurreição dos contos medievais e das lendas germânicas, ao lado da mitologia escandinava e nórdica, concorrem para orientar os espíritos na direção nova. Herder e Goethe, os irmãos Schlegel, Klopstock encabeçam a renovação, no sentido do irracionalismo, tornando o período o mais importante da história literária alemã. Rousseau é o outro grande europeu, cuja presença no século serve de ponto de irradiação e de convergência das principais tendências que definirão a fisionomia romântica, a ponto de ser, por alguns, cognominado o "pai do Romantismo". Chateaubriand, em *Le Génie du Christianisme* (1802) e Mme. de Staël, com *De La Littérature* (1800) e *De L'Allemagne* (1810), oferecem o conteúdo da poética e da doutrina literária românticas.

Como afirma Van Tieghem, é em fatos aparecidos nos treze anos entre 1797 e 1810 que se deve situar o início do Romantismo propriamente: a aparição da escola alemã, dos lakistas ingleses, de Walter Scott, Chateaubriand, Mme. de Staël. Esses os marcos principais, ao lado dos quais outros, em diferentes países, constituem a linha sinuosa que configura o período. Assim, ainda segundo Van Tieghem, 1795 para a Alemanha; 1798 para a Inglaterra (a data inicial para a Inglaterra é adiantada por Bowra, para 1789, publicação dos *Songs of Innocence* de Blake); o início do século XIX para a França e os países escandinavos; 1816, para a Itália; e um pouco mais tarde para a Espanha; 1822, para a Polônia. Na altura de 1825, todos os países estão mais ou menos conquistados pelo movimento, que, por volta do meado do século, denotará completo esgotamento.

2. Sem perder de vista o critério comparatista e sintetizante e a noção da unidade do movimento, as suas características ressaltam de uma análise parcial ou de conjunto. E essas qualidades constituem, reunidas, a melhor definição do fenômeno, revelando que a sua unidade provém, no dizer de Wellek, da mesma visão da poesia, da mesma concepção da imaginação, da natureza e do espírito, ou, por outras palavras, é uma visão da poesia como conhecimento da realidade mais profunda por intermédio da imaginação; uma concepção da natureza como um todo vivo e como uma interpretação do mundo, e um estilo poético constituído primordialmente de mitos e símbolos.

Se quisermos reunir numa qualidade o espírito romântico esta será a imaginação. Mostrou C. M. Bowra, em *The Romantic Imagination*, a importância que os românticos emprestaram à imaginação e a concepção especial que dela tiveram. Parte integrante da crença contemporânea no eu individual, a crença na imaginação comunicava aos poetas uma extraordinária capacidade de criar mundos imaginários, acreditando por outro lado na realidade deles. O exercício dessa qualidade era que os fazia poetas. Por outro lado, a ênfase na imaginação tinha significação religiosa e metafísica. Graças à imaginação criadora, o poeta era dotado de uma capacidade peculiar de penetrar num mundo invisível situado além do visível, a qual o tornava um visionário, aspirando saudoso por um mundo diferente, no passado ou no futuro, outro mundo mais satisfatório do que o familiar. Essa visão de outro mundo ilumina e dá significação eterna às coisas sensíveis, cuja percepção se torna vívida por essa interpretação do familiar e do transcendente.

No estudo do Romantismo, há que estabelecer primeiramente uma distinção entre o estado de alma romântico e o movimento ou escola de âmbito universal que o viveu entre os meados do século XVIII e do século XIX. O estado de alma ou temperamento romântico é uma constante universal, oposta à atitude clássica, por meio das quais a humanidade exprime sua artística apreensão do real. Enquanto o temperamento clássico se caracteriza pelo primado da razão, do decoro, da contenção, o romântico é exaltado, entusiasta, colorido, emocional e apaixonado. Ao contrário do clássico, que é absolutista, o romântico é relativista, buscando satisfação na natureza, no regional, pitoresco, selvagem, e procurando, pela imaginação, escapar do mundo real para um passado remoto ou para lugares distantes ou fantasiosos. Seu impulso básico é a fé, sua norma a liberdade, suas fontes de inspiração a alma, o inconsciente, a emoção, a paixão. O romântico é temperamental, exaltado, melancólico. Procura idealizar a realidade, e não reproduzi-la.

Essas qualidades básicas do temperamento romântico reúnem-se em artistas de diversos tempos e nações, tanto em Ovídio quanto em Dante, na literatura lírica da Idade Média, em diversas manifestações do Renascimento, até encontrar no século XVIII o instante supremo de realização, em um movimento universal e unificado. É interessante mencionar aqui certo parentesco dos espíritos romântico e barroco.

Desencadeado como uma reação contra o Classicismo racionalista que constituíra o dogma literário reinante desde o Renascimento, caracterizou-se o movimento romântico por um conjunto de novas ideias, temas literários e tipo de sensibilidade, resultantes de correntes que convergiram paralelamente da Alemanha e da Inglaterra, no curso do século XVIII, durante o período hoje definido como Pré-romantismo.

Os elementos novos assumiram na Inglaterra a forma de uma reação contra o racionalismo cartesiano, em nome de uma teoria do conhecimento através dos sentidos. Essa reação realista invade o sensualismo de Condillac, conjugando-se com um sentimentalismo místico. Assim, realismo e sentimentalismo entronizam a ideia de natureza como o lugar onde se encontram a fonte de todas as coisas e a origem do lirismo. A intuição, o empirismo, o senso do concreto, o individualismo têm como contraparte a necessidade de fugir da realidade, de ver além da razão, de evadir-se do mundo, graças à imaginação, para uma época passada ou um universo sobrenatural. Daí o senso do mistério, a atitude de sonho e melancolia, de angústia e pessimismo, que carreiam para o Romantismo os temas da morte, desolação, ruínas, túmulos, o gosto das orgias e o "mal do século". Daí também a volta ao passado, à Idade Média, ao mundo de magos, fantasmas e feiticeiros. E o redescobrimento do tema da infância. Do romance sentimental de Richardson, passou-se ao lirismo sonhador e melancólico de Young, ao passadismo de Gray, ao mundo fantástico de Ossian, ao romance gótico e ao romance negro. Sentimento da natureza, culto do eu, religiosidade, melancolia, gosto do passado e das ruínas, sobrenaturalismo, eis os traços que o espírito romântico deveu à Inglaterra.

Na Alemanha, desde cedo no século XVIII, o lirismo da natureza, o sentimentalismo, o culto da imaginação, o gosto do passado medieval germânico, das baladas populares encontraram defensores em Klopstock, Herder, vindo afinal desabrochar no movimento do *Sturm und Drang* (1770), revolução literária dirigida ao "assalto" da tradição clássica, Goethe e Schiller, e, mais tarde, Tieck, Novalis, os irmãos Schlegel, conduzem a literatura no mesmo sentido da Inglaterra, aliando sensibilidade e misticismo, melancolia e mistério, particularismo e desconhecido, exaltação apaixonada e sofrimento amoroso.

Sob o impacto da influência convergente das correntes inglesa e alemã, a fortaleza francesa do racionalismo clássico vai aos poucos, ao longo do século XVIII, cedendo os seus bastiões de defesa, e a marcha progride também lá com a vitória do individualismo, sentimento da natureza, sensibilidade, paixão, melancolia, desejo de evasão, mormente pela influência poderosa de Rousseau. Da França o Romantismo se espalha por toda a Europa e América, sobretudo mercê do ímpeto liberal e revolucionário que adquiriu o movimento no contato com a Revolução Francesa (1789).

Para a compreensão e definição do Romantismo como movimento histórico que deu forma concreta — em determinado tempo e lugar — a um estado de espírito ou temperamento, faz-se mister, acima de tudo, renunciar a reduzir o espírito romântico a uma fórmula, como tentaram inúmeros críticos e historiadores, e procurar caracterizá-lo antes como um conjunto de traços, uma constelação de qualidades, cuja presença, em número suficiente, o torna distinto em oposição ao clássico ou ao realista. Essa combinação de qualidades, variando naturalmente a composição, é que serve para identificar o espírito romântico.

*

Em conformidade com um trabalho de Hibbard,[6] podem-se apontar as seguintes qualidades que caracterizam o espírito romântico:

1) Individualismo e subjetivismo. A atitude romântica é pessoal e íntima. É o mundo visto através da personalidade do artista. O que releva é a atitude pessoal, o mundo interior, o estado de alma provocado pela realidade exterior. Romantismo é subjetivismo, é a libertação do mundo interior, do inconsciente; é o primado exuberante da emoção, imaginação, paixão, intuição, liberdade pessoal e interior. Romantismo é liberdade do indivíduo.

2) Ilogismo. Não há lógica na atitude romântica, e a regra é a oscilação entre polos opostos de alegria e melancolia, entusiasmo e tristeza.

3) Senso do mistério. O espírito romântico é atraído pelo mistério da existência, que lhe aparece envolvida de sobrenatural e terror. Individualista e pessoal, o romântico encara o mundo com espanto permanente, pois tudo — a beleza, a melancolia, a própria vida — lhe aparece sempre novo, e sempre despertando reações originais em cada qual, independentemente de convenções e tradições.

4) Escapismo. É o desejo do romântico de fugir da realidade para um mundo idealizado, criado, de novo, à sua imagem, à imagem de suas emoções e desejos, e mediante a imaginação. Nem fatos nem tradições despertam o respeito do romântico, como acontece com o realista ou o classicista. Pela liberdade, revolta, fé e natureza, em comunhão com o passado ou aspiração pelo futuro, esse escapismo romântico constrói o mundo novo à base do sonho.

5) Reformismo. Essa busca de um mundo novo é responsável pelo sentimento revolucionário do romântico, ligado aos movimentos democráticos e libertários que encheram a época, e à devoção a grandes personalidades militares e políticas.

6) Sonho. Também é responsável o desejo de um mundo novo pelo aspecto sonhador do temperamento romântico. Em lugar do mundo conhecido, a terra incógnita do sonho, muitas vezes representada em símbolos e mitos.

7) Fé. Em vez da razão, é a fé que comanda o espírito romântico. Não é o pão somente que satisfaz o romântico; idealista, aspirando a outro mundo, acredita no espírito e na sua capacidade de reformar o mundo. Valoriza a faculdade mística e a intuição.

8) Culto da natureza. Supervalorizada pelo Romantismo, a Natureza era um lugar de refúgio, puro, não contaminado pela sociedade, lugar de cura física e espiritual. A natureza era a fonte de inspiração, guia, proteção amiga. Relacionada com esse culto, que teve tão avassalador domínio em todo o Romantismo, foi a ideia do "bom selvagem", do homem simples e bom em estado de natureza, que Rousseau exprimiu; foi também a voga da ilha deserta, e da "paisagem" na pintura e na literatura, paisagens exóticas e incomuns (exotismo).

9) Retorno ao passado. O escapismo romântico traduziu-se em fuga para a natureza e em volta ao passado, idealizando uma civilização diferente da presente. Épocas antigas, envoltas em mistério, a Idade Média, o passado

nacional, forneciam o ambiente, os tipos e argumentos para a literatura romântica. A história era valorizada e estudada (historicismo).

10) Pitoresco. Não somente a remotidão no tempo, mas também no espaço atraía o romântico. É o gosto das florestas, das longes terras, selvagens, orientais, ricas de pitoresco, ou simplesmente de diferentes fisionomias e costumes. É a melancolia comunicada pelos lugares estranhos, geradora da saudade e da dor de ausência, tão características do Romantismo. O pitoresco e a cor local tornaram-se um meio de expressão lírica e sentimental, e, por fim, de excitação de sensações. É o caminho para o Realismo.

11) Exagero. Na sua busca de perfeição o romântico foge para um mundo em que coloca tudo o que imagina de bom, bravo, amoroso, puro, situado no passado, no futuro, ou em lugar distante, um mundo de perfeição e sonho.

Ao lado dessas características, resumidas de Hibbard, o Romantismo distingue-se ainda por traços formais e estruturais.

Como decorrência da liberdade, espontaneidade e individualismo, no romântico há ausência de regras e formas prescritas. A regra suprema é a inspiração individual, que dita a maneira própria de elocução. Daí o predomínio do conteúdo sobre a forma. O estilo é modelado pela individualidade do autor. Por isso, o que o caracteriza é a espontaneidade, o entusiasmo, o arrebatamento. Enquanto o classicista é preso às regras e o realista aos fatos, o romântico é movido pela vontade do artista e pelas suas emoções e reflexões.

Ao passo que o clássico tende a simplificar as personagens, o romântico encara a natureza humana na sua complexidade, construindo tipos multifacetados, mais naturais e mais humanos.

Do ponto de vista estilístico, o Romantismo oferece fisionomia bem distinta, podendo ser considerado um período estilístico, um estilo individual e de época bem caracterizado. Helmut Hatzfeld assim resume as qualidades que definem estilisticamente o Romantismo:

> Romanticism is the preference given to metaphor in contradistinction to Classicism which is mainly relying on metonymy. The consequence of this linguistic behavior is a propensity to imagery in general, be it in epic (novelistic) description, be it in lyrical symbolism or allegory. The intoxication of the eye and the stressing of sensation versus catharsis furthermore recurs to showy substantives and colorful epithets which in the long run shift the stress from the necessarily paler verbal style to a painterly nominal style in which even psychological shades are only expressed by physiognomical traits and gestures.[7]

O Romantismo distinguiu-se também quanto ao problema dos gêneros. Aliás, é quando se inicia o processo revisionista da própria noção de gênero, tal como foi consagrada pela poética neoclássica, sobretudo por Boileau, à imagem de Aristóteles e Horácio, reação que culminaria com Croce.

À noção de gênero fixo, imutável, puro, isolado, correspondente a uma hierarquização social, o Romantismo começou a opor as ideias da possibilidade de mistura, evolução, transformação, desaparecimento dos gêneros, seu enriquecimento ou esclerose, o nascimento de novos, a concomitância de diversos numa só obra, abolindo, destarte, o espírito sistemático e absolutista que dominava a compreensão do problema, hodiernamente encarado — diga-se de passagem — através de uma visão antes descritiva e analista, sem a tendência à fixação de regras.

Assim, as classificações e separações, as regras, os assuntos, que vigoravam quanto aos gêneros segundo os postulados neoclássicos, foram postos em xeque pela polêmica romântica. Em nome da liberdade, a literatura neoclássica aparecendo nitidamente esgotada e esclerosada pela submissão a um sistema de regras para cada gênero, o Romantismo insurge-se contra a distinção dos gêneros, considerando arbitrária a separação e reivindicando, ao contrário, a sua mistura. A própria subversão social consequente à Revolução Francesa, rompendo com a antiga hierarquização, refletia-se nessa anulação das fronteiras entre as formas literárias; pois, no dizer de Hugo, "la seule distinction véritable dans les oeuvres de l'esprit est celle du bon et du mauvais". Guizot pôs em relevo a impossibilidade de manterem-se as classificações e separações, acordes com uma sociedade estável e ordenada, depois de subvertida por sentimentos e necessidades contrastantes. Por outro lado, o espírito clássico não admite na arte a pluralidade de emoções e sentimentos num mesmo gênero, o que é prerrogativa do romântico, que se compraz na apresentação misturada e íntima de coisas e estados de alma opostos. Para o romântico, mais seduzido pela complexidade da vida, é em obediência a essa complexidade e à sua aparente desordem que se impõe a mistura dos gêneros, aparecendo lado a lado a prosa e a poesia, o sublime e o grotesco, o sério e o cômico, o divino e o terrestre, a vida e a morte.

As consequências dessa formulação do problema dos gêneros, que não se processou, aliás, abruptamente, ao contrário, através de longos debates e experiências, não deixaram de se fazer sentir na poesia, no teatro, no romance.

a) A partir do conceito de que a poesia se origina no coração, onde reside a suprema fonte, e de que à arte cabe apenas a operação de fazer versos, o Romantismo reduz toda poesia ao lirismo, como a forma natural e primitiva, oriunda da sensibilidade e da imaginação individuais, da paixão e do amor. Poesia tornou-se sinônimo de autoexpressão. Em consequência, as denominações genéricas de poesia, poesia lírica, lirismo, poema, foram substituindo as antigas denominações específicas de ode, elegia, canção, as quais, inclusive, perderam, no dizer de Van Tieghem, seu sentido preciso ou desapareceram de uso, acompanhando o declínio ou a substituição dos gêneros que designavam. Assim, a poesia romântica foi pessoal, intimista e amorosa, explorando, ainda, a temática filosófica e religiosa. É mister, também, não esquecer que teve um aspecto social e reformista, além do narrativo com tonalidade épica.

b) Quanto ao teatro, a revolução ainda é mais drástica, dela resultando, como acentua Van Tieghem, a destruição da tragédia como gênero fixo e consagrado por leis imutáveis, e sua substituição pelo drama de estrutura e forma livres e diversas, melhor apropriado às tendências do espírito do século.

A revolução no teatro, o primeiro gênero a atrair o espírito romântico, e no qual se realizou principalmente, processou-se contra as regras ou unidades de tempo e lugar, da poética neoclássica, salvando-se a unidade de ação ou de interesse, criada pela personagem, que forma o seu centro. Foi a própria exigência do drama romântico — de fundo histórico, reunindo problemas sociais, políticos, morais, psicológicos, religiosos; assuntos vastos, personagens numerosas tratadas na sua evolução, sem saltos — que impôs a ruptura das unidades, pela necessidade de maior margem de tempo e lugar para movimentar a ação.

Renunciando a essas unidades, o drama romântico virou-se para o passado nacional e para a história moderna, em lugar da Antiguidade greco-latina, em busca da forma nova, a "cor local", os costumes, base da realidade e característica essencial da sociedade. Mas o drama romântico distingue-se ainda pela união do nobre e do grotesco, do grave e do burlesco, do belo e do feio, no pressuposto de que o contraste é que chama a atenção, além de assim mostrar-se mais fiel à realidade. Por último, o drama romântico misturou o verso e a prosa.

c) De referência ao romance, não foi menor a importância que o Romantismo lhe emprestou, e, pode-se afirmar, o gênero ofereceu ao espírito romântico as melhores oportunidades de realização de seus ideais de liberdade e realismo — fosse na linha psicológica, histórica ou social —, além de proporcionar-lhe melhor atmosfera para o sentimentalismo, o idealismo, o senso do pitoresco e do histórico, e a preocupação social.

Com o Romantismo, inaugura-se o gosto da análise precisa e do realismo na pintura dos caracteres e dos costumes, cujos exemplos máximos são Stendhal e Balzac. Mas a simples realidade não prendia os romancistas românticos, que também buscavam a verdade através da construção de sínteses ideais e tipos genéricos, reunindo traços variados e de origens diversas na composição de uma personagem. O romance, destarte, fundiria realidade e fantasia, análise e invenção. Assim como no teatro, no romance o gosto da história, dos motivos e personagens é de tal maneira disseminado que imprime ao gênero uma de suas formas principais na época: o romance histórico. Outra variedade que gozou de extrema popularidade foi o romance gótico, "o romance negro", de conteúdo fantástico ou terrorífico, histórico ou sentimental, armado com incidentes misteriosos, cheio de fantasmas, aparições e vozes sobrenaturais, passados em castelos, claustros ou solares assombrados, e buscando deliberadamente a impressão de horror.

Também o romance de aventuras, com muita ação, façanhas perigosas, extraordinárias e emocionantes, podendo encontrar-se combinadas as duas formas.

Em suma, o Romantismo cultivou principalmente a poesia lírica, o drama e o romance — social e de costumes, psicológico e sentimental, gótico e de aventuras, e histórico, de tema medieval ou nacional.

Mas, às inovações introduzidas na estrutura dos gêneros, na inspiração, na temática, houve que acrescentar reformas na língua, no estilo, na técnica da versificação. De modo geral, atenderam à tendência para a liberdade.

Sem renunciar à sintaxe e à disciplina poética, o romântico reagiu, em geral, contra a tirania da gramática e combateu o estilo nobre e pomposo, que considerava incompatível com o natural e o real, e defendeu o uso de uma língua libertada, simples, sem ênfase, coloquial, mais rica.

Por outro lado, a versificação deveria passar por um processo de adoçamento, com formas métricas mais variadas, ritmos novos e mais harmoniosos (Van Tieghem), maior mobilidade e variedade de cesuras e riquezas de rimas, a fim de fugir à monotonia das formas clássicas.

3. O movimento romântico ocidental, concretização do espírito romântico num estilo de vida e de arte, estendeu-se pela Europa e América em ondas concêntricas formadas por sucessivas gerações de indivíduos. Essas ondas possuem fisionomia especial, resultado da diferenciação das qualidades românticas à custa do predomínio de umas sobre outras e de preferências ideológicas e artísticas reveladas pelas gerações que as compuseram.

O Romantismo foi preparado por uma primeira geração, que constituiu o movimento atualmente conhecido como o Pré-romantismo, desenvolvido sobretudo na Inglaterra e na Alemanha durante o século XVIII.

Formam esse grupo: Macpherson, Young, Gray, Collins, Goldsmith, Chatterton, Cowper, Bums, Klopstock, Herder, Goethe, Schiller, Bernardin de Saint Pierre, Foscolo, etc.

Em seguida, vem a primeira geração romântica, constituída de figuras nascidas por volta de 1770: Blake, Wordsworth, Coleridge, Southey, Walter Scott, Guilherme e Frederico Schlegel, Tieck, Novalis, Chamisso, Mme. de Staël, Chateaubriand, Lamb, De Quincey, Irving, Fichte, De Maistre, Courier, Hazlitt, Eichendorff, Uhland, Kleist, Grillparzer, Beethoven, Bello, Senancour, Hoffmann, etc. O Romantismo neles não está completamente formado, e se notam, em muitos, certos resíduos clássicos, na luta por impor uma nova sensibilidade.

A segunda geração romântica é a mais numerosa, e enquanto a primeira só atinge a plenitude mais para a idade madura, seus representantes, nascidos entre 1788 e 1802, denotam plena posse de sua novidade, e desde a juventude a vivem revolucionária e conscientemente. Compõem-na: Byron, Atterbom, Brentano, Lamartine, Schopenhauer, Shelley, Keats, Vigny, Leopardi, Mickiewicz, Pouchkine, Lenau, Hugo, Manzoni, Espronceda, Garrett, Dumas (pai), Carlyle,

Emerson, Macaulay, Michelet, Villemain, Nisard, George Sand, Cooper, Andersen, Stendhal, Merimée, Balzac, Sue, Ranke, Reine, Schubert, etc.

A terceira geração compreende figuras nascidas entre 1810 e 1820: Musset, Petoeff, Gautier, Nerval, Avellaneda, Herculano, Poe, Belinsk.

Dos escritores românticos, aqueles que mais influíram na eclosão e desenvolvimento do movimento no Brasil foram: Chateaubriand, Walter Scott, Byron, Lamartine, Hugo, Leopardi, Espronceda, Dumas (pai), Musset, Cooper, Reine, Hoffmann, Sue, Garrett e Herculano. Os grandes romancistas românticos — Merimée, Stendhal e Balzac — tiveram influência duradoura, que se prolongou pela fase realista da literatura brasileira.

CRONOLOGIA E CARACTERES DO ROMANTISMO BRASILEIRO

1. A penetração do movimento romântico no Brasil é relatada no cap. 22, vol. II, de *A literatura no Brasil*.

Foi graças ao próprio senso de relativismo do movimento que ele se adaptou à situação local, valorizando-a, de acordo com a regra romântica de exaltação do passado e das peculiaridades nacionais. Assim, o Romantismo, no Brasil, assumiu um feitio particular, com caracteres especiais e traços próprios, ao lado dos elementos gerais, que o filiam ao movimento europeu. De qualquer modo, tem uma importância extraordinária, porquanto foi a ele que deveu o país a sua independência literária, conquistando uma liberdade de pensamento e de expressão sem precedentes, além de acelerar, de modo imprevisível, a evolução do processo literário. O período de meio século, entre 1800 e 1850, mostra um grande salto na literatura brasileira, passando-se das penumbras de uma situação indefinida, misto de neoclassicismo decadente, iluminismo revolucionário e exaltação nativista, para uma manifestação artística, em que se reúne uma plêiade de altos espíritos de poetas e prosadores, consolidando, em uma palavra, a literatura brasileira, na autonomia de sua tonalidade nacional e de suas formas e temas, e na autoconsciência técnica e crítica dessa autonomia.

O estudo da evolução e das características dos diferentes gêneros e a análise das teorias literárias e críticas que informaram o movimento evidenciam a gênese dessa consciência de uma literatura que atingia sua independência. Sobressai nesse instante a figura de José de Alencar, o patriarca da literatura brasileira, símbolo da revolução literária então realizada, a cuja obra está ligada a fixação desse processo revolucionário que enquadrou a literatura brasileira nos seus moldes definitivos. Incitando o movimento de renovação; acentuando a necessidade de adaptação dos moldes estrangeiros ao ambiente brasileiro, em lugar da simples imitação servil; defendendo os motivos e temas brasileiros, sobretudo indígenas, para a literatura, que deveria ser a expressão da nacionalidade;

reivindicando os direitos de uma linguagem brasileira; colocando a natureza e a paisagem física e social brasileiras em posição obrigatória no descritivismo romântico; exigindo o enquadramento da região e do regionalismo na literatura; apontando a necessidade de ruptura com os gêneros neoclássicos, em nome de uma renovação que teve como consequência imediata, praticamente, a criação da ficção brasileira, relegando para o limbo das formas cediças a epopeia que Gonçalves de Magalhães tentara reabilitar ainda em plena metade do século — Alencar deu um enérgico impulso à marcha da literatura brasileira para a alforria.

O mesmo processo revolucionário segue a poesia, transplantada para o plano íntimo, embora, ao lado do lirismo, formas de veia épica e narrativa se hajam cultivado com valorosas expressões, sobretudo em Gonçalves Dias e Castro Alves. Mas os tipos que caracterizaram os neoclássicos e mesmo os pré-românticos foram de todo superados.

Teve, portanto, o movimento romântico todas as qualidades de uma revolução, dando largas às manifestações do temperamento poético e literário nacionais. Para melhor acentuar essa nota revolucionária, há o paralelismo com as circunstâncias sociais e políticas, também de natureza nitidamente revolucionária, que acompanharam o processo da independência, em 1822. A ascensão da burguesia, à custa da atividade comercial e das profissões liberais, intelectuais e políticas, e também pelo processo de qualificação social do mestiço graças, como mostrou Gilberto Freyre, às cartas de branquidade que o enriquecimento, o casamento e o talento literário e político concediam — a ascensão da burguesia tornou-a um aliado ou concorrente poderoso da aristocracia rural, quando não a substituiu ou se fez o seu representante nos parlamentos, na administração pública, no governo, conferindo-lhe, assim, uma posição igualmente influente e direitos tão fortes ao gozo dos benefícios da civilização. O momento, sob a árvore frondosa de um trono estável e respeitado, é de prosperidade geral e progresso em todas as direções. Depois da presença da Corte portuguesa e da Independência, este processo é ascendente e constante, mesmo quando sobressaltado por crises momentâneas, como a da época da Regência (1831-1840). Particularmente, o progresso cultural é tal que dificilmente se poderá apontar época de maior significação na história da cultura brasileira. E se cabe, inegavelmente, a Alencar um posto sem igual, talvez, como a figura que encarna e simboliza, no plano literário, essa revolução, não foi ela, todavia, obra de um só homem, como isso poderia fazer supor. Basta o registro da galeria de poetas do Romantismo para comprovar a assertiva. Tudo assim põe em relevo a importância e o significado do Romantismo na literatura e na cultura brasileira. Importância e significado tanto mais relevantes quanto contrastam com o que realizou o período imediatamente anterior. É bem verdade que o Arcadismo constitui a primeira grande manifestação literária coletiva de valor no Brasil, quando se desenvolve realmente a poesia e se fixa

O MOVIMENTO ROMÂNTICO 15

profundo sentimento nacionalista. Pode considerar-se a primeira manifestação romântica, ou precursora do Romantismo. Todavia, a despeito de vir também do Arcadismo o germe da exaltação da natureza, nas suas tendências rústicas e alusões à flora e fauna locais, a qual se desenvolveria numa das mais fortes características do Romantismo, o Arcadismo manteve-se fiel, mormente na forma, aos modelos clássicos e lusos, deixando para o Romantismo a conquista de um nativismo também de emoção e motivos. Dessa maneira, evidencia--se a novidade do Romantismo, ainda mais destacada pelo contraste com os elementos arcádicos, muitos dos quais penetraram, sob forma de resíduos, até a primeira fase do Romantismo. Contraste que ressalta ainda com a substituição da influência lusa pela inglesa e francesa.

Entre os dois momentos medeia, aliás, uma fase de transição — pré--romântica — em que lutam as tendências novas e o espírito antigo, expressa tal hesitação na mistura e interpenetração de tendências estéticas, de formas novas com temas cediços ou de assuntos novos com gêneros superados, tudo mostrando a indefinição e incaracterização da época, dominada por um subarcadismo ou pseudoclassicismo. Correntes diferentes cruzam-se e misturam-se, barrocas, arcádicas, iluministas, neoclássicas, rococós, românticas, oriundas a maioria de fontes europeias — portuguesa e francesa —, outras mergulhando raízes na terra brasileira, prenunciando traços que marcarão a futura fisionomia literária brasileira. A transição não é cronológica, mas formal.

Destaca-se, na gênese do Romantismo brasileiro, a contribuição do Arcadismo português, muito atuante na fase de transição, justamente, o que parecerá paradoxal, quando se deu o rompimento com a Metrópole. Fomentando a reação ao cultismo decadente; incentivando a imitação antiga, por intermédio da França; iniciando o lirismo pessoal; insistindo no culto da natureza, depois do que foi fácil a transição para o exotismo americano; legando aos pré-românticos a grande herança do verso branco; elevando como regras poéticas a simplicidade, a naturalidade e a fantasia; os árcades portugueses — Correia Garção, Reis Quita, Antônio Dinis da Cruz e Silva —, a que os brasileiros estiveram ligados, conquistaram uma posição de influência impossível de ser negligenciada. Há que registrar, outrossim, o influxo de Bocage, por si mesmo já ocupando um posto de transição, bem como os de Nicolau Tolentino, José Agostinho de Macedo, Filinto Elísio, e outros, alguns dos quais, ao lado de Garrett e Herculano, tiveram influência que se prolongou por todo o Romantismo brasileiro.

Mas a eclosão do Romantismo não foi fenômeno isolado, e sim um dos aspectos por que se afirmou a consciência da Nação, em trabalho de autonomia.

O progresso geral do país durante a fase da permanência da Corte portuguesa (1808-1821), imediatamente seguida pela Independência (1822), teve indisputável expressão cultural e literária. O Rio de Janeiro tornou--se, além da sede do governo, a capital literária, e, com a liberdade de prelos, desencadeou-se intenso movimento de imprensa por todo o país, em que se misturavam a literatura e a política numa feição bem típica da época. À agitação intelectual que caracteriza a fase posterior à Independência, há que aliar uma grande curiosidade acerca do país — sua história, sua vida social, econômica e comercial, sua raça, flora e fauna — de que resultou a criação do Instituto Histórico e Geográfico Brasileiro (1838), além do interesse pelas ciências naturais, pela mineralogia, química, medicina. Os estudos históricos libertaram-se do tipo de memórias, crônicas e genealogias, encaminhando-se para a orientação moderna. Foi relevante o papel da imprensa política e literária na fase estudada. Sua vasta atuação mostra o alargamento do público, no Brasil, ao mesmo tempo que estabelece um laço entre ele e os escritores, que terá vida longa no país, numa popularidade, com altos e baixos, mas sempre presente. Contudo, a essa fusão de política e literatura se devem também muitos malefícios à produção literária. Criou ou implantou entre nós a moda do "publicista", misto de jornalista, político e homem de letras, capaz de borboletear por todos os assuntos sem se fixar em nenhum. A isto se deve a primazia do "diletante" sobre o "profissional" no exercício das letras, de graves consequências para a qualidade da produção, seja no terreno da literatura de imaginação, seja no das ideias. Não será injustiça responsabilizar-se esse espírito pela superficialidade, falta de calado, conteúdo e substância, que são traços de muito da nossa literatura.

De qualquer modo, porém, não se pode desdenhar o papel que teve a imprensa literária e política na fase da gênese do Romantismo no Brasil. Imprensa representada sobretudo pelos seguintes órgãos: *Correio Brasiliense* (1808-1822), de Hipólito da Costa Pereira; *Aurora Fluminense* (1827), de Evaristo da Veiga; *As Variedades ou Ensaios de Literatura* (1812), primeiro jornal literário do Brasil; *O Patriota* (1813-1814); *Anais Fluminenses de Ciências, Artes e Literatura* (1822); *O Jornal Científico, Econômico e Literário* (1826); *O Beija-Flor* (1830-1831); *Revista da Sociedade Filomática* (1833); *Niterói, Revista Brasiliense* (1836); *Minerva Brasiliense* (1843-1845); *Guanabara* (1850).

Como bem define Virgínia Cortes de Lacerda, "observando o local e a data do aparecimento, a duração mais ou menos efêmera, a orientação filosófica, política ou literária, o conteúdo desses órgãos da nossa imprensa de então, podemos chegar a determinadas conclusões bastante elucidativas do nosso Pré-romantismo: 1) a influência estrangeira, política e literária, vinda de Londres, primeiro, e de Paris, depois, com predominância; 2) os focos culturais do período localizados em Bahia, Rio e São Paulo; 3) a influência das sociedades secretas ou literárias na orientação do pensamento e da ação (sociedades maçônicas, literárias, científicas, artísticas); 4) o estímulo proveniente dos apelos de nacionalização das letras brasileiras, lançados por Ferdinand Denis e Garrett; 5) a persistência do filintismo e do elmanismo na expressão literária do tempo".

Através do jornalismo — político ou literário, pela notícia e pela tradução — o incipiente e rarefeito meio cultural brasileiro mantinha-se em contato espiritual com os grandes centros estrangeiros. Mas essa função foi também preenchida pela tradução, de larga voga na época, divulgada em livro ou jornal, de literatura de ideias ou de ficção, feita por penas ilustres. Teve influência poderosa na renovação intelectual, pela divulgação que fez da cultura estrangeira, desde que, cessada a proibição lusa à importação intelectual, se abriram livremente as portas às ideias. Assim, os ideais iluministas, enciclopedistas, revolucionários e românticos tiveram livre curso no país, produzindo rapidamente os seus frutos.

A oratória foi outro meio importante e de largo cultivo no período, contribuindo para alargar os horizontes, através dos púlpitos e parlamentos. Foi uma forma extremamente popular, graças à qual as novas doutrinas alcançavam as camadas altas e as populares, atraídas pelo brilho e eloquência dos pregadores e dos políticos. A voga da oratória resistiu todo o século XIX, e somente nos anos mais recentes, após a revolução modernista, é que ela não mais desperta o mesmo eco e igual receptividade, sobretudo nas esferas mais cultas. Deixou, porém, forte impregnação na mentalidade e nos hábitos literários brasileiros, que refletem o gosto do discurso, até na prosa de ficção e na poesia. Situada, porém, no tempo, a oratória política e religiosa representou um papel importante no plasmar a estrutura política e social brasileira, pela eloquência de agitadores em quem se concentravam os melindres e anseios da nacionalidade, à luz dos ideais liberais e do nacionalismo inovador, ideais difundidos largamente ao impulso do Iluminismo e da Revolução Francesa.

Mas foi a poesia lírica a expressão literária dominante nessa fase de transição, em que se exercitaram, como relembra Virgínia Cortes de Lacerda, os poetas do grupo que Veríssimo chamou "os predecessores do Romantismo", e Sílvio Romero os "últimos poetas clássicos, retardatários e de transição", Ronald de Carvalho os "últimos árcades".[8]

É, portanto, no período pré-romântico que se deve colocar o germe da independência intelectual do Brasil. E nesse trabalho distinguiram-se José Bonifácio, o promotor da independência literária, e Sousa Caldas. O papel revolucionário que desempenharam foi a despeito de seu caráter híbrido e transicional, pois se conservaram neoclássicos por certos aspectos, e adotaram atitudes e formas inovadoras, inspiradas no Pré-romantismo e no Romantismo europeu, ou decorrentes da própria vida do país. Assim, "já se reconheceu que os nossos pré-românticos tinham laivos dos pré-românticos europeus (Sturmistas, Wieland, Young...), e de românticos conservadores e religiosos (Scott, Wordsworth, Chateaubriand, Lamartine, Hugo, da primeira fase, poetas medievalistas...) e ainda nada do Romantismo liberal e revolucionário (Shelley, Hugo, Reine...). Eram de inspiração nacionalista, mas conservadores e religiosos".

A tarefa de introdutor do Romantismo no Brasil coube, porém, singularmente a uma figura que foi, além disso, como assinalou José Veríssimo, o nosso primeiro homem de letras, e quem iniciou a carreira literária entre nós, Domingos José Gonçalves de Magalhães, o Visconde de Araguaia. A singularidade do fato reside em que tal trabalho haja sido realizado por um espírito de tendências conservadoras, expressas no seu primeiro livro de poesias (1832), e ainda na fidelidade a certas formas clássicas, ressuscitadas muito tempo depois de implantado o Romantismo, quando deu a lume o poema *A confederação dos tamoios* (1856), de linhas nitidamente tradicionais. Mas esse caráter híbrido é típico da época de transição, e no próprio Magalhães, aos remanescentes clássicos, aliam-se traços e índices de renovação. Assim, a fusão de política e literatura, ambas trabalhando para a autonomia cultural e política do país; a sua atitude intencionalmente revolucionária, de renovação total da literatura brasileira, expressa no manifesto com que lançou a revista *Niterói* (1836); a intenção antilusa, com a indicação de transferir para a França a fonte de inspiração literária e artística, de onde, aliás, simbolicamente, lançou a revista e o seu livro *Suspiros poéticos e saudades* (1836); a preferência dada ao tema do indianismo; tudo justifica a posição de introdutor do Romantismo que detém Gonçalves de Magalhães na literatura brasileira.

O fator essencial na transformação operada no Brasil, no sentido do Romantismo, foi o influxo proveniente da França. Ao papel de Ferdinand Denis, como "pai do Romantismo brasileiro", há que acrescentar os de Chateaubriand, Victor Hugo, Lamartine, Musset, e outros vultos pré-românticos e românticos. O fato já fora registrado por Ferdinand Denis e, depois, por Ferdinand Wolf, em *O Brasil literário* (1863): "Foram os românticos franceses que, em grande parte, favoreceram o verdadeiro Romantismo nos outros povos novilatinos". Essa influência, como acentua Paul Hazard, em vez de opressiva, foi excitadora, fazendo-os libertarem-se dos grilhões classicizantes.

Não obstante a reação antilusa do Romantismo brasileiro desde a fase preparatória, é mister, no entanto, não esquecer a repercussão da figura de Almeida Garrett, cuja obra renovadora na implantação do movimento em Portugal é anterior a 1830, mais precisamente de 1825, quando publica o poema *Camões*. As suas ideias, expostas na introdução ao *Bosquejo* (1826), correm de par com as de Ferdinand Denis, nos *Resumés* (1826), em favor da liberdade e nacionalização da literatura brasileira. O fato, porém, é que os melhores espíritos de então já sentiam os mesmos anseios, como José Bonifácio e Gonçalves de Magalhães, no sentido de uma forma nova adaptada ao novo assunto.[9]

Configura-se, pois, o Romantismo, no Brasil, entre as datas de 1808 e 1836, para o Pré-romantismo; de 1836 a 1860 para o Romantismo propriamente dito, sendo que o apogeu do movimento se situa entre 1846 e 1856. Depois de 1860, há um período de transição para o Realismo e o Parnasianismo.

2. O movimento romântico no Brasil processou-se, como o europeu, através de ondas de gerações sucessivas, que constituem subperíodos ou grupos mais ou menos diferenciados do ponto de vista ideológico e temático.

É problema dos mais complexos a classificação e distribuição dos escritores românticos brasileiros, resultante da própria complexidade do movimento, entrecortado de correntes cruzadas e tendências variadas e, por vezes, divergentes. Comentando os esforços baldados de Sílvio Romero, e as tentativas simplificadoras de José Veríssimo e Ronald de Carvalho, confessa Oto Maria Carpeaux, "que é quase impossível distinguir com nitidez as diferentes fases da evolução do Romantismo brasileiro", dificuldade resultante, como acentua, do número de escritores aparecidos num curto período de tempo, do entrecruzamento da cronologia, que rompe completamente qualquer esquema de agrupamento por gerações.[10]

Há representantes de uma geração que a ultrapassam espiritualmente e tomam parte em outro grupo. Há figuras de transição; há os diletantes e marginais, que não se fixam ou evoluem, adaptando-se a grupos sucessivos; os retardatários, os que não pertencem a qualquer grupo, ou que se ligam a um grupo por identidade espiritual e estilística, mas que não é o da sua geração; e em cada grupo, há as figuras maiores, bem representativas, e as secundárias que se ligam às principais de maneira descolorida, hesitante, incaracterística.

Acompanhando-se a evolução das tendências e formas literárias através do Romantismo, verifica-se a formação progressiva de uma estética e de um estilo — em que se reúnem elementos formais e espirituais. Essa evolução efetua-se em várias etapas, de que participam grupos ou gerações de poetas, ficcionistas e cultores de outros gêneros. De modo geral, como nota Manuel Bandeira, a forma é a mesma, variando de acordo com as gerações, os temas, o sentimento e a tonalidade. Abrangendo a poesia, a nova estética envolveu a ficção e o drama, formulando também teorias críticas e literárias quanto à natureza e finalidade da literatura, quanto à mais conveniente estratégia de realização desses ideais, e quanto aos gêneros adequados à sua expressão. O objetivo era a criação do caráter nacional da literatura, em oposição à marca portuguesa, considerada de importação e de opressão nesse momento de luta pela autonomia.

Sem respeito à estrita cronologia, já violentada pela realidade, podem-se estabelecer grupos estilísticos e ideológicos na evolução do Romantismo brasileiro. Em primeiro lugar, é mister distinguir o Pré-romantismo e o Romantismo propriamente dito, este último com quatro grupos, fixando-se datas como simples marcos flexíveis de referência.

PRÉ-ROMANTISMO (1808-1836). É um corpo de tendências, temas, ideias, sem constituir doutrina literária homogênea, com remanescentes classicistas e arcádicos, e elementos novos. Já se encontram algumas notas específicas do Romantismo. Ora como antecessores, ora como precursores, ora como figuras de transição, anunciam, preparam ou veiculam as qualidades românticas.

Muitas das figuras dessa fase, por incaracterísticas, atravessam o Romantismo, como diletantes ou marginais, aproveitando os recursos formais ou temáticos, sem contudo se realizarem plenamente. A influência portuguesa vai cedendo o lugar à francesa e inglesa. Cultiva-se intensamente o jornalismo (político e literário, na maioria misturados), a eloquência sacra e profana, a poesia lírica, a história, as ciências naturais. Compreende mais ou menos figuras nascidas antes de 1820.[11]

ROMANTISMO. *Primeiro grupo*. Iniciação pelo grupo fluminense, com o manifesto romântico de 1836: *Niterói, Revista Brasiliense*. Tendências contraditórias, de conservadorismo, com resíduos classicistas, ao lado de marcha deliberada para a nova estética, o que o faz não mais pertencer à fase pré-romântica de maneira completa e desempenhar o papel também de iniciação e introdução. Poesia religiosa e mística; nacionalismo, lusofobia; influência inglesa e francesa (Marmontel, Chateaubriand, Hugo, Vigny, Lamartine). As ideias românticas procuram impor-se através de novos temas, aspirações espirituais e religiosas, nova sensibilidade; a ficção esboça-se; o gosto pela natureza espalha-se; intensifica-se o interesse cultural (científico, filosófico, histórico, sociológico). O gênero preferido é a poesia lírica, mas a ficção e o teatro dão os primeiros passos, e continua o intenso cultivo do jornalismo.[12]

Segundo grupo (1840-1850). Apesar de incluir figuras pertencentes à geração do grupo anterior e mesmo alguns retardatários, e a despeito de continuarem, com muitos deles, os laços ao passado classicista e luso, formam um grupo bem caracterizado e diverso do anterior. Predominam a descrição da natureza, o panteísmo, a idealização do selvagem, o indianismo, expressão original do nacionalismo brasileiro, o selvagem como símbolo do espírito e da civilização nacionais em luta contra a herança portuguesa. Influências de Chateaubriand, Fenimore Cooper, Walter Scott, Eugene Sue, Balzac. Os gêneros mais cultivados são a poesia lírica e narrativa, a ficção, o teatro, a crítica, a história e o jornalismo. Compreende, na maioria, figuras nascidas entre 1820 e 1830, que começaram a atuar pela década 1840.[13]

Terceiro grupo (1850-1860). Individualismo e subjetivismo, dúvida, desilusão, cinismo e negativismo boêmio; "mal do século"; poesia byroniana ou satânica. Influência de Byron, Musset, Espronceda, Leopardi, Lamartine. A ficção consolida-se com Alencar, Macedo, Bernardo Guimarães, Franklin Távora, sob a forma indianista, sertanista, regionalista, usando material local e ambiente nativo, com intenções nacionalistas. Surge, também, a ficção histórica, por influência de Walter Scott; e acentua-se a variedade urbana. A crítica, iniciada antes sob a forma de notas biográficas e antologias, adquire consciência de sua missão e técnicas. Poesia lírica, ficção, crítica, além da história e jornalismo são, portanto, os gêneros cultuados. Compreende figuras nascidas por volta de 1830, e que começaram a exercitar-se na década de 1850 a 1860.[14]

Quarto grupo (Depois de 1860). Romantismo liberal e social: intensa impregnação político-social, nacionalista, ligada às lutas pelo abolicionismo (especialmente depois de 1866) e pela Guerra do Paraguai (1864-870). Na poesia lírica, além de um lirismo intimista e amoroso, por influência de Victor Hugo tende para um lirismo de metáforas arrebatadas e ousadas, que se batizou (Capistrano de Abreu) de poesia "condoreira" ou "condoreirismo". Grande preocupação formal leva o grupo a experiências que, aliadas ao clima de realismo literário e filosófico, conduzem a poesia na direção do Parnasianismo. É quase um grupo de transição, de "romantismo realista", preludiando a "arte pela arte", já com uma nota bem forte de erotismo, algumas figuras penetrando mesmo o Parnasianismo ou servindo de traço de união entre os dois estilos. Franca reação antirromântica na década de 1870.

A ficção supera, nessa fase, à fórmula romântica, que se esgota no sentimentalismo e no sertanismo, invadindo, depois de 1870, a forma realista, seja na maneira urbana, de análise de costumes e caracteres, seja na regionalista, seja na naturalista. É a ficção nacional, brasileira, consolidada, autônoma.

Os gêneros adquirem maior autonomia estética, libertando-se da política e do jornalismo. Com a geração de 1870, começa nova influência nas letras, a da filosofia positiva e naturalista. Compreende, na maioria, figuras nascidas por volta de 1840.[15]

3. *Caracteres*. O movimento romântico, muito embora subdividido em nuances estilísticas, denota unidade em seus caracteres fundamentais. No Brasil, todavia, assumiu uma tonalidade própria, comunicada pelas peculiaridades do meio a que se acomodou, ainda em conformidade com o senso do relativo e a historicidade que são alguns de seus traços definidores.[16] É possível resumir como se segue as suas características:

a) Coincidindo sua eclosão com o alvorecer da nacionalidade, ajustou-se à alma do povo, cujos anseios e qualidades sentiu e exprimiu. Como muito bem asseverou um crítico, "o Romantismo brasileiro tem muito de seu a fusão, que realizou, do momento pessoal ao momento coletivo". Era um instante de exaltação individual que se aliava à exaltação coletiva, e encontrava na estética romântica o meio adequado de realização. Daí o Romantismo possuir vários aspectos — o literário e artístico, o político e social, envolvendo gêneros variados como a poesia lírica, o romance, o drama, o jornalismo, a eloquência, o ensaio, a crítica. Mais do que um movimento literário estrito, foi antes e acima de tudo um estilo de vida, nacional, todo o povo tendo vivido de acordo com suas formas, e sentido, cantado, pensado de maneira idêntica, procurando afirmar, através dele, a sua individualidade e a alma coletiva.

b) Pela ênfase dada à inspiração, como guia supremo da criação literária, o Romantismo estabeleceu um padrão que, indo ao encontro de qualidade inata no povo brasileiro, se entronizou em norma estético-literária que dominaria grande parte de nossa atividade literária. É bem romântico o culto brasileiro da inspiração, da improvisação e da espontaneidade como fontes de criatividade. Mas é, por outro lado, bem brasileiro, o que prova a sintonização da alma brasileira com a alma romântica. Bem brasileiros e bem românticos são o sentimentalismo e o sensibilismo. Consequência disso é a extrema popularidade da literatura romântica, que correspondeu e ainda corresponde a uma exigência natural do povo, a um gosto específico, a uma tendência por assim dizer permanente da sua alma. São os românticos dos escritores brasileiros mais populares, dos que mais eco despertam no público — Gonçalves Dias, Casimiro de Abreu, Álvares de Azevedo, Castro Alves, José de Alencar, Macedo...

Mas a norma romântica da inspiração e da improvisação, com deslocar as regras e a retórica da base da formação literária, em reação contra os postulados classicistas, introduziu o desprezo pelo artesanato e o consequente descuido, relaxação e negligência em relação a todos os aspectos técnicos da arte. Ao lado do princípio romântico da liberdade — literária, social, política —, essa norma conduziu à ruptura com as obrigações de respeito às tradições na linguagem, que, se trouxe um bom resultado quanto ao enriquecimento do vocabulário e alargamento dos assuntos, produziu certa anarquia e desordem, arroladas como licenças poéticas.

c) O Romantismo brasileiro teve colorido fortemente político e social. É o seu lado democrático-popular que se torna mais visível e atuante, pois, como afirma Samuel Putnam, "nunca foi tão íntima a relação entre arte e sociedade", acompanhando lado a lado a revolução burguesa e o movimento pela independência e democracia, o que o transformou em "poderosa arma na luta e o veículo literário do nascente nacionalismo do Brasil e outros países latino-americanos". Também aqui a revolução burguesa triunfava com a Independência e a democracia, como repercussão da era inaugurada pela Revolução Francesa. Portugal representava tudo o que abominavam os brasileiros: a opressão política, a exploração econômica, o conservadorismo literário. O Romantismo fez soarem os clarins da liberdade em todos os setores. À liberdade política, à autonomia de consciência, correu paralela a rebelião literária. Formara-se com o tempo uma nova sensibilidade, que procurava expressar-se por outra forma artística. Diante dos materiais de uma nova civilização, os homens de letras deixaram, depois de longo processo de amadurecimento, de olhar para a Metrópole portuguesa em busca de padrões de expressão literária na poesia, na ficção, no drama. Daí essa consonância de ideais entre a política e a literatura, que fez elevar-se a figura de José Bonifácio de Andrada e Silva como o patriarca da independência política e o pioneiro mais forte da revolução literária.[17] Acresce a circunstância de muitos escritores terem sido também políticos de destaque, o que concorria para aumentar-lhes a popularidade. Essa relação entre a literatura e a política fez com que, no Brasil — a despeito de ser, da América Latina, como salientou Ureña, o único país em que frutificou a linha de rebeldia individualista e de mal do século —, tivesse mais êxito o aspecto liberal e revolucionário, em contraposição com o conservador e religioso. Mesmo entre o clero, grassava o idealismo romântico, político e social. A literatura romântica foi, portanto, uma arma de ação política e social, desde a Independência.

d) O nacionalismo romântico assumiu um caráter muito próprio no Brasil, sob a forma do *indianismo*. Casando a doutrina do "bom selvagem" de Rousseau com as tendências lusófobas, o nativismo brasileiro encontrou no índio e sua civilização um símbolo de independência espiritual, política, social e literária, como demonstrou Capistrano de Abreu, para quem o indianismo não era planta exótica, mas tinha fundas raízes na literatura popular. Além disso, o indianismo estava, em Alencar e Gonçalves Dias, estreitamente relacionado com a restauração do mito da infância e do retorno à inocência infantil característica geral do Romantismo, tema que encontrou, aliás, em Álvares de Azevedo, outra forma de expressão. É profundo, dessa maneira, o significado do indianismo, no dizer de Clóvis Beviláqua, "o primeiro passo da estética brasileira procurando o seu tipo especial e próprio", surgindo da própria massa da originalidade nacional e constituindo o ponto de partida, cheio de sugestão, de todas as tentativas posteriores de encontrar materiais peculiarmente brasileiros para dar expressão literária à consciência nacional. É daí que resultam o culto do sertão e do sertanejo, o caipirismo, o caboclinho, e, acima de tudo, o regionalismo, que foi, afinal, a feição mais alta que ainda gerou esse brasileirismo.

e) A corrente individualista e boêmia floresceu na metade do século, embora suas raízes mergulhem até Gonçalves de Magalhães, com a sua melancolia, pessimismo, dúvida e religiosidade e o seu senso da inanidade das coisas terrenas. Mas foi no grupo de Álvares de Azevedo, Junqueira Freire, Casimiro de Abreu, que o "mal do século" pôde empenhar sua força máxima, em estados mórbidos de dúvida, negativismo e melancolia. Esse aspecto bem típico do Romantismo teve, por outro lado, larga difusão através dos heróis e heroínas dos romances românticos, irmãos e primos de Werther e René, que constituem uma grande galeria de mórbidos e melancólicos sonhadores, dos romances de Macedo, Alencar, Taunay, como Lauro, Estácio, Cirino, Honorina, Raquel, Inesita, Isabel, Inocência, etc.

f) Pela necessidade de alargar o horizonte literário, o Romantismo dirigiu-se para fontes de inspiração nacional e local, em oposição à inspiração greco-romana que dominou a poética neoclássica. O primeiro passo nessa busca de novas dimensões foi dado no sentido interior, na direção da natureza do coração e do espírito, de que resultou o primado do lirismo, como a forma natural e primitiva da poesia, e o estabelecimento de um tipo de realismo baseado na verdade interior e na efusão do coração. O outro passo orientou-se para a valorização da "cor local" e o pitoresco, procurando, em virtude do princípio relativista de que o homem varia conforme os tempos e lugares, captar a sua verdade na diversidade exterior e interior — costumes, sentimentos, linguagem — que o tornam típico. Essa teoria encontrou clima sobretudo no romance, mas ela serviu de base também para a valorização da história local e das criações populares ou folclore.

No Brasil, a valorização da história e do passado nacional constituiu uma das mais importantes atividades durante o Romantismo. A História, a Etnologia, a Linguística tiveram grande desenvolvimento, de que são índice a fundação do Instituto Histórico e Geográfico Brasileiro (1838), as numerosas publicações e obras que marcam o início da historiografia brasileira em bases modernas, com Varnhagen como o seu grande propugnador. A História foi uma das atividades intelectuais que maior favor gozaram sob a égide do Romantismo.

Mas ela frutificou também na voga do romance histórico, à Walter Scott, de inspiração nacional, cujo maior representante foi José de Alencar. Correspondeu ao desejo de valorizar a temática nacional em oposição à lusa. Em vez dos assuntos da Idade Média, sobre os quais recaiu geralmente a tônica do Romantismo europeu, o brasileiro encontrou nas recordações da história local, nas lendas do nosso passado e na glorificação do indígena, as sugestões para uma desejada volta às origens próprias, que seriam a fonte de inspiração da arte e da literatura, aliás de todo o espírito e civilização brasileira.

A procura do colorido local peculiar conduziu à compreensão da literatura popular, onde, para os românticos, residiria o caráter original da criatividade literária, e de onde partiria o veio formador da literatura. As formas tradicionais e folclóricas, na frescura de seu lirismo e de sua veracidade, seriam o fator diferenciador da literatura. Em lugar da mitologia clássica, a que deviam a sua moldura ideológica os imitadores neoclássicos e arcádicos, os românticos prefeririam povoar a imaginação com os mitos e cosmogonias ameríndias. Houve um largo interesse por todas as formas da criação popular, e homens como Celso Magalhães, José de Alencar, Sílvio Romero, Araripe Júnior, Vale Cabral, Melo Morais, por efeito do relevo que lhes deu o Romantismo, dedicaram-se à coleta ou ao estudo do folclore, ressaltando a valia e o significado da poesia popular como forma de tradição, no momento em que a procura de uma tradição válida constituía objetivo de toda a inteligência brasileira na ânsia pela autonomia e em reação contra a tradição lusa.

g) O sentimento da natureza, um dos caracteres essenciais do Romantismo, traduziu-se na literatura brasileira de maneira exaltada, transformando-se quase numa religião. A atração da natureza americana, sua beleza, sua hostil e majestosa selvajaria exerceram verdadeira fascinação sobre a mente dos escritores, que se lançaram à sua conquista e domínio pelas imagens e descrições, ao mesmo tempo que se deixavam prender panteisticamente aos seus encantos e sugestões. Como que se desenvolveu um estado de comunhão ou correspondência entre a paisagem e o estado de alma dos escritores, poetas ou romancistas. Se essa inclinação já vicejava fortemente na literatura brasileira, herança da época do descobrimento e primeira colonização, que os árcades acentuaram,

O MOVIMENTO ROMÂNTICO   25

embora com a imaginação, por certos aspectos, ainda impregnada de visões clássicas, com o Romantismo o sentimento da natureza transformou-se num dogma e num culto, fixando-se na literatura de prosa e verso com sua presença absorvente, elevando à categoria distintiva o poder descritivo do escritor e mobilizando a capacidade humana de admitir e espantar-se diante da grandiosidade e mistério da natureza tropical. O romântico instaurou o prazer estético da paisagem, descobrindo-a definitivamente para a literatura, ao mesmo tempo fazendo conhecer o Brasil pelas suas descrições.

Significado e legado. Fixadas as qualidades específicas do Romantismo brasileiro, ou que no Brasil se tornaram específicas, há lugar para levantar a questão do seu legado e importância.

Do Romantismo, como estilo artístico e como movimento literário recebeu a literatura brasileira contribuições definitivas.

a) Os gêneros literários propriamente ditos ganharam autonomia e consistência, não só quanto ao aspecto temático, mas também quanto ao estrutural.

A um cotejo com a literatura das eras barroca, neoclássica e arcádica, e mesmo com a produção pré-romântica, ressaltará claramente que foi a própria literatura que, com o Romantismo, deixou de ser instrumento de ação religiosa e moral, ou de torneios de salão, para tornar-se a expressão estética da alma do povo para o seu supremo devaneio espiritual. Mesmo considerada a sua fusão com a política, sobretudo na fase pré-romântica, há no Romantismo um superior senso estético a comandar a sua criação, em franca evolução para a autonomia e especialidade de atuação e de formas. É a própria consciência literária que se configura.

Em verdade, realizam os românticos a criação dos gêneros literários com feitio brasileiro. Antes deles, a poesia recendia a impregnações clássicas e portuguesas. Era uma poesia, em muitos casos, portuguesa escrita no Brasil, por homens que aqui residiam, mas que no Reino se formaram e a seu modo sentiam. O Romantismo quebrou tal submissão, introduzindo na literatura a maneira brasileira de sentir e encarar o mundo, de traduzir os sentimentos e reações. Deu-lhe foros de cidade, reconheceu o direito a essa atitude nova de entrar na literatura. Os escritores não mais seriam obrigados a buscar inspiração na paisagem física, social e humana de Portugal. Bastava olharem ao derredor de si, e a literatura que produzissem não era necessariamente inferior à dos seus êmulos portugueses. De expressão espúria, a nova literatura adquiriu direito de cidadania, passando para o plano de igualdade, graças ao esforço autonomista dos românticos.

Tanto quanto a poesia brasileira, consolidou-se nessa época, de igual modo, a ficção. Ou melhor, mais do que isso, a ficção brasileira foi criada no Romantismo. Mesmo com o predomínio do descritivo e da pintura sobre o narrativo; mesmo a despeito da voga da história romanesca, sentimental e idealizada, as condições peculiares do meio brasileiro favoreceram a formação do gênero, na temática e na estrutura, mediante sobretudo as experiências altamente conscientes de Alencar, que transmite a herança, já configurada, aos seus sucessores, sobretudo Machado de Assis, os quais só terão que aprimorar a técnica, máxime da narrativa, para afeiçoá-lo segundo padrão estético. A Alencar, entretanto, deve-se a compreensão de que o romance era o gênero mais adequado à expressão brasileira do que a epopeia, como pensava Magalhães.[18] Embora a poética romântica o induzisse a idealizar a realidade, em vez de reproduzi-la.

De referência à crítica e às ideias literárias é das mais significativas a contribuição romântica. Deixando para trás a preocupação biográfica e antológica, e o espírito de isolamento acadêmico, que caracterizou os primeiros historiadores da literatura brasileira durante o século XVIII e início do XIX, os escritores românticos enveredaram corajosamente, conscientemente, pelo terreno das ideias literárias. A tendência atingiu o clímax com a polêmica em torno de *A Confederação dos tamoios* (1856) de Gonçalves de Magalhães, em que José de Alencar representou o pensamento mais avançado, como o polarizador dos anseios e esforços do espírito nacional pela posse de uma consciência técnica no tratamento e na compreensão do fenômeno literário. É um momento crucial, portanto, da evolução da crítica literária brasileira, não somente no que respeita à própria conceituação de sua natureza e finalidades, senão também quanto à compreensão da estrutura e temática dos gêneros literários que poderiam e deveriam ter cultivo em consonância com o meio e o espírito brasileiro. E quanto ao esforço com que procurou demonstrar a necessidade de enraizamento da literatura na vida brasileira, de que resultou, por outro lado, a fundação da historiografia literária, baseada no conceito de que a literatura é uma expressão social, e como tal deve ser historiada (Sílvio Romero, etc.).[19]

b) Também no concernente à linguagem, o movimento romântico desempenhou papel revolucionário, no que ressalta, ainda aqui, a figura de Alencar. Reivindicando os direitos de um dialeto brasileiro, em cuja caracterização antilusitana tinham lugar as peculiaridades da fala popular brasileira, os românticos tentaram uma reforma que, se não vingou completamente, o que seria impossível sem quebra da unidade linguística, fez reconhecer a necessidade de sujeitar o modo de exprimir e pronunciar às imposições da sensibilidade brasileira. A uma nova maneira de sentir há que corresponder uma expressão adequada, e as transformações por que vêm passando a prosódia e a língua literária brasileira, se não podem mais passar despercebidas, foi ao Romantismo — com suas ousadias e liberdades na medida, na cesura, na prosódia, nas construções "erradas", na ordem da frase, na colocação dos pronomes — que se deveu a libertação dos clássicos portugueses, numa revolucionária aproximação da língua falada com a escrita, da língua coloquial e da literária.

Mais do que a linguagem como expressão literária, foi a própria linguagem poética que o Romantismo criou no Brasil. Distanciando-se dos portugueses, a despeito de ainda a eles estar demasiado preso, Gonçalves Dias, paradoxalmente através de uma singular experiência de retroceder à língua lusa primitiva, formulou o problema da linguagem poética brasileira, oferecendo, ao mesmo tempo, as sementes de sua solução, que, com seu exemplo, se desenvolveria, já então livre das peias portuguesas, com Álvares de Azevedo, e se fixaria definitivamente com Castro Alves, quando o lirismo brasileiro atinge a sua feição mais límpida, pelo timbre e pela visão e sentimento de nossa realidade. Através desses poetas, sente-se o fio de uma evolução interior que os liga entre si, fazendo caminhar a forma poética segundo impulso intrínseco e por canais interiores. Arte é forma, e uma forma nova gera-se e desenvolve-se gradativamente, por dentro, sem queimar etapas necessárias, a matéria entrando nos moldes novos e se lhe adaptando, a experiência e os ideais nativos adquirindo uma nova fisionomia. Uma nova forma. Tanto isso é verdade que, nesses dois poetas, estão em germe os estilos futuros: no subjetivismo de Álvaro de Azevedo, o Simbolismo; na visão objetiva de Castro Alves, o Parnasianismo.

c) Ao movimento romântico se deve a constituição, no Brasil, da carreira literária e a compreensão da figura do homem de letras na comunidade. Gonçalves de Magalhães foi quem a encarnou pela primeira vez. E José de Alencar quem a elevou à mais alta estatura e a dignificou para exemplo e modelo da posteridade, na consciência do ofício, na fidelidade à vocação e ao mister, na compreensão de seu papel na sociedade. É o protótipo do escritor, do homem de letras, do *scholar*, e nele se miraria Machado de Assis para construir sua personalidade e sua obra, a obra máxima da literatura brasileira.

Um traço peculiar da concepção do homem de letras devida ao movimento romântico, e que logrou larga aceitação no Brasil, foi o da missão civilizadora do escritor, que, mago e profeta, estaria destinado a influir na marcha dos acontecimentos, graças à inspiração ou iluminação suprema. Cabia-lhe uma responsabilidade, uma vocação particular, um papel de reforma social e política, na condução da vida da comunidade, uma função educadora, moralizante, progressiva, a exercer junto aos contemporâneos. Esse conceito encontrou guarida na sociedade brasileira, onde dominou, penetrando até os dias presentes, tornando o escritor mais apto a agir e a ser julgado pela atuação política e social que porventura exercer, do que pela obra literária que produzir. A ação política, jornalística, administrativa, são sempre uma atração para o homem de letras, no Brasil, muito comumente incontentado e insatisfeito com a dedicação pura à atividade literária, no campo da imaginação ou da crítica.

d) A melhoria e ampliação do público foi outro resultado do movimento romântico, ao articular mais solidamente o homem de letras e a sociedade, criando nexos maiores de interesse entre os dois polos da atividade, despertando mais forte simpatia e mesmo a popularidade em relação aos escritores. Maior público surgiu para o romance, a poesia, o teatro, com o crescimento da classe média, a criação e ascensão da burguesia, a extensão do lazer, a valorização e cultivo da mulher, o acesso do mestiço, a restrição do analfabetismo, o alastramento da educação média e superior, a melhoria da difusão do livro pelo comércio e bibliotecas, a multiplicação das tipografias e casas impressoras, a crescente popularidade da imprensa. Esses e outros fatores dinamizaram a vida intelectual brasileira, e mais particularmente a literária, e o Romantismo constituiu-se o nervo desse processo que determinou a autonomia da literatura brasileira.

*

Pela primeira vez, teve o Brasil um movimento com raízes bem fincadas no solo e na realidade nacionais, inspirado exclusivamente nas grandes emoções coletivas. "Os poetas", afirmou Andrade Murici, "encarnaram efetivamente, não as angústias dum indivíduo aristocrático e refinado, porém as de toda a sua gente". E noutro ponto de seu ensaio: "O Romantismo dera a medida mais alta das possibilidades do estro peculiar à raça brasileira tal com ela está, por enquanto, amalgamada." Por isso, considera o crítico que "O Romantismo é das nossas glórias maiores e mais brasileiras, visto ter tido manifestações que só entre nós seriam possíveis; porque trouxe representações da natureza e da alma humana, e não de alguma vista através de livros; porque então, como nunca, os acontecimentos sociais e políticos refletiram-se fundamentalmente na poesia e sofreram por sua vez a poderosa e benéfica reação desta".

É a partir do Romantismo que começa a existir no Brasil uma literatura própria, no conteúdo e na forma.

Substituindo a visão idealizada do mundo, que vigorou no Classicismo, em todas as suas variedades, por uma imagem real e direta, inclusive captando a atmosfera local interior e exterior, o Romantismo possui em germe — como traço essencial e primitivo — o princípio realista, depois desenvolvido na forma superior da ficção brasileira. Desta sorte, é no período que vai do Romantismo ao Realismo que se deve focalizar o estudo compreensivo da literatura brasileira, para interpretar sua natureza e qualidades. Sobretudo, releva acentuar, apesar da aparente oposição, o engavetamento, a continuidade, mesmo a identidade em muitos aspectos, dos dois estilos no Brasil, o que ressalta inclusive do fato de muitos escritores passarem insensivelmente de um a outro, jamais se libertando do primeiro, e continuando com as mesmas preocupações e problemas. Foi Machado de Assis quem o afirmou: "Gente que mamou leite romântico, pode meter o dente no rosbife naturalista; mas em lhe cheirando a teta gótica e oriental, deixa o melhor pedaço de carne para correr à bebida da infância."[20] Aí está, nessa nota de desengano, a pintura perfeita do estado de espírito que impregnou os escritores brasileiros na segunda metade do século XIX, e que é típico do acordar da literatura brasileira.

Ao conciliar a imaginação romântica e as realidades da vida brasileira, na metade do século, o movimento criou um sistema de pensamento e de sentimento profundamente radicado no solo nativo, de onde retirou sua força e a sua unidade. Confirma, destarte, aquela lei apontada por T. M. Greene, em *The Arts and the Art of Criticism*, da relação entre o estilo e a coesão espiritual do povo: "In each case, the vitality of the style is intimately proportional to the spiritual cohesion and wisdom of the social group. The historie styles in art are, accordingly, accurate indices to the temper and spiritual atmosphere of the social group" (p. 386). A falta de unidade de estilo corresponde, portanto, a estados de confusão e desordem espiritual. Durante o Romantismo, a unidade do estilo e da vida mostram que o povo brasileiro atingira a coesão espiritual.

Assim, ao colocar no primeiro plano a preocupação brasileira na literatura, em assuntos e tipos, o Romantismo comunicou-lhe um sentimento brasileiro, uma nota de intimidade com o meio, aquele "instinto de nacionalidade", notavelmente definido por Machado de Assis, e que constitui, desde então, a sua notação específica. Daí a importância de sua contribuição, seja no plano da estética geral e dos gêneros, seja no da estratégia de realização. Se nem sempre, nas obras que legou, foi positiva e perfeita, considerada em bloco, a sua contribuição e a sua mensagem ocupam um lugar sem igual na literatura brasileira. Como afirmou Paul Hazard, "o Romantismo aparece, aqui, menos como uma doutrina que como surto vital. Digamo-lo claramente: no Brasil o Romantismo foi uma força religiosa, social, nacional. Ele não deu apenas a mais abundante florescência de romancistas e poetas; não restabeleceu somente as letras na alta dignidade que lhes competia; confundiu-se com a liberdade, com a existência mesma da jovem nação". De então em diante, a literatura produzida no Brasil não mais poderá ser considerada, como antes dele, um simples ramo da portuguesa, a despeito de ser o mesmo o idioma em que se expressam. Estava completo o processo de constituição orgânica de uma nova literatura — através do transplante de uma cultura refinada para uma área primitiva, com diferentes necessidades e visão do mundo. A literatura brasileira encontrara o momento de sua definitiva afirmação.

NOTAS

1   In *J. Aesthetics and art criticism.* December, 1955, p. 156.

2   Sobre o problema da periodização, especialmente da periodização estilística, ver a "Introdução geral" desta obra, bem como a Bibliografia, Introdução, 2 e 6. Particular atenção merecem os trabalhos de R. Wellek, H. Hatzfeld, P. Frank, C. Friedrich. Os estudos de Frank e Friedrich colocam os postulados teóricos da periodização estilística em termos bastante esclarecedores.

3   Baldensperger, F. Romantique, ses analogues et équivalents (in *Harvard studies and notes in philology and literature*, XIV, 1937, pp. 13-105); Lovejoy, A. "On the discrimination of Romanticisms" (in *Essays in the History of Ideas*. Baltimore, 1948); Smith, L. P. *Words and idioms*. Boston, 1925; Van Tieghem, P. L., *Romantisme dans la littérature européenne*. Paris, 1948. pp. 2-5; Wellek, R. "The concept of Romanticism in literary history" (in *Comparative literature*. I, n. 1, Winter, e n. 2, Spring, 1949, repr. em: *Concepts of Criticism*. Yale univ. pr., 1963).

4   Para mais detalhes, ver R. Wellek. loc. cit. em nota 3.

5   Paul Van Tieghem. *Le Romantisme dans la littérature européenne*. Paris. A. Michel, 1948; idem. *Le Préromantisme*. Paris, Alcan, 1924-1947. 3 vols., idem. *Histoire littéraire de l'Amérique*. Paris, Colin, 1941; idem. *Le Sentiment de la Nature dans le Préromantisme Européen*. Paris, Nizet. 1960. Ver também: M. Magnino. *Storia dei Romanticismo*. Roma, Mazara, 1950.

6   Hibbard, *Writers of the World*. Boston, Houghton Miffiin, 1942, pp. 389 ss.

7   "O Romantismo é a preferência pela metáfora, por contraste com o Classicismo que confia principalmente na metonímia. A consequência desse comportamento linguístico é a propensão à imageria em geral, seja na descrição épica (novelística), seja no simbolismo lírico, seja na alegoria. A exaltação da visão e a ênfase na sensação contra a catarse recorrem, além disso, a substantivos vistosos e a epítetos coloridos, os quais acabam, afinal, mudando a tônica de um estilo verbal, necessariamente mais pálido, para um estilo nominal pictórico, no qual até as nuances psicológicas só logram expressar-se por traços e gestos fisionômicos." Helmut Hatzfeld, escrito especialmente para esta obra.

8   Assim se define, conforme ainda Virgínia Cortes de Lacerda, essa poesia lírica da época: "Poesia lírica para ser cantada e portanto estrófica em sua primitiva significação — conserva ainda, nesse tempo, as suas formas mais remotas, herança greco-romana vestida à neolatina; são *odes* (religiosas, heroicas, filosóficas ou graciosas), *cantatas* (odes postas em música tão do agrado do século XVIII), epístolas, éclogas, sonetos, idílios, epitáfios, epitalâmios, formas encontradiças em quase todos os poetas do período. As diversas espécies de odes gregas (alcaica, asclepiádica, sátka) foram muito usadas no século XVIII, sobretudo na Alemanha e na Inglaterra, e se infiltraram em todas as literaturas do tempo, como gênero mais nobre, até que o Romantismo as viesse banir. Mas, embora continue a imitação dos clássicos, começa a tradução dos poetas românticos (José Bonifácio); embora se cultivem ainda os gêneros antigos, começa a preocupação de renovar às formas poéticas; embora seja greco-romana a formação literária dos poetas de então, procedem alguns, consciente e propositadamente ao abandono da mitologia (Sousa Caldas, S. Carlos...); embora os temas poéticos eternos sejam ainda tratados à maneira antiga, já se adotam novos motivos (Borges de Barros) e já se tentam caminhos de renovação (Gonçalves de Magalhães). Daí essa desproporção entre fundo e forma, esse ecletismo de gêneros literários, essa incoerência entre pensamento e ação, que tornam difícil, a não ser por si mesmos, a caracterização nítida do momento poético.

Há, por isso mesmo, diferentes graus de iniciação romântica nos poetas desse período de transição desde que José Bonifácio nos apresentou suas primeiras traduções românticas, até que Gonçalves de Magalhães viesse indicar "uma nova estrada aos futuros engenhos", fazendo "vibrar as cordas do coração" e elevar "o pensamento nas asas da harmonia até as ideias arquétipas". A esta nova finalidade da poesia devia corresponder, segundo o próprio Magalhães, uma *reforma de gênero* abandonando-se os "antigos e safados ornamentos", e de *forma*, que é a de não seguir "nenhuma ordem" na construção material das estrofes, a de fugir à monotonia, abandonando "a igualdade dos versos, a regularidade das rimas, a simetria das estâncias", sem esquecer que, quanto à língua, "uma nova ideia pede um novo termo. Aí está, em germe, toda a revolução romântica que Magalhães e Porto-Alegre pregaram mas não conseguiram realizar de todo. Introdutores oficiais do Romantismo no Brasil, são, por suas obras, apenas pré-românticos, faltando à sua poesia a verdadeira fibra romântica, que tão profundamente havia de vibrar depois identificando-se com o estado coletivo e pessoal do espírito brasileiro no momento, realizando a fusão jamais depois verificada da inspiração das vocações individuais dos nossos grandes poetas românticos (que então atravessam a adolescência e a primeira mocidade, momentos românticos da vida e de cada um) e da inspiração coletiva, pois vivíamos, como povo, a grande exaltação da nacionalidade, que se firmara e afirmara realizando a sua autonomia. A adolescência do Brasil coincidiu com a adolescência de muitos dos seus valores literários de então (Álvares de Azevedo, Castro Alves, Casimiro de Abreu...), daí a completa aceitação, pelo público, dessa poesia só então verdadeiramente nova e verdadeiramente romântica. Esse fato, singular em toda a nossa história literária, só pode ser verdadeira e profundamente compreendido quando analisamos detidamente a produção literária desse período até hoje tão pouco estudado, que foi o nosso Pré-romantismo; quando procuramos penetrar no âmago dessa poesia, tão pouco poesia, mas tão cheia de propósitos de renovação, que foi a obra dos nossos pré-românticos." Virgínia Cortes de Lacerda. O Pré-romantismo brasileiro. (Estudo inédito.)

9 "Ora, todos sabem a grande influência de Ferdinand Denis sobre os nossos primeiros românticos e se recordam da sua frase famosa, escrita em 1826, dez anos antes do livro de Magalhães: "O Brasil já sente a necessidade de beber as suas inspirações poéticas numa fonte que de fato lhe pertença e em sua nascente glória não tardará em apresentar as primícias desse entusiasmo que atesta a juventude de um povo. Se adotou esta parte da América uma linguagem que aperfeiçoou a nossa velha Europa, deve rejeitar as ideias mitológicas devidas às fábulas da Grécia... porque não estão em harmonia nem com o seu clima, nem com as suas tradições. A América, brilhante de mocidade, deve ter novos e enérgicos pensamentos... Deve finalmente a América ser livre em sua poesia como já é em seu governo. Ferdinand Denis foi o pai de nosso Romantismo." Tristão de Athayde. *Estudos*. 3ª série, II, Rio de Janeiro, *A Ordem*, 1930, p. 156. A propósito do papel de Ferdinand Denis na origem do Romantismo brasileiro, particularmente sua influência no grupo da *Niterói*, ver o estudo de Paul Hazard (*Rev. Acad. Brasil. Letras*, 1927, n. 69). Por outro lado, a influência de Garrett não pode ser descontada nem diminuída. Baseado, aliás, em erro de data, julga Sérgio Buarque de Holanda infundada a suspeição de José Veríssimo que Gonçalves Magalhães tivesse lido o conselho nacionalizante de Garrett, no *Bosquejo*, "publicado dez anos depois do *Discurso* de Magalhães". Em verdade, porém, o *Bosquejo* é de 1826, dez anos antes do *Discurso* (1836), e não de 1846 como afirma (v. Prefácio a *Suspiros poéticos e saudades*, Rio de Janeiro, M. E. S., 1939, p. XX). A propósito, há que assinalar ainda o testemunho de J. S. Queiroga (v. *A literatura no Brasil*, Vol. I, t. 2, p. 643).

10 Estas foram as principais tentativas de classificação dos escritores românticos: Sílvio Romero, na *História*, fala em seis fases, que reduz mais tarde, na *Evolução da literatura brasileira* (1905), para cinco momentos: 1º, de 1830, com a segunda escola fluminense e a segunda escola baiana: 2º, de 1848, com a primeira escola paulista; 3º, de 1855; 4º, de 1858, com a escola maranhense; 5º, de 1862 a 1870, com os condoreiros. Junto aos momentos, refere os divergentes, os precursores, os retardatários, etc.

José Veríssimo, diante da dificuldade e sem dispor de segura metodologia, opta por uma simplificação e seleção dos valores românticos, que ordena em duas fases ou gerações, além dos precursores, e uma terceira de "últimos românticos".

Ronald de Carvalho estabeleceu quatro grupos ou fases, caracterizadas pelas tendências dominantes: 1) a poesia religiosa (Gonçalves de Magalhães, etc.); 2) a poesia da natureza (Gonçalves Dias, etc.); 3) a poesia da dúvida (Álvares de Azevedo, etc.); 4) a poesia social (Castro Alves, etc.). Agrega ainda alguns poetas menores, e aponta outros como figuras de transição entre o Romantismo e o Parnasianismo (Machado de Assis, Luís Guimarães).

Oto Maria Carpeaux (*Pequena bibliografia crítica da literatura brasileira*) adotou o critério de divisão estilística, estabelecendo os seguintes grupos: Pré-romantismo (Gonçalves de Magalhã, Porto-Alegre, Borges de Barros, Varnhagen, Dutra e Melo), corrente paralela de outras de Neoclassicismo e de Romantismo trivial e diletante, que se seguiriam à de Classicismo pré-romântico (arcadismo mineiro). No Romantismo propriamente dito, distingue os grupos de: Romantismo nacional e popular (Gonçalves Dias, Alencar, etc.) Romantismo individualista (Álvares de Azevedo, etc.) e Romantismo liberal (Castro Alves, etc.).

11 Representantes do período pré-romântico: Manuel Aires do Casal (1754-1821); Padre Domingos Simões da Cunha (1755-1824); José Joaquim Azeredo Coutinho (1743-1821); José de Sousa Azevedo Pizaro e Araújo (1753-1830); José Arouche de Toledo Rendon (1756-834); José da Silva Lisboa (1756-1835); Baltazar da Silva Lisboa (1761-1840); Antônio Pereira de Sousa Caldas (1762-1814); Cipriano José Barata de Almeida (1762-1825); José Bonifácio de Andrada e Silva, pseud. Américo Elísio (1763-1838); José Elói Otôni (1764-851); Luís Gonçalves dos Santos, "O Perereca" (1767-1844); Lucas José de Alvarenga (1768-1831); Frei Francisco de São Carlos (1768-1829); Silvestre Pinheiro Ferreira (1769-1846); Mariano José Pereira da Fonseca, Marquês de Maricá (1773-1848); Antônio Carlos Ribeiro de Andrada (1773-1845); Hipólito José da Costa (1774-1823); José Feliciano Fernandes Pinheiro (1774-1847); Joaquim José Lisboa (1775-1811); Manuel de Araújo Ferreira Guimarães (1777-1838); Frei Francisco de Santa Teresa de Jesus Sampaio (1778-1830); Domingos Borges de Barros (1779-1855); Frei Joaquim do Amor Divino Caneca (1779-1825); Januário da Cunha Barbosa (1780-1846); Caetano Lopes de Moura (1780-1860); Joaquim Gonçalves Ledo (1781-1847); José Lino Coutinho (1784-1836); Frei Francisco de Mont'Alverne (1784-1859); José Rodrigues Pimentel Maia (1785-1837); Frei Francisco de Xavier Baraúna (1785-1846); Dom Romualdo Antônio de Seixas (1787-1860); Padre Francisco Ferreira Barreto (1790-1851); José Joaquim Machado de Oliveira (1790-1867); Miguel do Sacramento Lopes Gama (1791-1852); Cândido José de Araújo Viana (1793-1875); Francisco Muniz Tavares (1793-1876); Miguel Calmon du Pin e Almeida (1794-1865); Antônio Joaquim de Melo (1794-1873); Francisco de Montezuma (1794-1870); Bernardo Pereira de Vasconcelos (1795-1850); José da Natividade Saldanha (1796-1830); José Inácio Abreu e Lima (1796-1869); Manuel Odorico Mendes (1799-1864); Evaristo Ferreira da Veiga (1799-1837); Francisco Sotero dos Reis (1800-1871); Ladislau dos Santos Titara (1801-1861); Antônio

Peregrino Maciel Monteiro (1804-1868); Francisco Muniz Barreto (1804-1868); João de Barros Falcão (1807-1882); Álvaro Teixeira de Macedo (1807-1849); Inácio Acioli de Cerqueira e Silva (1808-1865); Joaquim Caetano da Silva (1810-1873); João Salomé de Queiroga (1810-1878); Francisco de Paula Menezes (1811-1857); José Maria Velho da Silva (1811-1901); Justiniano José da Rocha (1812-1862); Antônio Augusto de Queiroga (1812?-1855); João Francisco Lisboa (1812-1863); José Maria do Amaral (1813-1885); Francisco Bernardino Ribeiro (1815-1837); Firmino Rodrigues da Silva (1816-1879); José Maria da Silva Paranhos (1819-1880); Padre José Joaquim Correia de Almeida (1820-1905); Agostinho Marques Perdigão Malheiros (1824-1881); Manuel Joaquim Ribeiro (c. 1822); Padre Silvério Ribeiro de Carvalho, dito Silvino Paraopeba (?-1843).

12   Representantes do 1º grupo romântico: Manuel de Araújo Porto-Alegre (1860-1879); Domingos José Gonçalves de Magalhães (1811-1882); Antônio Gonçalves Teixeira e Sousa (1812-1861); Luís Carlos Martins Pena (1815-1848); Francisco Adolfo Varnhagen (1816-878); João Manuel Pereira da Silva (1837-1898); Emílio Adet (1818-1867); Joaquim Norberto de Sousa e Silva (1820-1891); Francisco de Sales Torres Homem (1822-1876); Cândido M. de Azevedo Coutinho (?-1878).

13   Representantes do 2º grupo romântico: Francisco de Paula Brito (1809-1861); João Duarte de Lisboa Serra (1818-1855); Vicente Pereira de Carvalho Guimarães (1820-?); Joaquim M. de Macedo (1820-1882); Antônio Gonçalves Dias (1823-1864); Antônio Francisco Dutra e Melo (1823-1846); Joaquim Caetano Fernandes Pinheiro (1825-1876); Bernardo Joaquim da Silva Guimarães (1825-1884); João Cardoso de Meneses, Barão de Paranapiacaba (1827-1915); Joaquim Felício dos Santos (1828-1895); José Martiniano de Alencar (1829-1877); Trajano Galvão de Carvalho (1830-1864).

14   Representantes do 3º grupo romântico: Francisco Otaviano de Almeida Rosa (1825-1889); Laurindo José da Silva Rabelo (1826-1864); José Bonifácio de Andrada e Silva, o Moço (1827-1886); Aureliano José Lessa (1828-1861); Luís Gonzaga Pinto da Gama (1830-1882); Antônio Joaquim Rodrigues da Costa (1830-1870); Manuel Antônio de Almeida (1831-1861); Manuel Antônio Álvares de Azevedo (1831-1852); Francisco Pinheiro Guimarães (1832-1877); José de Morais e Silva (1832-1896); Luís José Junqueira Freire (1832-1855); Vítor Meireles (1823-1903); Antônio Ferreira Viana (1833-1903); José Alexandre Teixeira de Melo (1833-1870); Agrário de Sousa Meneses (1834-1863); Quintino Bocaiúva (1836-1912); Carlos Gomes (1836-1896); Franklin de Menezes Dória (1836-1906); Juvenal Galeno da Costa e Silva (1836-1931); Júlio César Leal (1837-1897); Casimiro José Marques de Abreu (1837-1860); Francisco Inácio Marcondes Homem de Melo (1837-1918); Bruno Henrique de Almeida Seabra (1837-1876); Joaquim Maria Serra Sobrinho (1838-1888); Antônio Joaquim Macedo Soares (1838-?); Aureliano Cândido Tavares Bastos (1839-1875); Luís Nicolau Fagundes Varela (1841-1875); José Joaquim Cândido de Macedo Jr. (1842-1860); Veríssimo José do Bom Sucesso (1842-1886).

15   Representantes do 4º grupo romântico: Joaquim de Sousa Andrade, Sousândrade (1833-902); Luís Delfino dos Santos (1834-1910); Joaquim José da França Júnior (1838-1890); Joaquim Maria Serra Sobrinho (1838-1888); Tobias Barreto de Menezes (1839-1889); Pedro Luís Pereira de Sousa (1839-1884); Joaquim Maria Machado de Assis (1839-1908); Vitoriano José Marinho Palhares (1840-1890); Salvador de Meneses Furtado de Mendonça (1841-1913); João Barbosa Rodrigues (1842-1909); João Franklin da Silveira Távora (1842-1888); José Carlos do Patrocínio (1842-1905); Pedro Américo (1843-1905); Alfredo d'Escragnole Taunay (1843-1890); Apolinário Porto-Alegre (1844-1904); Rosendo Muniz Barreto (1845-1897); Júlio César Ribeiro

(1845-1890); Luís Caetano Pereira Guimarães Jr. (1847?-1898); Antônio de Castro Alves (1847-1871); Pedro de Calazans (1837-1874); Melo Morais Filho (1844-1919).

16 Sobre o Romantismo brasileiro, suas características e significado, ver, entre outros: Alves, C. "A sensibilidade romântica" (in *Rev. Acad. Letras*, 1928, n. 73); Andrade, Mário de. *O Aleijadinho e Álvares de Azevedo*. Rio de Janeiro, R. A. Editora, 1935; Andrade Murici, J. "Elogio do Romantismo brasileiro" (in *Suave convívio*. Rio de Janeiro, Anuário do Brasil, 1922); Bandeira, Manuel. Prefácio à *Antologia dos poetas brasileiros da fase romântica*. 3ª ed. Rio de Janeiro, Inst. Nac. Livro, 1949; idem. *Apresentação da poesia brasileira*. Rio de Janeiro, CEB, 1946; Beviláqua, C. "Esboço sintético do movimento romântico brasileiro" (in *Esboços e individualidades*. Rio de Janeiro, Garnier, 1888); Capistrano de Abreu, J. *Ensaios e estudos*. 1ª ser. Rio de Janeiro, Briguiet, 1931; Carvalho, R. de. *Pequena história da literatura brasileira*. Rio de Janeiro, Briguiet, 1919 (ref. 4ª ed., Rio de Janeiro, Briguiet, 1929); Cortes de Lacerda, V. *Unidades literárias*. São Paulo, Cia. Ed. Nac., 1944; Fernandes Pinheiro, J. C. *Literatura nacional*. Rio de Janeiro, Garnier, 1893; Hazard, P. "As origens do Romantismo no Brasil" (in *Rev. Acad. Brasil. Letras*. 1927, n. 69); Monteiro, C. *Traços do Romantismo na poesia brasileira*. Rio de Janeiro, 1929; Orlando, A. Teorias literárias no Brasil (in *Filocrítica*. Rio de Janeiro, Garnier, 1886); Paranhos, H. *História do Romantismo no Brasil*. São Paulo, Cultura Brasileira, 1937-1938. 2 vols.; Peixoto, Afrânio. "O romantismo e seu significado" (in *Pepitas*. São Paulo, Cia. Ed. Nac., 1942); idem. *Noções de história da literatura brasileira*. Rio de Janeiro, Alves, 1931; Putnam, S. *Marvelous Journey*. New York, Knopf, 1948; Romero S. *História da literatura brasileira*. Rio de Janeiro, Garnier, 1888; Ureña, H. P. *Literary currents in Latin America*. Cambridge, Harvard, 1945; Veríssimo, J. *História da literatura brasileira*. Rio de Janeiro, Alves, 1916; Wolf, F. *O Brasil literário*. Ed. Brasil. São Paulo, Cia. Ed. Nac. 1955.

17 Afrânio Peixoto considera José Bonifácio o "prócere do Romantismo", sobre ser um "sábio, político, estadista, poeta, o maior e mais culto dos brasileiros de seu tempo". *História da literatura brasileira*, pp. 154, 177. É do mesmo autor a teoria da precedência de José Bonifácio, com suas poesias de 1825, em relação a Magalhães (1836). Afirma ele que as *Poesias* de Américo Elísio é "o primeiro livro que, no Brasil, subscreveu o Romantismo" (Ver "O primeiro livro do Romantismo no Brasil", Prefácio a *Poesias*, Rio de Janeiro, Publicações da Academia Brasileira, 1942). Parece mais correto atribuir a José Bonifácio a posição de um precursor pré-romântico, à luz dos próprios argumentos de Afrânio Peixoto, pois, a despeito de suas familiaridades românticas, conservou-se fiel ao credo clássico. Ver S. Buarque de Holanda, Pref. a *Poesias*, de Américo Elísio, Rio de Janeiro, Instituto Nacional do Livro, Imprensa Nacional, 1942, p. XIII. Essa posição de transição — arcadismo, neoclassicismo, pré-romantismo — é a que melhor cabe a José Bonifácio, não somente pela produção poética, senão também pela doutrina poética. Foi o que demonstrou ainda Antônio Soares Amora, em dois artigos: "Um alter ego comprometedor", e "Américo Elísio desagravado", in *Estado São Paulo*, Supl. Literário, 30/03/1963, 27/4/1963. Também Josué Montello coloca-se em atitude compreensiva a respeito da poesia do Patriarca, acentuando esse caráter de sincretismo e transição, embora reconhecendo-lhe o valor documental para a interpretação de sua personalidade (Ver "O poeta José Bonifácio", *Jornal do Comércio*, RJ, 11, 18, 25 julho 1964).

18 "Reduzindo, agora, a uma lei geral de evolução a história do romance nacional, de Teixeira e Sousa e Escragnole Taunay, veremos que, na sua primeira fase, isto é, com *O filho do pescador*, *Romances* e *Novelas* (Norberto) e outras produções de somenos, predominou o caráter local, meramente descritivo, sem preocupações outras que não fossem

as da fantasia do autor; na segunda fase, com *A moreninha* e *O guarani,* já o sentimento de uma tese se esboça, o estilo toma-se mais dúctil, a fabulação complica-se mais; finalmente, na terceira e última fase, com as *Memórias de um sargento de milícias, A escrava Isaura, O cabeleira* e *Inocência* nota-se um movimento de reação contra o gênero puramente idealista, a construção dos tipos e das cenas é mais observada, a realidade passa para o primeiro plano, tanto na pintura dos quadros como na dos caracteres, e já se vislumbram as intenções psicológicas de Machado de Assis e Aluísio de Azevedo.

"Duas tendências, todavia, dominaram durante o período romântico: a sertanista campesina ou indianista de Alencar, e a anedótica, descritiva ou realista de Machado. Dentro delas se moveu o romance nacional, oscilando entre a selva e a cidade, entre o índio, o caboclo, o matuto e o burguês das classes remediadas, o comerciante, o empregado subalterno e o militar. Ainda não conhecíamos, até então, nem a dúvida irônica de Dom Casmurro nem os paradoxos amorais de Brás Cubas" (Ronald de Carvalho. *Pequena história da literatura brasileira.* 4ª ed., Rio de Janeiro, Briguiet, 1929, p. 293).

19   Ver sobre o assunto: Afrânio Coutinho. *A tradição afortunada.* Rio de Janeiro, José Olympio, 1968; e *Caminhos do pensamento crítico.*

20   Crônica de 25 de dezembro 1892. *A Semana.* Rio de Janeiro, Garnier, 1910, p. 49.

24. *José Aderaldo Castelo*
OS PRÓDROMOS
DO ROMANTISMO

*Início do Romantismo. O Arcadismo e o Pré-
-romantismo. A vida literária na Colônia. A
era de D. João VI: a renovação cultural nos
diversos aspectos. José Bonifácio. Borges de
Barros. A imprensa. As revistas literárias.
Maciel Monteiro. Gonçalves de Magalhães.*

Para situar o Pré-romantismo e o início do
Romantismo no Brasil, parece indispensável a delimitação histórica dessas
fases em nossa evolução literária. Sem dúvida, as pesquisas em torno das
origens do Romantismo no Brasil e da existência de fato de um momento
precursor — pré-romântico — pelo menos de certa maneira esquemática constituem preocupação recente. De resto, as perspectivas da crítica no século XIX
não ofereciam possibilidades apreciáveis a historiadores como Sílvio Romero
e José Veríssimo, para que pudessem chegar a visões o quanto possível segu-
ras. E mesmo Ronald de Carvalho, portador de evidente vocação de crítico e de
ensaísta, foi, contudo, como historiador de nossa literatura, quase um diletante,
no rastro de Sílvio Romero, e do ponto de vista histórico pequena contribuição nos ofereceu. O que dizem os dois guardiões de nossa história literária, em
particular sobre as origens do Romantismo no Brasil, não apresenta a sistematização e segurança, por exemplo, do sugestivo ensaio de Paul Hazard.[1] Mas,
nem por isto, o que se pode dizer hoje do assunto escapa a sugestões, dados,
esboços de classificação dos dois historiadores quase rivais, os quais, por sua
vez, devem muito às inspirações da crítica romântica, nem sempre simpaticamente aceitas, pelo menos com toda a franqueza. Às vezes, não sabemos se
com o intuito de hostilizarem tal contribuição, com indisfarçável menosprezo,
não encararam com a devida seriedade sugestões ricas e trataram com certa
indiferente superioridade, como assunto de somenos importância, certos esclarecimentos básicos que, contudo, não puderam abandonar. Por exemplo, para
o caso presente, a caracterização das etapas de nossa evolução literária, com
seguro critério, o que os levaria a outros tantos esclarecimentos. José Veríssimo
quase se irrita com o assunto; Sílvio Romero, uma vez criticado pelo que diz na
edição de 1888, lança à compreensão do leitor meia dúzia de pressupostos, na
edição de 1902, na memória que escreve para o *Livro do centenário, no Compêndio
de história da literatura brasileira*, de parceria com João Ribeiro. Encontramos,

aliás, em ambos muitas sugestões, como também na crítica romântica, particularmente na obra crítica de Gonçalves de Magalhães.

Partindo de uma revisão crítica dessas fontes, a data histórica de 1808 impõe-se como o marco que divide dois momentos bem caracterizados de nossa evolução: o colonial e o autonômico, porque não é possível separar o desenvolvimento histórico, político, econômico, social, do cultural, isto é, do literário. A interdependência é íntima, acentuada pela excelente política do Príncipe Regente, depois D. João VI, cercado de auxiliares esclarecidos. Mas, destacado desse complexo de reformas e de mudanças os elementos caracterizadores de nossa formação literária, é preciso, por sua vez, esclarecer melhor a sua significação histórica.

Confrontada a nossa evolução literária com a de Portugal, verificamos que, enquanto o século XVI foi, aqui, um século pré-colonial, onde, fora a herança deixada pelos cronistas, o que há de mais positivo é o eco da influência camoniana, as épocas barroca e arcádica apresentam seus correspondentes transplantados para o Brasil e submetidos a um processo de assimilação, embora inconsistente, mas suficiente para oferecer elementos diferenciadores.

Consideramos, da fase colonial, o Arcadismo, que mais de perto interessa ao nosso problema.

Em Portugal, sua evolução concentra-se de 1756, quando se funda a Arcádia Lusitana, até 1825, quando a publicação do poema *Camões* de Almeida Garrett atesta a consciência crítica da renovação romântica de sua literatura.[2] Reconhecem os historiadores de literatura portuguesa, nessa época, simultaneamente com as manifestações arcádicas, definidamente neoclássicas, certas premonições românticas em alguns de seus representantes, manifestações literárias que já se apresentam contaminadas pela renovação filosófica da época, convertidas em atitudes perfeitamente pré-românticas.[3]

Coexistem, a rigor, o Neoclassicismo arcádico e o Pré-romantismo, até que Garrett, um romântico carregado de elementos neoclássicos sempre vigilantes, à semelhança do que vemos entre nós com Gonçalves de Magalhães, proclama a existência do Romantismo em Portugal. Assim, lembre-se a propósito o nome de Felinto Elísio, predominantemente árcade, mas sob muitos aspectos pré-romântico, presente no Arcadismo e no Pré-romantismo do Brasil. Mas, entre nós, o rigor da visão histórica de conjunto, possível para o Arcadismo e o Pré-romantismo em Portugal, biparte-se, perfeitamente, e por exigência da melhor compreensão do nosso processo histórico. Aquilo que José Veríssimo estabeleceu como período a que se pode reconhecer um caráter de transição, sem falar em termos de Pré-romantismo e de Romantismo, mas antes de autonomia literária, limitando-o de 1768, publicação das *Obras poéticas* de Cláudio Manuel da Costa, a 1795, admitindo ainda a sua extensão até *Suspiros poéticos e saudades* (1836) de Gonçalves de Magalhães,[4] realmente merece revisão. Tivemos, perfeitamente caracterizadas, duas fases do Arcadismo no Brasil, uma, digamos, predominantemente neoclássica, outra, pré-romântica, do ponto de vista literário, e de transição do ponto de vista histórico, mais amplo. A primeira fase, predominantemente arcádica, corresponde aos primeiros limites (1768-1795) sugeridos por José Veríssimo com as figuras destacadas de Cláudio Manuel da Costa, Tomás Antônio Gonzaga, Inácio José de Alvarenga Peixoto, Manuel Inácio da Silva Alvarenga, Frei José de Santa Rita Durão, José Basílio da Gama, cuja obra foi realizada e divulgada no último quartel do século XVIII, dentro do espírito legitimamente arcádico, ainda que, numa interpretação ampla, possamos apontar em um ou outro prenúncios românticos, sobretudo se o apreciarmos sob a visão geral da evolução dos temas na literatura brasileira. Essa primeira fase deve limitar-se, precisamente, de 1768, das *Obras poéticas* de Cláudio Manuel da Costa, a 1808, tomando agora a data histórica, de mais ampla sugestão do que a data literária, para explicar a fase seguinte, de duplo sentido, mas interdependente. Então, fica em posição de relevo a segunda fase, por extensão ainda denominada arcádica, limitada de 1808 a 1836, e o marco de 1808, que divide o colonialismo da autonomia, passa a ser uma data mais sugestiva, tornada elástica para melhor favorecer a compreensão do processo histórico, a saber — 1808/1836. Torna-se possível, nessas condições, apreender-mos o duplo sentido que entrevemos, interdependente, como ficou assinalado, da segunda fase arcádica. De fato, a fase de 1808 a 1836, cujas datas ao mesmo tempo se fundem — 1808-1836 — como marco divisor do colonialismo para a autonomia, é por excelência o momento de transição da condição colonial do Brasil para a conquista de sua autonomia, interessando, simultaneamente, à sua história civil e cultural, donde o duplo sentido, interdependente, que lhe atri-buímos. A primeira fase está subjugada pela influência portuguesa, exclusivista do ponto de vista colonial e portanto constrangedora; a segunda fase abre-se livre — porque os fatores agora renovadores do nosso desenvolvimento geral assim o permitem — a variadas influências, todas, dentre elas a portuguesa, estimuladoras. É exatamente o estudo dessas transformações radicais, possi-bilitando a eclosão de uma literatura firmada numa consciência crítica que se expande e, sobretudo, na pesquisa do sentimento, do caráter, dos ideais nacio-nais, a partir do triunfo pleno do Romantismo entre nós, a grande sedução que essa segunda fase oferece à compreensão de nossa formação.

Uma rápida excursão no panorama da literatura que se cultivou no Brasil--Colônia leva-nos à impressão desoladora da ausência quase total de condi-ções indispensáveis à produtividade literária.[5] Reproduzíamos, numa atitude de emulação servil, por intermédio de brasileiros ou filhos de portugueses que podiam estudar em Coimbra, ou de portugueses, o que era o mais raro, que para aqui vieram em situações especiais, o que a literatura e em geral a cultura portuguesa podiam oferecer-nos. Não foi mesmo excepcional o caso de brasi-leiro que, permanecendo além-mar, realizou a sua obra fora da paisagem de seus país natal, de resto paisagem de sugestão física simplesmente motivadora de exaltação nativista — como também alguns episódios relacionados com os contatos entre colonizadores e indígenas — num momento em que não era possível qualquer sentimento nacionalista. Em todo caso, podemos reconhecer nessa atividade literária transplantada, em situação constrangedora por falta de condições propícias que nos foram negadas pelas conveniências da política colonizadora, o desenvolvimento crescente do sentimento nativista. Primeiro, uma exaltação da paisagem e das possibilidades da terra, uma esperança profética da grandeza do grande império que aqui se formaria, depois o balbuciar da consciência de nossas próprias possibilidades culturais, nas ciências, na literatura, na política, além do acúmulo de preciosos elementos, dados, sugestões que ela forneceria às próprias criações literárias posteriores, a partir do Romantismo, sem falar dos estudos mais amplos no campo geral da cultura brasileira.

Poderíamos mesmo buscar na atividade literária do Brasil-Colônia, e já de volta penetrando adentro do Romantismo, o correspondente daquelas três fases que refere Capistrano de Abreu, ao apreciar a nossa formação colonial: o sentimento de inferioridade, o de igualdade e o de superioridade em relação ao português.[6] De fato, o nexo da literatura da era autonômica com a da era colonial, tão aparentemente opostas, deve ser estabelecido não só pela continuidade temática como também pela evolução do sentimento que caracteriza toda a nossa literatura, pelo vigor criador que ela apresenta desde o momento em que pôde expandir-se, a partir do Romantismo, com a intensidade de todas as forças até então contidas ou adormecidas por falta de estímulos, mas, uma vez libertas, responsáveis por uma obra numerosa, rica de talento, de possibilidades, embora também, em geral, salvo sempre as exceções, carente de maturidade, de reflexão e consequentemente de apreciável profundidade.

Em última análise, é preciso registrar, desde que os primeiros românticos tocaram nessa tecla, mas em outro tom, que não foram somente as restrições da política colonizadora que impediram o desenvolvimento franco das sementes formadoras de nossa nacionalidade literária nos tempos coloniais. A cultura clássica, universalizante, tornar-se-ia, inevitavelmente, descaracterizadora, em especial no caso de nossa formação literária. Daí encontramos uma justificativa para aquela atitude aparentemente hostilizadora da mentalidade, da paisagem e das possibilidades literárias no Brasil-Colônia, expressa no prólogo das *Obras poéticas* de Cláudio Manuel da Costa e na própria "Fábula do Ribeirão do Carmo". E é a mudança radical das condições gerais da produtividade literária no Brasil, a obra poética das figuras centrais da segunda fase arcádica entre nós, os periódicos que então surgem contribuindo com pequenos ensaios para a formação da consciência crítica da literatura que se cultiva, ao lado de outras manifestações culturais e políticas, a obra de publicistas, o sentimento patriótico — o que nos abre o pensamento e a emoção para os ideais de liberdade, para a pesquisa do caráter e da sentimentalidade de nosso povo, identificando-nos com o movimento romântico, o primeiro em toda a nossa literatura realmente assimilado, a nós incorporado. E todo esse processo de transformação, toda essa fase de transição — transição do colonialismo para a autonomia, do ponto de vista político, econômico, social, cultural, transição especial do Neoclassicismo arcádico para o Romantismo — é realmente o que constitui o Pré-romantismo brasileiro, assim compreendido histórica e literariamente, e aqui delimitado de 1808 a 1836.

Antes de tudo, impõe-se o bosquejo das condições de nossa produtividade literária, de nossa cultura em geral, nesse momento em que nos emancipamos, quiçá com certa precipitação e muito de autossuficiência. Mas não entremos no campo político, ou naquele mesmo Romantismo político de que já se fez menção em nossa história literária, quando se disse que ele, aqui como na Europa, precedeu o Romantismo literário. O que avulta, de início, como primeiro plano do panorama que se segue, é a presença transitória da corte portuguesa no Rio de Janeiro, socorrendo-se desse corpo ainda jovem, mas já espoliado e prenhe de revoltas e forças contidas, a sua colônia ultramarina, num momento crítico em que periclitava a integridade da própria monarquia lusitana. Contudo, não se cogitou do maior perigo, o perigo de esse corpo espoliado levantar a cabeça num gesto de libertação definitiva. É que a corte, com todo o seu aparato burocrático e com todas as exigências dos padrões da fidalguia que a acompanhava, pensou antes em criar, transitória, a situação e as condições gerais que no Brasil-Colônia, na cidade pacata e atrasada que a abrigava, lembrassem o Portugal distante. Certo também que em grande parte o governo reconheceu o abandono geral votado à fonte principal do seu poderio econômico e ministros esclarecidos realizaram reformas, antes lhe ofereceram instituições, condições favoráveis ao seu progresso geral, à expansão de suas reais possibilidades. Pensaria em manter-se aqui, transformar de fato o Brasil-Colônia no império sonhado, profetizado pelo nativismo colonial e advogado pela literatura de exaltação ainda fértil na permanência de D. João VI no Brasil, ligado em vínculo realmente indissolúvel a Portugal, agora irmanados, Portugal e Brasil, para um destino comum? Verdade ou não, o sonho se realizaria, mas na separação definitiva, hostil mesma, dos destinos comuns. E aqui foi onde faltou previsão ou onde os fatos traíram, iludiram as intenções de qualquer forma simpáticas, e as consequências, imprevistas ou imprevisíveis, na observação de Oliveira Lima, da política do monarca português e de seus ministros, de 1808 a 1821.

O certo é que nesse curto período, ao mesmo tempo o mais significativo de sua história, o Brasil recebeu tudo o que não teve e que lhe fora negado durante os três séculos da era colonial. Houve de fato uma precipitação, um erro sério mas quase inevitável, nessa oferta que se reverteu em presente de grego para os próprios portugueses. São demais conhecidas as reformas, numerosas, na vida econômica, política, cultural, acarretando transformações na vida social, no sentimento e na mentalidade do povo brasileiro, trabalhadas sobre o substrato colonial, empreendidas aqui pela corte portuguesa. A abertura dos portos do Brasil ao contato franco com as nações amigas; antecipação irremediável, como nos sugere Varnhagen, do ato de 1822; a elevação do Brasil à categoria de reino unido a Portugal e Algarves; a proteção ao comércio, à indústria, à agricultura; as reformas do ensino, criações de escolas de nível superior e até plano, que se realizou, de criação de uma universidade; as missões culturais estrangeiras, convidadas e aceitas pela hospitalidade oficial, no setor das artes e das ciências; as possibilidades para o comércio do livro; a criação de tipografias, princípios de atividade editorial e da imprensa periódica; a instalação de biblioteca pública, museus, arquivos; o cultivo da oratória religiosa e das representações cênicas: tudo pela primeira vez devíamos às iniciativas esclarecidas do governo de D. João VI.

Ora, nada disto tivéramos em três séculos de vida colonial, quando as atividades literárias foram predominantemente locais e limitadas, exercícios que reproduziam a vida literária da Metrópole, deixando ao mesmo tempo impressão estreita de que o fato literário de então existiu somente para os seus próprios cultivadores. Agora, a partir de 1808, podemos falar de fatores externos e internos da atividade literária. Desenvolvem-se a mentalidade, as possibilidades aquisitivas do brasileiro, o interesse consciente pelos seus próprios destinos, forma-se uma elite representativa de sua vida política e cultural, até certo ponto demasiado autossuficiente de sua capacidade, capacidade adolescente de quem se basta a si próprio. Estabelece-se um regime de intercomunicabilidade no país, procura-se o contato com o Velho Mundo, além fronteiras de Portugal, discutimos os nossos destinos, exigimos para nós o que nos cabe de direito. São influências externas, sugestivas, estimuladoras, oferecidas pelas circunstâncias e também procuradas, que atuam sobre as possibilidades de um pensamento que se abre pela primeira vez, que encara a realidade nacional que o envolve, que surpreende um sentimento próprio que desabrocha. E a exaltação patriótica, a hostilidade a Portugal, a volta para os ideais libertadores e de liberdade do espírito são próprios da jovem nação, emancipada mas ainda imatura, sobretudo porque aquela reviravolta intensa do período de D. João VI não podia ao mesmo tempo oferecer a experiência que só o tempo acumularia.

Em síntese, tudo se converte, historicamente, na preparação da ambiência propícia à aceitação do Romantismo, ao mesmo tempo que é o Romantismo, ainda historicamente, pressentido nos ideais de vida que coincidiriam com os nossos anseios, com a nossa sentimentalidade, nacionalismo e soluções políticas. No campo definidamente literário, as premonições românticas manifestadas até a implantação do Romantismo entre nós, através de uma reforma de sentido predominantemente crítico, é um rigoroso corolário ao clima criado pela administração do Príncipe Regente do governo de D. Maria I no Brasil, logo mais D. João VI, de 1808 a 1821.

A política reformadora de D. João VI, intensa e complexa, dá à vida mental do Brasil uma multiplicidade de caráter que é bem o prenúncio de sua definitiva emancipação. Os homens públicos da época são também os representantes de nossa cultura, na literatura, na história, na ciência, no jornalismo, e acompanham a onda renovadora da época, não importa que em muitos casos sob os velhos moldes. Iniciam uma obra voltada conscientemente para a nossa realidade política, manifestam-se constitucionalistas e liberais. Estabelecimentos tipográficos, biblioteca, comércio do livro, contatos com o estrangeiro, necessidade de encarar a realidade brasileira e a situação política de Portugal conduziram-nos a essa obra variada e desigual que, ao mesmo tempo que reflete a efervescência renovadora da época, mantém compromissos com o colonialismo e conspira pela autonomia definitiva. O que é preciso, para avaliar-se exatamente o sentido de tudo, é um peneiramento paciente, uma revisão meticulosa e exaustiva de toda a produção mental da época, trabalho que nem sequer se aproxima ainda da contribuição inicial da fase monográfica. Daí, as conclusões, as generalizações existentes carecerem de seguro fundamento e até parecerem suspeitas. Que há de definitivo sobre o pensamento da época que não seja visto com certa displicência ou com a pressa dos julgamentos generalizados? Um exame rápido que se faça, por exemplo, dos *Anais da Imprensa Nacional do Rio de Janeiro de 1808 a 1822*, de Alfredo do Vale Cabral,[7] uma vez posto em confronto com o acervo da cultura colonial, e relacionado com a renovação aberta e fecunda a partir da implantação definitiva do Romantismo no Brasil, acompanhando o nosso desenvolvimento político e cultural, em particular literário, abre-nos os olhos para as sugestões sérias e criações de possibilidades definitivas do período de D. João VI no Brasil. E por isso mesmo há que insistir: é período pré-romântico, porque cria a ambiência para a aceitação da cultura romântica, ultrapassando-se aqui o conceito puramente literário de Pré-romantismo.

De 1808 a 1822, na Impressão Régia, criada pelo Príncipe Regente em 1808 e que passou a ser a Imprensa Nacional, e em outras tipografias particulares estabelecidas no fim desse período, foram feitas cerca de 1.251 publicações, incluindo-se periódicos; só na Impressão Régia, 1.154. Encontra-se de tudo que traduz a situação geral e o pensamento da época: medicina, engenharia, matemáticas, economia política, direito, geografia, agricultura, gramática, filosofia, literatura, política, moral, pronunciamentos políticos, etc. São figuras como as de Mariano José Pereira da Fonseca, o conhecido Marquês de Maricá, de José da Silva Lisboa, o famoso Visconde de Cairu, Silvestre Pinheiro Ferreira, Manuel Ferreira de Araújo Guimarães, Januário da Cunha Barbosa, que se contam, entre outras, à frente da Impressão Régia, como membros de suas duas primeiras juntas diretórias, de 1808-1815, de 1815-1830, apresentando-se como seu primeiro diretor, de 1830-1834, Januário da Cunha Barbosa.

Só o repassar daquele repositório bibliográfico citado, trabalho preliminar de pesquisa, nos fornece o roteiro inicial para apreciarmos, num estudo mais aprofundado que ainda está para ser feito dentro de segura orientação histórica, as contribuições de publicistas, de divulgadores de pensamento filosófico, da oratória, do teatro, do balbuciar do pensamento crítico, da literatura em geral no seu esforço inicial de afirmação, e a da vigilância esclarecedora e orientadora da imprensa periódica. Qualquer que seja o critério do historiador de nossa literatura, é preciso aqui levar em conta todo o conjunto dessa atividade mental a fim de melhor esclarecer o panorama da afirmação romântica e autonômica de nossa literatura. Foi este, de resto, o critério de José Veríssimo ao falar, no capítulo "Predecessores do Romantismo", dos chamados publicistas do período em apreço. Avulta o nome de Mariano José Pereira da Fonseca (1773-1848), o moralista das *Máximas, pensamentos e reflexões*,[8] que pode ser aproximado à tradição de raízes coloniais, com o movimento academicista, com a obra de Nuno Marques Pereira e de Matias Aires Ramos da Silva de Eça; a figura sugestiva de Silvestre Pinheiro Ferreira (1769-1846), o autor das *Preleções filosóficas sobre a teórica do Discurso e da Linguagem, a Estética, a Diceósina, e a Cosmologia* (1813), que certamente evidencia o grau desses estudos entre nós, logo mais continuados por Frei Francisco de Mont'Alverne. São as traduções do *Ensaio sobre a crítica e dos ensaios morais* de Alexandre Pope, feitas pelo Conde de Aguiar, ministro de D. João VI. É a figura centralizadora de José da Silva Lisboa, Visconde de Cairu (1756-1835), autor de numerosa bibliografia sobre assuntos econômicos, direito mercantil, problemas de importância econômica e política para o Brasil. São Aires do Casal — *Corografia brasílica*, José Feliciano Fernandes Pinheiro — *Anais da Capitania de São Pedro*, José de Sousa Azevedo e Araújo — *Memórias históricas do Rio de Janeiro*; é a tradução da *História do Brasil* de Afonso de Beauchamp; são as *Memórias para servir o Reino do Brasil* (1825), de Luís Gonçalves dos Santos, o Pe. Perereca — princípio da extensão desses estudos que se intensificariam com a criação do Instituto Histórico e Geográfico Brasileiro (1838); sem falar na preciosa contribuição dos visitantes estrangeiros francamente aceitos em nosso meio; alguns integrando missão cultural de amplo programa.[9]

Ficou conhecido o gosto que D. João VI manifestou pelas cerimônias e pelas representações cênicas, alargando ao mesmo tempo a vida social da época, quebrando a pacatez, como já se disse, do velho viver colonial e sustando os hábitos de reclusão. Verificou-se assim o surto da oratória religiosa que prenunciou a figura de Frei Francisco de Mont'Alverne e podemos dizer que a implantação definitiva do teatro no Brasil, ainda que sua história seja um tanto periclitante. Frei Francisco de S. Carlos (1768-1829), o poeta religioso da Assunção de Nossa Senhora, professor da cadeira de eloquência do Seminário de S. José, pregador da Capela Real do Rio de Janeiro, fundada por D. João VI, foi orador sacro de fama, consagrado pela tradição, embora saibamos da existência apenas de três dos seus sermões publicados na época.[10] Também o Cônego Januário da Cunha Barbosa (1780-1846), que avultaria em nossa história literária por outras contribuições, divulgador da poesia colonial, fundador do Instituto

Histórico e Geográfico Brasileiro, poeta de acentuado nativismo, aparece como autor de sermões que o colocaram em evidência, ao lado de outro pregador igualmente famoso, como Frei Francisco de S. Paio (1778-1830).[11] Integram um clero brilhante e distinto, na observação do famoso Padre-mestre, instruído por D. José Joaquim Justiniano Mascarenhas Castelo Branco. Oradores consagrados e jovens pregadores, nessa atmosfera favorecida pela paixão do púlpito em D. João VI, excedem-se em brilho, conforme depõe Mont'Alverne:

> Era a época dos grandes acontecimentos; e os sucessos, que se reproduziam dentro e fora do país, ofereciam amplos materiais à eloquência do púlpito. Nós podemos afirmar, com todo o orgulho da verdade, que nenhum pregador transatlântico excedeu os oradores brasileiros. A riqueza da dição reunia-se à pureza do estilo, e à força da argumentação: e para que não faltasse uma só beleza; a doçura e a amenidade da expressão aumentavam os encantos e a magia da ação. Assim verificou-se este pensamento de um escritor francês: "Que a língua de Camões, pronunciada por um brasileiro, devia realizar todos os prodígios, e todas as seduções da Harmonia."[12]

Eis um depoimento que é ao mesmo tempo uma apreciação crítica, uma observação de particular interesse para a história da estética romântica no Brasil, uma visão sucinta do sentido e do valor da oratória de então. É o princípio da sugestão que a palavra passa a exercer pela sua musicalidade, pressentida já na época e atestada pela própria obra de Mont'Alverne, de sabor acentuadamente romântico. E esse famoso orador sacro brasileiro, de sentimento nacionalista bem desenvolvido, é o ponto de partida da oratória legitimamente brasileira, de maneira geral. Surgiu em 1816, estendendo a sua carreira de pregador até 1836, quando a cegueira o levou ao recolhimento. Professor de teologia e de filosofia, ainda sob este aspecto deixou a sua marca no Romantismo brasileiro, responsável que foi pela formação religiosa e em parte filosófica de Gonçalves de Magalhães. A poesia de Deus e Natureza, religiosa e patriótica, espiritualista, de Magalhães e Porto-Alegre, encontra de fato suas raízes na ação educadora de Mont'Alverne.

Foi somente com D. João VI que tivemos o Real Teatro de São João (1813), de acidentada história, a rigor o nosso primeiro edifício público de teatro condizente com essa atividade que passa então a ser estimulada. De fato, a história do teatro no Brasil data dos tempos coloniais; mas entendida em todos os aspectos que a formam, edifício, companhia de atividade regular, autor, peça, representação, público, só se esboça realmente a partir da permanência fecunda do príncipe regente entre nós. Representam-se então peças originais e traduções e, prenunciando certo refinamento, encontramos até traduções de Racine, *Ifigênia* e *Fedra*, feitas respectivamente por Antônio José de Lima Leitão e Manuel Joaquim da Silva Porto. Antecede-se a obra definitivamente reformadora de

Gonçalves de Magalhães, João Caetano e Martins Pena, sobretudo na preparação do gosto e na dignificação da atividade cênica.

A atividade literária estende-se por outros setores, no cultivo da poesia, em edições e reedições de autores portugueses e brasileiros, em traduções de autores estrangeiros, prosa e poesia. Datam de 1810 a primeira edição brasileira de *Marília de Dirceu*, a segunda edição do *Uraguai* de Basílio da Gama; publicam-se as *Obras poéticas* de Correia Garção, as *Obras completas* e traduções de Bocage, ao mesmo tempo que a *Henriade* de Voltaire, na tradução de Tomás de Aquino Belo e Freitas, do romance de Bernardin de Saint-Pierre, *Paulo e Virgínia* (tradução de Bocage?), que tanta influência exerceria em românticos de relevo, a tradução de *O merecimento das mulheres* de G. Legouvé, num gesto galante de Domingos Borges de Barros, *As cantatas* de João Batista Rousseau, traduzidas por Antônio José de Lima Leitão. Principia o gosto da literatura de ficção, com traduções francesas (trazem simplesmente a indicação "novela traduzida do francês") de novelas com esses expressivos títulos que por si sós falam de uma antecipação romântica: *O amor ofendido e vingado*, *A boa mãe*, *O bom marido*, *Castigo da prostituição*, *As duas desafortunadas*, *A infidelidade vingada*, *Triste efeito de uma infidelidade*; além de outras sem qualquer indicação: *Amante militar*, *O amigo traidor*, *A cadelinha* pelo autor do *Piolho viajante*, *Combate das paixões*, *Lausus e Lídia*, *Metusco ou os Polacos*. Traduzem-se os romances tradicionais: *História da donzela Teodora*, *História verdadeira da princesa Magalona*. É um gosto que continuaria até as manifestações verdadeiramente iniciais da nossa ficção, de 1836 em diante, com nomes brasileiros como os de Pereira da Silva, Justiniano José da Rocha, Gonçalves de Magalhães, Martins Pena, Varnhagen, Joaquim Norberto até Antônio Gonçalves Teixeira e Sousa.

Há, em tudo isso, de maneira geral, mistura de Arcadismo, Pré-romantismo, até mesmo Romantismo e o despontar da literatura folclórica. Autores portugueses, brasileiros e estrangeiros integram o clima do momento. Difunde-se, ademais, em revistas, em opúsculos, em livros, copiosa produção poética de brasileiros e portugueses que aqui se encontravam, arcádica, pré-romântica, encomiástica à maneira da tradição colonial, de raízes portuguesas, nativistas e também patrióticas. É José Elói Otoni (1764-1851), ainda na tecla do verso laudatório — o que de resto se manteve frequente —, mas que se sobressairia pelo lirismo amoroso ainda vazado em linguagem arcádica, algo galante a prenunciar Maciel Monteiro, e pelas traduções ou paráfrases de *Os provérbios de Salomão* e de *O livro de Jó*,[13] atitude principiada pelo Pe. Antônio Pereira de Sousa Caldas, num evidente testemunho de fontes pré-românticas. Evaristo Ferreira da Veiga (1799-1837) compõe e divulga composições de clara exaltação patriótica,[14] como outros, já por ocasião da Independência, reflexo do sentimento nacionalista que se intensificaria e se caracterizaria com os românticos.

Se toda essa produção poética oferece real interesse para o historiador e um mínimo de emoção para o leitor, embora sentimento e ideais da época estejam literariamente sugeridos, a nossa atenção pode ser concentrada em três ou quatro poetas, como todos os demais presos à formação arcádica de fins do século XVIII, mas com premonições românticas e obra divulgada no decorrer das três primeiras décadas do século XIX: Pe. Antônio Pereira de Sousa Caldas, Frei Francisco de S. Carlos, José Bonifácio de Andrada e Silva e Domingos Borges de Barros.

O Pe. Antônio Pereira de Sousa Caldas (1762-1814) foi aos oito anos para Lisboa, estudou na Universidade de Coimbra, completou a sua formação em viagem à França e à Itália, onde, em Roma, tomou ordens. Regressou ao Brasil, foi orador sacro de renome e deixou apreciável obra poética, de publicação póstuma, de 1820-21, por iniciativa de seu íntimo amigo Francisco de Borja Garção-Stockler.[15] Escreveu, em forma predominantemente tradicional, traduções dos *Salmos* de Davi, composições de inspiração religiosa, em que se entrevê o sentimento de Deus e Natureza e a intenção moralista, composições que exprimem o progresso, em termos renovadores, de fins do século XVIII. Não é só influência da *Bíblia*, a poesia religiosa que se alastra na obra de Gonçalves de Magalhães, poeta que muito o admirou, o que coloca Sousa Caldas no movimento pré-romântico brasileiro. É, entre outras atitudes, em particular, a consciência literária que teve da teoria da bondade do homem primitivo, de Rousseau, como se vê pela "Ode ao homem selvagem", o primeiro a divulgar uma interpretação que marcou o nosso Romantismo, como de resto Rousseau foi presente em todo o Romantismo europeu. Talvez mais discutível seja, desse ponto de vista pré-romântico, a exata posição de Frei Francisco de S. Carlos (1768-1829), franciscano que teve a sua formação em sua terra natal, o Rio de Janeiro, de onde só se deslocou para São Paulo e Minas Gerais. Pregador de grande fama, deve ter sido também figura central de um grupo que se reunia na época em tertúlia literária, uma espécie de arcádia, que teria deixado copiosa produção poética hoje ignorada.[16] Foi o seu poema religioso *A Assunção* — composto em honra da Santa Virgem, como se indica, publicado pela primeira vez em 1819[17] — que lhe deu reputação em nossa história literária. Compõe-se de oito cantos escritos em versos decassílabos de rima emparelhada e estrofação livre e com divisão em partes perfeitamente reconhecíveis: proposição, dedicatória, invocação, narrativa e epílogo, constituída a narrativa de episódios que obedecem à ordem normal dos fatos. O assunto principal é a Assunção da Virgem Maria, a sua glorificação. Está preso à tradição camoniana e modelou-se, como ele mesmo o diz, em Sannazaro. Pende, portanto, predominantemente para o tradicional. Mas, certo que por influência de seu espírito religioso, se se apresenta ligado ao estilo mitológico, renega-o ao mesmo tempo, à semelhança de Gonçalves de Magalhães, prenunciando uma atitude romântica, embora sem a consciência crítica:

> Fugi do canto divinal sublime,
> Vós, ó fábulas vãs, fugi: que é crime

OS PRÓDROMOS DO ROMANTISMO 47

Manchá-la da falaz mitologia,
Com que a filha do Caos, a idolatria,
Banida já das terras e dos mares,
Proscrita sem mais templos, nem altares,
Inda quer ostentar de majestade
Nas inóspitas aras da verdade.

E o sentimento religioso de atitude moralizante, a morte como refúgio, consoladora, num mundo de pecados, o culto da Virgem tão da tradição da poesia colonial, o nativismo "luso-brasílico", a esperança numa grandiosa monarquia luso-brasileira, certo sentimento de natureza, na verdade exprimem atitudes tradicionais com prenúncios renovadores, refletidos mui diretamente na poesia e na orientação religiosa e filosófica de Gonçalves de Magalhães, revestidas naturalmente, nesse caso, de sentimento antilusitano.

Mais poetas do que os dois últimos, no sentido mesmo da criação literária, da sensibilidade e de certa consciência inovadora, foram José Bonifácio de Andrada e Silva e Domingos Borges de Barros. O Patriarca da Independência,* famoso pela sua ação política, portador de vasta cultura, cientista de renome mundial, deixou também uma obra em prosa que esclarece o seu pensamento político, o seu interesse por problemas brasileiros, a questão dos índios e da escravidão, por exemplo,[18] e uma obra poética elaborada da mocidade à fase do exílio em Bordéus, a qual ao mesmo tempo é arcádica, pré-romântica e voltada para a realidade política brasileira que o envolveu. Sob a denominação de *Poesias avulsas* de Américo Elísio, foi publicada mesmo em Bordéus, em 1825. Se a formação do poeta é coimbrã, em cuja universidade foi professor, os seus

---

* José Bonifácio de Andrada e Silva (Santos, 1763-Niterói, 1838). Patriarca da Independência do Brasil.

Bibliografia
Poesias avulsas de Américo Elísio. 1825. Em 1861, foi publicada a 2ª ed., por Joaquim Norberto de Sousa e Silva. Em 1942, saiu uma ed. fac-similar, por Afrânio Peixoto, publicação da Acad. Brasil. de Letras. Em 1946, o Inst. Nac. do Livro reeditou-a, com prefácio de S. Buarque de Holanda.
A prosa foi coligida em: *O pensamento vivo de José Bonifácio*, por Otávio Tarquínio de Sousa. São Paulo, Martins, 1944.

Consultar
Barbosa Lima Sobrinho. "José Bonifácio" (in *Rev. Inst. Hist. Geogr. Brasil.* 173, 1938, pp. 662-681); Buarque de Holanda, S. Prefácio a *Poesias*, ed. 1946; Figueiredo Neiva, V. *Resumo biográfico de José Bonifácio*. Rio de Janeiro, Pongetti, 1938; Peixoto, Afrânio. *Ramo de louro*. São Paulo, 1942; idem. Prefácio às *Poesias*, ed. 1942; Santana, Nuno. "José Bonifácio" (in *Rev. Arq. Mun.* n. 46, São Paulo, 1938); Silva Maia, E. J. "Elogio histórico de José Bonifácio" (in *Rev. Inst. Hist. Geogr. Brasil.*, VIII, 1846, pp. 116-140); Tarquínio de Sousa, O. *José Bonifácio*. Rio de Janeiro, José Olympio, 1945.

estudos e sua sensibilidade foram ampliados em contatos com outros países da Europa — França, Inglaterra, Alemanha, Itália — até que em 1819 regressou ao Brasil, para ser exilado em 1823 e retornar somente em 1829. Apurou assim o seu gosto literário, manteve contato direto com o Pré-romantismo europeu, embora sob a pressão, que o leitor facilmente percebe, de sua formação arcádica. O certo é que pôde escrever, em 1825, na "Dedicatória" das *Poesias avulsas*, a propósito de seus versos:

> Fui neles assaz parco em *rimas,* porque a nossa bela língua, bem como a inglesa, espanhola e italiana, não precisa, absolutamente falando, do *zum-zum* das consoantes para fixar a atenção e deleitar o ouvido; basta-lhe o metro e ritmo: e quanto à monotônica regularidade das estâncias, que seguem à risca franceses e italianos, dela às vezes me apartei de propósito, usando da mesma soltura e liberdade que vi novamente praticados por um Scott e um Byron, cisnes da Inglaterra. Devo prevenir-te também, para descargo de minha consciência, que se de antemão não tiveres saboreado as poesias, que fazem a parte *aestethica* da antiga Coleção hebraica, a que damos hoje o nome de Antigo Testamento; ou folheado as composições gregas e latinas, que nos restam; ou pelos menos os cantos da soberba Albion, e da Germânia culta, certo não acharás o menor sabor épico nos que ora te ofereço. Quem folgar de *Marinismos* e *Gongorismos* ou de *Pedrinhas no fundo do ribeiro,* dos versejadores nacionais de freiras e casquilhos, fuja desta minguada rapsódia, como de febre amarela.

Para que mais claro pronunciamento de uma atitude inovadora? Temos aí um perfeito manifesto pré-romântico, com indicações mesmo de fontes primordiais do nosso Romantismo, como Scott e Byron, e com preocupação de vocabulário que nos lembra o ideal de "estilo brasileiro" de Salomé Queiroga e, pouco depois, o de Gonçalves de Magalhães, o que ganhou corpo e importância crítica com Alencar; além de sugestões estéticas.

Tradutor de Walter Scott, Byron, Ossin, Young, Rousseau, parafraseando a *Bíblia*, impregnado de Voltaire, citando Pope e Newton, como traduzindo Hesíodo, Píndaro, Virgílio, escrevendo odes anacreônticas, José Bonifácio é bem um poeta de transição, isto é, um pré-romântico, confirmado pelo conteúdo geral de sua poesia. Desde a "Ode à poesia", datada ainda de 1785, a qual merece destaque dada a sua intenção patriótica, sentimento de liberdade, alusões um tanto veladas à poesia laudatória da época, verdadeira atitude crítica, até as últimas composições, entre elas a "Ode aos baianos" e a "Ode aos gregos", em que o orgulho, a altivez se confundem com os ideais de pátria e de liberdade, sente-se em José Bonifácio o sopro das premonições românticas. O seu lirismo amoroso, ardente, sensual, primeira expressão evidente desse traço predominante de nossa poesia, a ponto de nos evocar os ardores e a audácia de expressão de certos românticos —

OS PRÓDROMOS DO ROMANTISMO   49

Deixa com beijos abrasar teu peito:
Une-te a mim... morramos

— o seu sentimento da natureza quase identificado com os estados de alma;
o culto da amizade; a exaltação das virtudes; sobretudo o sentimento patriótico
e os ideais de liberdade —

Amei a liberdade, e a independência
Da doce cara pátria, a quem o Luso
Oprimia sem dó, com riso e mofo —
Eis o meu crime todo.
....
Os teus baianos, nobres e briosos,
Gratos serão a quem lhes deu socorro
Contra o bárbaro luso, e a liberdade
Meteu no solo escravo.
....
Qual a palmeira que domina ufana
Os altos topos da floresta espessa:
Tal bem presto há de ser no mundo novo
O Brasil bem fadado.

— já parecem atitudes suficientes que confirmam a posição pré-romântica de
José Bonifácio, destacada, ao lado do seu contemporâneo Domingos Borges de
Barros, no conjunto do gosto da época.[19]

Como José Bonifácio, Domingos Borges de Barros (1779-1855), que, pelos
serviços diplomáticos prestados ao Brasil depois da Independência, recebeu o
título de Visconde de Pedra Branca, estudou em Coimbra e buscou em contatos
com o restante da Europa, sobretudo Paris, onde viveu alguns anos, e conviveu
com Filinto Elísio, o aperfeiçoamento de seus estudos. É importante, sob esse
duplo aspecto, de aperfeiçoar-se para ser útil à pátria, para onde regressou em
1811, e pelos contatos com o Pré-romantismo europeu, a permanência de Pedra
Branca em Paris, em princípios do século, e pouco depois da Independência
do Brasil, já em 1825, quando publicou, lá mesmo, a sua primeira obra poética.
Deu-lhe o título galante de *Poesias oferecidas às senhoras brasileiras,* por um baiano.
Forma dois volumes, o segundo quase todo de poesias traduzidas, muitas delas
de poetas pré-românticos europeus, encerrando-se com o primeiro canto do
poemeto "Os túmulos".[20] Numa comparação rápida, as composições originais do
primeiro volume apresentam uma temática que pode ser aproximada da poesia de
José Bonifácio e em parte da de Sousa Caldas, com a vantagem, talvez, da maior
sensibilidade poética que revelam. A exaltação da vida campestre, da amizade, o
que ainda pende para o Arcadismo, a exaltação da natureza, não identificada, é

50 ERA ROMÂNTICA

certo, mas associada à ideia de Deus, a saudade da pátria enternecida, princípio de poesia saudosista como em José Bonifácio também, o interesse em dedicar-se a ela, como se lê na "Epístola" a Paulo José de Melo —

> Ansioso pela pátria, a pátria busco:
> Quais dela são meu braço, e a vida, sejam
> Meus pensamentos todos.

> Ó noite, manda favoráveis auras
> Que o espaço encurtem: Ah! já são mui longos
> Tão míseros errores.

— dão a este poeta uma posição que realmente o distancia das atitudes ou intuitos da poesia anterior e o aproximam dos ideais românticos. De fato, é intenso nele o sentimento patriótico, essa preocupação de ilustrar a pátria, auxiliar pelo saber o seu progresso, de libertá-la, como exemplificam a "Epístola" ao Dr. Francisco Elias da Silveira e a "Epístola" a Filinto Elísio, além dos seus próprios estudos, de caráter científico, publicados em *O Patriota*, onde também colaborou como poeta. Destacam-se ainda em suas composições a repercussão de acontecimentos históricos e mesmo pessoais com ele relacionados, antes e depois da Independência, além do lirismo amoroso um tanto preso ao Arcadismo, embora seja, de todos os poetas da época, o que apresenta, de modo geral, expressão mais libertada. Mas de toda essa produção poética, do ponto de vista predominantemente literário, o que mais sobressai é o poemeto "Os túmulos", com o primeiro canto, como já vimos, divulgado em 1825, tendo sido o segundo editado somente em 1850. O autor transfere para a literatura brasileira, pela primeira vez, uma das correntes de inspiração mais intensa dos albores do Romantismo europeu, a chamada "literatura dos túmulos". No caso dele, é motivada pela morte do filho, poesia realmente sentida, subjetiva, não obstante a tendência reflexiva, certo conteúdo filosófico, o desencanto total da vida e a volta para a morte, embora ligados à ideia de Deus. Poesia fúnebre, carregada de atmosfera sombria, só o Romantismo realmente a conheceria; aqui, com Pedra Branca, é uma antecipação dos *Cânticos fúnebres* de Gonçalves de Magalhães e mesmo do "Cântico do Calvário" de Fagundes Varela, com quem já se despe a capa agourenta que a caracterizou e o lirismo ganha em espontaneidade e comoção sem revolta e sem busca de solução, até a simplicidade poderosamente sugestiva e enternecedora de "O pequenino morto" de Vicente de Carvalho.

Verificamos que os poetas ressaltados, refletindo o clima de seu momento, estavam integrados, tanto quanto a literatura então o permitia, nas aspirações e sentimentos daquele período fundamental de nossa formação, período de transição da condição colonial para a autonomia. Com maior, menor ou nenhuma consciência crítica eles realizavam uma obra pré-romântica entre nós, ao mesmo tempo que nos ofereciam os elementos para estabelecermos o nexo entre as duas condições literárias correspondentes. Enquanto isso, dois nomes das letras estrangeiras lançavam os fundamentos de um movimento de consciência crítica renovadora de nossa literatura: Almeida Garrett e o francês Ferdinand Denis. Este, como outros estrangeiros, pôde visitar o Brasil, onde esteve em 1816, desde que a política de D. João VI lhes abriu essa possibilidade. O primeiro, introdutor do Romantismo em Portugal, sentiu o problema da nacionalização de nossa literatura, e simpaticamente nos instruiu. De tal forma foi bem recebida a sua sugestão, que desde 1826 — ano em que publica o "Bosquejo da história da poesia e língua portuguesa" como introdução ao *Parnaso lusitano* — se tornou fonte de influência benéfica em nossa literatura, projetando-se até Machado de Assis. Ferdinand Denis escreveu primeiro sobre a sugestão da natureza dos trópicos como fonte de poesia para a Europa; depois, voltou-se para o Brasil, em 1826, escrevendo um bosquejo de nossa história literária como complemento à portuguesa.[21] Foi aí que traçou o primeiro programa da nacionalização de nossas letras, indicando ao mesmo tempo a inspiração romântica que deveríamos seguir, num abandono total da imitação europeia e em particular do Classicismo. A repercussão do pensamento dos dois estrangeiros que se preocuparam com o destino de nossas letras foi realmente considerável no momento da afirmação crítica do Romantismo no Brasil, com Gonçalves de Magalhães.

Confirma-se a visão desse período reformador com a ação da imprensa periódica, possibilitada pelas iniciativas de D. João VI. Reflete a vida política da época, o pensamento que se esboça em vários setores, expande, torna comunicável o fato literário ao mesmo tempo que centraliza por assim dizer a atividade dos homens de letras. Conforme assinala Hélio Viana, principiou a imprensa periódica no Brasil, em 1808, com a fundação da semioficial *Gazeta do Rio de Janeiro*, dirigida por Frei Tibúrcio da Rocha. Desde então, e sobretudo depois da Independência, surgiram muitas revistas e jornais, na maioria efêmeros, o que exprime a urgência da opinião pública, outros, sementes de órgãos que se tornaram tradicionais. Todos, dentro dos limites do período aqui esboçado, refletem preocupação política, desejo de difusão cultural a serviço do progresso do Brasil, sentimento patriótico de defesa da nacionalidade que se forma, propagação de ideias liberais. Destacam-se como periódicos de feição literária, científica e filosófica: *As Variedades ou Ensaios de Literatura, O Patriota, Anais Fluminenses de Ciências, Artes e Literatura, O Jornal Científico, Econômico e Literário, O Beija-Flor. As Variedades ou Ensaios de Literatura*, lançadas em 1812, na Bahia, por Diogo Soares da Silva Bivar, é a nossa primeira revista literária: planejou um programa de orientação e formação do gosto literário, também com propósitos moralistas e veleidades filosóficas. Mas a primeira revista, realmente importante e que ainda hoje podemos consultar, é *O Patriota*, "jornal literário, político, mercantil, etc." fundado e dirigido por Manuel de Araújo Ferreira Guimarães, no Rio de Janeiro, em 1813. Atingiu 18 exemplares. Manteve seções de literatura, mineralogia, topografia, história, política nacional e estrangeira, medicina, estatística, agricultura, química, hidrografia, artes, navegação, comércio, matemática, botânica, gramática filosófica, eloquência, "Obras publicadas". Foi saudado com entusiasmo pelo *Correio Brasiliense,* que de Londres apontava a sua fundação, juntamente com a tradução da *Henriade* de Voltaire, como atestados de uma revolução radical em nossa mentalidade e nas restrições da política colonizadora portuguesa.[22] Teve colaboradores como José Bonifácio de Andrada e Silva, Mariano José Pereira da Fonseca, Domingos Borges de Barros, os árcades Antônio Dinis da Cruz e Silva e Manuel Inácio da Silva Alvarenga, e até fez publicações póstumas de Cláudio Manuel da Costa. A seção "Obras publicadas", com a notícia de obras publicadas na corte, ainda que simplesmente divulgadora, marca de fato o início da crítica no Brasil, em particular da crítica noticiosa, isto é, militante. Os demais órgãos mencionados, de 1822, 1826, 1830-1831, na ordem citada acima, fundados no Rio de Janeiro, secundam, sem brilho, a ação de *O Patriota.* Apenas é digna de relevo a publicação, no último deles, *O Beija-flor,* da tradução de *O colar de pérolas,* ou *Clorinda,* de Walter Scott, da "novela alemã do século XIV" *Hermione,* e da novela nacional, anônima, *Olaia e Júlia, ou a periquita,* continuando a tradição já anteriormente mencionada. Circularam, por outro lado, periódicos editados fora do país, mas evidentemente a nós destinados, como *O Investigador Português* e notadamente o *Correio Brasiliense,* de 1808-1822, publicado em Londres pelo brasileiro Hipólito José da Costa Pereira Furtado de Mendonça, constitucionalista, vigia da ação e da política do monarca português no Rio de Janeiro, poderoso instrumento da formação da mentalidade política da época.

A continuidade do pensamento e da ação renovadora desse período em relação ao momento de consciente afirmação crítica do Romantismo no Brasil e, consequentemente, de nossa nacionalidade literária, estabelece-se ainda através da imprensa periódica, da fundação de escolas superiores e de sociedades culturais, quando não pela ação pessoal de um Frei Francisco de Mont'Alverne sobre um Gonçalves de Magalhães, ou ainda pela presença ou atuação de figuras cuja projeção já datava do período da permanência da corte portuguesa no Rio de Janeiro. De então podemos dizer que data a centralização da vida política e cultural do país-nação. Enquanto na era colonial não podemos falar — a não ser com o esforço malogrado do movimento academicista, o seu maior acontecimento cultural — de uma atividade literária centralizada ao mesmo tempo irradiada, tendente a confirmar a nossa própria unidade literária, já isto não acontece depois de 1808. A partir do período de D. João VI todas as atenções e os interesses da nacionalidade em formação convergem de fato para a sede da corte, ou do governo central, no Rio de Janeiro. Torna-se, ao mesmo tempo, insista-se, o centro da irradiação do pensamento, da atividade mental

OS PRÓDROMOS DO ROMANTISMO   53

do país. O que as províncias possuem de melhor aí se concentra, e o que aí se faz é padrão de valores. Desde esse momento, portanto, nos distanciamos cada vez mais de atividades simultâneas ou sucessivas, de âmbito estreito, confinadas em centros praticamente isolados por força da ausência de intercomunicabilidade, de irradiação e sobretudo pela ausência de um interesse de participação na comunhão nacional. No plano político, por exemplo, só se exprime realmente esse ideal de participação exatamente durante os antecedentes imediatos ao pronunciamento de 1822, em Minas Gerais, em São Paulo, na Bahia, em Pernambuco, no Ceará, etc., com as vistas voltadas para a administração central e o interesse geral da nação. O mesmo podemos dizer da atividade mental, em muitos casos incipiente, mas feita de boa vontade, de curiosidade reformadora, renovadora, imbuída de pensamento liberal e de ideais republicanos que se propagavam, com raízes no enciclopedismo, na filosofia sediciosa, vigiada, por isto mesmo, pela censura portuguesa, de fins do século XVIII e princípios do seguinte. Atesta-se a sua efervescência em Minas Gerais,[23] como em outras capitanias, ou melhor, províncias, enquanto a ação reformadora de D. João VI se converte em estímulo dela.

A imprensa, criada na corte, será inaugurada, quase ao mesmo tempo, na Bahia, e não tardará a chegar a São Paulo, a Pernambuco, e a sua ação será de grande importância na vida política e literária da jovem nação. Por exemplo, no campo estrito da atividade literária, não nos privamos de lembrar a primeira edição brasileira de *A arte poética* de Horácio, publicada na Bahia em 1818, na mesma tipografia que editou a nossa primeira revista literária, anteriormente mencionada. Mas, em Pernambuco e em São Paulo, a ação literária da imprensa é posterior à Independência, exatamente depois que as sedes das duas províncias são as escolhidas para a localização dos cursos jurídicos, fundados em 1827. De qualquer forma — e como a criação dos cursos jurídicos —, aquela ação da imprensa está ligada aos ideais renovadores que nascem com a fase inicial de nossa emancipação, a datar de 1808, e mesmo de antes, como no caso de Pernambuco. Então, há que partir da fundação, pelo bispo Azeredo Coutinho, em 1800, do Seminário de Olinda, a mais notável instituição de ensino que tivemos ainda dentro do colonialismo.[24] Foi foco de ideias liberais, de efervescência cultural, germe de iniciativas como criação de biblioteca, fundação de academias — como o *Areópago de Itambé*, com Arruda Câmara, as academias *Suassuna*, dos irmãos Cavalcanti de Albuquerque, e *Paraíso* do Pe. João Ribeiro Pessoa, a *Universidade Democrática*, de Antônio Carlos, a *Oficina de Iguaraçu*, de Francisco Xavier de Morais Cavalcanti, todas voltadas para os destinos do país, promovendo discussões de ideias políticas, liberais, preparando as revoluções de 1817 e 1824. É à última delas que se liga a figura de Frei Joaquim do Amor Divino Rebelo Caneca, revolucionário, liberal, cujas obras reunidas anos depois de sua morte (em 1825 foi fuzilado como réu político) sob o título de *Obras poéticas e literárias*[25] oferecem particular interesse para a história da crítica no Brasil.

Se os antecedentes da criação dos cursos jurídicos inaugurados em Olinda e em São Paulo em 1828, por força da lei de 11 de agosto de 1827 (referendada por José Feliciano Fernandes Pinheiro, Visconde de São Leopoldo, cuja participação em nossos destinos data do período de D. João VI), foram tão sugestivos em Pernambuco,[26] o mesmo já não se pode dizer em relação a São Paulo, cuja vida social e em particular literária, se é que podemos usar a expressão, ainda era precaríssima.[27] Contudo, a hoje tradicional Faculdade de Direito de São Paulo projeta-se antes que a de Olinda, depois Recife, no cenário de nossa atividade literária. Assim, o que podemos ressaltar de mais sugestivo, em Pernambuco, afora a efervescência revolucionária de 17 e 24, neste momento dos albores do Romantismo, é a presença de um Maciel Monteiro, médico formado em Paris, poeta, que foi diretor da Faculdade de Direito de Olinda, em 1839; ou a publicação do periódico *O Progresso*,[28] em que também o mesmo Maciel Monteiro colaborou. A hoje Faculdade de Direito do Recife, tão tradicional como a sua congênere paulista, projetar-se-ia um pouco mais tarde em nossa vida literária com o movimento que Sílvio Romero denominou "Escola do Recife", da década de 1869 em diante. A de São Paulo, porém, antecede-se, principia a sua projeção ainda no Pré-romantismo, para confirmá-la com a geração byroniana, do Romantismo. De qualquer forma estes dois centros de cultura, grandemente responsáveis pelo nosso pensamento político, pela nossa atividade literária, sem falar na sua finalidade precípua, foram, desde a sua fundação, os focos de irradiação da atividade mental do Brasil sobretudo no século XIX, fazendo convergi-la para a sede da corte, completando-se, portanto, um esforço de afirmação da unidade de sentimento e de pensamento de toda a nação.

A primeira contribuição da Faculdade de Direito de São Paulo para a atividade literária do Brasil é, na fase pré-romântica, a iniciativa cultural da Sociedade Filomática, fundada em 1833 por elementos representativos do seu corpo docente e discente: José Inácio Silveira da Mota, Francisco Bernardino Ribeiro, os doutores Carlos Carneiro de Campos, José Joaquim Fernandes Torres e Tomás Cerqueira.[29] Francisco Bernardino Ribeiro, estudante excepcional, sacrificado quando iniciava uma carreira de prognósticos brilhantíssimos, foi o principal fundador da Sociedade. Moço, sobressai-se e merece um lugar na literatura pré-romântica ao lado de outros como Antônio Augusto Queiroga, João Salomé Queiroga, Justiniano José da Rocha.

Por este momento, a Faculdade de Direito de São Paulo recebia estudantes que vinham de Coimbra, cuja Universidade D. Miguel mandara fechar. Traziam o seu protesto e aumentavam a onda de entusiasmo em torno da liberdade, divulgavam Castilho Antônio, Alexandre Herculano, Garrett, contribuindo para intensificar a corrente de influências que esses românticos portugueses exerceriam entre nós. Mais tarde, em 1870, prefaciando uma de suas obras, mas certamente revivendo os ideais e atitudes de seu grupo, o grupo da Sociedade Filomática, João Salomé Queiroga prestou um curioso depoimento, afirmando a

OS PRÓDROMOS DO ROMANTISMO   55

consciência que então já possuíamos da necessidade de reformar definitivamente o nosso gosto literário, de acompanharmos o progresso do século, de realizarmos uma poesia de inspiração nacional,[30] com o que podemos estabelecer um nexo entre o pensamento renovador de Ferdinand Denis e Almeida Garrett e o de Gonçalves de Magalhães, no momento da reforma romântica no Brasil, já processada conscientemente. Curiosa, sem dúvida, a posição de J. S. Queiroga, porta-voz do grupo, chegando a pretender, além dessa poesia de inspiração nacional na paisagem, nas tradições, no folclore, como ele mesmo a realizou, o cultivo da "linguagem brasileira", dando consciência à atitude entrevista em José Bonifácio e antecipando as de Gonçalves de Magalhães, embora no mínimo estreito do vocabulário, que seriam apreciavelmente amplas em José de Alencar.

Por outro lado, a criação da *Revista da Sociedade Filomática*, no mesmo ano de 1833, da qual são conhecidos apenas os dois primeiros números,[31] confirma, pela sua finalidade e matéria divulgada, a intenção renovadora, em proveito do progresso geral do país, do grupo que a realizou. No campo da reforma literária, prenunciadora da afirmação romântica bem próxima, destacamos dois artigos no segundo número da revista, notadamente um de Justiniano José da Rocha, em crítica a *Poesias* (1832) de Gonçalves de Magalhães. A propósito dessa primeira obra poética de Magalhães, apesar de sua feição ainda predominantemente arcádica, o crítico traça — ou retraça, se o filiarmos ao pensamento de Ferdinand Denis e Garrett — um programa de nacionalização, romântica, de nossa literatura. É a paisagem brasileira, é a natureza dos trópicos, é a defesa dos oprimidos, é o ódio à tirania, o amor à pátria, à liberdade, o que defende como matéria de nossa poesia. E toda essa obra reformadora, que chega à sua primeira fase consciente com a *Revista da Sociedade Filomática*, dentro da ambiência pré-romântica, 1808 a 1836, ganha corpo definitivo com o grupo de Gonçalves de Magalhães, em Paris. Passamos então à fase de início do Romantismo no Brasil, em condições que lhe foram propícias e cujo processo de criação data da política reformadora de D. João VI, coincidindo com a repercussão entre nós dos novos ideais com origens no sentimento nacional que se esboça, e também de raízes europeias, notadamente do campo fértil do pensamento francês.

O grupo que em Paris, em 1836, inicia definitivamente a reforma romântica no Brasil — processada no campo amplo da atividade literária, poesia, teatro, prosa de ficção, história, crítica, com repercussão igualmente na vida política, num movimento que se estende até 1846 — conviveu antes, no Rio de Janeiro, sentindo ainda bem vivos os efeitos da ação reformadora de D. João VI, e as agitações que se sucederam à Independência. Explicam-se, dessa forma, os seus ideais patrióticos, os seus anseios de servir o progresso geral da cultura, em particular no Brasil e do Brasil, o pensamento muito voltado para a liberdade, e os traços, no caso especial de Gonçalves de Magalhães (e também de Maciel Monteiro), ainda bem acentuados dos remanescentes da cultura neoclássica.

De fato, Gonçalves de Magalhães foi discípulo, bem como admirador entusiasta, do pensamento e da oratória de Frei Francisco de Mont'Alverne; Manuel de Araújo Porto-Alegre, que veio para o Rio de Janeiro em 1827, através da Escola Nacional de Belas-Artes está ligado à missão artística francesa; em Paris mesmo conviveram com J. B. Debret, sem dúvida ouviram de perto a sugestão de Ferdinand Denis. Acercavam-se de Gonçalves de Magalhães, quando ainda estudante no Colégio Médico-cirúrgico, no Rio de Janeiro, companheiros, colegas que se tratavam por nomes arcádicos, entre eles o citado Porto-Alegre, Francisco Sales Torres Homem, Antônio Félix Martins. E Maciel Monteiro foi sócio da Arcádia Romana, com nome pastoril.

Em 1833, Gonçalves de Magalhães, logo depois de formado em medicina, viajou para a Europa: de Paris, em companhia de Porto- Alegre, passou à Itália; e em 1836, depois de visitar a Bélgica e Portugal, achava-se novamente em Paris. Então, juntamente com Porto-Alegre, Francisco Sales Torres Homem e C. M. de Azeredo Coutinho, fundou a *Niterói, Revista Brasiliense*,[32] órgão de difusão científica, literária e artística, cuja epígrafe — "Tudo pelo Brasil e para o Brasil" — indicava muito bem o intuito patriótico de seus organizadores. São seus colaboradores os quatro diretores indicados, e mais Silvestre Pinheiro Ferreira, C. A. Taunay, J. M. Pereira da Silva, Miguel Calmon Du Pin e Almeida. A matéria é literária, científica e artística, ressaltando-se o "Ensaio sobre a história da literatura do Brasil", de Gonçalves de Magalhães, publicado no primeiro número; no segundo os "Estudos sobre a literatura" de J. M. Pereira da Silva, a crítica de F. S. Torres Homem a *Suspiros poéticos e saudades,* a composição poética "A voz da natureza — canto — sobre as ruínas de Cumas", de Porto-Alegre. Crítica poética, é toda ela matéria de difusão dos ideais românticos no Brasil, programas de reforma e nacionalização de nossas letras, ligados ao pensamento reformador que se manifesta conscientemente desde Ferdinand Denis e Garrett, e concebidos agora sob a atmosfera direta da reforma romântica europeia. E é nessas condições que a atitude de Gonçalves de Magalhães se completa com a elaboração da obra poética *Suspiros poéticos e saudades*, publicada também em Paris em 1836, marcando a revista e essa obra a inauguração consciente do Romantismo em nossas letras, ao mesmo tempo que a divulgação de um amplo programa de reforma. Curioso que isto se realize mesmo em Paris, que desde então se tornou a grande atração de nossos homens de letras.

Em 1837, Gonçalves de Magalhães e outros do grupo de Paris já se achavam no Rio de Janeiro. No segundo e último número da *Niterói, Revista Brasiliense*, lê-se que por motivos superiores cessava a sua publicação, mas seus autores prometiam continuar, no Brasil, a obra interrompida. De fato, depois de 1837, vemos no Rio de Janeiro uma plêiade ativa de intelectuais promovendo um amplo movimento de difusão cultural, dentro dos ideais da reforma romântica. Novamente o Rio de Janeiro realiza o esforço de síntese para a confirmação da reforma que se alastra pelo país. Contamos então ainda com Mont'Alverne; com Gonçalves de Magalhães, a figura que se torna central, reconhecida como chefe da reforma definitiva e cuja obra *Suspiros poéticos e saudades*, de intenção conscientemente romântica, é proclamada pela crítica da época como a inauguradora do Romantismo no Brasil; com Manuel de Araújo Porto-Alegre, Francisco Sales Torres Homem, J. M. Pereira da Silva; com Antônio Gonçalves Teixeira e Sousa, Adolfo Varnhagen, Joaquim Norberto de Sousa e Silva, Martins Pena, J. M. de Macedo, Gonçalves Dias, Melo Morais, João Caetano. E a reforma completa-se no espaço compreendido entre o regresso de Gonçalves de Magalhães, em 1837, e a fundação, em 1850, da revista *Guanabara*. Estende-se à história, à crítica, à poesia, ao teatro, à prosa de ficção, através de sociedades, de revistas e com obras publicadas.

É acontecimento importante a fundação, em 1838, por iniciativa do Cônego Januário da Cunha Barbosa, do Instituto Histórico, Geográfico e Etnográfico Brasileiro,[33] modelo de tantos outros fundados posteriormente. Acolheu as principais figuras da intelectualidade brasileira da época, no Rio de Janeiro, para um esforço organizado de estudos e pesquisas em torno de nossa cultura. Amplia-se esse esforço com a publicação, a partir do ano seguinte, 1839, da *Revista* do Instituto, cuja importância é de todos conhecida. Figuras como as de Januário da Cunha Barbosa, Joaquim Norberto de Sousa e Silva, Varnhagen, J. M. Pereira da Silva, que foram sócios do Instituto, voltam-se para a pesquisa biográfica, para trabalhos críticos e de divulgação revalorativa de nossa produção poética desde suas manifestações iniciais. Magalhães, Martins Pena e o grande ator dramático João Caetano esforçam-se pela criação de fato do teatro brasileiro. Já em 1833, João Caetano dos Santos havia organizado a primeira companhia de teatro nacional e agora, em 1838, Gonçalves de Magalhães escreve, para que ele represente, uma peça considerada de assunto nacional — *Antônio José ou o poeta e a Inquisição*, e Martins Pena estreia com *O juiz de paz na roça*. Varnhagen, Joaquim Norberto, Justiniano José da Rocha, Pereira da Silva, Martins Pena, Magalhães, substituem as novelas traduzidas ou adaptadas do francês por composições originais em que se nota o balbuciar do romance histórico, da novela sentimental, da ficção voltada para o mistério, espécie de literatura de capa e espada de que Teixeira e Sousa, que também foi poeta e cultivou o teatro, daria exemplo, com o desenvolvimento do drama apoiado na luta do bem contra o mal;[34] e é num J. M. Pereira da Silva que se vê a primeira grande influência marcante de Almeida Garrett em nossas letras, ao escrever a novela *Jerônimo Corte Real* decalcada no poema *Camões*. São os antecedentes da inauguração definitiva do gênero com Antônio Gonçalves Teixeira e Sousa, *O filho do pescador* (1843), e Joaquim Manuel de Macedo, *A moreninha* (1844).

Surge em 1843, tendo durado até 1845, um importante órgão de difusão cultural, complemento dessa obra de renovação geral, a *Minerva Brasiliense*, jornal de ciências, letras e artes que se dizia publicado por uma "Associação de literatos". E são eles, evidentemente, os seus colaborados, nomes cujo registro é necessário: Cândido de Azeredo Coutinho, Araújo Viana, Magalhães, Torres Homem, Januário da Cunha Barbosa, Porto-Alegre, Odorico Mendes, Santiago Nunes Ribeiro, Teixeira e Sousa, Emílio Adet, Dutra e Melo, Macedo. Sua continuadora foi a revista *Guanabara*, de 1850 a 1855, também redigida por uma "Associação de literatos" e dirigida por Porto-Alegre, Gonçalves Dias e Macedo. O pequeno trecho adiante, transcrito do artigo de apresentação da *Guanabara*, confirma a filiação desse momento de reforma definitiva, através de um processo de evolução de crescente formação de consciência crítica, nos antecedentes do movimento pré-romântico no Brasil:

> É ainda a continuação do pensamento que presidiu à publicação da *Niterói* e da *Minerva*, pensamento que foi nobremente secundado pela *Revista Filomática*, em São Paulo, e pela *Revista Nacional e Estrangeira* nesta Capital.
>
> ... pois a seu exemplo se publicaram muitos periódicos literários nas províncias, e mesmo na Capital, entre os quais se distinguem *Íris*, *Aurora Olindense*, *Ensaios Literários*, em São Paulo, *Voz da Juventude e Harpejos Poéticos*.[35]

Refletindo um interesse geral de participação, marcando o início de um hábito que se tornaria constante, data ainda dessa fase a presença curiosa de Francisco de Paula Brito (1809-1861), tipógrafo de profissão, tendo fundado a sua tipografia em 1831. Foi diretor do periódico *A Marmota*, editor em cuja casa comercial contou com a frequência de intelectuais e políticos de destaque, em conversas diárias; protetor de alguns jovens iniciados nas letras, como Teixeira e Sousa, ele mesmo com veleidades de escritor. Lembra-se aqui a famosa *Petalógica*, denominação dada à sua casa comercial, tão ressaltada pelos historiadores de nossa literatura. E impõe-se, finalmente, a presença do famigerado repentista Francisco Muniz Barreto (1804-1868), inesgotável e insuperável conforme o testemunho de contemporâneos, poeta também de inspiração lírica e patriótica. E a figura, que avulta pela projeção política, de Francisco Otaviano de Almeida Rosa (1825-1889), poeta original e sobretudo famoso tradutor, de quem há que ressaltar a tradução, de 1848, do último canto do "Childe Harold", publicada no *Cruzeiro do Sul*, periódico acadêmico de São Paulo, em cuja Faculdade de Direito estudou.

É evidente que uma figura assoma em nossa história literária neste momento de afirmação inicial do nosso Romantismo — Gonçalves de Magalhães, e outra parece um tanto deslocada, pelo seu isolamento — Maciel Monteiro, enquanto Porto-Alegre a rigor secunda a obra do primeiro.

Antônio Peregrino Maciel Monteiro* foi uma verdadeira vocação de don-juan, modelo de elegância e de bom gosto, que encontraria nos salões da corte e na carreira diplomática o ideal de sua vida. E tudo o que fez estava em verdade em função de seu dom-juanismo e elegância. Havia nele algo de garrettiano ou que nos lembra Garrett, cuja influência na poesia que escreveu é evidente. Formado em medicina em Paris, encontrou aí de fato o que aspirava para os seus ideais mundanos. E como foi poeta, e bom poeta, mas desperdiçador de seu talento, assimilou de Victor Hugo, de Lamartine, de quem foi excelente tradutor, como de Almeida Garrett, elementos da sensibilidade e da expressão românticas que se ajustaram aos seus impulsos líricos, amorosos, galantes, e lhe deram por vezes aquele tom condoreiro que fez Sílvio Romero apontá-lo como precursor do lirismo condoreiro, de influência hugoana, entre nós. Mas misturou essas influências com remanescentes neoclássicos e pré-românticos, reconhecidos em parte pela linguagem de algumas de suas composições, pela influência camoniana, por certa revivescência ainda da divinização da mulher, pela inspiração sugerida pela *Bíblia*, pelo cultivo de certas formas ainda de características tradicionalistas. Realizou sua obra poética ao mesmo tempo que Magalhães processava a reforma romântica, mas só a publicou, então, em revistas, jornais, ou a inscreveu em álbuns, ao gosto da época, ou a escreveu, para as suas inspiradoras, num momento de arrebatamento amoroso. Teria deixado copiosa produção poética preparada para uma edição, mas o que hoje temos dele, reunido em livro, pouca margem oferece para um julgamento definitivo. Em todo caso, é suficiente para firmar o seu lugar no início do lirismo romântico no Brasil, como já o fez Sílvio Romero, que não escondeu o entusiasmo que teve pelo poeta. Certamente situa-se em seu momento, porque o reflete, embora não se tenha integrado, numa atitude crítica, nos grupos da época. E é exatamente por isso, e pela escassez de sua obra divulgada, que não podemos reconhecer, para Maciel Monteiro, uma posição equiparável à de Gonçalves de Magalhães, nesse trabalho de difusão geral do Romantismo.

---

* Antônio Peregrino Maciel Monteiro, Barão de Itamaracá (Recife, 1804-Lisboa, 1868).

Bibliografia
Poesias. Ed. João Batista Regueira da Costa e Alfredo de Carvalho. Recife, Imp. Industrial, 1905.

Consultar
Câmara, Faelante da. *Maciel Monteiro*. Recife, Cult. Acad., 1905; Dantas Barreto. "Maciel Monteiro" (in *Rev. Acad. Brasil. Let.* n. 16, 1920): Regueira da Costa. Pref. *Poesias*, 1905.

De fato, o que confirma o grande valor de Domingos José Gonçalves de Magalhães,* em nossa história literária, é a sua atitude crítica consciente, o esforço constante, sob todos os aspectos louvável, de efetuar a reforma romântica e nacionalista de nossas letras. Realizou, para tanto, uma obra crítica e de criação literária que confirma a sua posição de escritor de tradição, isto é, que o coloca como elemento destacado da ligação que estabelece, definitivamente, entre as manifestações pré-românticas do início do século e a definição do Romantismo. E foi grandemente favorecido pela oportunidade, momento histórico que, pelos antecedentes, exigia a presença, digamos, coordenadora e centralizadora de uma figura de reformador. Precisava ser um homem ativo, realizador, com intuição do momento, até mesmo vaidoso e medíocre, sem completa consciência de suas limitações, além de exprimir uma formação tradicionalista, capaz de refrear os excessos da reação romântica, e conter rasgos de genialidade, de segura afirmação pessoal. Não podia ser um grande artista, que não se limitaria pela consciência crítica do que fizesse. A sua ação deveria ser essencialmente estimuladora, do ponto de vista crítico, para afirmar a consciência da reforma. E este foi o caso de Gonçalves de Magalhães.

Afigura-se-nos, assim, toda a obra de Gonçalves de Magalhães como um manifesto amplo, complexo, oportuno, enquanto a reforma se impunha

---

* Domingos José Gonçalves de Magalhães, Visconde de Araguaia (Rio de Janeiro, 1811-Roma, 1882).

Bibliografia

Poesia: *Poesias*, 1832; *Suspiros poéticos e saudades*, 1836; *A confederação dos tamoios*, 1856. Teatro: *Antônio José ou o poeta e a Inquisição*, 1839. Crítica e ensaio: *Opúsculos históricos e literários*, 1865.

Edições: *Obras*. Rio de Janeiro, Garnier, 1864-1865. 8 vols. (*Poesias avulsas*; *Suspiros poéticos e saudades*; *Tragédias*; *Urânia*; *A confederação dos tamoios*; *Cânticos fúnebres*; *Fatos do espírito humano*; *Opúsculos históricos e literários*; *A alma e o cérebro*).

Suspiros poéticos e saudades. Rio de Janeiro, M.E.S., 1939.

Gonçalves de Magalhães. Introdução, seleção e notas de J. Aderaldo Castelo. São Paulo, Assunção, 1946. (Col. Pequena biblioteca de literatura brasileira.)

Consultar

Alcântara Machado. *Gonçalves de Magalhães ou o romantismo arrependido*. São Paulo, Acadêmica, 1936; Alcântara Machado, J. "Gonçalves de Magalhães" (in *Rev. Acad. Bras. Let.* n.137, 142, 1933-1934); *A polêmica sobre "A confederação dos tamoios"*. Textos críticos coligidos, com introdução, por J. Aderaldo Castelo, São Paulo, Fac. Fil., Ciências, Let., 1953; *Autores e livros*, V. n. 4, 1º ago., 1943 (Nota biográfica, florilégio, crítica); Buarque de Holanda, S. Introdução: *Suspiros poéticos e saudades*. Rio de Janeiro, M. E. S., 1939; Castelo, J. Aderaldo. Introdução a *Gonçalves de Magalhães*. São Paulo, Assunção, 1946; Idem. Introdução a *A polêmica sobre "A confederação dos tamoios"*. São Paulo, 1953; Mota, Artur. "Gonçalves de Magalhães" (in *Rev. Acad. Bras. Let.* n. 77, 1928); Torres Homem, F. Sales. "Suspiros poéticos" (in *Rev. Brasiliense*, 1836. Repr. pref. ed. 1865).

nos limites indicados, isto é, de 1836 a 1846/50, mas já um tanto obsoleto na sua persistência posterior às afirmações de um Gonçalves Dias e de um José de Alencar. Deixou uma obra extensa e variada sempre acompanhada de pensamento, de orientação crítica em função da reforma romântica em geral e conduzida no sentido de demonstrá-la entre nós. De 1832, quando estreia com *Poesias*; de 1836, quando publica em Paris "Ensaio sobre a história da literatura do Brasil" e *Suspiros poéticos e saudades*, obras que confirmam a sua posição de reformador de nossa literatura, até 1880, quando publica os *Comentários e pensamentos*, Gonçalves de Magalhães se dedica, sempre com aquela preocupação crítica de reforma, à poesia, ao teatro, à tentativa da ficção, à crítica, à história, às lucubrações filosóficas... Em tudo isto, o que apresenta, através do pensamento crítico e da realização literária, já se esboça, em todos os seus elementos essenciais, em *Poesias*, em *Suspiros poéticos e saudades*, no "Ensaio sobre a história da literatura do Brasil", prolongando-se em realizações posteriores, sem maiores inovações, até mesmo no poema *A confederação dos tamoios* (1856), cujo maior mérito foi o de ter provocado a polêmica que nos deu importantes páginas críticas para o estudo da estética romântica, com José de Alencar e outros.[36] Se Gonçalves de Magalhães introduziu os principais temas da poesia romântica no Brasil — Deus e a Natureza, a poesia de sentimento religioso e guiada pela filosofia espiritualista; a noção da origem divina da poesia e do poeta e da sua missão reformadora, sobretudo moralizadora; a evocação da infância, as reflexões sobre a mocidade e a velhice; o sentimento patriótico, o amor da liberdade, o combate à tirania, o saudosismo; a visão amargurada do mundo, o lamento, o desespero, a exacerbação, a poesia tumular; a inspiração medievalista e, de maneira geral, histórica, a poesia das ruínas, e tantos outros temas e atitudes em que facilmente se reconhece ainda a presença da herança neoclássica, vigilante —, o que parece mais sugestivo, em sua obra, é a discussão ou a posição do pensamento crítico.

É que sua poesia não logrou impor-se ao Classicismo agonizante, juntando artificialismo de inspiração a uma prolixidade exaustiva, imagens descoloridas, pesadas, enfadonhas, a comparações retumbantes e a um sentimento de tristeza que, embora lhe possa ser real, é pensado e medido. Há nela a ideia constante da morte, retratada com imagens tétricas, para infundir terror. Contudo, mesmo insistindo no tétrico e no lamentoso, o poeta é de linguagem às vezes espontânea, embora frequentemente bombástico, sobretudo quando, não atingindo o épico, reveste as suas composições de um tom épico, e, meio descritivo, não faz, porém, senão prosa rimada. E tudo isso envolto pela capa da filosofia espiritualista, pela metafísica, e pelo sentimento religioso e moralizante.[37]

Representa uma verdadeira complementação do programa reformador de Gonçalves de Magalhães a colaboração realizada nesta fase inicial de nosso

Romantismo por Manuel de Araújo Porto-Alegre,[*] ligado por estreita amizade e emulação ao autor dos *Suspiros poéticos e saudades* desde 1827, quando veio do Rio Grande do Sul para a Academia Militar, que substituiu pela Escola de Belas-Artes. Com Magalhães, aparece na *Niterói, Revista Brasiliense,* na *Minerva Brasiliense,* na *Guanabara,* na defesa do poema *A confederação dos tamoios,* no propósito nacionalista de sua obra e de sua atividade. Nada melhor define a sua posição do que as próprias palavras que escreveu à guisa de prefácio nas *Brasilianas,* em 1863, quando reuniu uma seleção de sua produção poética elaborada desde aquele momento inicial da reforma.

O nome de Brasilianas que dei a este livrinho provém das primeiras tentativas que se estamparam há vinte anos na *Minerva Brasileira* (sic), e da intenção que tive; a qual me pareceu não ter sido baldada, porque foi logo compreendida por alguns engenhos mais fecundos e superiores, que trilharam a mesma vereda.

Assim pois, esta pequena coleção não tem hoje outro merecimento além do de mostrar que também desejei seguir e acompanhar o Senhor Magalhães na reforma da arte, feita por ele em 1836, com a publicação dos *Suspiros poéticos,* e completada em 1836 com o seu poema da *Confederação dos tamoios*; porque a sua *Urânia* data de 1847, posto que só aparecesse em 1862.

....

Versado em outras disciplinas artísticas mais do que nesta, creio-me no caso de merecer alguma indulgência daqueles que me honraram com sua benévola critica; e se for feliz, como natural é que o deseje, cobrarei ânimo para oferecer ao público uma composição mais longa, mais variada, e igualmente patriótica, em que trabalho.

Sem dúvida, essa obra, de conteúdo poético já ultrapassado no momento em que foi editada, vale pelo sentido documental que representa para a nossa história literária. E quase nas mesmas condições avulta a importância da outra obra extensa que prometia, o poema *Colombo* (1866), de inspiração americanista,

---

[*]   Manuel José de Araújo Porto-Alegre, Barão de Santo Ângelo (Rio Pardo, RS, 1806-Lisboa, 1879).

Bibliografia
   Brasilianas. 1863; *Colombo.* 1866. (Informa Francisco da Silveira Bueno a existência, em Porto Alegre, de um exemplar de *Colombo* com profundas alterações do punho do autor.)

Consultar
   Autores e livros. V, n. 6, 15 ago., 1943; Paranhos Antunes. *O pintor do Romantismo.* Rio de Janeiro, Valverde, 1943; Lobo, Hélio. *M. A. Porto-Alegre* (ensaio bibliográfico). Rio de Janeiro, ABC, 1938; Magalhães, Basílio de. *Manuel de Araújo Porto-Alegre.* Rio de Janeiro, Imp. Nac., 1917; Viana, Hélio, *Manuel de Araújo Porto-Alegre.* Rio de Janeiro, Agir, 1945.

não obstante os momentos realmente felizes, verdadeiros rasgos de inspiração grandiosa e força descritiva, o que fez com que José Veríssimo, com todo o seu rigor, ainda o recomendasse à leitura mesmo do não especialista. Todavia a produção poética de Porto-Alegre é apenas um eco da ação renovadora de Magalhães, e uma complementação o restante de sua atividade no setor da preferência a que se refere no trecho acima citado. Homem bastante viajado, conhecedor dos museus e obras de arte da Europa, exerceu em sua época, aqui no Brasil, uma ação realmente digna de ser apreciada no campo da arquitetura e das artes plásticas, pelo que realizou e pela atividade crítica que desenvolveu.

Evidentemente, o valor literário, em si, da obra de Gonçalves de Magalhães, como da obra de Porto-Alegre, se coloca em segundo plano em virtude da importância histórica que ela representa em nossa evolução, a ser apreciada no campo mais amplo da história cultural. Sobretudo por isto, pela sua importância histórico-literária, as atenções dos estudiosos devem permanecer voltadas para ambos, ainda que a nossa sensibilidade não se comunique com o mundo lírico que julgaram criar. Aliás, o gosto mesmo da época, depois das revelações, então em franca liberdade criadora, de um Gonçalves Dias e de um José de Alencar, sem a preocupação vigilante da reforma tomada em seu sentido histórico, mas como os primeiros frutos dela, já se manifestou distante da atitude dos dois escritores, numa evidente demonstração de uma sensibilidade nova, o que se fez até mesmo com certa injustiça.

Depois de 1844, com *A moreninha* (1844), com *Primeiros cantos* (1846), com a polêmica sobre *A confederação dos tamoios* e com *O guarani* (1857), tem-se a impressão de que os contemporâneos apenas respeitavam Gonçalves de Magalhães, enquanto Porto-Alegre durante anos continuaria a insistir no seu papel reformador, como se a reforma já não tivesse sido consumada e não tivesse oferecido, como dissemos, os seus primeiros grandes frutos com aquelas obras de Macedo, Gonçalves Dias e Alencar. De fato, a partir delas se expande o Romantismo no Brasil com a progressiva consciência da expressão criadora de uma literatura que ganhou a sua autonomia. Por isto mesmo foi que cessou o papel de Gonçalves de Magalhães, figura central de um grupo, e de maneira geral do último momento da transição do colonialismo para a autonomia e do Neoclassicismo para o Romantismo. Foi um capricho da história que lhe reservou um lugar preeminente, ao mesmo tempo que se sacrificou o possível valor literário de sua obra: para ele, realmente, converge numa síntese de afirmação definitiva toda a revolução processada em nossa formação a partir da ação renovadora de D. João VI, isto é, de 1808/1836 a 1846/1850. Porque daqui por diante a atividade literária não se confunde tanto com a participação política, com a renovação geral da mentalidade; a história literária recobra as suas peculiaridades, pode ser reconhecida em sua legítima pureza. Contudo, diga-se de passagem, o sentido fundamental de toda a vida do país, ela talvez exprima melhor do que qualquer outra atividade, como se nota a partir da poesia de

Gonçalves Dias e do romance de José de Alencar, num trabalho de notável pesquisa da realidade nacional, que se intensifica progressivamente.

NOTAS

1 Paul Hazard. "As origens do Romantismo no Brasil" (in *Rev. Acad. Brasil. Let.*, XXV, 69, set. 1927, pp. 24-25). Sobre o assunto, além das diversas histórias literárias brasileiras, ver ainda: J. Almansur Haddad. "Pesquisas francesas sobre o Romantismo brasileiro" (in *Diário de São Paulo*, 10 dez. 1946); Castelo, J. Aderaldo. *A introdução do Romantismo no Brasil* (Tese, mimeogr.), São Paulo, 1950; Readers, O. "Quelques origines du Romantisme brésilien" (in *D. Casmurro*. Rio de Janeiro, ago. 1944, pp. 5, 26).

2 v. Fidelino de Figueiredo. *Literatura portuguesa*. Rio de Janeiro, A Noite, 1941. p. 23.

3 v. Hernani Cidade. *Lições de cultura e literatura portuguesa*. 2ª ed. Coimbra, 1931. vol. II.

4 v. José Veríssimo. *História da literatura brasileira*. 1916. pp. 5 e 125 ss. Na verdade, Veríssimo só indica datas, sem qualquer explicação: 1769 (1ª ed. de *Uraguai*) e 1795 (morte de Basílio da Gama); esquece que a 1ª ed. das *Obras poéticas* de Cláudio é de 1768. É justo o pequeno recuo.

5 v. Carlos Rizzini. *O livro, o jornal e a tipografia no Brasil* (1500-1822). Rio de Janeiro, Kosmos, 1946.

6 v. Capistrano de Abreu. *Capítulos de história colonial* (1500-1800). Rio de Janeiro, Briguiet, 1954.

7 A. do Vale Cabral. *Anais da Imprensa Nacional do Rio de Janeiro de 1808 a 1822*. Rio de Janeiro, Tip. Nac., 1881.

8 Mariano José Pereira da Fonseca (1773-1848), Marquês de Maricá, deve sua fama às *Máximas, pensamentos e reflexões*, publicadas em livro, em três partes, em 1833, 1839 e 1841. Principiou a publicá-las nas páginas do periódico *O Patriota* (1813-1814), e só depois foram reunidas em volumes. Vieram posteriormente as *Novas reflexões, máximas e pensamentos*, de 1844; *Novas máximas, pensamentos e reflexões*, de 1846; e as *Últimas máximas, pensamentos e reflexões*, de 1949. Foi tudo reunido sob o título *Coleção completa das máximas, pensamentos e reflexões* (...) edição revista e aumentada pelo autor, aumentada com máximas, pensamentos e reflexões publicadas em 1844 e 1846 e com as últimas máximas, pensamentos e reflexões, Rio de Janeiro, 1850. Sacramento Blake (*Dicionário bibliográfico brasileiro*, VI, p. 239), a propósito da atividade poética do Marquês de Maricá, escreve: "De suas composições poéticas nunca se fez coleção; há algumas postas em música pelo padre José Maurício Nunes Garcia, de quem já ocupei--me." Pereira da Fonseca esteve ligado à Sociedade Literária do Rio de Janeiro, ao lado de M. da Silva Alvarenga, com quem foi preso, exatamente por se considerar suspeita a atividade da agremiação, quando extinta, em 1794, por ordem do Conde de Resende.

9 Sobre o assunto, ver: Oliveira Lima. *Dom João VI no Brasil*. 1820-1821. 2ª ed. Rio de Janeiro, J. Olympio, 3 vols.; Taunay, Afonso E. *A missão artística de 1816*. Rio de Janeiro, 1911; Almeida Prado, J. F. *Tomas Ender*. S. Paulo, Cia. Ed. Nac., 1955.

10 De Frei Francisco de S. Carlos: *Oração de ação de graças*, recitada no dia 7 de março de 1809 na Capela Real, dia aniversário da feliz chegada de sua alteza real a esta cidade, etc., Rio de Janeiro, na Impressão Régia, MDCCCIX; *Oração fúnebre* (...) nas solenes exéquias da senhora d. Maria I, etc., ibidem, 1816; *Oração sagrada*, que na solene ação

de graças pelo muito feliz e augusto nascimento da sereníssima senhora d. Maria da Glória, etc., ibidem, 1819.

11 De Januário da Cunha Barbosa: *Sermão de ação de graças* pela restauração do Reino de Portugal, etc., Rio de Janeiro, na Imprensa Régia, MDCCCIX; *Oração de graças* (...) celebrando-se o quinto aniversário da chegada de s. a. r. etc., ibidem, 1813; *Oração de ação de graças* (...) celebrando-se (...) o décimo aniversário da chegada de sua majestade a esta cidade, etc., ibidem, 1818; *Discurso* no fim da missa solene do Espírito Santo celebrada na Igreja dos Terceiros Mínimos, etc., ibidem, 1821; *Discurso* no fim da missa solene do Espírito Santo celebrada na Real Capela, etc., ibidem, 1821; *Oração de ação de graças* (...) solenizando-se (...) o primeiro aniversário do juramento (...) a Constituição lusitana etc., Rio de Janeiro, na Tipografia Nacional, 1822.

De Frei Francisco de S. Paio encontram-se publicadas, respectivamente de 1810, 1812, 1817, 1817, na Impressão Régia, quatro orações fúnebres, além dos seguintes: *Sermão de ação de graças*, que, em memória dos dias 24 de agosto e 15 de setembro de 1820, etc., Rio de Janeiro, na Tip. Nacional, 1821; *Oração fúnebre* pelos mortos que foram assassinados na cidade da Bahia, recitada na augusta presença de sua alteza real o príncipe regente constitucional etc., Rio de Janeiro, na Imprensa Nacional, 1822; *Sermão de ação de graças* pela prosperidade do Brasil, etc., Rio de Janeiro, Tip. Nac., MDCCCXXII; e *Sermão*, que na cerimónia da sagração e coroação de s. m. i., etc., Rio de Janeiro, Imprensa Nac., MDCCCXXII — Frei Francisco de S. Paio ainda redigiu, com Antônio José da Silva Loureiro, o periódico político *O Regulador Brasílico-luso* (a partir do segundo número passou a denominar-se *O Regulador Brasileiro* de 1822-1823).

12 Frei Francisco de Mont'Alverne. *Obras oratórias* do Padre-mestre (...). Nova ed. Rio de Janeiro, Garnier, s/d., 2 vols. — V. em especial o "Discurso preliminar" (1, pp. V-XX).

13 De José Elói Otoni: *Paráfrase dos provérbios de Salomão*, em verso português, etc. Bahia, 1815; 2. ed., Rio de Janeiro, 1841; *Jó*, traduzido em verso, Rio de Janeiro, 1852; *O livro de Jó*. 2. ed. Rio de Janeiro, Leite Ribeiro, 1923. V. outras produções de J. Elói Otoni: Sacramento Blake, *Dic. bibliog. bras.*, IV. 409-411.

14 Evaristo Ferreira da Veiga. Poesias (in *Anais da Biblioteca Nacional do Rio de Janeiro*. Rio de Janeiro, Oficinas gráficas da Biblioteca Nacional. 1915. Vol. XXXVIII, 1911, pp. 145-331).

15 Do Pe. Antônio Pereira de Sousa Caldas. *Obras poéticas*. Tomo primeiro: *Salmos de Davi* vertidos em ritmo português pelo Revdo. Antônio Pereira de Sousa Caldas, com as notas e observações de seu amigo o Tenente-general Franco de Borja Garção Stockler, e dados à luz pelo sobrinho do defunto poeta tradutor, Antônio de Sousa Dias, etc., Paris, na Oficina de P. N. Rougeron, 1820; Tomo segundo: *Poesias sacras e profanas* (...) com as notas e aditamentos (...) dados à luz pelo sobrinho do defunto poeta, etc., etc., ibidem, 1821; *Obras poéticas* (...) com as notas e aditamentos de F. de B. G. Stockler, Coimbra. Imprensa de Trovão e Cia., 1836; *Poemas sacros.* (...) nova edição para uso das escolas públicas da instrução primária do Município da Corte, Rio de Janeiro, 1872. — A *Revista do Inst. Hist. e Geog. Bras.*, III, n. 9 e 10 (abr. e jul. 1841), pp. 144-148 e 216-221, publica duas *Cartas* de Sousa Caldas; lê-se, antes, à p. 144, a seguinte nota: "O Padre Antônio Pereira de Sousa Caldas tinha composto uma obra à imitação das cartas de Montesquieu, que desgraçadamente se perdeu sendo levada para a Europa a fim de imprimir-se, porém o Sr. Antônio de Sousa Dias, sobrinho do mesmo Caldas, tinha conseguido copiar algumas cartas, do Ms. autógrafo, e felizmente o nosso consócio o Sr. Ataíde Moncorvo pôde obter a cópia das ditas cartas, e as oferecer para a biblioteca do Instituto. É lástima que se perdessem as produções de tão ilustre brasileiro e, se não fossem os esforços de seu sobrinho, nem mesmo hoje possuiríamos as Poesias que foram impressas em França." Pereira

66   ERA ROMÂNTICA

da Silva (*Varões ilustres do Brasil,* 3ª ed. Rio de Janeiro, Garnier, 1868, vol. II. pp. 197-208) informa, à p. 208, que Sousa Caldas "compôs tragédias, hinos, cantatas, sermões, e obras de crítica, de filosofia e de religião, que conheceram os seus contemporâneos, e cuja maior parte não chegou ao nosso tempo".

16   Melo Morais Filho escreve que "é tradição no convento de Santo Antônio desta Corte ter aí existido, no século passado, uma arcádia; havia mesmo uma espécie de outeiro", a Arcádia Franciscana Fluminense. E aponta, como representantes dela, os franciscanos Antônio de S. Úrsula Rodovalho, Francisco da Candelária, Francisco das Santas Virgens Salazar, Bernardo de S. Gonçalo, Inácio das Mercês Malta, Inácio de S. Rosália, Raimundo Penaforte da Anunciação, Antônio das Neves, Dionísio de S. Pulquéria, Francisco de S. Eulália e Francisco de S. Carlos, dos quais dá uma seleção de poesias. V. *Parnaso brasileiro.* Século XVI-XIX, vol. I, 1556-1840. Rio de Janeiro, Garnier, 1885. pp. 296-313 e 14 das "Notas e comentários".

17   Frei Francisco de S. Carlos. *A Assunção.* Poema composto em honra da Santa Virgem (...) Rio de Janeiro, Imprensa Régia, 1819; idem, nova ed. correta, e precedida da biografia do autor e dum juízo crítico acerca do poema pelo cônego dr. J. C. Fernandes Pinheiro. Rio de Janeiro, Garnier, 1862. Informa Fernandes Pinheiro que, em vida, S. Caries havia corrigido o seu poema, sobre a edição de 1819, mas infelizmente não pôde obter dos herdeiros do poeta as correções que ele havia feito, pois pediam por elas "uma quantia relativamente fabulosa". (V. ed. cit. p. XLIV). V. nota 10.

18   v. Otávio Tarquínio de Sousa. *O pensamento vivo de José Bonifácio.* São Paulo, Martins, 1944.

19   Antônio de Menezes Vasconcelos de Drummond escreve ter sido portador de três poemas de José Bonifácio, dos quais dá notícia, e lamenta a perda dos manuscritos que ficaram em seu poder. Um, intitulado "Sonho", era uma epístola política; outro, "Amores da mocidade"; e o terceiro, um poema em oito cantos, versos soltos: "O assunto deste poema era a dissolução da Assembleia Constituinte e a sua prisão e deportação, enriquecido de vários episódios onde se revelavam com os ornamentos poéticos acontecimentos que diziam respeito à Independência, a maior parte dos quais só tiveram por testemunha o Imperador e o autor." V. Anotações de A. M. V. de Drummond à sua biografia (in *Anais da Biblioteca Nacional do Rio de Janeiro,* vol. XIII, 1885-1886, pp. 112-115. Cit. da p. 112).

20   De Domingos Borges de Barros: *O merecimento das mulheres.* Poema de M. Gabriel Legouvé, do Instituto de França. Traduzido do Francês. Rio de Janeiro, 1813. (A 2ª ed. faz parte do 2º vol. das *Poesias,* ed. de 1825, citada a seguir); *Poesias oferecidas às senhoras brasileiras,* por um baiano, Paris, Aillaud Librairie, MDCCCXXV, 2 vols.; *Novas poesias oferecidas às senhoras brasileiras,* por um baiano. Rio de Janeiro, Laemmert, 1841; *Os túmulos,* Bahia, Tipografia de Carlos Poggetti, 1850 (é a primeira edição completa: dois cantos; no 2º vol. das *Poesias,* 1825, acha-se o primeiro canto; três anos depois da edição completa, Varnhagen reproduziu ambos os cantos no 3º vol. do *Florilégio da poesia brasileira:* idem. 4ª ed. (?) com um estudo sobre o poeta, precursor do Romantismo, Rio de Janeiro. Publicações da *Acad. Bras. de Letras,* 1945 (ed. de Afrânio Peixoto, com reprodução fotografada de algumas poesias e do primeiro canto, cf. *Poesias,* ed. 1825, seguida da publicação completa do poema, cf. a ed. Melo Morais, de 1850. A rigor, esta é a 2ª edição, pelo menos completa, do poema e não a 4ª como a nomeou Afrânio Peixoto). V. ainda *Grinalda de flores poéticas,* coleção de produções modernas dos melhores poetas brasileiros e portugueses, etc. Rio de Janeiro, Laemmert, 1857, pp. 175-191. Pedra Branca colaborou em *O Patriota* (1813-1814), onde publicou poesias e vários trabalhos de natureza científica.

21 Ferdinand Denis. *Scenes de la nature sous les tropiques et de leur injluence sur la poésie.* Paris, Luis Janet, 1824; idem. *Resumé de l'histoire littéraire du Portugal, suivi de resumé de l'histoire littéraire du Brésil.* Paris, Lecointe et Durey, 1826.

22 Apud Vale Cabral, loc. cit., p. 101.

23 V. Felício dos Santos. *Memórias do Distrito Diamantino.* Rio de Janeiro, Castilho, 1924; Clóvis Beviláqua. *História da Faculdade de Direito do Recife.* Rio de Janeiro, 1927. 2 vols.

24 Clóvis Beviláqua, op. cit.; Oliveira Lima. *Pernambuco e seu desenvolvimento econômico.* Leipzig, Brockhaus, 1895 (particularmente o cap. XIX); e as anotações de Oliveira Lima a Francisco Muniz Tavares. *História da revolução de Pernambuco em 1817.* 3ª ed. Recife, Imprensa Industrial, 1917.

25 Frei Caneca. *Obras políticas e literárias.* Recife, 1876-1877, 2 vols. Col. Antônio Joaquim de Melo. V. Sacramento Blake. *Dic., bibliog. bras.,* IV, pp. 77-81.

26 V. Clóvis Beviláqua, op. cit., I, pp. 17-21.

27 V. Spencer Vampré. *Memórias para a história da Academia de São Paulo.* São Paulo, 1924. vol. 1.

28 *O Progresso* (Revista social, literária e científica). Reedição feita pelo Governo do Estado de Pernambuco como parte do programa das comemorações do centenário da Revolução Praieira. Prefácio de Amaro Quintas. Recife, Imprensa oficial, 1950. (Circulou de 1846 a 1847.)

29 v. Paulo Antônio do Vale. *Parnaso acadêmico paulistano.* São Paulo, Tip. *Correio Paulistano,* 1881, pp. 6 ss; Spencer Vampré, op. cit., 1., pp. 225-256.

30 J. S. Queiroga. *Canhenho de poesias brasileiras.* Rio de Janeiro, Laemmert, 1870. (v. "Prólogo").

31 *Revista da Sociedade Filomática.* Publicação mensal de literatura e ciência, impressa na Tipografia do *Novo Farol Paulistano;* v. Afonso de Freitas. "A imprensa periódica de São Paulo" (in *Revista do Inst. Hist. e Geogr. de São Paulo,* vol. XIX, 1914, pp. 381-83).

32 *Niterói, Revista Brasiliense.* Paris, Dauvin et Fontaine, Vol. I, nº 1, 187 pp., nº 2, 262 pp., 1836.

33 v. Max Fleiuss. "As principais associações literárias e científicas do Brasil de 1724-1838" (in *Páginas brasileiras.* Rio de Janeiro, Imp. Nac., 1919).

34 J. Aderaldo Castelo. "As origens do romance brasileiro" (in *Diário de São Paulo,* 15, 22, 29 maio, 1949).

35 *Guanabara,* l, pp. 1-2.

36 *A polêmica sobre "A confederação dos tamoios".* Textos críticos coligidos, com uma introdução, por José Aderaldo Castelo. São Paulo, Fac. Fil., Cienc., Let. 1953.

37 Para maiores desenvolvimentos, ver J. Aderaldo Castelo, Introdução ao volume antológico da Liv. Assunção (1946), de que o trecho acima é uma condensação.

25. *Cassiano Ricardo*

GONÇALVES DIAS E O INDIANISMO*

Gonçalves Dias e o Romantismo. O Indianismo: origem e diversos tipos. O lirismo gonçalvino. O poeta dramático e o poeta épico. Linguagem poética. Intenções e exegese. A poética de Gonçalves Dias. Originalidade e influências. Sextilhas de Frei Antão. Prosa poemática. Contemporâneos e sucessores. Bittencourt Sampaio, Franklin Dória, Almeida Braga, Bruno Seabra, Joaquim Serra, Juvenal Galeno.

Figura Gonçalves Dias na segunda fase do Romantismo, em meados do século XIX. Gonçalves de Magalhães havia sido o

---

* Antônio Gonçalves Dias (Nasceu em Boa Vista, próximo a Caxias, no Maranhão, em 1823. Faleceu em naufrágio do *Ville de Boulogne,* no baixio Atins, à vista do Maranhão, em 1864). Filho de pai reinol e mãe cafusa, trabalha no comércio com o pai. Com dificuldade, estuda direito em Coimbra, onde se forma em 1844. No ano seguinte, de volta ao Brasil, é professor de latim no Liceu de Niterói, e faz jornalismo. Viaja em 1851 pelo Amazonas, em comissão de estudos; à Europa, em 1854, em missão oficial, para estudos. Em 1859 está de novo no Brasil, como chefe da seção etnográfica de uma Comissão científica. Viaja, 1860-61, pelo Ceará e Amazonas. Casado, não foi feliz no matrimônio. Com saúde precária, parte em 1862 para a Europa, regressando em 1864, quando perece em naufrágio.

Bibliografia

POESIA: *Primeiros cantos.* 1846; *Segundos cantos* e *Sextilhas de Frei Antão.* 1848; *Últimos cantos.* 1851; *Os timbiras.* 1857; *Cantos.* 2ª ed. 1857.

EDIÇÕES PÓSTUMAS: *Obras póstumas,* ed. por Antônio Henriques Leal. 6 vols. 1868-69; *Poesias,* ed. por Domingos Jaci Monteiro. Rio de Janeiro, Garnier [S. d.]; *Poesias,* ed. por J. Norberto de Sousa e Silva. 6ª ed. Rio de Janeiro, Garnier, 1870; *Poesias.* Rio de Janeiro, Laemmert, 1896; *Poesias póstumas.* Rio de Janeiro, Garnier, 1909; *Poesias.* 7ª ed. Rio de Janeiro, Garnier, 1910; *Teatro.* Rio de Janeiro, Garnier, 1910; *O Brasil e a Oceania.* Rio de Janeiro, Garnier, 1910; *Poesias.* Rio de Janeiro, Anuário do Brasil, 1928; *Obras poéticas,* ed. crítica, por M. Bandeira, São Paulo, Comp. Ed. Nac., 1944, 2 vols.; *Poesias completas,* ed. por Josué Montello. Rio de Janeiro, Z. Valverde, 1944, 2 vols.; *Poesias completas.* Ed. Mário da Silva Brito e F. J. da Silva Ramos. São Paulo, Saraiva, 1950; *Poesia completa e prosa escolhida.* Ed. Antônio Houaiss. Rio de Janeiro, Aguilar, 1959.

autor do nosso Prefácio de Cromwell[1] e Gonçalves Dias é o criador, o poeta do indianismo, feição original que o caracteriza. Assim, a fase que aqui interessa se inclui no binômio Romantismo-indianismo. Daí a necessidade de indagar o que há de romântico na obra de Gonçalves Dias; de saber o que existe como relação causal, ou de simples coincidência, entre o seu indianismo e o seu romantismo. Teria sido ele indianista só porque foi romântico ou viveu no período romântico? Pergunta-se ainda: até onde Gonçalves Dias obedeceu às exigências do Romantismo?

Consultar sobre o assunto: Nogueira da Silva, M. *Bibliografia de Gonçalves Dias*. Rio de Janeiro, M. E. S., 1942. 203 p.

Consultar

É vasta a crítica a Gonçalves Dias, estando sua obra bastante estudada, embora grande· parte da bibliografia sobre ele seja de natureza biográfica. Durante muito tempo, e ainda hoje em certos setores, em vez da análise da obra, a crítica perdia-se em debater a superioridade do poeta sobre outros; particularmente em relação a Castro Alves, essa crítica de paralelo demonstrou sua esterilidade, muita tinta havendo corrido nessa controvérsia inútil.

Academia Brasileira de Letras. *Gonçalves Dias* (conferências de J. C. Macedo Soares, Viriato Correia, Pedro Calmon, Gustavo Barroso, Roquete-Pinto, Guilherme de Almeida e Manuel Bandeira). Rio de Janeiro, 1948; Ackermann, F. *A obra poética de Gonçalves Dias*. S. Paulo, Dep. de Cultura, 1940; Airosa, P. "G. D. e o indianismo" (in *Rev. Acad. Paul. Letras*, IX, 34, junho 1936); Amaral, A. *Elogio da mediocridade*. São Paulo, Nova Era, 1924; *Autores e livros*. vol. I, 13, 9 nov. 1941; Bandeira, M. "Introdução à ed. das *Obras políticas*". São Paulo, Comp. Ed. Nac., 1944, vol. I; idem. *Apresentação da poesia brasileira*. Rio de Janeiro, Casa do Est. do Brasil, 1946; idem. "A poética de G. D." (in *Gonçalves Dias*. Acad. Brasil. Letras. Rio de Janeiro, 1948); Bastide, R. *Poesia afro-brasileira*. São Paulo, Martins, 1943; Besouchet, L. [e] Freitas, N. de. *Literatura dei Brasil*. B. Aires, Ed. Sudamericana, 1946; Bilac. O. *Conferências literárias*. Rio de Janeiro, F. Alves, 1912; Buarque de Holanda, A. "À margem da 'Canção do Exílio'" (in *Corr. Manhã*, 30 abril 1944); Capistrano de Abreu, J. "A literatura brasileira contemporânea" (in *Ensaios e estudos*. I. Rio de Janeiro, Soc. Cap. de Abreu, 1931); Cardoso, C. "Os amores de G. D." (in *Corr. Manhã*, 27 maio, 1927); Castro, A. de A. *A linguagem das Sextilhas de Frei Antão*. Rio de Janeiro, Amorim, 1939; Dias, T. "Antônio Gonçalves Dias" (in *A semana*, [1/38, 19 set. 1885); Driver, D. *The Indian in Brazilian literature*. N. Y. Inst. de las Españas, 1942; Feder, E. "Gonçalves Dias e a poesia alemã" (in *Autores e livros*, 9 nov. 1941); Fernandes Pinheiro, J. C. "Notícia sobre a vida e obras de A. G. D." (Introdução à 6ª ed. das *Poesias*. Rio de Janeiro, Garnier, 1870. vol. I); Gomes, E. "O sentimento de piedade em G. D." (in *Corr. Manhã*, 3. dez. 19 55); idem. "Os dramas de Shelley e Gonçalves Dias sobre Beatrice Cenci" (in *Espelho contra espelho*. São Paulo, Ipê, 1949); Guerra, A. *Gonçalves Dias*. São Paulo, Melhoramentos, 1923; Jucá Filho,

I. O INDIANISMO

a) *Indianismo barroco*. Nosso primeiro indianismo foi de Anchieta (q.v.) com as suas produções catequistas. O seu "indianismo", tão bem caracterizado nos "cateretês católicos", faz parte do Barroco, que marca a literatura jesuítica (1554) do século XVI.

Dramaturgo e poeta, Anchieta figura como o iniciador da nossa literatura. Em latim, português, castelhano e tupi[2] ficaram restos de suas obras. Em língua indígena, como o registra Afrânio Peixoto, elas realizaram não só

C. "A linguagem das *Sextilhas de Frei Antão* (in *Anais do 2º Cong. das Acad. de Letras*. Rio de Janeiro, 1939); Leal, A. H. "Vida de G. D." (in *Panteon maranhense*, Lisboa, Imp. Nac., 1874, vol. III); idem. *Lucubrações*. São Luís do Maranhão, 1874; Lima, H. de C. F. "Gonçalves Dias em Portugal" (in *Brasília*. Coimbra, vol. 2, 1943); Miguel Pereira, L. *A vida de Gonçalves Dias*. Rio de Janeiro, José Olympio, 1943; Montello, J. *Gonçalves Dias, ensaio biobibliográfico*. Rio de Janeiro, Acad. Bras. de Letras, 1942; Mota, A. "Gonçalves Dias" (in *Rev. da Acad. Bras. de Letras*, nº 88, abril 1929); Nogueira da Silva, M. "Gonçalves Dias, patriota" (in *Corr. Manhã*. 22 set. 1929); idem. "Gonçalves Dias e Camilo Castelo Branco (in *Corr. Manhã*, 12 nov. 1933); idem. "Estudos gonçalvinos" (in *J. Comérc*. 17 nov. 1935; 16 fev. 1936); idem. *O maior poeta*. Rio de Janeiro, A Noite, 1937; idem. "O pressentimento da morte em Gonçalves Dias" (in *J. Manhã*. São Paulo, 12 março 1938; idem. *Gonçalves Dias e Castro Alves*. Rio de Janeiro, 1943; Piccarolo, A. *Gonçalves Dias et le Portugal*. Lisboa, Inst. Français, 1938; Pinheiro Chagas, M. "Gonçalves Dias" (in *Ensaios críticos*. Porto, Viúva Moré, 1866); Raeders, G. "Um grande poeta romântico em Coimbra: Gonçalves Dias" (in *J. Comérc*. 8 set. 1935); Ribeiro, J. "Gonçalves Dias, o poeta nacional" (in *Clássicos e românticos brasileiros*. Rio de Janeiro, Acad. Bras. de Letras, 1952); Said Ali, M. "Notícia sobre a vida do autor" (Prefácio da ed. das *Poesias*. Rio de Janeiro, Laemmert, 1896, vol. I); Sotero dos Reis, F. "Antônio Gonçalves Dias, sua biografia, seus *Primeiros cantos*, seus *Segundos cantos*, seus *Últimos cantos*". Seu poema épico *Os timbiras* (in *Curso de lit. port. e bras*. São Luís do Maranhão, Tip. do País, 1873. vol. IV); idem. "Antônio Gonçalves Dias, seu drama *Boabdil*, sua obra *O Brasil e a Oceania* (ibidem. vol. V); Távora, F. "Gonçalves Dias" (in *A semana*, 11, 19, 25 fev. 1888); Veríssimo, J. *Estudos de literatura brasileira*. 2ª sér. Rio de Janeiro, Garnier, 1901.·
(Nota de 1969). A obra de F. Ackermann foi reeditada pela Comissão de Literatura do Conselho Estadual de Cultura, São Paulo, 1964. — Ver ainda: M. Bandeira. *Poesia e vida de G. D*. São Paulo, Editora das Américas, 1962.
Sobre o Indianismo, além das histórias gerais da literatura, especialmente a de Sílvio Romero, ver: Capistrano de Abreu, J. *Ensaios e estudos*. I. Rio de Janeiro, Briguiet, 1931. pp. 61-107; Driver, D. *The Jndian in Brazilian literature*. N. Y. Inst. España, 1942; Ferreira, M. C. *O indianismo na literatura romântica brasileira*. Rio de Janeiro, Imp. Nac., 1949; Melo Franco, A. A. de. *O índio brasileiro e a Revolução francesa*. Rio de Janeiro, José Olympio, 1937; Sousa Pinto, M. *O indianismo na poesia brasileira*. Coimbra, 1928.

primazia igual mas ainda a outra, de serem instrumentos preciosos de educação dos nossos aborígines.

Aprendeu Anchieta a língua brasílica da qual organizou um vocabulário e uma gramática; escreveu diálogos a que dava o nome de "comédias", bem como orações em tupi para instruir os índios.

> Ó Virgem Maria
> Tupã cy etê
> Abe pe ara pora
> Oicó endô yabê.

O auto "Nheenga apiaba pé awaré Joseph Anchieta recê" (Fala aos índios pelo padre José de Anchieta) no qual são personagens índios, anjos e demônios,[3] foi muitas vezes representado por meninos no "pátio do colégio" em São Paulo.

Para civilizar o índio era preciso antes assimilar-lhe os padrões culturais; era mister "ficar sendo índio" o mais possível; regressar ao primitivo. Foi o que fez Anchieta. Se algo há de estranho é que os historiadores, que nunca negaram ser Anchieta o nosso primeiro escritor, não tenham, até hoje, feito alusão ao seu evidente indianismo. Indianismo que pode chamar-se "indígena", em oposição a "alienígena", e barroco, no que tem de bilíngue, de cunho edificante, de apelo mais aos sentidos do que à razão, de estilo "jesuítico", enfim.[4]

O fato é importante principalmente no sentido de provar, ou de fazer lembrar, que o indianismo já está em nossas "primeiras letras".

b) *Indianismo arcádico. Basílio da Gama* (q.v.). O *Uraguai*, baseado em motivo histórico, é uma exaltação dos portugueses e ataque aos jesuítas na luta contra os índios das Missões. Conquanto vencidos os aborígines, o poeta lhes celebra a intrepidez. E o que se salva no poema é justamente a parte indianista, são os trechos líricos sobre Cocambo e Lindoia. A morte desta, que se deixa picar por uma cobra, pode ser lida com emoção até hoje. É daí o verso famoso: "Tanto era bela no seu rosto a morte."

José Veríssimo assinala a originalidade do *Uraguai*. Único — afirma, referindo-se ao poeta — entre todos os épicos daquele momento literário que não quis ou não procurou imitar Camões. Críticos de poesia moderna, Ronald de Carvalho, Múcio Leão, Manuel Bandeira[5] lhe reconhecem os méritos, a correção e o brilho da forma.

Quem se apegou ao modelo camoniano foi Santa Rita Durão (q.v.) cujo poema *Caramuru* é escrito em oitava rima. Não obstante, parece fazer um reparo ao épico português, quando diz que "os sucessos do Brasil não mereciam menos que os da Índia".[6]

Se Basílio da Gama é mais brasileiro na forma, Durão parece mais brasileiro na essência. Aquele celebra o índio, mas este já o defende, expondo, no oferecimento a D. José, a situação dos nossos indígenas espoliados de suas terras. Mesmo o tema está mais próximo do indianismo, como no amor da princesa Paraguaçu e no da humilde Moema por Diogo Álvares. Curiosíssimo é o trecho (Canto V) em que o poeta alude à canção do índio prisioneiro, recolhida por Montaigne: "Savourez les bien, vous y trouverez le goust de votre propre chair." Naturalmente a teria aproveitado, já de torna-viagem, ao mestre francês...

O episódio da morte de Moema é tido e havido pelos críticos como uma bela página de nossa melhor poesia colonial (Canto VI).

c) *Indianismo exótico, importado.* Não se menciona um só português india- nista, embora o nosso primeiro documento escrito sobre os índios tenha sido a "carta do achamento", de Vaz Caminha.

No entanto, a carta de Vespucci (1503) traduzida em várias línguas, inclu- sive o latim, já é a fonte em que bebeu Thomas Morus para escrever a sua célebre *Utopia.*[7]

O português fica encantado com o nosso índio, que lhe pareceu pitoresco, e irá escravizá-lo na colonização. Polígamo por excelência, gostou mais da índia, que esta, sim, lhe aguça a concupiscência desde o primeiro instante, com as suas "vergonhas tão cerradinhas"[8] e demais encantos. Ou porque a nudez já lhe fosse um afrodisíaco, um convite irrecusável, ou porque fizesse de conta que ela era a "moura encantada",[9] o caso é que a mulher do mato lhe pareceu mais bonita,[10] mais apetitosa que a do reino.

Os índios eram gente "bestial, de pouco saber e por isso tão esquiva",[11] apesar de "muito mais nossos amigos do que nós seus". O interesse intelec- tual coube ao francês, que viu no brasileiro primitivo uma ideia nova para o mundo: "Pois havia gente que, além de viver em estado de natureza, praticava um regime social tão livre e tão feliz?"

Thevet (1558), Jean de Léry (1563), Claude d'Abbeville (1614) narram em França as "singularidades" admiráveis dos nossos aborígines.

Mas já em 1559, Ronsard publica o seu poema indianista "Ode contre Fortune", inspirado no índio brasileiro. Seguem-lhe o exemplo outros poetas da "Plêiade". Na Espanha, é Lope de Vega, no começo do século XVII, quem escreve *El Brasil Restituido,* no qual aparece uma índia de nome Brasília.[12] Mas não há exemplo de nenhum escritor português indianista.

O mito do "bom selvagem" aparece em Charron, Pasquier, Le Roy. Montaigne é o primeiro, como nos adverte Gabriel Hanoteaux, em *L' apport intellectuel des colonies à la France,* a introduzir na literatura francesa a ideia do homem "naturalmente bom ao sair das mãos do Criador".

O grande autor dos *Essais* conversa com três índios brasileiros na Corte de Carlos IX, em Ruão; ouve a palestra do rei com os tupinambás e traça[13] "um claro panorama daquilo a que, mais tarde, se chamaria luta de classe e revolu- ção social".

A essa altura, os exotismos decorrentes do tupi já figuram nos léxicos franceses,[14] enquanto Portugal, por uma ordem régia (1727), proíbe o uso da língua brasílica no Brasil.

É então que Rousseau, em 1750, em *Discours*, e, em 1753, no *Discours sur l'inégalité*, glorifica o "bom selvagem" já num sentido social: "ces mots affreux, le tien et le mien."

Chateaubriand publica *Atala, Les Natchez, Voyage en Amérique* e Fenimore Cooper *The last of the Mohicans*. Os nobres índios de Cooper, na expressão de Margaret Murray Gibb, entram em cena.

d) *Indianismo popular, folclórico*. Dá-se, então, um caso curiosíssimo, não obstante paradoxal. O indianismo francês, nascido do índio brasileiro, é importado pelos nossos escritores como uma planta exótica. Imitávamos, através do francês, o que já era nosso; o que já estava na origem da nossa história literária. Por aí se vê, diz Afonso Arinos de Melo Franco, que mesmo no terreno ideológico (acrescentaríamos, literário) o Brasil não fugiu ao seu destino de nação colonial e de mercado de consumo. As matérias-primas com que se fabricam as doutrinas futuras daqui saíram para a Europa e de lá regressavam, sob a forma de artigos importados.

Nunca havia deixado de existir, porém, no Brasil, um indianismo local, que nada tinha de exótico; o indianismo que Capistrano descobriu nos contos populares cujos heróis são o marinheiro e o caboclo. Esses contos,[15] tendo por herói eterno o caboclo e o marinheiro, são os documentos mais importantes para a nossa história e escrevê-la sem estudar os contos satíricos é tão ilusório como apanhar o caráter nacional sem interpretar os contos "épico-fantásticos".

O mestre fala em três fases: o marinheiro em luta contra a natureza brasileira, comendo os ovos do pássaro "biabo", pasmado de vê-lo saber ler; o caboclo em luta contra a civilização; por último o caboclo ainda, mas o ridículo como que está esfumado e, através, sente-se não só a fraternidade como o desvanecimento.

Ao que diz Capistrano não será demais acrescentar que a astúcia do nativo vencendo sempre o marinheiro, nos contos populares, faz lembrar logo a do jabuti, vencendo o homem e o gigante nos contos indígenas. A fábula do curupira ensinando caminho errado ao intruso, a fim de o escarnecer, vendo-o perdido na floresta, é outro exemplo.

e) *Indianismo português*. O indianismo no Brasil — indianismo colonial — nasce com Anchieta, como ficou dito. Não deixa de existir nos contos populares (Capistrano). Ainda na colônia surgem os primeiros poetas indianistas, nascidos no Brasil — os mineiros. Contudo, paradoxalmente, o nosso indianismo é também de importação; vem da França, via Chateaubriand.

Por que nenhum indianista português? Aos artistas lusos não faltaram informações. Além das de Nóbrega e do próprio Anchieta, tinham: eles as do padre Cardim, de Pero Lopes de Sousa, de Gabriel Soares, da *Nova Gazeta da*

Terra do Brasil (já em 1515 editada na Alemanha, mas traduzida para o português); de Gândavo; dos *Diálogos das grandezas*.

É um português, Jerónimo Osório, segundo Villey,[16] com o *Vida e Jeitos d'el Rey D. Manuel*, escrito em latim, mas traduzido para o francês, um dos informantes, além de Léry e Thevet, utilizados por Montaigne nos seus *Essais*. Uma carta de Nóbrega, divulgada em Paris (1556), exerce inegável sedução literária a respeito do nosso indígena, entre os franceses.[17]

Nada mais natural, pois, do que aparecer o índio em algum poema épico ou lírico, escrito em Portugal, notadamente no instante em que os navegantes lusos revelavam ao mundo a criatura humana que o mundo não conhecia.

Ao lado das portentosas descobertas marítimas que constituíram objeto obrigatório das obras literárias portuguesas do século XVI, a descoberta do homem em sua "primeira inocência"[18] tinha algo de bíblico. Mereceria bem algum poema como o que Ronsard, já em 1559, escrevia na França, ou como a peça que Lope de Vega, logo ao início do século XVII, publicava na Espanha.

No entanto, não é isso o que ocorre; Camões em *Os lusíadas* (Canto X) — quando Tétis descreve a Gama o orbe terrestre — limita-se a mencionar a parte da América "que o pau vermelho nota". O pau vermelho, não o índio, é que mereceu ser notado pelo grande épico. Uma "Ode à liberdade", relativa aos "brasis", escrita na segunda metade do século XVIII por Filinto Elísio, aquele que escapou de ser queimado pelo Santo Ofício, refugiando-se em Paris (1778); e eis tudo.

Vieira defende os aborígenes mas é no Brasil que o faz, e num gênero que não representa o índio como tema literário. Surge um Antônio Dinis, com as suas *Metamorfoses*, cheias de palavras indígenas[19] e também no Brasil escritas; mas longe de constituir, sequer, uma hipótese de indianismo.

Nem através do mito do "bom selvagem" que se propaga pelos séculos XVII e XVIII, os escritores lusos se interessam pelo índio brasileiro. A omissão não passa despercebida dos próprios comentaristas de ultra-mar, tanto que José Maria da Costa e Silva, falando a propósito do *Caramuru*,[20] mostrava que seria mais justo o interesse luso pelos quadros brasílicos originais, do que pelas imitações clássicas de gregos e romanos.

Cooper e Chateaubriand refletem-se de pronto no Brasil, com as suas criações indianistas, menos em Portugal.

Com a Independência, e por motivos óbvios, os portugueses já não admitiriam o índio em suas obras poéticas ou romanescas. Caberia fazê-lo aos brasileiros; a um Gonçalves Dias, a um José de Alencar.

f) *Indianismo romântico*. Já Gonçalves de Magalhães, em seu manifesto, aludia à "poesia cultivada pelos nossos aborígines" (1836) para depois publicar (1856) sua *A confederação dos tamoios*.

Mas em 1844 Teixeira e Sousa (1812-1861) inicia a nova fase do indianismo brasileiro com um poema em cinco cantos *Os três dias de um noivado*, tomando por base uma lenda indígena. Versos medíocres, não se nega, porém com a primazia, na opinião de José Veríssimo, na introdução do nosso segundo indianismo (aqui se dirá terceiro, contando-se o primeiro em Anchieta). Tratava-se de indianismo como sentimento nativista, como sinônimo de independência (a Independência não deixa de ser um ato principalmente indígena), e que é uma modalidade do indianismo romântico, enquanto Romantismo quer dizer nacionalismo. No indianismo romântico, em verdade, é que se reúnem pela primeira vez três palavras já então densamente carregadas de sentido ideológico — o indianismo transformado em teoria social, o Romantismo a que o próprio índio deu causa e o nacionalismo de que, pelo menos no Brasil, passa a ser símbolo.[21]

João Ribeiro nota, pelo menos,[22] duas fases do indianismo: uma de feição patriótica, outra de imitação francesa. Na primeira fase, que é a do patriotismo, forma a nossa epopeia original e talvez a única que na história de nossas letras possa acusar uma fonte e origem profundamente nacional; na segunda fase, de imitação francesa, colheu já fria e morta a ilusão patriótica mas rejuvenesceu-a, penetrando na corrente universal do Romantismo. Para o autor de *Cartas devolvidas*, Gonçalves Dias se encontra bem na primeira fase. Nada ele parece dever à literatura francesa.

g) *Indianismo gonçalvino.* O caso de Gonçalves Dias, com suas "Poesias americanas", é, porém, específico; é originalmente brasileiro. Não estava importando ele o que já pertencia ao seu sangue. O seu indianismo seria, como os seus poemas de amor, autobiográfico. Viajasse pelo rio Negro ou residisse em Paris, ou em Coimbra, ou em Dresde, o índio residia dentro dele; em seu sentimento, na sua imaginação poética. Não lhe vinha de torna-viagem, como para outros indianistas do seu tempo, que o antecederam ou sucederam; estava-lhe no corpo; alimentava-lhe a personalidade. Era uma força secreta, em estado de legítima defesa. O seu índio dos poemas líricos ou épicos seria índio mesmo, e não índio de cartão-postal. Era o índio que havia nele e era o índio que ele conheceu, desde menino, e reconheceu no rio Negro; que ele compreendeu e defendeu.

Nenhuma influência existe do indianismo anterior, o chamado clássico (arcádico) sobre o seu; naquele, o índio é apenas acessório, ornamental; no seu, é a substância mesma dos poemas — substância poética sem a qual não se compreenderia a sua obra.

Querem alguns exegetas que o indianismo popular tenha influído em sua poesia. Essa tese já foi contraditada,[23] sendo certo que os poemas de Gonçalves Dias nenhuma relação têm com o indianismo das narrações folclóricas. Nestas, a superioridade do nativo sobre o forasteiro se exerce pela manha, pela astúcia. Naquelas, o que há é o "sentido do heroico, o culto da lealdade, a beleza moral do I Juca Pirama".

Pergunta-se se o indianismo marca Chateaubriand e Cooper teria contribuído para o seu estro. Já se respondeu que não; e não mesmo. Onde as provas disso, nas suas leituras ou confissões?

O que há é uma frase do autor de *Atala* inscrita no pórtico dos *Primeiros cantos*, mas isso demonstra, apenas, o desejo de "mostrar" que a literatura alienígena já fazia do nosso índio o seu tema. Como quem pergunta: por que não o havemos de fazer nós?

A sua obra indianista está contida, como se sabe, em "Poesias americanas", que já figuram, em parte, nos *Primeiros cantos* e que são: "Canção do exílio", "O canto do guerreiro", "O canto do piaga", a "Deprecação", "O canto do índio". Nos *Segundos cantos* figura outro poema indianista, intitulado "Tabira". Nos *Últimos cantos* se incluem "O gigante de pedra", o "Leito de folhas verdes", o "I Juca Pirama", "Marabá", "Canção do tamoio", "A mãe d'água". Nas poesias póstumas se encontram "Poema americano" e "O índio" ("Visões", I).

Mas a sua obra capital, pela extensão que teria, devia ser *Os timbiras*, grande poema épico do qual só chegaram a ser publicados os quatro primeiros cantos.

Para se dar o devido valor ao seu indianismo, e mostrar que é esta a parte dos seus poemas que o imortalizou, a que ainda hoje o faz presente de modo tão vivo à nossa emoção, bastará acentuar que os seus dois poemas tidos e havidos como verdadeiras obras-primas pertencem a "Poesias americanas", "Canção do exílio" e "I Juca Pirama".

Sem dúvida, pelos motivos a que se fará referência logo mais a "Canção do exílio" pode ser considerada um poema indianista, notadamente por ser indígena na parte formal (palavras como *palmeiras*, *sabiá*) e no próprio sentimento ingênuo de saudade, típico das canções indígenas.

Ainda quanto ao indianismo gonçalvino há que notar que abrange os três principais gêneros poéticos a que se dedicou o vate maranhense: o lírico, em "Leito de folhas verdes"; o dramático, em "I Juca Pirama", o épico, em *Os timbiras*.

h) *Indianismo ideológico cultural.* Fora da poesia e da literatura de ficção não será demais falar-se (porque com elas vivamente relacionado) no indianismo ideológico, o do mito do "bom selvagem" e das ideias revolucionárias que suscitou no domínio social e político. Quem diz índio diz Rousseau (a bondade natural), diz "o índio brasileiro e a revolução francesa", diz igualitarismo, revolução russa; diz (com referência ao Brasil) nativismo, Independência. Guatemozim no Ipiranga.

O indianismo cultural, por seu turno, será o que compreende os estudos de etnologia, linguística, sociologia, antropologia (Batista Caetano, Couto Magalhães, Capistrano, Rondon, Roquete-Pinto, etc.). Compreende a própria cultura indígena "como base de nossa autenticidade americana" (Gilberto Freyre).

São temas que escapam a esta obra, embora Gonçalves Dias tenha sido, justamente, o precursor de tais estudos, hoje em franco desenvolvimento.

*

Uma palavra é que explica a outra e a explicação só surge — como diz Thibaudet — quando se tornam adversárias.

Romântico é o que não é clássico, define Mme. Staël... Mas é preciso atender:

— O Romantismo, no Brasil, precede a si mesmo (os árcades já eram românticos, pelo que se diz).

— Vem o Romantismo do século XIX, mas coexistente com o clássico; primeiro, porque o Romantismo dá, a quem o adota ou sofre, liberdade para tudo, inclusive para não ser romântico; segundo, porque pode haver um Romantismo clássico.

— O Romantismo dá também ao romântico o direito de se arrepender; de negar a si mesmo, portanto. Neste último caso estão, por exemplo, um Gonçalves de Magalhães, um Musset, um Reine. O arrependimento já não é, por si mesmo, uma virtude romântica?

— O Romantismo continua a existir depois de si mesmo — do seu período histórico — uma vez que todo novo ciclo literário começa romântico e termina clássico.

Ora, se ele dá ao poeta liberdade de não ser romântico isto quer dizer que, mesmo no Romantismo, ninguém é obrigado a ser o que não é.

É o caso de Gonçalves Dias.

Como se trata do Gonçalves Dias — que foi indianista — pergunta-se se é obrigatório o binômio Romantismo-indianismo.

A princípio parece que todo indianista é romântico. Aliás foi o nosso índio (insista-se) que despertou, via Montaigne, as ideias que culminaram em Rousseau, pai do Romantismo.

Mas no caso de Gonçalves Dias, não. O seu indianismo nada tem que ver com o Romantismo europeu, embora o nosso índio figure nas origens do movimento, transformado em mito do "bom selvagem".

E isto porque Gonçalves Dias não tem o seu indianismo ligado ao do mito; antes, lhe é contrário; substitui a ideologia pela realidade humana do índio.

Não só por isso como ainda porque, literariamente, o seu indianismo, conquanto implique a projeção do seu caso pessoal, se realiza principalmente no "épico" e no "dramático", em que o poeta não obedece ao Romantismo; não fala de si mesmo; antes, se despersonaliza.

Além do mais, com sangue índio no coração, não deixava de falar em causa própria. Razão claríssima do seu indianismo original. Indianismo que difere do "exótico" (Cooper, Chateaubriand) e do nosso indianismo que o precedeu, convencional (Basílio da Gama, Santa Rita Durão). (Houve um "clássico", não raro pedante, que se fez indianista, e um indianista que se fez "clássico", num sentido de "modelar".)

Indianismo três vezes autêntico, o de Gonçalves Dias:

a) pelo sangue (era ele filho de uma guajajara com um português);

b) pelo conhecimento direto dos indígenas com os quais conviveu (quando menino e nas excursões pela Amazônia);

c) pelos estudos que realizou *(Brasil e Oceania, Vocabulário da língua tupi,* etc.).

Em síntese:

O indianismo ocorre, no Brasil, pelo menos em quatro momentos típicos da nossa história literária.

O primeiro indianista foi Anchieta, já no século XVI (1554). No XVIII, surgem Basílio da Gama e Santa Rita Durão; no XIX, Gonçalves Dias e seu grupo; mais tarde, e mesmo no início do nosso século (já esporadicamente), Machado de Assis *(Americanas)* e Olavo Bilac ("A morte do tapir").

Em 1922, ressurge o indianismo no grupo da "Anta", no da "Antropofagia" e no *Macunaíma,* com Plínio Salgado, Oswald de Andrade e Mário de Andrade.

II. O POETA LÍRICO

Os três gêneros — lírico, épico e dramático — integram a poesia de Gonçalves Dias. Canto, ação e narrativa. Sob as três faces, foi ainda ele diferente de si mesmo quantas vezes quis.

Mas há que averiguar qual a sua concepção de poesia.

Releia-se o prólogo de *Primeiros cantos* (1846): a) Menosprezo (menos preço, dizia) as regras de mera convenção; b) Adotei todos os ritmos da metrificação portuguesa e usei deles como me pareceram quadrar melhor com o que eu pretendia exprimir; c) Não têm (as suas poesias) unidade de pensamento entre si porque foram compostas em épocas diversas — debaixo de céu diverso — e sob a influência de impressões momentâneas. Foram compostas nas margens viçosas do Mondego e nos píncaros enegrecidos do Gerez — no Doiro e no Tejo, sobre as vagas do Atlântico e nas florestas virgens da América; d) Escrevi-as para mim, e não para os outros; contentar-me-ei se agradarem; e se não... é sempre certo que tive o prazer de as ter composto; e) Com a vida isolada que vivo, gosto de afastar os olhos de sobre a nossa arena política para ler em minha alma, reduzindo à linguagem harmoniosa e cadente o pensamento que me vem de improviso, e as ideias que em mim desperta a vista de uma paisagem ou do oceano — o aspecto enfim da natureza; f) Casar assim o pensamento com o sentimento — o coração com o entendimento — a ideia com a paixão — colorir tudo isto com a imaginação, fundir tudo isto com a vida e com a natureza, purificar tudo isto com o sentimento da religião e da divindade, eis a Poesia; g) A Poesia grande e santa — a Poesia como eu a compreendo sem a poder definir.

Quanto à letra b) esclarece melhor o poeta o seu ponto de vista no prólogo de *Segundos cantos:...* "o pensamento dominando em todo o verso, mas que seja menosprezada a metrificação — e a rima que naturalmente se lhe sujeita — e o metro que se desdobra em todos os sentidos, etc.".

Em "O vate" vê-se, depois, que a poesia, para o autor de *Primeiros cantos*, é o poder de recriar as coisas:

> ... Homero o mundo
> criou segunda vez, o inferno Dante,
> Milton o paraíso...

Mas, embora pergunte:

> De Anacreonte o gênio prazenteiro
> de que me serve a mim? ("A minha musa")

e embora diga que a sua fonte de inspiração não é o amor, o certo é que o seu lirismo vai do anacreôntico ao amoroso, e do amoroso ao panteísta.

Há também uma verdadeira topografia poemática na sua poética — como se vê pelo prólogo de *Primeiros cantos*. Tanto ele escreve no Doiro como sobre as vagas do Atlântico, tanto nos píncaros do Gerez como nas florestas virgens da América.

O poeta, assim, não só muda de feição quantas vezes lhe apraz — lírico, dramático, épico, trovadoresco, bíblico, satírico, circunstancial, frei Antão, etc. — como muda de lugar, em sua geografia sentimental ou psicológica (como diria Georges Hardy). As viagens terão, realmente, enriquecido o seu estro, pela poesia da "experiência humana", a que se refere Charles Morgan. Ninguém desconhece o conselho de Rilke sobre o quanto as viagens ilustram a sensibilidade poética.

A lira gonçalvina é variada e experiente; é feita de um ramo em flor, não há dúvida — considerado o poeta em seu amor à natureza; mas é educada, à europeia, pela civilização que nos revela, pelo que tem de "caprichosa imagem da cidade". Versando em várias línguas e na literatura de outros países — como a alemã, a francesa, a espanhola, a italiana e a inglesa, tendo recebido em cheio o contato com os portugueses, tudo isso explica a qualidade da sua dição e do seu espírito à luz do conhecimento, que tinha, dos grandes problemas literários do seu tempo.

a) *Lirismo idílico.* Mas o seu brasileirismo é às vezes feito de agreste pureza:

> Minha terra tem palmeiras,
> onde canta o sabiá;
> as aves que aqui gorjeiam
> não gorjeiam como lá.

Não haverá outro poema — ao que se saiba — mais fácil, mais singelo. Agrada tanto que é tido como "quase sublime" por José Veríssimo e promovido a "sublime" por Manuel Bandeira. Sublime por quê?

Apontam-se vários motivos: por causa da melodia; por ser uma canção mais do que um poema; por causa de certas palavras-chaves, como "sabiá", que nela gorjeia quatro vezes; por causa do "á" de sabiá, com o seu sabor de vogal indígena ao fim de cada estância, em agudo; por causa da rima por aliteração de fonemas iniciais (primares, palmeiras); por não possuir um único adjetivo qualificativo. Enfim, por não ter outro qualificativo senão o que lhe dão, "quase sublime", "sublime".

Ora, tudo isso poderia ser, como foi, contestado. Por causa da melodia, não; aquele "por cá" nada possui de melódico, para ouvidos mais exigentes. Por não possuir um só adjetivo, também não, porque o leitor não dará por isso. Por causa de certas palavras-chaves, também não.

O sabiá, v. g., já havia sido empregado por Gonçalves de Magalhães, em seus *Suspiros poéticos e saudades*, sem resultado algum poético. E note-se: Magalhães empregou o sabiá em oposição a rouxinol, o que se tornava muito importante numa hora de reivindicação nativista. O sabiá passava a ser um argumento ideológico, como o indígena.

Mesmo mais tarde Pedro Luís censura a Casimiro por causa de seu rouxinol, ao mesmo tempo que Camilo, no ataque a Fagundes Varela, proclama que "sabiá não substitui a sintaxe".[24]

Alega-se ainda que o sabiá que frequenta as palmeiras é justamente o único que não canta: o sabiapoca. O que canta é o "laranjeira", o sabiapiranga; é também o sabiaúna; e estes não cantam em palmeiras...[25]

Portanto, ainda sob este aspecto, Gonçalves de Magalhães havia sido mais exato que Gonçalves Dias, pois o seu sabiá cantava na laranjeira, e não na palmeira.

Aqui caberia uma réplica: se o sabiá não substitui a sintaxe, a sintaxe lírica, essa faz o sabiá cantar na palmeira, e mui legitimamente. Tanto que o sabiá de Gonçalves de Magalhães, cantando em lugar certo — na laranjeira — parou de cantar, ficou mudo ou foi silenciado pelo olvido; e o de Gonçalves Dias gorjeia até hoje. Ninguém o conseguirá emudecer.

Trata-se daquela "verdade poética" que não precisa ser provada. No mesmo poema, Gonçalves Dias diz:

> Nosso céu tem mais estrelas,
> Nossas várzeas têm mais flores.

São mais duas verdades poéticas que ninguém irá contestar, estatisticamente. As verdades poéticas se irmanam com os mitos, ou são mitos elas mesmas, e não há lógica nem filologia capazes de reduzi-las pela análise.[26]

Poder-se-ia recorrer ao símbolo: o canto do sabiá, voz da saudade, já que "esse passarinho triste é a voz de nossa paisagem", na palmeira, imagem da pátria. Um certo surrealismo, explicável numa hora de exacerbação ou de angústia desfiguradora causada pelo sentimento de ausência — vá lá — poderia ser invocado.

A natureza errou, evidentemente; tinha dado ao que não canta o que devia ter dado ao que canta: a altitude, a elevação que o canto obtém quando cantado na palmeira e não na laranjeira... Vem o poeta e corrige o que estava errado na natureza; era um direito seu.

O que surpreende é que um poema tão singelo, o mais singelo que se possa conceber — uma comparação entre coisas de lá e de cá em termos de saudade — tenha dado margem a tantas explicações. Sabe-se que é sublime, ou quase sublime, não se sabe por quê.

A pequena obra-prima é o que é, por seu lirismo tão à mostra, tão nu, tão de uma só face. Faz mesmo lembrar aquelas figuras que as crianças desenham de perfil (como os egípcios o faziam) e com os dois olhos do mesmo lado do rosto, para não ser preciso saber o que está no outro lado.

Para que o leitor se contente com a sua singeleza, não faço o que fazem certas outras crianças que, como diz Goethe a Ackermann, ao se verem no espelho lhe dão a volta e vão saber o que existe atrás dele.

Houve quem objetasse ainda que no sul não há palmeiras; mas o poeta disse "minha terra tem palmeiras" mui acertadamente, o Brasil não era só a terra *Papagalorum*; era o *Pindorama*, da linguagem indígena. *Ya so Pindorama koti, itamarana po anhatin, yara rama ae recê.*

A história crítica do pequeno poema, porém, não para aí.

Fritz Ackermann[27] havia observado que a saudade contida na "Canção do exílio" é um sentimento tipicamente brasileiro, mas Paulo Quintela, criticando-o,[28] diz tratar-se de uma afirmação abusiva, arbitrária, insuficiente, superficial.

A palavra "saudade" é portuguesa, e não brasileira — afirma o escritor luso, citando em seu favor Carolina Michaelis e Karl Vossler.

Ora, a saudade gonçalvina de "Canção do exílio" chega a ser indígena, tamanha é a sua ingenuidade e ainda porque o poema evoca o país das palmeiras, o Pindorama, onde canta o sabiá — passarinho triste que figura já nos poemas indígenas (uirachué, ou hoã-pyi-har). É até, sem nenhum desprimor, uma saudade antiportuguesa, num sentido geográfico, porque sentida em Portugal; portanto, em oposição ao lugar onde o poeta se sentia exilado.

Pode-se falar então numa saudade indígena?

É sabido que os nossos índios conhecem esse sentimento, embora sem nenhuma complexidade; o amado ausente é um tema indígena, constitui um refrão nos poemas rudimentares do nosso selvagem. Há até um deus, chamado Rudá — como nos informa Couto de Magalhães —, cuja missão é justamente despertar ternura no coração dos homens e fazê-los voltar para a tribo. Além disso, *Catiti* e *Cairé* são as mensageiras sistemáticas da índia amorosa, em seus momentos de mais aguda saudade.[29]

> Fazei chegar ao coração dele (o amante) a minha lembrança!

Admita-se, contudo, que Quintela tem toda razão quanto à palavra *saudade* como exclusivamente portuguesa, não obstante existir — diga-se de passagem —, em rumeno, um vocábulo que exprime a mesma coisa, com as mesmas conotações líricas. Em seu favor se poderá alegar ainda que o próprio Gonçalves Dias, que afinal nem se referiu ao vocábulo na "Canção do exílio", terá empregado "saudade" em outros poemas, no seu sentido português, como realmente a empregou. Uma coisa é certa: menos nesse poema; menos ainda em "Leito de folhas verdes".

A saudade indígena é que está retratada admiravelmente por Gonçalves Dias em ambos. Lá é a nostalgia que o leva a falar no sabiá e no país das palmeiras. Aqui é a índia que de saudade passa a noite em vigília, ouvindo o desabrochar das flores, sentindo o cheiro do bogari mais intenso ao amanhecer.

Filha da natureza — observa Fritz Ackermann, em seu estudo sobre Gonçalves Dias —, ela contou as flores que, uma após outra, vão desabrochando no correr da noite. Saudade ainda não contaminada, mas em estado de pureza nativa:

> Onde quer que tu vás, ou dia ou noite,
> vai seguindo após ti meu pensamento

e que está ligada à separação pela ideia da *distância* e não do *tempo*. Como na canção indígena: "Fazei chegar esta noite ao coração dele (o amante) a minha lembrança."

O pormenor não deixa de ser sugestivo no sentido, pelo menos, de revelar a diferença que desde logo parece existir entre a saudade brasileira e a portuguesa.

A primeira será a poesia da *distância*, a canção do exílio; a segunda é das coisas que o tempo levou consigo. A diferença está nos poemas de Gonçalves Dias: entre a "sócia do forasteiro" (em "A tarde") e a "rainha do passado" (em "A saudade"). Diferença que bem se compreende quando se pensa nas distâncias que no Brasil, mesmo hoje, implicam numerosos motivos de separação (geografia) e o amoroso apego do português ao seu passado tão rico de tradição, sugestão e força lírica incomparável. Resulta que, mesmo sendo a palavra "portuguesa", o seu sentido brasileiro se agrava, já conotativamente, já apenas semanticamente, pela soma de três *exílios* (o sabiá pelo meio): o do índio, com saudade da taba; o do preto, com saudade do Congo, ou da Angola; o do português, com saudade do reino. Torna-se mais complexa, mais dolorosa. Será aquele "fantasma consumidor" em "Ausência".

Por mais portuguesa que seja, entretanto, a palavra, é preciso ponderar que ela será (em "geografia psicológica", como diria Georges Hardy) brasileira, rumena, francesa, etc. — conforme a nacionalidade de quem a sente.

> Oh, seja a punição dos insensíveis,
> não a sentir jamais!

b) *Lirismo amoroso*. Celebram-se amiúde os amores de Gonçalves Dias. João Ribeiro acha que a imaginação humana é muito fértil e valoriza os amores dos poetas — gente volúvel, que ama o amor quase profissionalmente. O que aconteceu ao poeta dos "Olhos verdes" foi caso vulgar e cotidiano.

Realmente, pouco nos interessariam os amores de Goethe (João Ribeiro se esqueceu disto, como goetheano que era, admirável) se não houvessem produzido algumas das suas obras-primas.

No caso do brasileiro, os seus amores foram, na maior parte, frívolos, impacientes. Além de não pensar em outra coisa, vivia ele contando, em forma não raro de pura gabolice, os seus amores aos amigos. Era, ao mesmo tempo, um realista cru, sem nenhum romantismo. O maior defeito que descobre numa certa apaixonada — a que conhecera num baile de máscaras[30] — era ser "romântica"; "romântica exagerada, corajosa, que passa à temeridade". Nem é sem razão que Céline lhe diz: "Je sais que quoique poete vous êtes très positif"...

Que nos importa a nós houvesse ele amado a filha da dona da pensão, a portuguesa Engrácia, ou a israelita, ou a viúva de 30 anos, ou a alemã Leontina, ou a francesa Eugénie, ou a belga Céline, ou a brasileira Amélia R., ou três raparigas ao mesmo tempo, uma das quais lhe inspirou "Os suspiros"? Mesmo o seu casamento com Olímpia se reveste de circunstâncias que não o recomendam; nem como homem, nem como lírico amoroso. A "palida imago mortis" não teve senão consequências domésticas.

Dois dos seus amores, porém, o dos "Olhos verdes", que lhe ia custando um duelo, e o de Ana Amélia, que nos deu "Se se morre de amor", resgatam as suas culpas e o mal da sua "volubilidade frascária", tão pouco interessante.

O que mais conta literariamente é o de Ana Amélia. Sabe-se o que houve; o poeta "não tinha fortuna; longe de ser nobre, de sangue azul, nem ao menos era filho legítimo".[31] Repelido pela família da moça, chora de dor, em silêncio; é censurado como covarde, pela amada que o acusa de não a ter, então, raptado, como o exigiria um grande amor que, para ser grande (e romântico), teria que ser cego a todas as contingências.

Mas o que valeu, sem dúvida, foi o "Ainda uma vez adeus", escrito por ocasião do seu reencontro, em Lisboa, em situação irreparável, com aquela que o amava ainda:

> Dói-te de mim, que t'imploro
> Perdão, a teus pés curvado;
> Perdão! de não ter ousado
> Viver contente e feliz!
> Perdão da minha miséria,
> da dor que me rala o peito,
> e se do mal que te hei feito
> também do mal que me fiz!

É que o amor é aquela "llama que arde con apetito de arder más", como o definiu San Juan de la Cruz.

De nada valeram poemas discorrendo sobre "Minha vida e meus amores" ou sobre "O amor" (enlevo d'alma), etc.; foi preciso que Gonçalves Dias ardesse mais; experimentasse um amor à altura do que se exige a um grande poeta para lhe sair da pena esse "Ainda uma vez adeus"— dolorosa página de psicologia como raramente se há escrito.[32] Ninguém terá sido tão patético no sentimento de culpa, coisa que faz esquecer a parte inglória do seu lirismo amoroso. Parte inglória que constitui o motivo da sua anterior autoacusação:

> O amor sincero, e fundo, e firme, e eterno,
> não, eu nunca o senti.

c) *Lirismo panteísta*. Alguns críticos dão muito apreço ao fato de apelar o poeta, tão amiúde, e mesmo em temas de amor, a comparações com a natureza (Ackermann, Lúcia Miguel Pereira): "fresca rosa, olhos da cor do mar", etc.; mas isso é corriqueiro em "todos" os poetas; não constitui uma nota capaz de identificar "um" poeta; nem ao menos capaz de provar o seu amor à natureza.

A correlação psíquica entre as coisas da natureza e os nossos sentimentos é tão comum e tão antiga que o estranho seria justamente uma exceção no poeta de "Canto do piaga". O seu amor à natureza não será antes a imposição — pelo menos na parte indianista — de sua temática aborígine?

Em todo o caso, o assunto tem que ser encarado: ou "idilicamente", ou em suas relações líricas com a paisagem (e quando se diz paisagem se diz natureza de um país). Idilicamente, por exemplo, em "Leito de folhas verdes", e em "Canção do exílio"; em suas relações com a natureza, em "O romper d'alva", ou no canto inicial de *Os timbiras*.

Por certo Gonçalves Dias não aceita a natureza em bruto. Uma realidade em estado bruto não é uma realidade, já alguém o disse.

Mesmo quando o poeta exclama: "Tudo existe contigo e tu és tudo", o seu panteísmo não é uma descrição impessoal das coisas; é antes uma interpretação que vai do animismo ao antropomorfismo, sem nunca ser a natureza pela natureza.

Ninguém negará assim o que há de natureza em grande parte dos seus poemas, quem foi que disse? Mas daí a um permanente "idílio", como quer Ronald de Carvalho, vai uma grande distância.

E a paisagem? E o homem na paisagem?

Então há, mesmo em se aceitando a observação de Ronald, esses dois esclarecimentos que dão à natureza uma significação geográfica (paisagem) e humana (o índio, habitante desse quadro paisagístico).

d) *Lirismo romântico-sentimental.* Nos poemas de Gonçalves Dias não faltarão lágrimas. Talvez se possa até classificá-las:

— as lágrimas que ele vê na natureza (o talo agreste do cipó verte compridas lágrimas cortado).

— as lágrimas que os seus índios choram, ora o "pranto ignóbil", ora o pranto de orgulho e alegria, que "não desonra" (coisa natural porque as lágrimas fazem até parte do ritual e das festas indígenas).

— as lágrimas que ele mesmo, o poeta, várias vezes chora, umas "que consolam", outras "em silêncio", outras "fictícias".

Em "Consolação das lágrimas", diz:

> Nada melhor que este pranto,
> em silêncio gotejado.

O seu pranto, silencioso, desaltera as dores fictícias. Será o mesmo a que hoje se refere Claudel: "Hereux celui qui souffre et qui sait à quoi bon." "Lágrimas livres", diz Gonçalves Dias.

O chefe dos seus timbiras exclama:

> Não sei chorar, bem sei, mas fora grato
> talvez bem grato! à noite, a sós comigo,
> sentir macias lágrimas correndo.

E inveja:

> A quem feliz de lágrimas se paga.

O que não se lhe descobre são lágrimas falsas, fingidas. Antes, muita lágrima se explicará, nos poemas indianistas, pelo que o poeta tem de fundo índio; muita pelo seu mal de origem, que tanto o acabrunha; muita pela vocação brasileira para a tristeza sem motivo (o prazer secreto da tristeza).

Nenhuma por fingimento, que o seu tom severo até no sofrer não permite.

E que houvesse fingido: "que cosa es la poesia, que en nuestro vulgar 'gaya sciencia' llamamos — já perguntava Santillana, em seu tempo — sinon un fingimiento de cosas útiles)" e Fernando Pessoa o confirma bem modernamente; sim, "o poeta é um fingidor".

Fácil a explicação: por mais que finja, o que o poeta diz é sempre verdadeiro, num sentido humano. A verdade, se não está, então, no que ele finge sentir, estará no leitor, em cuja sensibilidade o "fingido" passa a ser verídico.

Mas o certo é que Gonçalves Dias não fingiu.

Os males de que se queixa, em seus poemas como nas cartas, são reais, tanto física como moralmente. Em verdade não há como levar à conta do Romantismo os seus padecimentos de ordem moral e física, causados pelo seu complexo e pelas doenças que tão cedo lhe minaram o organismo. Com Romantismo ou sem ele, a sua mágoa racial e a sua origem espúria seriam as mesmas; seriam irremediavelmente autobiográficas. O seu "Ainda uma vez adeus" seria o mesmo — um grito patético que só ele, num determinado momento de vida, e em condições pessoais autênticas, poderia exprimir.

O Romantismo lhe deu, isso sim, o direito de não se envergonhar das suas emoções[33] e ele se contentou com isso. O "mal du siècle" surgiria posteriormente com Álvares de Azevedo, as lágrimas à Lamartine com Casimiro, a imaginação arrebatada com Castro Alves.

III. O POETA DRAMÁTICO

O seu autobiografismo é, pois, a decorrência de um caso pessoal, não o produto do contágio romântico.

E que dizer do "épico", impessoal por natureza? O aspecto "social" de muitos dos seus poemas e a despersonalização da sua poesia dramática (dramática no sentido do "I Juca Pirama") não constituem outras claras negações do Romantismo?

A) No tocante à poesia dramática, o "I Juca Pirama" é apontado como uma verdadeira obra-prima, e há várias razões que o justificam.

Não como poesia "teatral", embora a tentativa de a transpor para a cena,[34] a que alude Nogueira da Silva, sob pretexto de adaptar-se a esse desiderato. Parece, ao contrário, que não obstante o seu teor de poesia dramática, diríamos seu teor de dramaticidade incontestável, o "I Juca Pirama" é extraordinariamente belo para ser lido, não para ser representado.[35]

Trata-se, realmente, de uma obra-prima, mas como composição poética integral, notável pelo argumento humano, pela carga lírica que encerra, pela linguagem em que foi expresso, pela variedade de ritmo — que muda de uma parte para outra — conforme a situação que traduz.

Em nenhuma passagem da Bíblia se encontra,[36] em assunto de maldição, algo que se compare em força poética, terrível beleza e cólera sagrada, ao trecho em que o pai condena o filho à execração universal:

> Tu choraste em presença da morte?
> Na presença da morte choraste?
> Não descende o cobarde do forte:
> Pois choraste, meu filho não és!

Na descrição — ritmo em tom narrativo; num "canto de morte", em tom agudo, de melopeia; na vociferação, em tom patético; no diálogo, em tom coloquial; na voz do velho timbira que recorda a façanha do prisioneiro, em tom de susto (o susto que ainda causa o recordar a cena, hoje: "meninos, eu vi!").

É o ritmo associado à semântica e à técnica de expressão.

B) Terá razão Afonso Arinos de Melo Franco quando afirma que o "canto de morte" do prisioneiro, idealizado por Montaigne, é muito mais fiel às narrativas feitas pelos cronistas do que o de Gonçalves Dias no "I Juca Pirama"? Ou Amadeu Amaral,[37] para quem basta, no caso, uma verdade aproximativa e idealizada?

No canto recolhido por Montaigne o prisioneiro havia comido a carne dos pais daqueles que o iam agora comer: "Ireis saborear em mim a carne dos vossos pais."

Entre os indígenas uma terrível dialética antropofágica os leva a ter, nas veias, uns o sangue dos outros: leva uns a incorporar à sua carne a carne do inimigo. Numa espantosa "fraternidade" simbólica que é a da comunhão pelo sangue. Podia o índio de Santa Rita Durão dizer:

> Corpo meu não é já, se anda comigo,
> ele é corpo, em verdade do inimigo.

Se sofre, resigna-se; ou vinga-se. A carne que está sofrendo não é a sua, é a do inimigo por ele incorporado ao seu ser.

No canto de morte, de Gonçalves Dias, o prisioneiro alega que é arrimo de pai doente e cego; os que se aprestavam para comê-lo desistem do intento, em razão do seu canto que tomaram como sinal de fraqueza. Carne vil só serviria para enfraquecer os fortes.

Ambas as atitudes são verdadeiras, entre os selvagens. Com uma só diferença, e esta em favor do poeta de "I Juca Pirama": a canção do prisioneiro referida pelo francês já havia sido aproveitada, de torna-viagem, por Santa Rita Durão. Gonçalves Dias não quis repeti-la, naturalmente, mas elaborou outro canto de morte, mais patético e não menos poético; mais poético e não menos verdadeiro; antes mais verdadeiro porque mais poético. E com um mérito a mais — o da originalidade.

C) A poesia dramática do autor de "I Juca Pirama" contém, como já se disse, os requisitos que esse gênero impõe, inclusive as personagens, os diálogos.

Embora não se esteja tomando a palavra só no sentido que tais requisitos lhe emprestam. Não. Lembre-se que Fernando Pessoa, em suas *Páginas de doutrina estética*, identificando-se a si próprio, afirma: "Tenho, em tudo quanto escrevo, a exaltação íntima e a despersonalização do dramaturgo. Transmuto automaticamente o que sinto para uma expressão alheia ao que senti, construindo na emoção de uma pessoa inexistente que a sentisse verdadeiramente e, por isso, sentisse, em derivação, outras emoções que eu, puramente eu, me esqueci de sentir."

É, com o indispensável recuo no tempo, o que faz Gonçalves Dias: transfere para as personagens do "I Juca Pirama" o que ele, só ele, não diria de modo tão viril e tão patético.

D) Outra questão curiosa é a de saber se as composições indianistas do nosso grande poeta, mesmo que nunca tivessem existido selvagens no Brasil, conservariam inteiramente o seu valor poético.

1) Não teriam sequer sido escritas, já que o elemento delas, dessas composições indianistas, o seu elemento *sine qua non*, é o indígena. É o material que as constitui, física e psicologicamente.

Só mesmo a psicologia do selvagem autentica, a bem dizer, o seu valor poético. Em que outra situação o pai amaldiçoaria o filho, porque este chorou em presença da morte? A concepção de morte, aí, é especificamente indígena; só se concebe nas circunstâncias em que ia ocorrer, dentro do ritual mágico característico de tal sacrifício entre os selvagens.

Fora dessa situação, que só é humana por ser verdadeira, e só é verdadeira por ser indígena, transpostas para um meio civilizado qualquer, a cena da maldição e da luta, em que o prisioneiro triunfa, perderiam, por certo, o saber poético que possuem.

2) Qualquer compêndio de antropologia cultural nos mostra[38] a mudança de significado que se opera nos elementos e complexos de um grupo quando transpostos do seu ambiente original para qualquer outra cultura (receptora).

O natural para nós é sobrenatural para o primitivo e — como ensina F. Grabner[39] — o que nos é sobrenatural lhe é natural.

IV. O ÉPICO

Imaginei um poema... como nunca ouviste falar de outro: magotes de tigres, de quatis, de cascavéis; imaginei mangueiras e jaboticabeiras, jequitibás e ipês arrogantes, sapucaeiras e jambeiros, de palmeiras nem falemos; guerreiros diabólicos, mulheres feiticeiras, sapos e jacarés sem conta; enfim,' um gênesis americano, uma Ilíada brasileira, uma criação recriada.

Passa-se a ação no Maranhão e vai terminar no Amazonas com a dispersão dos Timbiras, guerras entre eles e depois com os portugueses.

O primeiro canto já está pronto, o segundo começou.

Com estas palavras é que Gonçalves Dias anunciava ao seu amigo Antônio Henrique Leal (1847) o poema épico que teria o nome de *Os timbiras,* mas que ficou incompleto. Seria de 16 cantos e só chegaram a ser publicados quatro (1857).

A) Itajuba é o chefe dos timbiras. Tendo morto, em luta pessoal, o chefe dos gamelas, estes se aprestam para uma luta de tribo contra tribo. No primeiro Canto o chefe timbira manda então um emissário entender-se com os inimigos, os gamelas, num sentido de harmonia. Não obstante convoca os maiores da tribo. Todos vêm: Jucá, Jacaré, Catucaba, Juçarana, Majacá, Japeguei, etc. Mas onde está Jatir?

No segundo Canto, o Piaga pede a Tupã que inspire os guerreiros. Itajuba, em vigília, pensa em Jatir, cuja ausência lhe parece estranha em momento tão grave. Croá canta, recordando Coema, já morta, que fora esposa do chefe. Também está em vigília o pai de Jatir, chamado Ogib. Nisto entra Piaíba, o louco, que traz a Ogib uma mensagem da morte. Desenvolve-se aí um monólogo, de fundo lírico, que depois se transforma em diálogo desesperado entre Ogib e o louco.

O terceiro Canto começa pelo alvorecer na floresta:

> Ama o filho do bosque contemplar-te,
> risonha aurora, ama acordar contigo;
> ama espreitar no céu a luz que nasce,
> ou rósea ou branca, já carmim, já fogo,
> já tímidos reflexos, já torrentes
> de luz que fere oblíqua os altos cimos.

É o trecho em que o poeta alude ao assassínio dos novos selvagens pelo conquistador branco. Antes o mar não nos houvesse trazido a nós "o ferro e as cascavéis da Europa". Amanhece e cada um dos guerreiros conta o seu sonho. Os presságios têm um grande significado nos destinos da tribo. Um dos presentes, Japeguá, nada diz. Interpelado pelo Piaga, narra o mau sonho que o assaltara.

No quarto Canto figura Juruceí, o emissário, que chega à taba dos gamelas. Discute-se sobre se é caso de harmonia ou de guerra e Gurupema, o chefe, opta pela luta. Seu pai havia sido morto por Itajuba em combate traiçoeiro. O emissário repele-o; mas Gurupema, como que por provocação, toma do arco e despede uma flecha contra um pássaro em pleno voo e o derruba. Outra flecha, esta anônima, fere o próprio emissário. Impossível o entendimento proposto e daí as palavras de reprovação e ameaça com que Juruceí se retira rumo à taba dos seus.

B) O poema, até aí, se desenrola vigoroso, salpicado de trechos líricos admiráveis. A narrativa é cheia de cor e movimento, não obstante o verso medido, o verso branco. Narrativa que lhe identifica o épico:

Vem primeiro Jucá de fero aspecto.
De uma onça bicolor cai-lhe na fronte
a pel' vistosa; sob as hirtas cerdas,
como sorrindo, alvejam brancos dentes
e nas vazias órbitas lampejam
dois olhos, fulvos, maus. No bosque, um dia,
a traiçoeira fera a cauda enrosca
e mira nele o pulo: do tacape
Jucá desprende o golpe, e furta o corpo.
Onde estavam seus pés as duras garras
encravam-se, enganadas, e onde as garras
 morderam, beija a terra a fera exangue
e, morta, ao vencedor tributa um nome.

Bastará esse pequeno trecho para nos mostrar o quanto é rica de intenções a sua linguagem poética. O curioso até, e mesmo porque se trata de um salto de onça, será examiná-lo em câmara lenta:

1) Veja-se que já em garras "enganadas", por exemplo, o adjetivo é acidental. Aparentemente, quem errou o pulo, quem se enganou foi a própria onça bicolor, não as garras. Mas, se o poeta dissesse: a "onça enganada" não daria a sensação que dá, de que o engano só se verificou depois do salto, dado o movimento, rapidíssimo, de Jucá, ao "furtar o corpo".

2) Ou melhor, o salto era certeiro; o engano se dá quando as garras atingem o chão em falso. O pormenor: — as garras "mordem" o chão que a onça bicolor "beija" — mostra que assim foi.

3) A ação ficou dividida entre "morder" e "beijar"; uma fração de segundo entre uma coisa e outra, na rapidez fulmínea do salto, mas suficiente para, posta assim em câmara lenta, distinguir-se a diferença.

4) Por que não disse o poeta que a onça bicolor, ela só, mordeu (ou beijou) o solo ao dar o pulo sobre o caçador? Pelo que há de simultâneo, e não de uno, no seu salto.

5) Note-se ainda que "morder", em se tratando de garras, é muito mais expressivo do que empregado em relação a dentes; e que "beijar", no caso, seria impróprio, em se tratando de uma fera, se não significasse o ato, já sem fereza, do animal exangue. Atingido em cheio pelo tacape, só lhe restava beijar o chão que as garras inutilmente morderam.

6) O verso "como sorrindo alvejam brancos dentes" parece pleonástico. A insistência na cor branca, porém, e o que há de ação contínua no gerúndio (sorrindo), dão bem a ideia do ricto da fera morta.

7) Gonçalves Dias vai além, na sua minuciosidade. Além de *simultânea,* e não *una,* a cena é descrita em dois planos, por associação de ideias. Não vemos só a "pel' vistosa"; vemos a onça bicolor viva, enroscada no galho, de tocaia: e a

vemos saltar sobre Jucá, eletricamente. Mas em verdade ela está morta e "sorri", no seco troféu que agora o índio ostenta.

8) Do mesmo modo que "beijou" o chão, agora imovelmente "sorri". Como o "beijar" do salto, o "sorrir" de agora é mais humano; recorda apenas a ferocidade perdida.

C) No mundo primitivo, aliás, tudo é desenho animado; nada é estático. Movimento e cor são manifestações anímicas inerentes — como se sabe — à esfera mágica da realidade. De modo que seria impossível — e nisto Gonçalves Dias foi sabiamente indígena — avistar-se o couro da onça bicolor sem a cena que a imaginação de pronto ressuscita.

Num ambiente carregado de magia e de animismo, onde é tão fácil parecer vivo o que está morto, o objeto inanimado, uma "pel' vistosa" de onça faz lembrar imediatamente a onça viva e o momento emocional em que ela saltou sobre Jucá. Uma espécie de memória involuntária que o índio deve possuir em alto grau. Associar o processo anímico ao lógico — descrever Jucá com o seu troféu e as imagens que este suscita —, intercalar ingredientes primitivos na técnica de expressão não é fácil. É preciso ser, ao mesmo tempo, virginal — para o conseguir como num afresco. É o que consegue Gonçalves Dias, em sua narrativa épica.

A palavra que ele usou — "recriar" a criação — mostra o quanto a sua concepção poética está certa; porque até hoje a poesia é a recriação lírica da realidade.

> O tronco, o arbusto, a moita, a rocha, a pedra
> convertem-se em guerreiros.

D) É uma espécie de natureza animada, a sua. Mesmo na poesia lírica não faltam exemplos da flor falando à borboleta ("A triste flor"), do rio falando a el rey D. Rodrigo ("Profecia do Tejo"), da fonte dialogando com a flor ("Não me deixes"), etc. O poeta retrata esse mundo, inclusive o que há de sobrenatural nos fenômenos da vida primitiva. A parte do Canto III, em que cada um dos guerreiros conta o seu sonho (*day dream*, como diriam os americanos) para decidir dos destinos da tribo — é de flagrante verdade em tal sentido.

Talvez caiba lembrar, paralelamente, o papel do sonho, do mito, do maravilhoso na epopeia — elementos que os exegetas de Homero e Virgílio, por exemplo, consideram como típicos do épico. Em se tratando do índio, o elemento onírico mais se justifica, pois vive o primitivo numa constante atmosfera fabulosa, fantasmagórica. O Piaga está presente a todas as suas decisões e o sonho, por ele explicado, não se separa da realidade física. Daí o modo por que Gonçalves Dias descreve o sonho que cada um teve ao nos dar uma sensação concreta e viva das coisas (Canto III). Não cabe relatar aqui a parte onírica do poema, mas diga-se que é um quadro vivo diante dos nossos olhos, de uma terrível evidência. Compreendeu bem o poeta que o sobrenatural, para o índio, é que é o natural; do mesmo modo o natural é o sobrenatural.

E) A respeito de lendas e do fabulário indígena, indaga-se por que não os teria o poeta melhor aproveitado.

De fato, salvo num fragmento do "Poema americano" (versos póstumos) "destinado a descrever uma das mais poéticas lendas da teogonia tupi", Gonçalves Dias não se deixou seduzir por esse aspecto do nosso indianismo. Antes, coube-lhe destruir um dos nossos mitos: o das amazonas — o que parece paradoxal, pois todo poeta é um criador de mitos.

Existiram amazonas no Brasil? Homens práticos, não raro cientistas, acharam que sim. Se não existiram — queria saber ainda o conspícuo Instituto Histórico — que motivos tiveram Orellana e Cristovão da Cunha, seu fiador, para nos asseverar a sua existência. Foi preciso que um poeta, um Gonçalves Dias, concluísse pela não existência das mulheres prodigiosas. E registre-se: a crítica gonçalvina a respeito das amazonas, como acentua Roquete Pinto,[40] foi definitiva, quer histórica, quer sociológica e até biologicamente.

Mais curioso, porém, é Gonçalves Dias, mesmo apenas em sua poesia, não fazer a mais leve alusão a um mito que até hoje é extremamente sedutor e objeto de poemas como o de Mallarmé:

... au sein brulé d'une antique amazone

ao pensar em Pafo, que as amazonas gregas fundaram.

É verdade que, em outros poemas, aludiu Gonçalves Dias ao monstro marinho, que parece confundir-se com o "upupiara" tão falado pelos cronistas coloniais como Gabriel Soares e Simão de Vasconcelos; à "mãe d'água", uma "náiade moderna" que habita no fundo dos rios; e ao Gigante de pedra — mito que corresponde àqueles gigantes armados, de "temerosíssima grandeza" a que alude D. Francisco Manuel de Melo. Gigantes que nasceram, não do sangue de Omanos mas da confusão de promontórios com seres fantásticos pela sua grandeza.

E é nesse sentido que se fala aqui em mitos (veja-se *La génese des mythes* de Krappe, por ex.), porque sob certo aspecto toda linguagem poética já é mítica, pelo menos enquanto se diferencia da linguagem de ficção, da prosa. Valéry, na "Petite lettre sur les mythes", chega a afirmar que "toute pensée, tout art, tout verbe est mythe, ébauche ou résidu du mythe".

Então, se Gonçalves Dias destruiu um mito, a verdade é que terá criado muitos outros, não só em assunto de mitos verbais como no das verdades poéticas: o mito do sabiá cantando na palmeira, o mito do "nosso céu tem mais estrelas", etc.[41] Mas o seu feitio severo, antirromântico, o seu dom realista (no sentido lógico), se o prejudicou sob esse aspecto, se lhe faltaram motivos "fabulosos", talvez isso esteja compensado pelo índio em carne e osso da sua poética.

F) Além da descrição em alto-relevo, como o exige a linguagem épica, figuram em *Os timbiras* trechos líricos cheios de noturnidade, que bem ressaltam o que seria o poema, se ele o houvesse concluído.

Veja-se como Piaíba, o louco, anuncia a morte a Ogib:

> Enquanto o velho Ogib está dormindo
> vou-me aquecer;
> o fogo é bom, o fogo aquece muito;
> tira o sofrer.
>
> Enquanto o velho dorme não me expulsa
> d'ao pé do lar;
> dou-lhe a mensagem que me deu a morte,
> quando acordar!
>
> Eu vi a morte; via-a bem de perto,
> em hora má.
> Via-a de perto, não me quis consigo,
> por ser tão má.

O tom lírico, em meio a uma rude epopeia, tem qualquer coisa de embalador, sem excluir o que há de tétrico na mensagem do Piaíba. Os versos assonantes, observa Ackermann, a uma rima, dão a transparecer a intenção do poeta que não faz o louco desenvolver logicamente o seu pensamento mas desenrolar as suas ideias em séries associativas.[42]

Não cabe aqui o que sobre vocação para o mito já se disse a respeito de Camões. O que está patente é que o nosso poeta, assim como Basílio da Gama, reagiu contra o modelo camoniano e, por força do seu caráter romântico, repudiou a mitologia grega. (Terá o "Gigante de pedra" algum parentesco com o Adamastor?)

A atitude épica assumida é muito outra. Não usa ele da *tuba belicosa*; não diz que outra voz mais alta se alevanta. Antes, cantor humilde, engrinalda a lira com um ramo verde e escolhe um tronco de palmeira junto ao qual desferirá o seu canto.

> Não me assentei nos cimos do Parnaso
> nem vi correr a linfa de Castália.

G) A epopeia teria ao todo dezesseis cantos, dos quais os doze primeiros, já passados a limpo, foram lidos pelo poeta a Antônio Henriques Leal, em 1853. Assim resume o seu amigo a parte final do poema:

De pós o encontro das duas tribos inimigas, saem os gamelas vencedores da pugna e são repelidos os timbiras de Tapuitapera (Alcântara), parte recalcados para o Mearim e ltapecuru, e o grosso da tribo, abeirando a costa da Província, interna-se pelo Amazonas, onde se tresmalha, perecendo o chefe que ao acolher-se no cimo de uma copada árvore onde procurava abrigar-se de uma bandeira de resgate é aí picado por uma cobra coral.

V. INTENÇÕES E EXEGESE

I

A obra poética de Gonçalves Dias, sem dúvida a mais complexa do nosso período romântico, dá margem a uma ampla série de pesquisas ligadas à poesia que, no seu caso, foi também uma expressão de cultura. Poetas, filólogos e críticos a frequentam até hoje, discutindo-a, e enriquecendo-lhe o sentido com estudos que bem demonstram — também sob este aspecto — a sua importância. Quer-se dizer: não se trata de uma poesia sem problemas, não obstante a sua aparente simplicidade. Chegam alguns exegetas a descobrir-lhe intenções que o poeta não teve, como acontece, não raro, com referência a autores cujo prestígio se associa fortemente ao exame da sua obra. Mesmo porque a poesia (máxime quando grave e complexa como a do autor do "Canto do piaga") suscita questões não apenas fáceis de resolver à luz de um código de valores, mas que se prolongam além da análise formal das estruturas líricas. Torna-se então supersticiosa a indagação e surgem hipóteses em torno daquilo que já é sortilégio poético.

Ora, todos sabemos que a obra de arte, principalmente de poesia, pode ser encarada sob três aspectos, pelo menos, na pesquisa dos elementos que entraram em sua composição: a) o *intencional*, aquilo que constitui o "intensity of the artistic process"; b) o *inintencional*, que compreende o involuntário (elementos poéticos fortuitos); c) o *preterintencional*, resultado além do previsto (efeitos poéticos em que o autor não chegou a pensar no ato de escrever o seu poema).

Já não se fala no mistério do "enfantement poétique", no sortilégio, nos valores secretos, que identificam o fenômeno lírico, insuscetível de análise.

Assim, como é sabido, o poeta governa o seu poema enquanto submete os valores com que lida à sua técnica de expressão; mas passa a ser governado pelo poema, que é uma réplica do inconsciente, da língua em que é escrito, das palavras insubmissas, dos equívocos que também colaboram na ocorrência poética. Há muita ocorrência, até, que age contra a vontade do poeta, por mais paradoxal que isto pareça.

Não se quer dizer que a poética de Gonçalves Dias envolva problemas de obscuridade, hermetismo, plurissigno, exigindo chaves para a decifração dos seus enigmas. Nada disso. O que se quer dizer é que se trata de uma poesia complexa, como toda alta poesia universal digna desse nome, para cuja análise será útil estabelecer um critério, uma orientação capaz de identificar as intenções do autor e surpreendê-las (*ontogenetic criticism*) mesmo quando ocultas. Só assim se verá o que Gonçalves Dias, não em sua poesia mas em sua poética, quis realmente fazer; o que ele fez sem pensar nisso; o que ele não quis fazer; e o que está acima dessa indagação por ser aquele "dom demoníaco", que Goethe considerava irredutível e, portanto, inanalisável.

a) Quanto às suas intenções: estão elas, de modo expresso, nos vários prólogos dos seus livros, notadamente no dos *Primeiros cantos*, a que já se fez menção; na introdução de *Os timbiras*, que representa uma definição de sua atitude poética como "cantor de um povo extinto"; em vários dos seus poemas, como "A minha musa"; e em diversas cartas escritas a seus amigos, sobre projetos literários que pretende executar (o caso de uma "Ilíada americana", por exemplo).

Algumas das suas intenções: o pensamento poético acima das contingências miúdas da versificação; o emprego de todos os metros existentes em nossa língua; o apreço ao ritmo, como elemento de expressão, tanto que cria um ritmo novo, na poesia brasileira; a criação de uma linguagem poética, específica, como nas *Sextilhas de Frei Antão*.

b) Quanto ao *inintencional* há que notar os problemas que, do ponto de vista da forma ou da linguagem poética, os seus poemas nos oferecem. Por exemplo: a ausência de qualquer adjetivo qualificativo nas quatro estâncias de "Canção do exílio", observada por Aurélio Buarque de Holanda.

Teria ela uma explicação artística, resultante de haver o poeta assim procedido intencionalmente? Claro que não.

Mas como a linguagem poética deriva da outra, à qual toma as palavras, o poeta tem diante de si a parte que lhe foi imposta pelo próprio poema. É outro aspecto da questão. Ninguém desconhece os fatores estéticos que identificam cada língua, em particular. Em poesia, as rimas, o ritmo, a morfologia, a prosódia — já inerentes ao instrumento de expressão. Trata-se daquela construção idiomática em que as palavras, na observação de Amado Alonso, "sus giros y su materia fonetica se comporta de manera especifica en cada lengua".[43]

c) A parte *preterintencional* dos seus poemas (efeitos que o poeta não previu) é também extremamente rica de sugestões — como se verá mais adiante. Dá-se, por exemplo, como prova de bom gosto, em assunto de musicalidade, a rima resultante de fonemas iniciais (primores, palmeiras). Não estará aí um resultado além do previsto?

Outro exemplo: o poeta escreveu as *Sextilhas* com o objetivo de realizar um "ensaio filológico", mas o resultado, não previsto, foi o admirável lirismo dos seus solaus e loas.

d) Ainda com referência às suas intenções, se há a parte que ele "quis" fazer, há também a que ele não quis fazer. Ex.: não quis observar as "regras de convenção", a métrica. Declarou mesmo que as "menosprezava". Mas isto não quer dizer que não houvesse criado as suas próprias regras, com intenção de as observar.

Ou teria considerado tais regras tão assimiláveis ao ponto de lidar com elas — e aqui cabe uma observação de Chesterton — como quem respira e transpira?

II

Por certo que é preciso descer às coisas mais insignificantes, aos pequenos fatos que não são a poesia[44] e que, no entanto, ajudam a compreendê-la: "à montrer sa naissance, à lui donner son sens, sa plénitude, sa richese".

Mas tal pesquisa não consistirá apenas em saber quantas vezes o poeta elidiu uma vogal ou quantas vezes lhe conservou a autonomia silábica. Pois correríamos o risco de matar, no poema, o que ele tem de poesia. Cada poema se transformaria, em nossas mãos, naquela mosca azul que o poleá dissecou, reduzindo-a a vil matéria.

Incluem-se aqui o caso do sabiá que não canta na palmeira, o das palavras arcaicas das *Sextilhas* apontadas como incabíveis na época de frei Antão e a toponímia errada do tupi nos cantos do vate maranhense.

Mesmo em relação às regras que Gonçalves Dias observou (não as de mera convenção), é oportuno indagar até que ponto ele o fez conscientemente.

Este critério que consiste em examinar o que há de *intencional*, de *inintencional* e de *preterintencional* na obra poética, como aqui se propõe, nos ajuda mesmo a classificá-la segundo as tendências de cada época.

Num poema dirigido, num poema clássico ou parnasiano, ou num produto da chamada poesia pura, a parte intencional oferecerá necessariamente maior soma de realização; já num poema apenas lírico, ou romântico, a ciência das palavras se reduz ao mínimo. O "inintencional", idem; a imaginação prevalece com a diminuição da lucidez poética, ou do raciocínio lírico.

Não se quer dizer com isto que só interesse à poesia o "intencional"; o que importa, já o disse De Sanctis, citado por Croce, não é o que o poeta se propõe a fazer, mas apenas o que ele fez, mesmo inconscientemente, e até em contradição com o fim que teve em vista.[45]

O que se quer fazer é a distinção, justamente, entre uma coisa e outra — entre o intencional, o inintencional e o preterintencional — não só por uma questão de método, como também para, sem negar valor a nenhum dos elementos, pretendidos ou não, realçar a parte que coube a cada um deles nesse jogo de palavras com o equívoco, com o mistério poético.

A confusão é que não parece justificável, entre elementos fortuitos e intencionais. Todos são válidos mas não se pode negar o maior mérito do "intensity of the artistic process". É o fio que nos conduz — como o esclarece Afrânio Coutinho — "ao coração do poema como poema". Claro que restará sempre algo em poesia que é indefinível, inanalisável. Gonçalves Dias já havia prestado atenção a este ponto: "poesia como eu a compreendo, sem a poder definir".

VI. A POÉTICA DE GONÇALVES DIAS

Quando se trata da poética de Gonçalves Dias, a questão da métrica, rima, ritmo, imagística, linguagem, técnica expressional, temática, desperta particular curiosidade.

Discute-se por que, em estrofes obedientes à regularidade métrica, se encontram versos que ora têm uma sílaba a mais, ora uma sílaba a menos. Uns acham errados esses versos — como Alberto de Oliveira; outros tentam justificá-los, e até o fazem habilmente, como Manuel Bandeira. Os primeiros e os segundos — os que acusam e os que justificam— se esquecem, entretanto, de que Gonçalves Dias "menosprezava a metrificação".

Os que lhe increpam os erros acham que estão errados versos como este:

Tal vinda, a não ser que o audaz Timbira

Os que lhe justificam os supostos erros dizem que se trata de versos — os de uma sílaba a menos — em que esta ou aquela vogal não devia ser elidida, dada a sua autonomia silábica — ou que a sílaba em excesso deve ser elidida pelo ímpeto da onda vocal.

Ora, mesmo que se aceitasse a tese destes últimos, não raro engenhosos — já que a dos erros deve ser posta de lado —, conviria verificar a ocorrência; a) quando os versos têm sílabas a mais; b) quando se trata de sílabas a menos.

Ao mesmo tempo verificar até onde Gonçalves Dias realizou a sua concepção de poesia e a sua poética, propriamente dita. Em outras palavras: verificar até onde os supostos erros e as explicações dos que justificam tais supostos erros correspondem às suas intenções. O exame do "intencional", enfim.

A) Quanto à métrica: praticou ele intencionalmente todos os metros, quer no conjunto de sua obra, quer variando de metro de trecho em trecho, dentro da mesma composição, como no "I Juca Pirama", quer adotando todas as medidas dentro de um mesmo poema — como o fez em "A tempestade".

Nem lhe faltou o verso de uma só sílaba ("Tens mais poesia") intercalado na redondilha maior.

No tocante à quebra de medida pela presença, na estrofe regular (digamos constituída só de decassílabos) de versos de nove ou de onze (eneassílabos ou hendecassílabos), sugerem-se várias explicações:

1) Sílaba a mais por semelhança de ritmo em versos metricamente dessemelhantes;

2) Sílaba a mais, para ser suprimida no ímpeto da onda vocal, como no caso das canções de gesta;

3) Sílaba a mais para ser suprimida no ritmo, por haplologia ou síncope ideológica;

4) Sílaba a mais que se elide por sinérese, às vezes violenta (ou também por aférese, síncope ou apócope);

5) Sílaba a mais que é deslocada para o verso anterior.

Quanto ao caso nº 1, o ritmo pode realmente ocasionar a ilusão de que o eneassílabo e o hendecassílabo sejam decassílabos:

> Rápido rolava; a terra e tudo (9)

> Co'o vértice sublime os céus roçando (10)

> E sulfúrea chama pelos ares lança (11)

O próprio autor de "Poética de Gonçalves Dias" alude aos versos de nove sílabas que, por terem acentuação, não na terceira e sexta sílabas, mas na primeira e quinta, dão margem a "um ritmo sensivelmente igual ao dos decassílabos acentuados na segunda e sexta sílabas".

Veja-se agora um octossílabo (um iambo seguido de uma série anapéstica):

> Humilde labor da pobreza

Agora um eneassílabo, contendo três anapestos:

> Ó guerreiros da tribo sagrada

que era o da predileção de Gonçalves Dias:

> Esta noite, era a lua já morta
> Anhangá me vedava sonhar, etc.

Veja-se um decassílabo, em que a primeira série é iâmbica mista, e a segunda anapéstica pura:

> Ela tão meiga e tão cheia de encantos

Veja-se agora um hendecassílabo, constituído por um iambo e três anapestos:

A corça ligeira — o trombudo quati.

Como se vê, a predominância do anapesto torna o ritmo igual em versos silabicamente desiguais. A estes junta-se a redondilha menor que corresponde ao hendecassílabo com cesura (um iambo seguido de um anapesto).

A vida é combate
que os fracos abate.

Daí a explicação fácil de Gonçalves Dias misturar, não raro, versos de cinco sílabas com os de onze ("Seus olhos", por ex.). Ou um de oito com os de nove, ou um de nove com os de dez, ou um de dez com os de onze: octossílabos com eneassílabos, o eneassílabo com os decassílabos, ou um decassílabo com os eneassílabos.

A respeito do nº 2, o emprego de versos decassilábicos de estrutura francesa medieval, pelo poeta brasileiro — intencionalmente (para se justificar outra hipótese de sílaba a mais) parece que o exemplo de D'Annunzio, que assim o fez, não servirá de argumento, pois é muito diverso. O poeta italiano emprega o metro do velho verso francês em *todo* um poema; o brasileiro só o faz neste ou naquele verso. Esporadicamente.

Infante e velho! princípio e fim da vida

"Las canciones de gesta"— explica Menéndez y Pelayo, citando Brunetiêre — "son un farrago y estan escritas en una jerga semi-latina, semigermanica. Nada más monótono que la versificación de esos interminables poemas en series asonantadas".[46]

Para que o nosso poeta houvesse tido a intenção que se lhe atribui era preciso, antes de tudo, obedecer regularmente a tal modalidade do decassílabo, até com a insistência que torna monótona a "versificación de esos interminables poemas", e o que se menciona (?) é um único verso, em meio aos decassílabos regulares.

A respeito do nº 3 — sílaba a mais para ser aglutinada no ritmo, cabe este exemplo:

Curvado e preso à tua lei

que só é um heptassílabo, obedecendo à medida fixada no poema, desde que se pronuncie "tua" como uma única sílaba.

Outro exemplo:

> Porque a vida é breve como a flor na terra

em que a primeira sílaba do "porque", átona, não conta, *menospreçada* pelo ritmo sáfico.

Ou este, mais curioso:

> Rudos e foros os corações se enlevam

em que se viu um caso de haplologia sintática. Como no caso anterior, o ritmo sáfico faz com que essa haplologia se opere insensivelmente, reduzindo a decassílabo um hendecassílabo incontestável.

Sílaba a mais, também, será ainda a que o poeta pratica quando, por ex., o acento tônico da terceira sílaba, no decassílabo que obedece a essa estrutura, recai numa palavra esdrúxula, palavra que se conta fundindo numa sílaba só as duas sílabas átonas:

> Ou nos últimos bocejos da existência

Acontece também recair o acento na sexta sílaba:

> Que também são recíprocos os agravos

A acentuação da sílaba tônica na palavra proparoxítona "recíprocos" é, aí, tão forte que esmaece as duas átonas ao ponto de poderem ser pronunciadas brevíssimo, numa só sílaba rítmica.

Tal praxe é hoje usual nos proparoxítonos em meio do decassílabo:

> Já o sol desceu ao túmulo. Uma guirlanda

Nesse verso de Domingos Carvalho da Silva, para citar um só exemplo, a supressão da sílaba excedente é ideológica, ou melhor, por síncope não declarada.

(Os casos de sílaba a mais (nº 4) que se elide por apócope — "a pel' vistosa sob as hirtas cerdas"— ou por síncope — "e par'ceu-me acordar! uma clareira"— são mais comuns, tornando-se ocioso citá-los.)

A ocorrência do nº 5 é numerosa, bastando este exemplo:

> senão quando
> escuta o grito

Tratando-se de trissílabos o "escuta o grito" estaria fora da medida se a sua primeira sílaba não se embebesse na última do verso anterior.

B) Explicam-se os casos de uma sílaba a menos, em versos que deviam estar conformes à medida regular do poema ou da estrofe:

1) quando o verso não perfaz a sua medida senão com a última sílaba do verso anterior;

2) quando parece resultar do hiato (verso frouxo), da pausa, ou da ressonância de uma palavra preenchendo o lugar de uma sílaba;

3) quando um monossílabo (o advérbio *não*, por ex.), dito com ênfase, deva repetir-se, como sugere Sousa da Silveira;

4) no caso de "anaptixe", quando "ignóbil", por ex., é contado como quatro sílabas: intercalação de vogal entre consoantes seguidas, que não formariam sílaba;

5) por efeito estilístico;

6) quando o sinal de pontuação tem o valor visual de sílaba.

Quanto ao caso do nº 1, convém lembrar que qualquer tratado de versificação — veja-se o de Mário de Alencar — alude a sílabas que ficam sobrando depois da última tônica. Não são[47] computadas, mas não deixam de "influir no ritmo", pois valem pelo tempo que ocupam no intervalo entre um verso e outro.

Como neste caso:

> Este só galardão recebe ao menos;
> paga-te sequer de ver mais bela.

A sílaba átona, que sobra depois da última tônica, no primeiro verso, se incorpora ao segundo, que tem só nove sílabas e que, graciosamente, passa a ser um decassílabo, como os demais do poema a que pertence.

A ocorrência, então, pode ser uma imposição de ritmo, acomodando a sílaba que, por sobrar depois da última tônica — no fim do verso —, é assim aproveitada. Aproveitada para fins rítmicos — menosprezando-se os fins métricos ou de mera convenção.

Quanto ao nº 2: realmente, muito decassílabo só se explica como tal pela autonomia silábica nos encontros intervocálicos; pelo menosprezo da métrica em favor do hiato, que é um elemento de expressão na poética de Gonçalves Dias, que nesse ponto, e não obstante a sisudez clássica, é sensível a tal sutileza.

Já nos outros casos, o da pausa, o da ressonância ou eco preenchendo o lugar de uma sílaba ou se prolongando em sílaba suposta, invisível, não se dirá que se trata de recursos praticados conscientemente.

Contudo, haverá razão para que em tais casos certos decassílabos acusem sílaba a menos. De um modo geral, o fenômeno se verifica sempre que se trata de um gesto exclamativo ou imperativo, ou de um "cri émotionnel" (como diria Marcel Raymond):

> 1) Oh! como os cabelos esparzidos
> 2) Dize-nos quem és, teus feitos canta!

Como preencher a ressonância do grito no primeiro caso? Como atender, no segundo, à pausa exigida após uma palavra dita com ênfase? Ou pelo eco — sílaba de ressonância — ou pela pausa, sílaba silenciosa por efeito do chamado ritmo negativo, de que fala Said Ali, isto é, ritmo pelo silêncio. Ou porque a sílaba tônica, e tal é o caso do nº 3, se torna tão intensa que vale por duas, dissociando-se as vogais do ditongo:

> Não! não são as queixas amargadas

Para exemplo do nº 4 é suficiente este verso:

> Um tapuia, guerreiro adventício

que é um decassílabo mas por suarabácti na palavra "adventício".

O efeito estilístico do nº 5 é apontado nos seguintes versos de *Os timbiras*:

> Nos sonhos bons e maus mas acordá-los
> disparatados, e o melhor de tantos coligir,
> era missão mais alta.

Entretanto, a ocorrência poderá ser incluída no nº 1: a última sílaba do verso anterior servindo de primeira, em função rítmica, ao verso que se lhe segue:

> ... tan-
> tos coligir era missão mais alta

No caso do nº 6, que é o da sílaba a menos substituída pela notação gráfica, não faltam exemplos realmente sugestivos:

> raça, a quem os raios prontos servem

A vírgula, fortemente grifada, desempenha aí o papel de sílaba, e o decassílabo se completa com justeza, desde que se possa admitir o ritmo gráfico.

Outro caso visível de vírgulas servindo de sílabas está neste decassílabo:

> Baixa, e curva, e calva, e as faces

Observe-se a graça com que as três vírgulas que separam os três adjetivos insistem em evitar a elisão e, ao mesmo tempo, o hiato.

C) A conclusão a que se chega nos casos de sílabas a mais é que não se pode tomar como "intencional" o que não se enquadra num sistema; o que aparece fortuitamente.

Nem como "erros", como pareceu a Alberto de Oliveira, nas anotações que apôs a um volume de *Os timbiras*, e mencionadas por Manuel Bandeira, em seu excelente estudo sobre a poética de Gonçalves Dias.

O mesmo se poderá dizer talvez de quase todos os exemplos de sílabas a menos (os de nᵒˢ 1 a 6) inclusive os que se referem a versos cuja medida só se regulariza, respectivamente, mediante "sílaba de ressonância", "sílaba suposta", "sílaba silenciosa" e "sílaba visual", tão curiosas e alcoviteiras na poética do autor de *Os timbiras*.

Ao tempo do Romantismo, em conclusão,[48] contava-se sempre uma sílaba final átona, existisse ou não, ou fosse proparoxítona a palavra final do verso; assim o decassílabo chamava-se hendecassílabo, o verso de nove sílabas era decassílabo, etc., dizendo-se que tinham, respectivamente, onze e dez sílabas.

A igualdade do ritmo, a que já se fez menção, explicará também, como coisa natural, a prática inadvertida deste ou daquele verso desigual dentro da estrofe metricamente regular.

Se Alberto de Oliveira, "tirano", como o foi Malherbe, perpetra uma sílaba a mais num dos seus poemas, iludido pelo ritmo ou pelo fato de a sílaba excedente no começo do verso encaixar-se na átona do verso anterior,[49] nada de estranho haverá em Gonçalves Dias, que não tinha o feiticismo da métrica, antes menosprezava as regras de convenção.

1 — Não se poderá, enfim, dar tanto apreço ao que ele "menospreçava".

2 — Admitido esse expediente, mais grave será transformar em "intensity of the artistic process" inadvertências que só em virtude de tal menosprezo se explicam.

3 — As aliterações ocasionais, as rimas toantes ocorridas involuntariamente, a mistura de eneassílabos, decassílabos e hendecassílabos, cometida apenas por igualdade de ritmo (quando não seja por isso se explicar no uso romântico), não podem ser levadas à conta de arte poética ou da técnica expressional.

4 — Por certo que em toda obra de arte há o inintencional, o preterintencional, o involuntário e o que representa o "dom angélico", o "enfantement poétique", mas isso nada tem que ver com descuidos formais.

D) A obra poética de Gonçalves Dias é, toda, uma demonstração rítmica notável, sendo necessário considerá-la: 1) quanto ao ritmo dentro do verso; 2) nas relações de um verso para com outro; 3) em relação a todo um poema, através de apoios rítmicos, como a rima, o encadeamento e o paralelismo; 4) como elemento de expressão, ou seja, toda vez que "quadrar melhor" com o que o poeta deseja exprimir.

As soluções sabiamente obtidas obedecem a esta ordem: a) todos os ritmos; b) metro e rima subordinados ao ritmo; c) o ritmo obediente à técnica de expressão.

Para Gonçalves Dias o ritmo é o elemento básico da poesia; o "existencial" em face do metro, que é "convencional". Como já o entendia Quintiliano: "metrum in verbis modo, rythmus etiam in corporis moto est... É aquela "realité pneumatique", da famosa frase de G. Bachelard; "l'haleine et la réprise de l'haleine", como diria Claudel.

E que o poeta tinha razão para assim pensar, provam os efeitos que ele obteve inaugurando mesmo um ritmo que ficou bem marcado, em nossa poesia, até hoje.

As leis do espírito são "métricas", ensina Hölderlin: quando o pensamento não se traduz senão pelo ritmo, ou quando o ritmo se faz seu único meio de expressão, só assim é que ocorre a poesia. Não é outro o pensamento de Gonçalves Dias. Mas há que considerar o ritmo em face também, do seu indianismo. Primeiro, ocorrerá o que Gummere chama "the cadence of consenting feet", a cadência como primeira causa da poesia (poesia do ponto de vista antropológico-cultural, diga-se). Existe naturalmente uma cadência regular; os pés dos selvagens tornam-se os pés de um "dissyllabic metre"...[50]

Tão curioso pormenor ajuda, talvez, a explicar em certas passagens dos poemas indianistas a verdadeira intenção do poeta. O ritmo da parte II do "I Juca Pirama" se enquadra, admiravelmente, no conceito de Gummere, associado ao verso curto, em rima aguda, que entremeia os decassílabos; como se ouvíssemos a dança, o bate-pé dos selvagens no festim.

> Em fundos vasos d'alvacenta argila
> ferve o cauim;
> enchem-se as copas, o prazer começa,
> reina o festim.

Os pés dos selvagens é que determinam a cadência do verso.

Em segundo lugar, o poeta não perde de vista a lição goetheana; além de rítmica, a poesia deve ser melódica. É o que passa a ocorrer, naquele trecho, já referido linhas atrás, de *Os timbiras*, em que se ouve a soturna melopeia do índio louco, o Piaíba, com o seu ritmo evidentemente selvagem, que fica ressoando em nossa memória auditiva por longo tempo.

Tamanho o apreço do poeta ao ritmo sáfico, por exemplo, que ele chega a substituir um decassílabo — "unidos na mansão viver dos mortos" por "viver unidos na mansão dos mortos" — única e exclusivamente para o igualar ao dos demais decassílabos do poema ("Quando nas horas").

E assim como não lhe faltou a presciência[51] do Simbolismo, na poética (os metros ímpares, algumas vezes o sugerir ao invés de nomear, a musicalidade);

assim como não lhe faltou, sequer, a presciência do verso livre, como em sua *Meditação*, muito mais próxima do poema do que da prosa; não lhe faltou também, dada a variedade rítmica, "a presciência do verso moderno" (como lembra Jamil Almansur Haddad).

Nem faltou a descoberta, feita por Carlos Drummond de Andrade,[52] de um poema em verso livre desentranhado de um trecho de prosa — a dolorosa dedicatória dos *Últimos cantos* — e que Ronald de Carvalho, Guilherme de Almeida (ou Whitman, ou Valery Larbaud do *Barnabooth*) poderiam assinar. Porque muitos trechos da prosa gonçalvina, pelo seu ritmo (não por aqueles "versos aritméticos" a que alude Pius Servien, encontradiços em *La nouvelle Héloise* de Rousseau), resultam em versos livres, em poemas modernos...[53]

Até onde Gonçalves Dias se libertou do metro?

Relembre-se que é ele o primeiro poeta brasileiro que praticou versos de todas as medidas, desde o de uma só sílaba até aos de onze, inclusive alguns de doze, excepcionalmente, em ritmo igual ao dos de onze.

Pode-se, em síntese, dizer que o autor do "Tabira" se libertou: 1) teoricamente, desprezando a métrica; 2) na versificação, empregando todos os metros para não se escravizar a nenhum; 3) empregando vários metros dentro do mesmo poema; 4) empregando vários ritmos no mesmo metro; 5) empregando vários versos de outro metro em poemas que obedeciam a um metro previamente determinado; 6) na técnica expressional, pelo "enjambement".

E) O regime da elisão — que às vezes força Gonçalves Dias a escrever: "derramar seu ignóbil pranto", como um setissílabo — estava ligado, também, ao ritmo.

Quanto ao hiato, caberia averiguar o motivo da sua valorização na poética gonçalvina. Era uma questão de musicalidade, apenas, ou teria refletido uma obscura exigência da sua sensibilidade (ou da sensibilidade da época)? Ou teria cedido a imperativo do próprio idioma?

Sabe-se que o hiato ocorre: l) quando vale como recurso para igualar o metro; 2) quando corresponde a um módulo aconselhado pelo pensamento; 3) quando é simples imposição (não recurso) dos encontros vocálicos interverbais ou intervocabulares (diérese); 4) quando contribui para o sentido, a graça poética, a expressão.

O nosso poeta pratica o hiato sob esses vários aspectos, menos para igualar (intencionalmente) o metro. Um exemplo citado por Manuel Bandeira[54] nos induz a crer que o hiato, para Gonçalves Dias, era principalmente um recurso de expressão; era o hiato em seu melhor sentido; naquele sentido que os latinos lhe atribuíam (como forma de harmonia).

Os parnasianos, como se sabe, o aboliram. Também terá perdido o hiato, com o verso livre, a sua razão de ser (e quando se diz verso livre não se quer dizer polimétrico). Valeram-se dele, entretanto, os trovadores com admirável efeito; os românticos, os simbolistas também o cultivaram, assiduamente. Gonçalves

Dias fez dele, intencional ou initencionalmente, uso constante. Mas o principal é que o tenha feito em função lírica, valorizadora.

F) Já a respeito de sua imagística não se lhe nota qualquer ousadia de ideação. Conserva-se o poeta na atitude discreta que nunca chega, propriamente, à metáfora. Limita-se a comparações, a imagens, por certo felizes mas sem nenhum arrojo que se possa dizer surpreendente. "Qual", "como" são as suas chaves prediletas:

> Qual foi Mazepa no veloz ginete
> ("A tempestade")
> És engraçada e formosa
> como a rosa.
> És como a nuvem doirada ("A leviana")

Antiornamental e insistentemente direto em face da realidade, pôde o poeta dispensar quase sempre a imagem, a metáfora, como dispensou o adjetivo na "Canção do exílio", sem prejudicar a força poética da sua linguagem.

Assim, o mundo físico e a imagem de que nos socorremos para representá-lo tem, na sua técnica expressional, um tratamento típico. Consegue o autor da passagem de *Os timbiras* referente ao amanhecer na floresta pintar o seu quadro com um mínimo de apelo à imagística. Sem incorrer no excesso da imitação literal que poderia desandar em prosa quanto à linguagem, e na simples cópia fotográfica da natureza, o que seria bem pouco artístico.[55]

Sobre o seu poder de descrição, aliás, já se falou na parte referente aos poemas indianistas e paisagísticos. Mas cumpre lembrar o quanto ele se enternecia diante das coisas de nossa terra, "a vista da paisagem, ou do oceano, enfim, o aspecto da natureza".

Tinha ele o prazer dos olhos, a que se refere Baudelaire: "Jadmets tous les remords de Saint Augustin sur le trop grand plaisir des yeux". A natureza, para ele (e aqui ocorre a observação de um Delacroix), não era mais do que um dicionário. Um dicionário que ele lia e que lhe despertava emoções e ideias, mais do que imagens.

Não se quer dizer, com isto, que as suas imagens, quando surgem e merecem esse nome, não sejam realmente belas:

> Logo o mar todo bonança
> a praia cansa
> com monótonos latidos ("Rosa do mar")

> Como! És tu? essa grinalda
> de flores de laranjeira!
> Branco véu, nuvem ligeira... ("Como? És tu?")

Uma análise mais demorada dos seus poemas, no setor imagístico, nos mostraria, embora discretamente, versos como este:

E os cabelos do sol por sobre a terra ("Visões")

Esses "cabelos do sol" constituem uma imagem indígena, talvez, contida na palavra "coaraciaba", que é como os indígenas definem o beija-flor. Assim, quando o poeta chama "formosos como um beija-flor" aos cabelos de Marabá, está dizendo que eles são "cabelos de sol". Mas por que beija-flor quer dizer "cabelos de sol"?

Parece haver aí uma conotação que também se explica num mito indígena: o do beija-flor que é tido, entre certas tribos, como o pássaro que furtou o fogo ao sol[56] e o trouxe para a terra. Talvez se enquadre no mesmo sistema imagístico um verso do trecho de *Os timbiras* em que Jucá matou a onça bicolor, "ganhando um nome". Qual a razão dessa imagem? Não se trata do renome que alguém adquire por um feito heroico (num sentido de fama). Ganhar um nome é acrescentar mais um nome ao que já possui o herói. Cada índio possui mais de um nome de acordo com as ações heroicas que pratica.[57]

Além dessas imagens "ocultas", digamos assim, há outras que se diriam "aparentes". Sabia ele deixar alguma coisa por conta do leitor:

E escancarando as fauces mostra nelas
em sete filas alinhada a morte (*Os timbiras*)

Essa morte alinhada em sete filas, na boca de tubarão que aportou à praia, refere-se às filas de dentes do terrível seláquio, que são em número de sete.

Pensa-se que é uma imagem — como realmente o é a quem não lhe saiba do motivo. Vai-se ver, é a realidade direta. Tão severo é o poeta sob tal aspecto que se lhe encontram coisas como esta:

Já restam bem poucos dos teus qu'inda possam
dos seus, que já dormem, os ossos levar ("Deprecação")

Pensa-se que é uma imagem, mas não é. É uma alusão ao costume dos índios levarem os ossos dos seus entes queridos para onde vão, nas suas andanças.

Também as imagens-símbolos são do seu agrado:

Debruçada nas águas dum regato
a flor dizia em vão
à corrente, onde bela se mirava:
"ai, não me deixes, não!

108   ERA ROMÂNTICA

"Comigo fica ou leva-me contigo
dos mares à amplidão:
Límpido ou turvo, te amarei constante;
mas não me deixes, não!"

E das águas que fogem incessantes
à eterna sucessão
dizia sempre a flor, e sempre embalde:
"ai, não me deixes, não!"

Por fim desfalecida, e a cor murchada,
quase a lamber o chão,
buscava inda a corrente por dizer-lhe
que a não deixasse, não.

A corrente impiedosa a flor enleia,
leva-a do seu torrão;
a afundar-se dizia a pobrezinha:
"não me deixaste, não!"

O poeta não julgou necessário explicar o símbolo da sua poesia — ensina Manuel Bandeira[58] — que parece referir-se à ânsia com que muitos de nós buscamos a nossa perdição e gostosamente nos entregamos a ela.

Não lhe faltaram imagens simbolistas como a que Onestaldo de Pennafort aponta, lucidamente: os versos finais do poema "Zulmira", ao invés de dizer, sugerem; estão cheios do vago e do colorido de um nome que, inexpresso no texto, é sugerido por uma imagem em que há a mesma transposição de sentidos que se verifica no fenômeno da audição colorida:

E pergunto quem és. Então me dizem,
ciosos de guardar o seu tesouro,
nome tão doce aos lábios que parece
escrever-se em cetim com letras de ouro.

G) A arte de Gonçalves Dias está, como atrás se procurou demonstrar, mais na ciência do ritmo, do metro, e, agora o veremos, mais na ciência da rima, do que da metáfora.

Usou ele o verso branco — em que é mestre jamais igualado — e o fez com exata compreensão da oportunidade. Numa língua como a nossa, já por si mesma rimada, o verso branco precisaria, não raro, fazer esquecer a rima, para que o leitor brasileiro não se sentisse logrado, pela omissão. Em Gonçalves Dias essa omissão tem sempre um significado estético admirável. Ocorre só com perfeita razão de ser, como nos versos heroicos, nos de índole narrativa ou social. Significado que se torna visível em certas passagens do "I Juca Pirama", que necessariamente estão despojadas de rimas para melhor exprimir as intenções do poeta, em contraste com as rimas que afluem numerosas em outras passagens do mesmo poema.[59]

A rima vem, com precisão, no galanteio, nas canções, no "canto de morte", no poema lírico que a exige até como graça e delicadeza. A fúria sonorosa e a graça idílica encontram, na sua "arte de não rimar" e de rimar, o meio de expressão adequada a cada um desses estados de espírito e sensibilidade.

Já se mencionou a sábia conjugação e entrelaçamento das rimas agudas nesse poema, como em outros. Quem terá empregado a rima aguda com maior senso artístico, toda vez que o som áspero, duro, repetido, é elemento expressional?

Não é o caso, pois, de estranhar o verso branco como sendo a sua "arte de não rimar". Arte de não rimar tanto mais importante quanto é certo que a rima não é apenas, na poética gonçalvina, um apoio rítmico; é isso, sem dúvida, mas aí se pode ir mais longe, dizendo que *ritmar* é um contínuo *rimar*, como diria Croce. Em outras palavras: na poética do vate maranhense não será demais dizer-se que, no verso branco, o ritmo substitui a rima. Em seus poemas não rimados o ritmo é uma "rima branca", constante, como no poema "Leito de folhas verdes".

Aí a rima seria obrigatória, como uma flor em cada verso no ramo agreste da estrofe — uma vez que a poesia lírica do seu tempo exigia a rima até como condição para a eficácia do galanteio amoroso. No entanto, a falta de rima não só dá ao poema certa graça lírica como o ritmo a dispensa; porque aí "ritmar" é o mesmo que "rimar".

Ainda a respeito de rimas:

1) as com consoante de apoio são meramente ocasionais (*tendas, contendas; ligeiras, laranjeiras,* etc.);

2) as toantes, embora empregadas sem disciplina e constância, é possível que o tenham sido intencionalmente (*amiga, exígua,* etc.);

3) certas rimas encontradiças em poemas constituídos só de versos brancos são fortuitas, e até disparatadas — meros descuidos do poeta;

4) as chamadas rimas por aliteração[60] não correspondem ao que o poeta declara no prólogo dos *Primeiros cantos* porque desprezava ele as convenções e, portanto, com maior motivo, pormenores tão invisíveis como os de "l" de ligeira rimando com "l" de laranjeira;

5) sempre nos pareceu que "rimar" é mais brasileiro do que "não rimar". Mesmo sem a riqueza de rimas agudas que o vocabulário indígena nos oferece, vive-se rimando sem querer, com o nosso "ão" tão característico (que Gonçalves Dias adotou, irrepreensivelmente, em "Não me deixes").

Tristão de Athayde faz crer, num dos seus *Estudos*, que há até umas rimas mais brasileiras que as outras: as rimas em vogal surda, por exemplo. Pode-se acrescentar que há rimas diurnas, as indígenas; e noturnas, as africanas.

As palavras indígenas, além disso, já se apresentam rimadas, sem atritos. Arara rimando com coivara, tajá com inajá, cunhã com Tupã, membi com taquari, sabiapoca com taboca, etc. No "Poema americano" (para só citar um dos poemas indianistas de Gonçalves Dias) figuram numerosas palavras desse gênero: acauã, ipê, braúna, gravatá, canarana, aipi, Tupã, igara, igaretê, marajá, juçara, tapera, cariri, guará, Peri, etc.

O convite à rima é evidente, como se vê. No entanto, o poema está escrito, todo em versos brancos — prova de que o nosso poeta sabia evitar o perigo de enfeitar-se com rimas indígenas que poderiam parecer de empréstimo. Expediente tão ornamental — se não obedece a uma segura intenção artística — como o de fazer alguém uso de penas de arara ou tucano para se fingir de bugre.

Contudo, quando Gonçalves Dias, autor de um vocabulário da língua tupi, recorre à rima indígena, é com grande finura que o faz. Assim, porque o tupi possui, como afirmam os entendidos, "uma linguagem doce e harmoniosa, toda intercalada de vogais", isto se reflete, desde logo, na sintaxe lírica do poeta, apesar da língua, às vezes tão aportuguesada, em que ele se exprimiu. Veja-se "Marabá", em que a vogal "a" se repete, admiravelmente, misturando o som tupi ao fim de cada verso; vogal clara, diurna, como aliás convinha ao poema relativo a uma mulher de cabelo de ouro (não cor do anajá).

H) O mal da adjetivação numerosa estava em pleno furor. Eram tantos os adjetivos que Musset, ao se arrepender do Romantismo, pensava que "si on rayait tous les adjectifs des livres qu'on fait aujourd'hui il n'y aurait qu'un volume au lieu de deux".

Ora, o nosso poeta escreve a "Canção do exílio" sem um único adjetivo. Foi visceralmente antirromântico em assunto de adjetivação.

Não se quer dizer, é claro, que, ao adjetivar, não o tivesse feito — as mais das vezes — com alto senso estético e até com surpreendente originalidade. Já se notou mesmo, no relativo ao épico, o admirável efeito que o poeta obtém, em sua técnica de expressão, quando, por exemplo, adjetiva obliquamente; quer-se dizer, quando lança mão da hipálage, adjetivando uma coisa por outra.

No caso, aí citado, da onça bicolor que salta de um ramo de árvore sobre Jucá, as suas garras é que mordem o chão *enganadas*. Não é a onça a enganada; enganadas são as suas garras. O mesmo processo de deslocação do adjetivo é magistralmente usado no "I Juca Pirama".

O pai, que é velho e já cego, adquire, pelo tato, uma terrível certeza; descobre a falta de certo ornato no corpo do filho e por aí verifica que este, tendo caído prisioneiro dos timbiras, se livrara sem ter lutado, desonrando assim o nome da sua tribo. A certeza é que é "dolorosa", sem dúvida; mas o poeta desloca o adjetivo, dizendo que o cego, tateando na treva, apalpando os membros gélidos do filho, se certifica da verdade ao tocar "a dolorosa maciez das plumas" que ainda o enfeitam.

Não só o adjetivo "dolorosa" adquire extraordinária beleza como dá um grande sentido ao tato, de que se serve o pobre velho para se certificar da ignomínia. *Maxime cognascitivi* — dizem da *vista* e do *ouvido* os escolásticos. Da Vinci reputa os olhos o mais digno dos nossos sentidos. No caso em apreço, o tato é, entretanto, o que se faz mais digno, o mais cognoscitivo. Não se falando na antítese entre o adjetivo "dolorosa" e a "maciez" das plumas; "maciez dolorosa" reunindo duas palavras que jamais se haviam encontrado em nenhuma técnica de expressão.

Veja-se ainda outro caso, o daquele "fulminados" para os olhos do cego, quando este percebe a desonra do filho e, como se estivesse vendo a cena, leva as mãos aos olhos:

> Recua aflito e pávido, cobrindo
> às mãos ambas os olhos fulminados.

O "fulminado" foi ele, não os olhos que já eram cegos. Mas que força poética adquire o qualificativo deslocado para os olhos, num tremendo ajuste da alma com o corpo, em que a fulminação moral sobrepuja a física. Olhos fulminados; isto é, mais que cegos.

Observe-se, mais, que a palavra "fulminados" — aí com tamanha carga lírica — funciona como um plurissigno, e ainda por dois motivos. Primeiro, por efeito da figura que atribui a uma palavra da frase o que pertence a outra, da mesma frase; e, segundo, por se tratar de um "particípio", de dupla função expressiva, significando *qualidade* e *ação* ao mesmo tempo; sendo, como é, adjetivo e verbo simultaneamente.

Múcio Leão acentua, mui judiciosamente, a finura com que o poeta usa o substantivo "bonança", adjetivamente. Ex.: "O mar todo bonança" ("Rosa do mar"); "Quando o tempo for bonança" ("Solidão"); e a sua predileção pelo adjetivo "meigo": o céu... tão meigo, meigo luzir, meigo sentir, meigos infantes, olhos tão meigos, meiga harmonia, meigos sons da meiga lira, etc.

Também o adjetivo "gentil" aplicado a coisas selvagens provoca logo certa estranheza. Só nas oito estrofes da primeira parte do "I Juca Pirama" usa o poeta três "gentis", mas o certo é que cada "gentil" tem, no poema, um significado próprio. *Povo gentil*, hospitaleiro (como na carta do achamento); *penas gentis*, porque extremamente delicadas, segundo certo tipo (simbólico) de emplumação, *gentil canitar*, porque vistosa, alegre.

Afinal, a gentilidade não exclui a gentileza...

I) Falando da "noite, solitária e muda", diz Gonçalves Dias:

> No silêncio que a veste, adorna e honra

Veja-se que o silêncio, *vestindo, adornando* e *honrando* a noite, dá a esses verbos três funções adjetivantes que eles nunca tiveram e que os tornam, além disso, extraordinariamente poéticos. Não só pela originalidade, pela beleza e concisão com que foram usados, senão também pelas imagens e conotações que despertam.

Haverá expressão mais prosaica do que "praça pública"? Pois o poeta evitou o prosaísmo de praça pública, sobremodo destoante num poema tão lírico como o "Ainda uma vez adeus" com a simples transposição do adjetivo:

> oh, se lutei... mas devera
> expor-te em pública praça
> como um alvo à populaça?

Não se quer afirmar que o autor de "Leviana" sempre consiga tais efeitos; se não é ele um devoto do *mot juste* (que toma tanto relevo na técnica parnasiana), a verdade é que as palavras nem sempre mudam de sentido em sua poética. Rosa é rosa mesmo, servindo apenas para suas comparações lírico-amorosas. Quando muito, é a sua amada, em "A minha rosa".

Mas não se pode falar em *sabiá, palmeira, saudade*, sem pensar no sentido que tais palavras tomam na linguagem gonçalvina. É um caso de identificação lírica, seguramente. Explica-se: para se saber o verdadeiro sentido de certas palavras é indispensável saber qual o poeta que as empregou. Para se conhecer o significado de *rosa*, por exemplo, precisamos saber se é uma rosa de Rilke — a rosa que o matou, que figura no seu epitáfio, com toda a carga lírica da sua significação rilkeana — porque em Mallarmé (também por exemplo) rosa já é coisa muito diversa:

> Cette rose, ne l'interromps...

Já não se trata aqui do *plurissigno,* a palavra oferecendo muitos sentidos, para que cada leitor a interprete a seu modo (outro fascinante problema da poética moderna); alude-se à vivência, às conotações líricas, à impregnação simbólica que cada palavra representa no contexto do poema, uma vez que se lhe identifique o autor.

Colocada a questão nestes termos, bem se compreende a importância que algumas palavras — *sabiá, palmeira, saudade, anhangá* — podem adquirir, ou adquiriram, simplesmente porque as empregou Gonçalves Dias, em seus poemas, líricos ou épicos.

Em assunto de linguagem poética, não há como desprezar tão sedutor trabalho de identificação lírica.

J) Note-se ainda que o nosso poeta raramente emprega palavras rebuscadas e preciosas. Raro é um "alibrilhante" ("A triste flor"), um "circunfusa" (Os *timbiras*), um "aurinevada" ("A tempestade"), um "auribranco" ("O amor") à

Odorico Mendes; de seu natural, a sua linguagem é simples, desataviada. Mas que graça poética adquirem certas palavras dentro das estruturas líricas do poema. A graça que adquirem uns "olhos verdes", "uns olhos cor de esperança" quando o poeta diz: "Eram verdes, sem esp'rança."

No estribilho "depois que os vi", em rima aguda, o monossílabo "vi", ao fim de cada último verso, é de uma insistência clamorosamente bela ("ah, le trop grand plaisir des yeux!"). O poeta "viu"— como quem diz, num pleonasmo implícito: vi, com os meus olhos os olhos da cor do mar.

> Nem já sei qual fiquei sendo
> depois que os vi.

Será oportuno ainda chamar a atenção para o verbo "morri", tão "semanticamente" empregado pelo poeta: "Uns olhos por que morri."

Trata-se aliás de um verso de rara beleza: o *morri*,[61] no pretérito perfeito, assim usado por quem continua vivo, exprime bem a metamorfose por que passou o poeta, por ter visto uns olhos verdes. Se ele houvesse dito: "uns olhos verdes por que morro", ou "por que morrerei", todo o encanto estaria desfeito. "Uns olhos por que morri" (olhos verdes) significam uma morte mágica, morte por encantamento.

> Que eu vivo só da lembrança
> de uns olhos cor da esperança,
> de uns olhos verdes que eu vi.

Não se deve esquecer a sutileza entre "fogo" e "luz". Os olhos verdes tão facilmente se inflamam que derramam ao mesmo tempo "fogo e luz"no coração. Por quê? Pois não eram "duas esmeraldas, iguais na forma e na cor"? Eram. Mas uma tem a "luz mais branda, outra mais forte". "Uma é loucura, outra amor."

A linguagem poética de Gonçalves Dias não se limita, entretanto, a uma questão de palavras. Se há um poeta para quem os poemas não se fazem só com palavras é ele, que tinha, não palavras, mas uma palavra nova a dizer ao mundo.

A sua sintaxe é, não raro, ideológica, isto é, lírica, como se vê nesta passagem tão expressiva:

> Se tal paixão porém enfim transborda,
> se tem na terra o galardão devido
> em recíproco afeto, e unidos, uma,
> dois seres duas vidas se procuram
> entendem-se, confundem-se e penetram
> juntas — em puro céu d'êxtases puros.

A ideia de dois seres que se confundem num só se representa aí pela sintaxe gramaticalmente confusa mas amorosamente muito clara. Os filólogos verão, ou já viram aí um erro de concordância; os exegetas mais lúcidos "um curioso efeito de estilo". Mas por que não, e mais propriamente, um caso típico de sintaxe lírica, muito acima das categorias gramaticais?

VII. ORIGINALIDADE E INFLUÊNCIAS

Como Machado de Assis, o poeta de "I Juca Pirama" é vítima de uma pesquisa miúda a respeito de influências que terá recebido a sua poética. Assim, tendo frequentado o meio português, em Coimbra, e pertencido ao grupo de *Crônica literária* e de *O trovador*, a influência portuguesa é indisfarçável. O seu lirismo é garrettiano, afirmam.

Não se notou que a maior influência que recebeu é no sentido de que não imitasse os portugueses; é o conselho que lhe dá justamente Alexandre Herculano, entusiasmado com o seu indianismo:

> Quiséramos que "Poesias americanas", que são como o pórtico do edifício, ocupassem nele maior espaço. Nos poetas transatlânticos há por via de regra demasiadas reminiscências da Europa. Esse novo mundo, que deu tanta poesia a Saint Pierre e a Chateaubriand, é assaz rico para inspirar e nutrir os poetas que cresceram à sombra das suas selvas primitivas.

Mas Gonçalves Dias citava Chateaubriand: "Le infortunes d'un obscur habitant des bois auraient-elles moins de droits à nos pleurs que celles des autres hommes?" Então se viu nessa citação a influência francesa sobre o nosso poeta, quando, em verdade, o que há aí é apenas uma advertência: se o próprio francês é indianista, por que não o ser um brasileiro? Nada mais que isso, pois já vimos que justamente esse aspecto da poesia gonçalvina é nitidamente original. Nada tem com o indianismo europeu.

Estudando e aprendendo italiano para frequentar Tarso, Ariosto, Dante, Petrarca; conhecendo o alemão e fazendo-se tradutor de Heine, Schiller; familiarizando-se com os franceses, fazendo-se amigo pessoal de Ferdinand Denis,[62] que por sua vez foi um grande estudioso das coisas brasileiras, dessas facetas de sua curiosidade literária nasceram numerosas influências que os exegetas buscam verificar minuciosamente. Entre elas estão as de Lamartine, Victor Hugo, Gautier, Musset e a do próprio Sainte-Beuve.

Ackermann[63] descobre em Victor Hugo certas passagens depois utilizadas pelo brasileiro:

Oh, quand je dors, viens auprés de ma couche
et qu'en passant ton haleine me touche

Vem junto ao meu leito quando eu for dormindo
que eu sinto o perfume que exalas passando

De um modo geral, nada mais avesso (quanto à poética) às imagens alucinantes, às sobejidões verbais de Hugo, que a linguagem de Gonçalves Dias, singela, imagisticamente sóbria. E uma observação mais a fundo demonstra que a maior parte das influências capazes de determinar este ou aquele comportamento de Gonçalves Dias é pura suposição. Esta, por exemplo:

Nascer, lutar, sofrer
eis toda a minha vida

Só mesmo com muito esforço se poderá dizer que tais versos foram influenciados pelo de Victor Hugo: "helàs, naître pour vivre em desirant la mort."

Mesmo quando se quer descobrir que Gonçalves Dias emprega o recurso de estilo, do poeta francês, consistente em repetir as mesmas palavras ou as mesmas expressões adverbiais em versos ou estrofes sucessivas, para conseguir maior força de sugestão e uma explicação mais viva, a suposição parece descabida. Tal recurso é comum a centenas de poetas, desde a época dos trovadores até Augusto Frederico Schmidt, ainda hoje.

A influência francesa estaria, então, no seu orientalismo à Gautier, do poema "Zulmira". É possível, mas só esse poema não bastará para caracterizá-la.[64] "Outras vezes — é uma observação de Ernesto Féder[65] — se encontram nas poesias de Gonçalves Dias adaptações de poemas de Henge sem menção do autor. Assim "amor de árabe" nada mais é que o "Asra" do *Romanzero* do poeta alemão."

Por que teria ocultado o nosso grande poeta do período romântico os verdadeiros autores? Pergunta João Ribeiro a propósito da indagação feita por M. Nogueira da Silva sobre a origem de certos poemas que Gonçalves Dias dá como "traduzidos" sem dizer de quem.

E aqui surge uma questão interessante, dividida em duas hipóteses: a) João Ribeiro lembra a possibilidade de que alguns sejam originais do poeta, que por modéstia os quis apadrinhar com autoria estrangeira. b) Outras vezes, o que parece influência será o processo da "alusão", praticado hoje tão frequentemente por Eliot, Ezra Pound e outros grandes poetas.[66]

Ó tu que, tens de humano o gesto e o peito
("Que coisa é um ministro")

A rosa do Sarão lá se despenha
nas águas do Jordão ("Sempre ela")

Será vencida a morte... ("Ero mors tua, o mors")
... a régia c'roa
que o feliz condenado achou na Ucrânia ("A tempestade").

Num poema apocalíptico, "Dies irae":

... um arcanjo
da vida o livro volumoso seja
com sete brônzeos selos.

É ainda provável que os versos:

Conta prodígios de uma raça estranha
tão alva como o dia (*Os timbiras*)

Sejam também uma maliciosa alusão ao

Gente assim como nós da cor do dia

de Camões (*Os lusíadas*).

Chega-se a disputar, no setor das influências, uma delas — a do modelo que serviu a "A tempestade" para dois autores ao mesmo tempo. O processo que varia de medida de estrofe a estrofe, em sentido ascendente, indo do de duas sílabas até o de onze — ponto culminante da tempestade — para depois voltar gradativamente até o de duas sílabas na última estrofe, é apontado como de Espronceda ("Estudante de Salamanca", parte IV) e como de Victor Hugo, ("Les Djins").

Mas isso apenas prova o seu uso comum.

Aludindo a pontos de contato entre Gonçalves Dias e Goethe, guardadas as devidas proporções, nota Lúcia Miguel Pereira[67] que "A mãe d'água" lembra o "Erlkoning" do grande alemão. Mas explica-se: o mito da "mãe d'água" (Iara) chama-se Lorelei na lenda germânica.[68] Simples coincidência.

Invejosos do poeta[69] apontaram o "Ainda uma vez adeus" como plágio do "Hojas secas" de Zorrilla, quando a verdade é que se trata de um poema puramente autobiográfico...

Se as citações, ou melhor, inscrições, valem como indício de influências, então as que o poeta faz, de Horácio, deviam ter sido apontadas pelos exegetas preferentemente. Horácio é citado no "O homem forte" (impavidum ferient...);

em "Ainda e sempre", em várias cartas (*Pallida imago mortis... Non omis norior...* etc.), além de traduzido por Gonçalves Dias, quando em Coimbra se deixou seduzir pelas letras clássicas.[70] Mesmo as características horacianas, que são a ode quanto à forma, e a confiança nos valores da vida, quanto ao sentido, aparecem nesses poemas e ainda em "Espera".

Ao lado desta influência, não faltaria a trovadoresca; ele mesmo, Gonçalves Dias, falou em versejar à moda dos trovadores, na explicação que dá às *Sextilhas de Frei Antão*.

Mas é preciso não perder de vista estes dois pontos: assim como o indianismo já estava na tradição popular, o trovadorismo já é encontradiço, por motivos ainda há pouco explicados por Gustavo Barroso, no poetar típico dos sertanejos do norte.[71] Ou a influência trovadoresca não é, quanto ao Brasil, um fato que só se verifique em Gonçalves Dias, mas uma constante de nossa poesia, uma herança do medievalismo português (ou do francês, como sugere Onestaldo de Pennafort)? Parece correto dizer-se que, mais do que um modo de ser poético, o que ocorre é, implicitamente, um estado de espírito dos povos ibéricos; e que a melhor tradição do nosso lirismo está ligada à poética do medievo.

O capítulo das influências, porém, atinge o seu próprio modo de escrever, na opinião dos críticos. Coimbra explica a sua linguagem aportuguesada, não obstante brasileira na intenção e nos temas; a Atenas brasileira, o Maranhão, onde tanta gente se notabilizou por escrever bem, está presente ao seu estilo clássico.[72] Tudo isto pode até certo ponto ter a sua razão, convindo lembrar apenas que a designação "influência", tomada assim parcialmente, como se tem feito em relação ao poeta do "I Juca Pirama", está sujeita a confusões gratuitas com coincidência, simples impregnação de leitura, alusão, etc.

Influências... de um modo geral, a influência clássica, a romântica, a das ideias de seu tempo, quem o contestará? Quanto a modelos seguidos por Gonçalves Dias é que o problema se torna grave, dada a sua originalidade inconfundível.

Nos "Olhos verdes" está, embora em plano diverso, o que poderia ser uma definição de influência:

> Nem já sei qual fiquei sendo
> depois que os vi!

Alguns comentadores menos atentos verão aí uma influência de Camões:

> Eles verdes são:
> e têm por usança
> na cor, esperança
> e nas obras não.

Mas se o poeta "não sabe qual ficou sendo" a influência, aí, não é de Camões; é dos olhos verdes...

Havia, enfim, algo de irredutível em Gonçalves Dias; a sua origem, o seu indianismo que ele não imitou de ninguém, e que outros jamais poderão imitar sem repetir, sem copiar, sem plagiar.

VIII. *SEXTILHAS* E LINGUAGEM POÉTICA

A linguagem gonçalvina apresenta várias soluções: a) a de acento brasileiro, como em seus poemas iniciais ("Inocência", "Canção do exílio", etc.); b) a mescla indígena com o seu português saborosamente "aportuguesado"; c) a linguagem portuguesa salpicada de arcaísmos, que lhe dão certa graça antiga; d) mas agora a sua experiência vai ao extremo, com a linguagem arcaica das *Sextilhas*; e) como depois desejaria ele passar para outro extremo, traduzir os seus "indignos poemas" para a linguagem cabocla. "O que é brasileiro é brasileiro; se isto desagrada a Portugal é grande pena mas não tem remédio."

I) Conta-se o motivo que levou o poeta a escrever as *Sextilhas de Frei Antão*. Foi o ter sido recusada a sua peça teatral *Beatriz Cenci* pelo Conservatório Dramático, sob o fundamento de haver nela "erros crassos de linguagem". Em revide, quis o autor mostrar aos seus censores que sabia a língua de Camões como os que melhor a soubessem. Quem nos dá esta informação é o seu primeiro biógrafo e amigo íntimo Antônio Henriques Leal: "Desfecharam os censores os mais desapiedados golpes contra o pobre escrito desapadrinhado e o reprovaram, assacando-lhe erros crassos de linguagem e isto num português de contrabando."

Mas o poeta teria cometido tais erros, ao ponto de merecer a palmatória dos censores? Sempre não se havia esmerado no modo de escrever, embora a sua sintaxe fosse "menos invertida que a de Portugal"?

José Veríssimo[73] identifica-lhe a "correção da forma, a pureza da língua". Mas acrescenta: "sem ter talvez uma constante e rigorosa pureza gramatical". Até hoje certos gramaticólogos lhe apontam erros, inclusive de concordância — erros que os exegetas explicam, às vezes, como cometidos para efeito estilístico. É o caso, entre muitos outros, na sua obra poética, do que ocorreu num dos mais belos trechos de "Se se morre de amor". É o outro caso, o de "te apiade" (do "Ainda uma vez adeus"), objeto de viva polêmica entre Medeiros e Albuquerque e Carlos de Laet, e que Said Ali procurou corrigir para "te apiede".[74]

Não foi só Bernardo Guimarães quem, embora injustamente, lhe increpou a linguagem de "inçada de pleonasmos, de impropriedades". Os aristarcos daquela época não lhe teriam perdoado jamais aquele "te vejo, te procuro",[75] de "Harpejas", aquele "possas tu seres" da 1ª estrofe da parte VIII, do "I Juca Pirama", nem o "cabe as honras" da parte III do mesmo poema; nem mesmo os inúmeros descuidos a respeito de crase, pontuação, prosódia e ortografia que tanto trabalho hoje dão aos que, como Manuel Bandeira, em edições críticas às obras poéticas do vate maranhense, são obrigados a fazer anotações gramaticais, não raro penosas e antipáticas. No mínimo, tal revisão força o leitor a prestar atenção, com prejuízo para a emoção poética, a quantas vezes foi preciso crasear, corrigir erros (tipográficos?), pôr e retirar vírgulas; explicar que a verdadeira prosódia é esta ou aquela (*múmia e não mumía*), fazer ver que é forma não registrada nos dicionários (pulvurento), que "sembram" quer dizer "semelham" (arcaísmo), etc. E que dizer das próprias *Sextilhas*, onde se respigam erros de cronologia para os vocábulos que não podiam estar juntos em semelhante experiência arcaico-filológica?

Que o poeta incorreu em "erros", portuguesmente, provocando a crítica dos censores, não há dúvida. Mesmo Alexandre Herculano havia, não obstante o grande elogio que lhe fez, aludido a "imperfeições da língua" de que os seus poemas se ressentiam.

Sensibilizado, Gonçalves Dias resolveu demonstrar que não só sabia a língua como também poderia escolher um dos períodos por que ela passou e, dentro dele, na linguagem dos trovadores — linguagem simples mas severa — realizar uma memorável façanha poética. Nem é lícito compreender o motivo de haver ele denominado "ensaio filológico" ao seu trabalho, senão porque desejava demonstrar que podia escrever em "língua de branco", não só a do seu tempo como a arcaica.

Alega-se porém, hoje: a) que a sua intenção não foi a de se vingar dos gramáticos (não obstante a sua declaração de "ensaio filológico") porque o parecer dos censores do Conservatório reconhecia "invenção, disposição e estilo", impugnando *Beatriz Cenci* apenas por imoral; b) que, ao contrário do que se pensa, o intuito de Gonçalves Dias foi "celebrar glórias portuguesas" em suas *Sextilhas*.

II) Talvez não proceda nenhuma das duas hipóteses. Para não se admitir como verídico o episódio da censura seria preciso, antes de mais nada, que o poeta nunca houvesse sido acusado de deslizes gramaticais. Ora, ele próprio nunca pretendeu ser um gramaticalista, um purista, e mesmo os que mais o aplaudiram lhe atribuem (com certa impertinência, é claro) incorreções de linguagem.

O depoimento de Antônio Henriques Leal é, portanto, incontestável sob esse aspecto.

Dizendo que *Beatriz Cenci* continha "invenção, disposição e estilo", não terá o Conservatório confundido esses requisitos com "correção gramatical". Podia dizê-lo, e ao mesmo tempo ter espiolhado "erros"no trabalho do autor.

Erro maior seria fazer do estilo um exercício de bons alunos às voltas com a sintaxe, misturando conceitos tão diferentes.

Qual o "estilo" de Gonçalves Dias?

120   ERA ROMÂNTICA

Conhecem-se vários estilos: o estilo que interessa à técnica de expressão; o estilo da linguagem, em relação à tradição portuguesa; o estilo que quer dizer concepção particular da obra de arte, em sua composição; o estilo como marca de identificação pessoal ("le style c'est l'homme"); o estilo de uma época e de uma cultura.[76]

A técnica empregada pelo escritor é, em grande parte, consequência da maneira original e, até certo ponto, única, com que ele escreveu a sua obra.

Mas há outra significação da palavra estilo, que não pode ser esquecida; é a de que — numa definição de Álvaro Lins — uma obra original cria novo tipo, nova maneira, novo estilo dentro de um gênero.

Gonçalves Dias criou novo estilo, dentro de um gênero. É de supor que o estilo a que aludem os censores esteja enquadrado num dos casos acima sugeridos e não na de simples correção gramatical. Note-se que o poeta nunca fez essa confusão. Na carta ao Dr. Pedro Nunes Leal, ao contrário, separa muito bem as coisas: "O instrumento e a arte, isto é, o estudo da língua e o estilo." Em resumo: pode haver "invenção", sem a preocupação de "escrever bem" (portuguesmente); pode haver disposição, sem que o autor prime pelo escrever gramaticalmente certo; e pode haver "estilo" com ousadias e até com a subversão da linguagem.[77] Todos sabemos disso, de modo que as três palavras empregadas pelo Conservatório não confirmam, em absoluto, a informação de Antônio Henriques Leal, mais do que seu biógrafo, testemunha presencial dos seus atos.

a) Machado de Assis, sempre tão agudo em sua crítica, chega a dizer que as *Sextilhas*, pelo assunto e pelo estilo que Gonçalves Dias habilmente fez antiquado, pertencem à literatura portuguesa.

Também se pode dizer exatamente o contrário; nunca o poeta foi mais brasileiro. Realmente, o tê-las escrito em português arcaico, em português tão aportuguesado, não terá sido até uma forma de ironizar o português? Ferido no seu amor-próprio, sobravam-lhe razões para isso contra a "canzinada" do Conservatório.

É o que também se depreende daquele sorriso notado por Drummond e que secretamente abre caminho na poesia carrancuda do autor do "ensaio filológico".[78] Sorriso sintomático, "compensatório". Quanto mais português conseguisse o poeta ser, ou fingir que o era, mais brasileiro — intimamente — seria. Simples dialética do amor-próprio ferido.

b) Se o assunto é português é porque o intuito do poeta foi melhor caracterizar a linguagem que adotou no seu "ensaio filológico".

Então, porque um Goethe escreveu as *Elegias romanas* ou o *Divã oriental-ocidental* deixou de ser Goethe, e tipicamente alemão? Cassier nos dá a resposta.[79]

Nem os "arcaísmos" o transformariam em menos brasileiro. O próprio Gonçalves Dias pergunta: porque escreveu "pocemas" e "taperas" Vieira ficou menos Vieira?

c) E se quisermos examinar a invenção de Gonçalves Dias mais brasileiramente ainda, não faltarão dois curiosos pormenores: o trovadorismo sertanejo
do Nordeste, que sob mais de um aspecto revive o dos medievais; e os arcaísmos portugueses que se transformaram em "brasileirismos" ou são, pelo menos,
encontradiços em nosso linguajar inculto.[80]

d) Compostas as primeiras estrofes, viu o poeta que a sua experiência
redundava em poesia e da melhor.

Resolve, então, alisar o que seria áspero, como o confessa. No verso da
"Introdução" a *Os timbiras*, mais valia o lirismo da sua invenção do que a sátira.

Pesar de ser português

O tronco atingido lhe põe flores nas mãos. O dom poético tem desses
recursos mágicos.

Ao invés de carregar na sátira, preferiu o poeta dar ao pensamento a
cor forte e carregada daqueles tempos. O resultado foi o mais feliz, embora
houvesse pensado que iria desagradar ao maior número dos seus leitores. O
"ensaio filológico" se transformou num verdadeiro ensaio lírico, onde o fundo-
-forma é indissociável, caracterizando a sua linguagem poética, específica, de
incontestável beleza, sabor e graça. O "intencional" e o "preterintencional"
estão, aí, bem marcados.

III) Mas surgiu, várias vezes, esta ou aquela discussão entre filólogos a
respeito das *Sextilhas*. Natural, porque se tratava, aparentemente, de um "ensaio
filológico".

Procurou-se demonstrar que o autor foi inconsequente quando se utilizou, o que ocorreu às vezes na mesma página, de forma caída em desuso e
forma vigente do mesmo vocábulo; que a linguagem das *Sextilhas* é fundamentalmente a do século XIX, em que viveu o poeta, inçada de arcaísmos de várias
épocas; que se lhe notam até algumas formas e construções pré-históricas ou
cerebrinas.

Um filólogo moderno, Cândido Jucá Filho, apontou — em estudo deveras
interessante — tais incongruências em Gonçalves Dias,[81] como o fez, a respeito
de termos indígenas, o ilustre professor de tupi, Plínio Airosa. Em trabalho
sobre o assunto, intitulado *A linguagem das "Sextilhas de Frei Antão"*, outro estudioso da questão, Alfredo de Assis Castro, sustenta que não houve incongruência
alguma. Os períodos históricos em geral não podem ser rigorosamente extrema-
dos, mesmo na opinião dos filólogos. O que é característico de um período pode
encontrar-se em outro. Alterações linguísticas, na lição de Said Ali, não depen-
dem de calendário nem do ano em que o século acaba ou começa.

A questão é realmente fascinante, cabendo indagar, contudo, se quando
Gonçalves Dias lançou mão de uma linguagem envelhecida, vazando as
Sextilhas de modo como "nunca, em tempo algum, falou ou escreveu quem quer

que seja", não estava ele construindo justamente uma linguagem poética, específica, como nenhum outro poeta a teria construído.

"Quanto aos vocábulos que emprego"— é o poeta que o esclarece — "acham-se todos no *Dicionário* de Morais, bem que as mais das vezes em sentido antiquado".

Mutatis mutandis, não é outro o processo de Mallarmé que construiu a sua linguagem poética, específica, algo obscura e em relação ao idioma corrente, buscando palavras, em seu sentido etimológico, no dicionário de Littré. Leiam-se as revelações surpreendentes feitas por Charles Chassé sobre a técnica do mestre francês, em seu estudo sobre *Les Clefs de Mallarmé*. Também a chave do nosso grande poeta do período romântico está no *Dicionário* que ele mesmo indica.

Transformar o exame das *Sextilhas* numa pesquisa estritamente filológica é esquecer-lhe, possivelmente, a secreta intenção lírica de uma linguagem criada pelo poeta, que não precisava usar de palavras só existentes na época figurada a fim de apenas caracterizar o seu objetivo. A coexistência das palavras não faz parte, a bem dizer, do seu contraponto poético?

O exame unilateral do problema inverte a ordem dos valores; o "ensaio filológico" foi apenas um pretexto, não o objetivo principal. Fosse o objetivo principal, não precisaria ter sido feito no setor da poesia e sim no da prosa, em caráter científico. Não será correto subordinar o principal (a linguagem lírica) ao pretexto (o ensaio filológico). Porque, em verdade, o poeta não se limitou a uma pesquisa que, tomada em primeiro plano, subverte o problema da linguagem poética; foi muito além: atingiu a linguagem poética tal como hoje a entendem os que modernamente a tentaram ou realizaram. Tal como, já na Antiguidade, o fizeram os gregos, com o seu dialeto idílico (Teócrito), com o dialeto homérico e com o ático.

Nós outros, os filólogos — é uma confissão de Amado Alonso —, também podemos cooperar na busca do conhecimento poético e o teremos que fazer à nossa maneira. Por um método que se baseia em nossa competência profissional, no conhecimento dos valores linguísticos. Mas o sábio autor de *Materia y forma en Poesia* esclarece: "A base técnica de todo estudo dos estilos literários tem que ser o conhecimento especializado dos valores extralógicos da linguagem."[82]

É preciso entrar mais a fundo na festa semântica ou sintática das *Sextilhas*, fazendo da filologia um instrumento de ciência poética. Não será lícito desprezar, numa experiência dessa natureza, aquele estado "afilosófico" (como diria Croce) de "docta ignorantia" que é o da criação lírica — ao lado do argumento linguístico.

IV) O que Gonçalves Dias quis fazer foi outra coisa e não apenas o que supõem os filólogos que só viram um lado do problema. Não se trata — como muito bem observa Mário da Silva Brito, de uma cópia naturalista do tipo português de poetar.

Por isso mesmo cuidou o poeta de tomar "o estilo liso e fácil", de maneira a "não desagradar aos ouvidos de hoje". Variou o ritmo e adotou uma posição que lhe permitisse captar os módulos, a atmosfera, o clima, a cor forte e carregada daqueles tempos. Fez, portanto, mesmo apenas sob esse aspecto, que já é importantíssimo, obra de "recriação" não de imitação.

O mal está, pois, em amputar às loas e aos solaus o seu intuito de recriação da linguagem, como se um filólogo os tivesse escrito e não um poeta.

E mostra o quanto é perigosa a exegese quando a filologia não obedece a nenhuma pesquisa lírica, tornando-se a chave, por mais erudita que seja, de um simples desencanto.

> Sahio a real princesa
> sahio dos Paços reais,
> nos pulsos ricas pulseiras,
> na fronte finos ramais;
> de longe seguem-lhe a trilha
> muitos bons homens segrais.
>
> Traçava hum mantéu vistoso
> sobolas suas espaldas,
> e as largas roupas na cinta
> prendia em muitas laçadas;
> seus olhos valiam tanto como duas esmeraldas.
>
> Tinha elevada estatura
> E meneyo concertado,
> solto o cabelo em madeixas,
> pelas costas debruçado;
> cadeixo de fios d'oiro
> franjas de templo sagrado.
>
> Vinha assi a régia Dona,
> vinha muito pera ver:
> o povo em si não cabia,
> quando a via, de prazer;
> era ella sancta às ocultas
> o anjo no parecer!.

O principal, pois, das *Sextilhas* não é saber apenas se a sua linguagem é, ou não, arcaica ou arcaizante. É ser o exemplo de uma primeira tentativa de linguagem poética, entre nós; é a sua intenção nítida de criar um dialeto lírico destinado a temas que só assim podiam ser objeto de sua técnica e da sua aventura criadora.

Fala-se hoje em cada poeta criar a sua linguagem. É esse um dos problemas mais sugestivos da poesia moderna. Pois isso é o que fez Gonçalves Dias com a sua linguagem poética, específica, das *Sextilhas*, e este fato lhe dá o papel, em tal domínio, de um verdadeiro precursor. Um dos nossos mais agudos exegetas da poesia moderna, Euríalo Canabrava; chamava a atenção sobre tal aspecto da admirável realização gonçalvina, nem sempre compreendida pelos filólogos.

V) Em síntese:

a) o motivo determinante: mostrar o poeta que sabia a língua; o pretexto: um "ensaio filológico", exercício de linguagem; b) para melhor caracterizar essa linguagem, o assunto português (sem pensar em glórias portuguesas, que também pudessem ser brasileiras); c) mas como foi preciso "recriar" a linguagem, a sua experiência importou necessariamente na criação de uma linguagem poética específica.

O que interessa: a linguagem poética que ele criou, os deliciosos poemas líricos de sabor arcaico, que resultaram dessa criação, preterintencionalmente.

IX. *MEDITAÇÃO* E PROSA POEMÁTICA

Sempre diferente de si mesmo, Gonçalves Dias foi lírico, dramático e épico, em sua poesia; com as *Sextilhas*, culminou na realização de uma linguagem poética extremamente rica de sugestões, precursor que se fez de um idioma lírico, específico; com *Meditação* leva a sua experiência à prosa poemática. E o faz intencionalmente, por ser esse o gênero que melhor se coadunava com o assunto, aí objeto de sua inspiração: o social.

Terminado em 1846, o livro foi incluído nas *Obras póstumas*.

Não chegava ele ao verso livre, embora já houvesse adotado a livre métrica, ou o verso polimétrico, como em "A tempestade". Mas o poema, em verso livre, que Drummond extraiu (ou desentranhou, como preferirá dizer Manuel Bandeira) da "Dedicatória" dos *Últimos cantos* não será bastante revelador em tal sentido? De qualquer modo, a *Meditação* pode ser considerada como um primeiro passo para o poema sem metro. No mínimo, estará situada naquela zona de expressão híbrida a que se referiu, a propósito de outro caso, o crítico Sérgio Milliet, citando Cazamian.

Gonçalves Dias, aí — e isto é o que mais chama a atenção de quem o lê — lança mão de recursos que o distinguem do poeta que ele é, de linguagem enxuta, direta, severa em seu sentido imagístico: a alegoria, o símbolo, a parábola. Trata-se de algo que lembra uma fuga aos seus meios habituais de expressão. Para dar um tom profético às verdades que aí expõe, em seu anátema contra a escravidão do negro e do índio.

Escreveu-a ele em tom bíblico e isto lhe explica a forma adotada.

O § 1º do cap. II é uma página feita só de reticências (símbolo gráfico em que precedeu Machado de Assis).

Numerosas visões povoam a *Meditação*, tal como nos livros santos. O que vale, porém, é o seu sentido social.

"Os homens civilizados" "...eram homens sordidamente cobiçados que procuravam um pouco de oiro, pregando a religião de Cristo com armas ensanguentadas." (§ 2, C. III). "Eram homens que pregavam a igualdade, tratando os indígenas como escravos, envilecendo-os com a escravidão e açoitando-os com vara de ferro. E o país tornou-se a sentina impura de um povo pigmeu que para ali reservava os seus proscritos, os seus malfeitores, os seus forçados, as fezes da sua população."

No § 8 do cap. III é um velho quem diz: "Eu falarei em parábolas porque elas são símplices como a verdade, e todas as inteligências podem alimentar-se com a sua substância." De qualquer modo — assevera Lúcia Miguel Pereira — cabe--lhe a glória da primazia — na defesa dos negros — e se preferia ser mameluco a mulato, se se identificou com o índio muito mais do que com o negro, não pode ser acusado de haver esquecido nenhuma das raças de que se formara.

X. AS OUTRAS FACES DO POETA

Como poeta complexo, que foi, Gonçalves Dias cultivou com igual grandeza o lírico, o épico, o dramático. Como todo grande poeta, suscitou polêmicas ligadas ao seu ofício. Ensaiou a prosa poemática, primeiro passo para o atual verso livre; criou uma linguagem poética, característica, nas *Sextilhas de Frei Antão*; agitou a questão prosa-poesia no drama, como se vê pelo prólogo de *Leonor de Mendonça*.

Tão diverso de si mesmo foi o poeta, em cada criação, que podia ter usado vários heterônimos, como a princípio se lembrou de fazer, quando pretendeu assinar as *Sextilhas* com o nome de Frei Antão de Santa Maria de Neiva.

Quanto ao título *Sextilhas de Frei Antão*, explicava a sua ideia: "Só tenho a dizer que era minha intenção publicá-las com o pseudônimo de Frei Antão de Santa Maria de Neiva, cuja vida poderão ler os curiosos na *História de São Domingos* (P. 2, L. 3, C. 4). Mudei de resolução conservando-lhe todavia o título, porque sem ele muitas das *Sextilhas* seriam ininteligíveis."

Já o dualismo de culturas produz dualismo de personalidade — um "self" dividido. Que se dirá de uma personalidade de múltiplas facetas como a do autor de "mãe d'água"? Os vários "selves", que a integram, explicam a sua manifesta tendência para os heterônimos. Outra prova da sua vocação para a heteronímia está em ter escrito numerosos poemas, que ao invés de assinar publicou como "traduzidos". Traduzidos por quem? Naturalmente por algum colega de Frei Antão...

Não contente com as várias formas de se distinguir de si mesmo, desdobra a sua atividade literária em outros setores de criação e de estudo. Ei-lo historiador, teatrólogo, etnólogo.[83]

E a verdade é que todas essas outras faces de Gonçalves Dias completaram o poeta; deram-lhe circunspecção, influíram no seu comportamento, autenticaram o homem que, mesmo em poesia, nunca deixou de ser exato, realista, cônscio da sua arte.

Os seus índios eram idealizados? O etnólogo provaria que não. Um historiador como Capistrano diria, mais tarde, que escrever a história dos jesuítas era escrever a História do Brasil? Mas quem primeiro o disse foi Gonçalves Dias.

Viaja em camelo no Ceará, num dos camelos que Capanema havia mandado vir da África para viagens no Nordeste; viaja em ubá na Amazônia; excursiona pelo Madeira, de cuja navegabilidade se tornou adepto; convive com os índios bolivianos cuja língua estudou; na viagem pelo Rio Negro foi até a Venezuela, através de muitos óbices, mas em contato permanente com índios e caboclos para melhor conhecer a região, o rio e a população selvagem. E assim como um bandeirante do século XVII levara pelo sertão um exemplar de *Novelas exemplares* de Cervantes, e outro copiava no verso do seu testamento um trecho de Camões, Gonçalves Dias levava Schiller da *Noiva de Messina* selva adentro.

A sua etnografia, no juízo de um sábio como Roquete Pinto, é sempre certa.[84] É possível encontrar-se aqui e ali um pequeno senão, uma surpresa, uma variante. Mas o poeta foi constantemente fiel à ciência do seu tempo. A não ser Rondon — concluiu Roquete — ninguém enriqueceu mais as nossas coleções etnográficas do que Gonçalves Dias.

Também as memórias que escreveu para o Instituto Histórico, *O Brasil e a Oceania* e uma monografia sobre as amazonas — a que já se fez referência —, são tidas como estudos da mais alta categoria no gênero. Não lhe faltou uma série de observações agudas sobre a questão social. A propósito do operário da cidade, dizia:

> Desde que entre nós um homem de ofício conquistar para si uma posição social, à força de indústria, de aplicação e de engenho; desde que lhe for permitido o ingresso em alguma das nossas câmaras, e que nos persuadirmos de que um homem pode chegar a uma posição elevada mesmo tendo principiado por ser um homem de ofício, desde então dever-se-á contar com uma nova era nos anais do Brasil.[85]

A respeito do seringueiro, que mais tarde Rio Branco chamaria "operário da floresta", Gonçalves Dias não foi menos arguto. Em relatório acerca da Exposição Internacional de Paris, em que tratou dos nossos produtos, como algodão, fumo, café e borracha, defende o seringueiro fazendo ver, como não o faria melhor um estadista, que a cultura sistemática da hévea seria o meio de corrigir o seu nomadismo.

Mas voltemos ao poeta que — se detestava a política, "sórdida manceba", a que se refere em "Desordem de Caxias" (1839), a ponto de haver depois desistido da cadeira de deputado geral que os seus amigos lhe ofereciam, embora a princípio afagasse a ideia, admitindo ser vetado por saquaremas e liberais — sabia pôr em seus poemas tão forte acento social.

> Se as virtudes do pobre não têm preço
> também dos vícios seus a nódoa exígua
> não conspurca as nações; mas ai dos grandes!
>
> ("O Cometa")

Para que nada faltasse às várias faces do poeta, escreveu ele diversos *hinos*, como os que se intitulam "Hino ao dia 28 de julho", "Hino dos Reis Magos" (além dos hinos "A tarde", "A noite", "O meu sepulcro", "A tempestade", etc.), alguns sonetos como os da série sem título (cinco) e os que têm por epígrafes, respectivamente, "A esmeralda", "A Cláudio Frollo", "Ao Quasímodo", "A Notre Dame de Victor Hugo"; numerosos poemas de circunstância, inclusive a sátira "Que cousa é um Ministro", como os que se referem a aniversários, datas históricas e relações de amizade: "A restauração do Rio Grande do Sul", o soneto "Ao aniversário de S. M. I.", "A independência do Maranhão", "No álbum de D. Luísa Amat", "A partida da atriz"; "A certa autoridade", "D. Emília", etc. Figuram todos, ou quase todos, nas suas *Poesias póstumas*, publicadas por seu amigo Antônio Henriques Leal.

Parece, diga-se de passagem, ter sido um grave erro a publicação de tais composições, que ele próprio havia excluído dos seus *Cantos* (*Primeiros, Segundos e Últimos*) naturalmente por uma questão de autocrítica e escrupulosa consciência literária. É que não fazem nenhuma falta à obra do poeta; antes a enxertam de produções medíocres e temas repetidos. Veja-se, por exemplo, o poema "Minha terra"; é uma modalidade deteriorada da "Canção do exílio". Tais composições, como as satíricas, poderão constituir outra face do poeta, e interessar como documentação humana e biográfica. Nada representam, entretanto, para a sua glória.

XI. CONTEMPORÂNEOS E SUCESSORES

Já se notou, em página anterior, a existência do indianismo pré-gonçalvino, embora convencional, dos árcades (Basílio da Gama, Santa Rita Durão). Com Gonçalves Dias, como já havia ocorrido com Anchieta, temos o nosso autêntico indianismo, pelos motivos já mencionados. Mas ao lado do seu, alguns historiadores aludem ao "sertanejismo" como uma forma, também, de indianismo mitigado, cujos representantes são:

Francisco Leite Bittencourt Sampaio (1834-1896) com suas *Flores silvestres*; Franklin Américo de Menezes Dória (1836-1906), em quem Sílvio Romero aponta um lirismo popular e campesino como nos poemas "A ilhoa" e "Missa do galo"; Gentil Homem de Almeida Braga (1834-1876) que dedica um dos seus poemas a Gonçalves Dias; Bruno Seabra (1837-1876), autor de *Flores e frutos*, cantor de cenas e costumes do povo, em estilo agradavelmente brasileiro; Joaquim Serra Sobrinho (1838-1888), com os seus *Quadros*, cheios de interessantes descrições da vida campesina. Espírito confiante nos valores da vida, destaca-se dos demais pelo tom de graça e jovialidade que imprime aos seus versos. Mais apreciável como jornalista, preocupado com as questões do seu tempo, Joaquim Serra não deixou, contudo, de manter em si uma certa flama lírica que o torna legível até hoje.

O poeta de *Os timbiras* havia, realmente, na famosa carta ao Dr. Pedro Nunes Leal, reclamado um lugar para os jangadeiros, os vaqueiros, os piraquaras, em nosso linguajar brasileiro. Por seu lado, escritores de tendência lusa alegavam que o brasileiro não era descendente direto do índio. "A raça conquistadora pouco se misturou com os selvagens; e principalmente substituiu-se a eles", afirmava Pinheiro Chagas, a respeito de *Lendas e canções populares* de Juvenal Galeno.[86]

Juvenal Galeno da Costa e Silva (1836-1931), na observação de Araripe Júnior, seria talvez o precursor de uma plêiade brilhante em gênero diverso ao do saudoso Dias, que recebendo as virgens inspirações do torrão onde nasceu solidificará uma literatura própria e original. Mas o certo é que[87] o poeta cearense recebeu justamente de Gonçalves Dias o conselho de explorar a corrente de inspiração popular.

> De véstia e perneiras, chapéu, guarda-peito
> de peles curtidas... que lindo trajar!
> Com minha guiada, montado o ginete
> que rincha fogoso, que sabe pular.
> A vida que eu levo
> ouvi-me cantar!

É assim que o poeta de *Lendas e canções populares* inicia o monólogo do vaqueiro. Muito conhecido é o "Cajueiro pequenino":

> Cajueiro pequenino
> carregadinho de flor,
> à sombra das tuas folhas
> venho cantar meu amor.

Se se pode dar o nome de indianismo a este aspecto de certa poesia lateral à do vate maranhense será um indianismo mestiçado — produto já da intensa cruza entre aborígines e luso-descendentes.

O "sertanejismo" não interrompe, entretanto, a linha puramente indianista, que continua marcando a nossa poesia da fase romântica.

Embora pertencendo a uma geração anterior à de Gonçalves Dias — a do grupo que fundou *Niterói* em Paris (1836), só em 1856 Gonçalves de Magalhães publica sua *A confederação dos tamoios*, cujo único mérito foi ser atacada memoravelmente por José de Alencar, sob o pseudônimo de Ig, e defendida, sob o disfarce de "Um amigo do poeta", pelo Imperador, que a fizera imprimir e acreditava nas excelências da obra.[88] Quer dizer: *A confederação* saiu cinco anos depois dos *Últimos cantos* em que figura o "I Juca Pirama" (1851) e um ano antes do aparecimento de *Os timbiras* (1857).

Dotado de notável sentimento poético, José de Alencar se torna famoso principalmente por seus romances *Iracema, O guarani, Ubirajara*. O primeiro é, como se sabe, um dos nossos romances líricos de maior repercussão popular.

Mas Alencar escreveu também (1863) em versos que Manuel Bandeira[89] considera "tesos e tersos, e que acusam já em seu tempo o caráter plástico, escultural da poesia parnasiana", os três primeiros cantos de "Os filhos de Tupã", que teria dez cantos e seria o seu grande poema épico indianista.

> O prudente Iruama, o grande chefe,
> os filhos de Tupã conduz à guerra.

Fala-se em Junqueira Freire (1832-1855), com o seu "Hino à cabocla"; em Joaquim Norberto (1820-1891) com suas "As americanas" (1855-1856); em Araújo Porto-Alegre (1806-1879) porque descreve, em *Colombo* (1866), o repasto que o índio Guaranaguari oferece ao Descobridor; no barão de Paranapiacaba (1827-1915) com sua *Imprecação do índio* (1883).

Não há dúvida que Junqueira Freire merece a classificação de indianista:

> Sou índia, sou virgem, sou linda, sou débil.
> É quando vós outros, ó tapes, dizeis.
> Sabeis, bravos tapes, que eu sei com destreza,
> cravar minhas setas no peito dos reis!

Sílvio Romero menciona ainda dois "cultores sistemáticos e teimosos do indianismo": Macedo Soares, autor de "A maldição do piaga" e de "Canto da indiana"; e Santa Helena Magno, com seus *Harpejos poéticos*. Talvez caiba uma referência (posteriormente) a Vilhena Alves e Severiano Bezerra.

Digno de especial menção será, sob a influência direta de Gonçalves Dias, e ainda na linha romântica, o caso de Fagundes Varela (q.v.) com seu *O evangelho nas selvas.* O poeta faz de Anchieta a sua principal personagem, expondo, pela boca do santo canarino, as cenas da vida de Cristo aos índios, agora numa espécie de catequese lírica. O interessante está em que se glorifica assim o indianismo do Apóstolo, ou melhor, o papel que coube ao nosso primeiro indianista. O tema é realmente sugestivo, embora Varela, poeta dos mais altos que teve o Romantismo, não houvesse conseguido, senão em parte, realizar o seu intento. O seu Anchieta fala uma língua edificante, mas que jamais seria compreendida pelos aborígines, quando a verdade é que ninguém falou aos "brasis" com maior angelitude para poder entrar no inocente mundo primitivo. Figuram no poema um ataque de índios inimigos e o caso da índia Naída, que morre de definhamento e saudade por haver Jatir, seu amante, partido para a luta contra o invasor francês.

A notícia da morte de Naída interrompe a narração divina. Anchieta vai vê-la:

> ... Nunca tão puro
> seu gracioso rosto se mostrara

parecendo que o poeta, aí, se lembrava do rosto de Lindoia, no *Uraguai*.

Tão séria a influência gonçalvina que Fagundes Varela celebra a glória do mestre indianista:

> Grande Gonçalves Dias! desses páramos
> onde viver sonhava, e vive agora
> tua alma gloriosa, envia, ó mestre,
> envia-me o segredo da harmonia
> que levaste contigo! Assim, apenas
> meu santo empenho vencerei contente!

Depois de Varela a tentativa indianista é de Machado de Assis (q.v.) com suas *As americanas.*

Nem Varela, nem Machado (ambos grandes poetas, mas em outro gênero de inspiração) conseguiram rivalizar com o mestre, cuja autenticidade e originalidade, por muito marcante, continuaria solitária.

Mas, como o autor de *O evangelho nas selvas*, o autor da *As americanas* não deixou de celebrar a memória de Gonçalves Dias, em sua "Nênia da virgem indiana":

> Morto, é morto o cantor dos meus guerreiros
> virgens da mata, suspirai comigo!

Verdade que Mário de Andrade, frisando a mediocridade geral de *As americanas*, faz uma grande ressalva: a "Última jornada". O autor de *Macunaíma* se espanta por haver Machado atingido, nesse poema indianista, também força de ideação e forma poética tão lapidar.[90]

Outro exemplo de indianismo haurido em Gonçalves Dias é o de Olavo Bilac em "A morte do tapir", cujo defeito começa por ter sido escrita em alexandrinos dentro dos quais as palavras indígenas não chegam a interessar-nos. Como Varela e Machado, o grande poeta da "Via Láctea" não se limita, porém, ao poema; escreve um soneto a Gonçalves Dias:

> Celebraste o domínio soberano
> das grandes tribos, o tropel fremente
> da guerra bruta, o entrechocar insano
> dos tacapes vibrados rijamente, etc. etc.

E — o que de melhor fez — escreveu Olavo Bilac luminosa página sobre o poeta de *Os timbiras*, mais feliz que o seu soneto e o seu indianismo.

A respeito do novo "indianismo", o de 1922, é costume afirmar-se que consistiu em explorar o poético da lenda e do mito. O manifesto da "Anta" prova exatamente o contrário. O que interessava a esse grupo era, principalmente, o indianismo sobre base humana e cultural; era o estudo da cultura indígena não como um tema apenas literário, mas como base, no dizer de Gilberto Freyre, de "nossa autenticidade americana".

Retomava-se o indianismo na formação brasileira. Continuava-se o estudo à luz de Couto de Magalhães, Batista Caetano, Capistrano de Abreu, Carlos Hartt, Barbosa Rodrigues, Rondon, Roquete Pinto — estudo a que se incorporam, então, Plínio Airosa, Plínio Salgado, Alarico Silveira, Raul Bopp.

Mário de Andrade é o indianista de *Macunaíma* e de "Toada do Pai de Mato":

> A moça Camalalô
> foi ao mato colher fruta

Raul Bopp é o indianista da *Cobra Norato*. Menotti Dei Picchia publica *A outra perna do saci* e proclama, num dos poemas de *Chuva de pedra*, que o Caapora havia de espantar os deuses gregos com as baforadas do seu "anestesiante cachimbo"; Guilherme de Almeida consagra ao índio um dos mais sugestivos trechos do seu poema "Raça". Oswald de Andrade escreve deliciosos poemas em linguagem "pau-brasil".

Valoriza-se o tupi como nos tempos de Anchieta.[91]

Os dois manifestos da época, o da "Anta" e o da "Antropofagia", o primeiro de Plínio Salgado, Menotti Dei Picchia e Cassiano Ricardo, e o segundo de

Oswald de Andrade, dão ao indianismo um grande papel (1926) no movimento modernista iniciado pela Semana de Arte Moderna, em 1922.

Revivia-se Gonçalves Dias, que não só celebrou o índio como o estudou, tornando-se o verdadeiro precursor da nossa etnografia.

Nem se diga que o nosso indianismo se limita hoje ao "Serviço de Proteção aos Índios". A cadeira de língua tupi, em nossas universidades, os estudos etnográficos e sociológicos que aí estão, numerosos, sobre base indígena, e a obra dos modernistas de 22, provam que o indianismo está vivo, na consciência do país.

NOTAS

1   O manifesto romântico foi publicado na revista *Niterói*, fundada em Paris por Gonçalves de Magalhães, Sales Torres Homem, Araújo Porto-Alegre, em 1836.
2   *Primeiras letras* (Clássicos brasileiros). Ed. A. Peixoto, p. 13.
3   Couto de Magalhães. *O selvagem.* p. 326.
4   Os poemas de Anchieta, em tupi, foram em sua maioria traduzidos para o vernáculo (1732) pelo padre João da Cunha.
5   Ronald de Carvalho. *Pequena hist. da literatura brasileira*. 6ª ed. p. 162. Múcio Leão, "A poesia brasileira na época colonial" (in Acad. Brasil. Letras. *Curso de Poesia*. p. 122); M. Bandeira. *Apresentação da poesia brasileira*. p. 38.
6   Pode-se ainda, entre outros, mencionar Sousa Caldas, autor da "Ode ao homem selvagem", escrita em 1873, na qual se exaltam "os doces anos de vida primitiva dos humanos".
7   Na Carta de Vespucci, a mais famosa, o florentino vê no índio "una scelerata libertá de vivere la quale piu tosto se conviene agli Epicuri che alie Stoici".
8   Carta de Vaz Caminha, in Jaime Cortesão. *As origens do Brasil*. p. 149.
9   Gilberto Freyre. *Casa-grande e senzala*. 4ª ed. vol. I, p. 88.
10 Jaime Cortesão, op. cit. p. 156.
11 Idem, p. 163.
12 João Ribeiro. *Colmeia*. São Paulo, 1923. p. 171.
13 Afonso Arinos de Melo Franco. *O índio brasileiro e a Revolução francesa*. p. 191.
14 Sobre exotismos: Rodolfo Garcia. *Anais da Biblioteca Nacional*. 1942. vol. LXIV, p. 131.
15 Manuel Bandeira. *Antologia dos poetas brasileiros da fase romântica* (prefácio).
16 Afonso Arinos de Melo Franco, op. cit., p. 179.
17 René Gonsard. *La légende du bon sauvage*. p. 54.
18 A descoberta não era só geográfica; era a do "homem em sua primeira inocência", a que alude D. Manuel na carta aos soberanos espanhóis. Afinal, Portugal provava ao mundo que a Bíblia não era fábula.
19 Fidelino de Figueiredo. *Literatura portuguesa*. p. 223. Sobre Dinis, esclareça-se que é o juiz da devassa contra a Inconfidência e contra a sociedade literária fundada por Alvarenga Peixoto.
20 *Ensaio biográfico-crítico dos melhores poetas portugueses*. ed. 1852-1855. vol. VI.
21 Para Sérgio Buarque de Holanda, em prefácio às obras completas de Gonçalves de Magalhães, o indianismo foi a maneira natural de traduzir em termos nossos a temática

da Idade Média. Ao medievalismo dos franceses e portugueses, opúnhamos o nosso pré-cabralismo.

22 João Ribeiro. *Cartas devolvidas.* Porto, 1926. p. 243 ss.

23 João Alfonsus. "Minha terra tem palmeiras" (in *Autores e Livros.* Supl. liter. de *A Manhã* nº 13).

24 *Polêmicas em Portugal e no Brasil.* Sel. Costa Rego, Rio de Janeiro, 1944. p. 130. Já antes de Gonçalves Dias, o sabiá gorjeia nos versos de Gonçalves de Magalhães. Mas quem descobriu o sabiá para a poesia foi Marques Pereira, em *Peregrino da América.* Cap. V:

> Lá cantava o sabiá
> um recitado de amor
> em metro doce e sonoro.

(Alcântara Machado. *Gonçalves de Magalhães, ou o romântico arrependido.* p. 45).

25 Pedro A. Pinto, *Revista de filologia.* n. 2.

26 Mesmo à luz da concepção moderna de poesia (de um Valéry, para citar um mestre) o próprio instinto poético conduz cegamente à verdade. É um cartesiano como Alain, citado por Julien Benda, em *La France bysantine,* quem afirma: há uma verdade que não exige prova; a música não precisa ser provada; a Vênus de Milo, idem.

27 Fritz Ackermann. "A obra poética de Gonçalves Dias" (in *Revista do Arquivo Municipal.* São Paulo). (Repr. em folheto. São Paulo, Dep. Cultura, 1940).

28 Paulo Quintela. *Brasília,* t. II, p. 783.

29 Cairé, cairé nu
Manuara danú çanú
Eré ai, erú, cika
Piape emú
O manuara ce recé
Quaha pituna pupé.

30 Manuel Bandeira, *Gonçaves Dias.* p. 75.

31 ... "não havia pechas maiores do que a bastardia e a mestiçagem". Viriato Correia. "A vida amorosa de Gonçalves Dias" (in Acad. Brasil. Letras. *Gonçalves Dias.* p. 29).

32 Mário Meirelles. "Gonçalves Dias e Ana Amélia" (in *Rev. Academia Maranhense.* Vol. VII p. 31).

33 Por certo o Romantismo significava o triunfo do sentimento, na expressão de Ortega y Gasset. Até então o homem se envergonhava das suas emoções, orgulhoso das suas ideias. (Menéndez y Pelayo, *História de las ideas estéticas.* t. V, p. 188).

34 M. Nogueira da Silva. *Bibliografia de Gonçalves Dias.* p. 107.

35 Publicado nos *Últimos cantos,* 1851.

36 Há alguma coisa de surpreendente, notou Pereira da Silva *(Rev. Acad. Brasil. Letras.* vol. 58, p. 139) na cadência métrica dessa interjeição que chega a ser o reflexo psíquico da cólera de um guerreiro.

37 Amadeu Amaral. *O elogio da mediocridade.* São Paulo, 1924. p. 175.

38 Ralph Linton. *O homem.* Ed. Brasil. São Paulo, Martins, 1943. p. 438.

39 F. Grabner. *El mundo dei hombre primitivo.* Madri, 1925. p. 19.

40 Roquete Pinto. "Gonçalves Dias e os índios" (in Acad. Brasil. Letras. *Gonçalves Dias.*

41 Numa curiosa carta de 1846, dirigida a D. Maria Luísa do Vale, dizia o poeta: "Desejava não o chamassem de poeta mas que dissessem: "é, mas não aparece"; entretanto, por arte do Capeta de mão furada, inverteram-se as coisas e diziam: "parece, mas não é".

Como se vê, verdade que em tom de *humour*, se dizia vítima do Capeta de mão furada, um dos nossos mitos populares. Aludia ainda ao espanto de quem vê "cavala canga" e "lobisomem"...

42   Fritz Ackermann, loc. cit., p. 70.

43   Amado Alonso. *Materia y forma en poesia*, Madri, Gredos, 1955. p. 54.

44   Celso Cunha. *À margem da poética trovadoresca*. Rio de Janeiro, 1950. p. 9.

45   B. Croce. *La poésie*. Ed. francesa. Paris, 1951. p. 222.

46   Menéndez y Pelayo. *Hist. de las idéas estéticas*. Vol. V, p. 170; G. Lanson. *Hist. de la littérature française*. p. 22.

47   *Dicionário de rimas*. Rio de Janeiro, Garnier, 1906. p. 11.

48   Péricles Eugênio da Silva Ramos. "A renovação parnasiana na poesia" (in *A literatura no Brasil*. Vol. VI).

49   O cochilo de Alberto, no caso aludido por Bandeira, está entre o terceiro e o quarto verso:

> Subiu ao Atlas de um salto
> e ao Kilimandjaro; logo
> de tão alto
> ao Barh-al-Abiah de água clara
> baixou e ao saibro de fogo
> do Saara.

50   Herbert Read. *Phases of English poetry*. Londres, 1928. p. 12.

51   Onestaldo de Pennafort: "Gonçalves Dias e o romantismo" (in *Correio da Manhã*, 7 maio 1950).

52   Carlos Drummond de Andrade. "O sorriso de Gonçalves Dias" (in *Autores e livros*. n. 13).

53   Pius Servien. *Science et poésie*. Paris, Flammarion, 1947. p. 135.

54   Manuel Bandeira. *Obras poéticas de Gonçalves Dias*. II, p. 264.

55   Viajando pelo Amazonas, podia ter caído prisioneiro das imagens. Pois o próprio rio fabuloso não o seduz imagisticamente, com toda aquela grandeza que levou Humboldt a pensar na "coluna d'água do dilúvio". Não; a imaginação do nosso poeta se conservou enxuta. Para Gonçalves Dias, o Amazonas era apenas um rio — o rio que estava vendo com os seus próprios olhos, adstrito ao seu ângulo visual; só a reflexão — disse — o faria portentoso. A "reflexão" (veja-se a palavra que usou) não a imaginação. Será isso uma atitude romântica?

56   G. J. Frazer. *Myths of the origin of fire*. Ed. esp. Buenos Aires, 1942. p. 35.

57   Estevão Pinto. *Os indígenas do Nordeste*. São Paulo, Cia. Ed. Nac., 1935-1938. Vol. II, p. 291; A. Fernandes Brandão. *Diálogos das grandezas do Brasil*. Rio de Janeiro, Dois Mundos, 1943. p. 285.

58   *Obras poéticas de Gonçalves Dias*. Vol. I, p. 336.

59   O filho caíra prisioneiro mas havia sido demasiado romântico, quando devia ter sido épico. O pai apalpa-lhe a cabeça e percebe pelo tato que ele fora "despido então do natural ornato". A falta de rima corresponde ainda a este pormenor — a rima seria um ornato e o seu despojamento responde ao sentido da realidade então descoberta.

60   "Sei bem que não houve intenção — esclarece Bandeira — nessa rima por aliteração" (*De poetas e de poesia*. Rio de Janeiro, 1954. p. 118). Mas, se não houve intenção não há propriamente mérito artístico...

GONÇALVES DIAS E O INDIANISMO   135

61 Ainda a respeito do tempo dos verbos, há outro exemplo deveras curioso — notado por Bandeira — em que aparece o pretérito perfeito "fugiu" ("A tempestade") vindo depois de três presentes do indicativo: efeito dinâmico que em outros passos da obra de Gonçalves Dias se encontra, nenhum porém tão imprevisto como este: "O corisco... brilha, fulge, rutila e fugiu".

62 Como se sabe, Ferdinand Denis, em seu *Resumé de l'Histoire littéraire du Portugal et du Brésil*, quatro anos após a proclamação da nossa Independência, aconselhava os escritores brasileiros a adotarem uma poesia "livre como já o era o Brasil em seu governo". Esse conselho viria a ser repetido, um século depois (por ocasião da Semana da Arte Moderna) na mensagem em que os escritores franceses com Benjamin Crémieux à frente, nos pediam: "Não nos imiteis mais; sede apenas cordiais para conosco."

63 Fritz Ackermann. loc. cit.

64 Onestaldo de Pennafort. loc. cit.

65 Ernesto Féder. "Gonçalves Dias e a poesia alemã" (in *Autores e livros*. n. 13).

66 Sobre "alusão" convém ler o trabalho de Péricles Eugênio da Silva Ramos, publicado no *Jornal de São Paulo*, 14 de maio de 1950. Em *Poetry direct and oblique*, E. M. W. Tillyard, ali citado, acha que a alusão só é possível onde haja um corpo de literatura clássica bastante difundida. As imitações de Virgílio, arroladas por Macróbio, seriam alusões. Para Tillyard, quando Yeats escreve: "birds in the trees Those dying generations — at their song", é porque se refere a um trecho de Keats, na "Ode a um rouxinol": "Thou wast not bom for death, immortal Bird I/ No hungry generations tread thee down".

67 Op. cit., p. 136.

68 Francisco S. G. Shaden. "Índios e caboclos" (in *Rev. Arq. Mun.* São Paulo, vol. CXXV).

69 *Panteon maranhense*. Vol. III, p. 272.

70 Verdade que, em "A minha musa", o poeta esclarece que "a sua musa não é de Horácio", mas — lá está — quanto apenas a não residir "nos soberbos alpendres dos senhores".

71 Justificando a sua observação, Gustavo Barroso (Trovadores e cantores, in *Anais do Vª Congresso brasileiro de folclore* (IBECC), p. 15) lembra composições poéticas dos nossos sertanejos denominadas debates, que correspondem aos *debatz* do medievo. O nosso desafio é a *tenson* dos provençais; a *vielle do troubadour* é a viola dos cantores. A arte menor destes está na quadra heptassilábica; a sua arte maior compõe-se de longas poesias sobre a vida dos cangaceiros formando verdadeiro ciclo heroico das canções de gesta. Herança do medievalismo português, ou coincidência?

72 Josué Montello, *Gonçalves Dias* (ensaio biobibliográfico).

73 José Veríssimo. *Estudos de literatura brasileira*. Rio de Janeiro, 1901. Vol. II, p. 28.

74 M. Nogueira da Silva, *Bibliografia de Gonçalves Dias*. p. 125.

75 "Prenda-se e enforque-se", disse espirituosamente Carlos Drummond de Andrade do "Te vejo, te procuro"; mas Sousa da Silveira achou uma saída hábil para Gonçalves Dias, em trabalho publicado em *A ordem* (junho 1942). Assim, o poeta dos "Harpejos" não foi preso, nem enforcado.
A única solução, porém, é a brasileira. Ao passo que "Busco-te, procuro-te" é áspero e atropelado, o "Te busco, te procuro" atende mais ao acento de nossa fala, dando um tom de carinho à busca e à procura. No mínimo, é um caso de colocação de pronomes resolvido brasileiramente, como "me dê" em lugar de "dê-me", de que fala João Ribeiro.

76 "Individual style" e "epoch style", como propõe Hatzfeld, cit. na "Introdução geral" deste volume.

77   Registra Lúcia Miguel Pereira, em *A vida de Gonçalves Dias*, que o poeta, admirador de Odorico Mendes, deste divergia quanto ao seu purismo, por lhe parecer que ia nisso "excesso de lusitanismo".

78   Carlos Drummond de Andrade. "O sorriso de Gonçalves Dias" (in *Autores e livros*. n. 13).

79   Cassirer, E. *Las ciencias de la cultura*. Ed. esp. México, 1951. p. 184.

80   Sobre arcaísmos que se tornaram "brasileirismos" há os numerosos exemplos que Renato Mendonça citou em O *português do Brasil* (p. 342). Os nossos matutos dizem "mas porém", "despois", "formoso", repetindo Camões sem o saber... Leia-se, acerca da presença de elementos arcaicos em nossa linguagem inculta, a pesquisa de Amadeu Amaral, em *Dialeto caipira*. Lá estará aquele *entonces* das *Sextilhas*. Naquela linguagem cabocla em que Gonçalves Dias, como depois confessa, gostaria de ter escrito os seus "indignos poemas".

81   Cândido Jucá Filho (in *Anais do 2º Congresso das Acad. de Letras*. 1939).

82   Amado Alonso, op. cit., p. 120.

83   Mesmo no campo da criação literária, o poeta não impediu o autor de uma obra-prima do nosso teatro, como é *Leonor de Mendonça*. Citam-se ainda *Boabdil*, *Patladf*, *Beatriz Cenci* e *Noiva de Messina*, esta última uma tradução de Schiller. Leia-se, sobre o teatrólogo, o que escreveu Josué Montello, em *Gonçalves Dias* (ensaio biobibliográfico), pp. 113-121.

84   Roquete Pinto. "Gonçalves Dias e os índios", loc. cit.

85   Discurso de Gonçalves Dias — único que fez — na inauguração do Liceu de Niterói, em 1847.

      O seu socialismo — acentue-se bem este ponto — não se limita às ideias, na prosa; não está só em *Meditação*, nem na sátira. Defende ele a causa dos índios sob vários aspectos e às vezes com palavras duras a respeito do escravizador português.

      O indianismo dos seus poemas é eminentemente social, tendo toda razão Mário de Andrade quando afirma que, nesse setor, tanto o indianismo como o negrismo são causas de proteção; e que o "I Juca Pirama" nada fica a dever a "O navio negreiro".

      Com uma diferença (acrescente-se), em favor de Gonçalves Dias: o mérito da prioridade, e o da concepção de uma pátria nova.

86   Pinheiro Chagas, in "Juízes críticos" a *Lendas e canções populares*, de Juvenal Galeno, 1892, p. 2.

87   Múcio Leão, in *Jornal do Brasil*, 4 mar. 1916.

88   Ler o que conta Alcântara Machado, em seu *Gonçalves de Magalhães, ou o romântico arrependido*, p. 76 ss.

89   Manuel Bandeira. *Antologia dos poetas brasileiros da fase romântica*, p. 301.

90   Mário de Andrade. *Aspectos da literatura brasileira*. Rio de Janeiro, 1943. p. 131.

91   Plínio Salgado, "A anta e o corupira", *Obras compl*. Vol. X, p. 49.

26.
O INDIVIDUALISMO ROMÂNTICO

Ultrarromantismo e individualismo lírico. Álvares de Azevedo. Imaginação, psicologia, subjetivismo. O byronismo. Junqueira Freire, Casimiro de Abreu, Fagundes Varela, Bernardo Guimarães, Aureliano Lessa, Laurindo Rabelo, Francisco Otaviano.

Destaca-se no Romantismo um grupo de poetas de fisionomia bem caracterizada, aparentados por traços de individualismo, no estilo de vida, na melancolia, no desespero, no "mal du siècle", no delírio doloroso e desesperante, na exacerbação do sentimento e da paixão. Precocemente amadurecidos, e mortos, a maioria, prematuramente, tiveram disso como que a presciência, vivendo uma vida desenfreada e de orgias, incompreendidos na sua morbidez e originalidade. Seus modelos literários foram Byron e Musset. São poetas, alguns deles, de grande ressonância popular. Constituem a fase do individualismo romântico ou do Ultrarromantismo (1845-1865).

ÁLVARES DE AZEVEDO[*]
(por Eugênio Gomes)

Álvares de Azevedo é a primeira afirmação realmente notável do individualismo romântico no Brasil. E, devido à sua imaturidade, o individualismo

---

[*] Manuel Antônio Álvares de Azevedo (São Paulo, 1831-Rio de Janeiro, 1852) estudou humanidades no Colégio Pedro II. Em 1848 ingressou na Faculdade de Direito de São Paulo, não chegando porém a formar-se, colhido pela morte prematura. Nos quatro anos que frequentou a Faculdade, apesar da vida boêmia, foi aluno aplicado, e durante esse tempo escreveu a maior parte de sua obra.

Bibliografia
POESIA: *Poesias (Lira dos vinte anos)* 1853. *Obras* (vol. 1. *Lira dos vinte anos*; vol. 2. *Pedro Ivo, Macário, A noite na taverna*, etc. 1855); *Conde Lopo*. 1886.
Além das *Obras*, em várias edições Garnier, organizadas por Domingos Jaci Monteiro e Joaquim Norberto de Sousa e Silva, publicaram-se *Obras completas*, em edição crítica por Homero Pires, em São Paulo, Comp. Ed. Nac., 1942, 2 vols., e *A noite na taverna* e *Macário*, por E. Cavalheiro. São Paulo, Martins, 1941.

estava nele representado por uma liberdade de espírito que os seus predecessores não conheceram ou não ousaram ter. Sobretudo quanto à influência da literatura portuguesa, a cuja exclusividade ainda predominante em sua época refugiu sensivelmente, procurando abrir de qualquer modo a inteligência a todos os portos da cultura universal. A nossa emancipação poética da tradição clássica surgiu francamente de seus versos, com os quais desvendou o horizonte de nossas letras, rasgando-lhe novas e ilimitadas perspectivas. Foi um outro grito de independência o da sua poesia, nisso consistindo a mais significativa peculiaridade de sua atitude intelectual. Sistematicamente inclinado à teoria taineana, viu Sílvio Romero em Álvares de Azevedo "um produto local, filho de um meio intelectual". Em realidade, o poeta paulista é um desmentido àquela teoria, como Keats o foi na Grã-Bretanha. Sua poesia não revela nenhuma impregnação afetiva e enfática da realidade nacional ou do momento histórico em que viveu. Esporádicas ou meramente circunstanciais as manifestações do instituto da nacionalidade que o arrebataram momentaneamente do subjetivismo lírico em que encontrava o clima ideal. Naturalmente, pulsava nele uma consciência social e cívica, e disso é um exemplo admirável o poema dedicado a Pedro Ivo, mas, distraído pelo cosmopolitismo intelectual, Álvares de Azevedo não sentiu entranhadamente a nossa natureza, e, longe de exaltar-lhe os encantos ou a selvagem majestade, parece ter vivido de algum modo esmagado ou constrangido pelo ambiente físico brasileiro.

Consultar

Amaral, R. do. "Álvares de Azevedo" (in *Rev. Acad. Paul. Letras*. IV, 14 jun. 1941); Andrade, M. (in *O Aleijadinho e Álvares de Azevedo*. Rev. Acad. editoras, 1953); *Autores e livros* (sup. *A Manhã*). Ano III, n. 9, 20 set. 1942; Azevedo, V. de P. V. de. *Antônio Álvares de Azevedo*. São Paulo, Rev. dos Tribunais, 1931; Cavalheiro. E. *Álvares de Azevedo*. São Paulo, Melhoramentos, 1943; Gomes, Eugênio, *Prata da casa*. Rio de Janeiro, A Noite, 1953; Guerra, A. *Álvares de Azevedo*, Melhoramentos, São Paulo, 1924; Homenagem a *Álvares de Azevedo*, por diversos (in *Rev. Nova*. 1931. Ano 1, n. 3); Morais, C. D. de "Álvares de Azevedo e o Romantismo" (in *Província de São Pedro*, n. 1, jun., 1945); Mota, A. *Álvares de Azevedo* (in *Rev. Nova*. I, 3, set., 1931); idem. *Vultos e livros*. S. Paulo, Lobato, 1921; Mota Filho, C. (in *Introdução ao estudo do pensamento nacional. O Romantismo*. São Paulo, Hélios, 1926); idem. (in *O caminho de três agonias*. José Olympio, 1945); Oliveira, A. G. de "Álvares de Azevedo, poeta" (in *Rev. Nova*, I, 3, set., 1931); Pires, H. *Álvares de Azevedo*. Rio de Janeiro. Acad. Bras. de Letras, 1931; idem. "A influência de Álvares de Azevedo" (in *Rev. Nova*, I, 3, set., 1931); Veiga Miranda. *Álvares de Azevedo*. São Paulo, Rev. dos Tribunais, 1931; Vieira Souto, L. F. (in *Dois românticos brasileiros*. Rio de Janeiro, Imp. Nac., 1931); idem. *Reflexos duma "pálida sombra" no Romantismo brasileiro*. Rio de Janeiro, Borsoi, 1950; Machado de Assis, J. M. (in *Crítica literária*. Rio de Janeiro, Jackson, 1936); Prado, A. "Álvares de Azevedo" (in *Soc., cui. artística*. São Paulo, Cardoso Filho, 1914); Pacheco Jordão, Vera, *Maneco, o byroniano*. Rio de Janeiro, M. E. C., 1955; Magalhães Júnior. *Poesia e Vida de A. A.* São Paulo, Editora das Américas, 1962.

"Sem uma poesia nacional — dizia, a discursar, em 1850 — como quereis uma nação?"[1] Não obstante esse ponto de vista, estava o poeta despaisado demais por sua cultura para dar à arte um significado ou substrato nacional. As ideias e os temas estrangeiros afluíam-lhe ao cérebro sempre que procurava celebrar ou fixar os tipos, episódios ou cenas da vida brasileira. Haja vista o poema "Cantigas do sertão", a que principiou por dar uma epígrafe tirada de Shakespeare.

Tudo indica que falava pela boca de Macário, quando esta personagem de *A noite da taverna* recorda, atalhando o Penseroso em suas expansões de entusiástico ufanismo, que "nas margens e nas águas do Amazonas e do Orinoco há mais mosquitos e sezões do que inspiração: que na floresta há insetos repulsivos, répteis imundos, que a pele furta-cor do tigre não tem o perfume das flores — que tudo isto é sublime nos livros, mas é soberanamente desagradável na realidade".

A natureza hostil encheu, em suma, de algum terror a imaginação desse sôfrego adolescente, a quem as leituras estrangeiras apontaram tantas direções, sem que pudesse encontrar estabilidade em nenhuma delas. Era lógico que a imagem da vida circunstante refletisse em Álvares de Azevedo a dolorida posição de sua sensibilidade, levada a refugiar-se em suas compensações abstratas, a poesia e o amor, como deu a compreender nestes versos:

> A vida é uma planta misteriosa
> Cheia d'espinhos, negra de amarguras,
> Onde só abrem duas flores puras —
> A poesia e o amor. ("Trindade")

Ter-se-á uma ideia da tortura íntima do poeta conhecendo-se que nele o amor era produto apenas de uma imaginação voluptuosa e incontentável...

Entre os românticos, tornara-se de fato singular a sua atitude retraída perante a natureza, onde não encontrava resposta às solicitações excêntricas do espírito. Esse outro René, melancólico e revel, nascido embora nos trópicos, era um desencantado da paisagem local, a que contudo recorreu por vezes, mas incidentemente, para dar corpo e consistência às suas criações abstratas, em que quase sempre a nota dominante é o exótico, o lúgubre, o macabro. Mera projeção de uma alma incuravelmente ferida pelo mal do século.

Não importa que haja procurado esboçar um panteísmo lírico para si mesmo, com o poema em que desfiou as suas meditações sobre a natureza. Álvares de Azevedo dava apenas eco, nesse poema, à teoria estética e metafísica em que o Romantismo nórdico se abeberava largamente. Não fora impelido a isso por um sentimento individual, com o objetivo de conciliar-se com a natureza exterior, mas por ideias...

São ideias talvez... Embora riam
Homens sem alma, estéreis criaturas:
Não posso desamar as utopias,
Ouvir e amar à noite entre as palmeiras
Na varanda ao luar o som das vagas,
Beijar nos lábios uma flor que murcha,
É crer em Deus como alma animadora
Que não criou somente a natureza,
Mas que ainda a relenta em seu bafejo,
Ainda influi-lhe no sequioso seio
De amor e vida a eternal centelha! ("Panteísmo")

As ideias metafísicas ou meramente literárias, umas e outras estrangeiras, criaram-lhe um mundo insólito que contribuiu para estabelecer uma divisão ainda mais profunda em si mesmo. Nessa divisão acabara tomando o rumo que consultava à sua índole, pela porta inefável e flutuante do Sonho. Era o que restava à desilusão precoce de Álvares de Azevedo, dada a sua inadaptabilidade às seduções agrestes da natureza circundante. O culto do Sonho impediu-o por consequência de sofrer uma derrota cabal, mas principalmente porque a qualidade congênita de sua imaginação o predispunha a realizar essa vaga e vertiginosa experiência subjetiva.

Desinteressado da realidade, não tinha o poeta outro caminho que o de explorar as reservas de sua imaginação, voltando-se deliberadamente para si próprio.

É verdade que as influências estrangeiras, por sua esquisita e desconcertante multiplicidade de matizes e feições, bem como a pressa de escrever, sob o pressentimento de um fim próximo, desencaminharam-no frequentemente, prejudicando-lhe a maior parte de suas produções. A causa decisiva do seu êxito, porém, foi paradoxalmente aquilo que o indispunha com a natureza exterior: a sua imaginação de índole caracteristicamente crepuscular. Onde tudo eram sugestões de vida e de luminosidade, com o predomínio das forças elementares em suas manifestações externas mais álacres e despóticas, Álvares de Azevedo, absorto no pensamento da morte, só se preocupava com o lado noturno: as sombras, o crepúsculo, a noite, os túmulos. Parecerá por isso absurdo e artificial. Mas, se algumas influências o arrastaram a esse ambiente de noturnidade, congenial às criações do elemento gótico, não fizeram mais que reforçar um estado de espírito anterior e que, sem tais sugestões, haveria de afirmar-se com as mesmas e sombrias tendências por um imperativo inelutável, que consistiu na índole de sua própria imaginação. Esse tipo de imaginação é justamente aquele que produz, segundo Ribot, as imagens de caráter impressionista, no qual o abstrato emocional resulta de um estado afetivo, em cujas evocações prevalecem as ideias crepusculares e em que a ordem ou a conexão das coisas depende exclusivamente da disposição variável do espírito. Está visto que o imaginativo desse tipo propende a idealizar e refazer o mundo exterior inteiramente ao capricho de suas fantasias, ordinariamente em meios-tons, operando à vontade naquela direção que o pensador francês denomina: "un réalisme".

Admitindo-se, mesmo, que as traduções de Hoffmann, Young ou Ossian houvessem criado um ambiente lúgubre e natural, a permitir extravagâncias desse teor em toda a parte, é contudo fora de dúvida que Álvares de Azevedo tinha na própria imaginação o móvel natural de suas tendências para as formas indefinidas do pensamento devaneador. Era sincero consigo mesmo, quando pensava em dar o título de *Crepúsculo* a um jornalzinho que pretendeu fundar. Geralmente, é de cunho merencório a sua linguagem poética. Em consequência, menos por simples mimetismo do que pelo subjetivismo difuso que lhe era uma qualidade natural, Álvares de Azevedo introduziu o culto do Sonho em nossa literatura com um movimento tão espontâneo de sensibilidade que reproduziu em nosso país a aventura estética e desvairada de um Gerard de Nerval, como precursor do Simbolismo.

Quando Sílvio Romero abusivamente o julgava um talento superior a Baudelaire ou quando Ronald de Carvalho entreviu, no poema "Meu anjo", uma antecipação da poesia decadentista, é que pela excentricidade de suas visões e pela fluidez de sua linguagem poética, Álvares de Azevedo fora mesmo além do Romantismo convencional. Há uma passagem do poema "Ideias íntimas", que não deixa dúvida a respeito:

> Ali na alcova
> Em águas negras se levanta a ilha
> Romântica, sombria à flor das ondas
> De um rio que se perde na floresta...
> Um sonho de mancebo e de poeta,
> El-Dorado de amor que a mente cria
> Como um Éden de noites deleitosas...
> Era ali que eu podia no silêncio
> Junto de um anjo... Além o romantismo!

É um exemplo típico da verdadeira ironia romântica, mas o desencantamento que aí transparece não tornava o poeta de maneira alguma incompatível com o culto do Sonho. Como quer que seja, os abstratos emocionais, em que abundam as suas associações, conduziram-no progressivamente a uma escala impressionista, que foi a ponte sutil por onde Novalis e outros sonhadores nórdicos transitaram, rompendo com as limitações normais da escola dominante, em demanda do transcendental.

Com os olhos do sonho, o poeta entendeu-se melhor com a natureza exterior, descrevendo-lhe alguns aspectos em suas evocações, mas como se a visse ou contemplasse através de um véu imponderável. O véu ou a misteriosa vestimenta do Invisível, de que fala Carlyle, a propósito da percepção de Novalis. Essa nebulosa percepção do mundo externo era uma das características da imaginação difluente e que levava todo o poeta a ela subjugado, ainda conforme Ribot, "a employer les mots usuels en changeant leur acception ordinaire ou bien à les associer de telle sorte qu'ils perdent leur sens précis, qu'ils se présentent effacés, mystérieux; ce sont 'les mots écrits en profondeur'".[2]

Está visto que, na percepção de Álvares de Azevedo, a natureza exterior passava por um processo de transmutações arbitrárias que só tinha uma lógica: a do Sonho.

Característico desse fenômeno de subjetivismo recalcitrante, por que resistiu às representações mais vívidas da paisagem matinal e ensolarada, o poema "Na várzea", no qual as ideias crepusculares fazem germinar a imageria realmente característica, como nesta passagem:

> Lá onde suave entre os coqueiros
> O vento da manhã nas casuarinas
> Cicia mais ardente suspirando,
> Como de noite no pinhal sombrio
> Aéreo canto de não vista sombra,
> Que enche o ar de tristeza e amor transpira,
> Lá onde o rio molemente chora
> Nas campinas em flor e rola triste.

Em suma, nesse poema, sugerido por uma bela manhã tropical, com o sol a acender rebrilhamentos na água da várzea, as sugestões crespusculares ou de noturnidade dominam lugubremente todo o quadro, mediante palavras, expressões ou imagens reveladoras de um estado de espírito em que só prevalecia a tonalidade descendente.

Evidentemente, Álvares de Azevedo, acompanhando aliás uma tendência romântica de fundo nórdico, condicionada ao culto do Sonho, não viu ou não procurava ver as coisas senão através de um véu, que dava a tudo algo de sobrenatural.

Essa percepção tê-lo-ia mais tarde talvez conduzido a um misticismo religioso, mas nele só obedeceu a um impulso erótico, como o denunciam as suas poesias, especialmente nestes versos:

> Se num lânguido olhar, no véu do gozo
> Os olhos de Espanhola a furto abrindo
> Eu não tremia — o coração ardente
> No peito exausto remoçar sentindo!
>> ("Quando fala contigo, no meu peito")

Na mesma ordem de indefiníveis associações empregou o poeta consecutivas vezes o vocábulo "sombra", no sentido de coisa diáfana e inalcançável como um véu a esvoçar pelo espaço:

> Se inda podes amar, ergue-te ainda,
> Une teu peito ao meu, pálida sombra! —
> ....
> Amantes que eu sonhei, que eu amaria
> Com todo o fogo juvenil que ainda
> Me abrasa o coração, por que fugistes,
> Brancas sombras, do céu das esperanças?
> ("Glória moribunda").

O vago dessas associações, quase sempre desencadeando um jogo imprevisto de sinestesias, imprime um frêmito peculiar à poética de Álvares de Azevedo. Assim, em "O poeta":

> No meu leito — adormecida,
> Palpitante e abatida,
> A amante de meu amor!
> Os cabelos recendendo
> Nas minhas faces correndo
> Como o luar numa flor!

O perfume teve, nesse particular, um papel muito significativo, como emanação de algo sagrado, bem definido neste verso: "Pensamento de mãe é como um incenso..." ("À minha mãe"). Ainda, como símbolo de pureza e castidade, o perfume que circula em outros versos:

> E o perfume das lágrimas divinas...
> O perfume do céu abandonou-a...
> O angélico perfume da pureza...
> ("Teresa")

Um dos momentos de verdadeira sublimidade espiritual que Álvares de Azevedo pôde atingir, em meio à lufa-lufa de suas lucubrações mentais, obteve-o nessa mesma linha de inspiração, com os versos a seguir:

> Neste berço de flores tua vida
> Límpida e pura correrá na sombra,
> Como gota de mel em cálix branco
> Da flor das selvas que ninguém respira.
> ("Anima mea").

A cristalização dessa imagem pressupõe um trabalho obscuro mas profundo, tão profundo como o de Wordsworth fixado em seus versos:

> To me the meanest flower that blows can give
> Thoughts that do often lie too deep for tears.

Com a mesma tendência a mesclar o mágico e o natural, por efeito de sua percepção voluptuosa e difusa, Álvares de Azevedo fundiu os elementos transfiguradores que tanto o empolgaram: o véu, o perfume e a sombra, de maneira muito expressiva, nesta passagem:

> Quanto sofro por ti! Nas longas noites
> Adoeço de amor e de desejos
> E nos meus sonhos desmaiando passa
> A imagem voluptuosa da ventura...
> Eu sinto-a de paixão encher a brisa,
> Embalsamar a noite e o céu sem nuvens,
> E ela mesma suave descorando
> Os alvacentos véus soltar do colo,
> Cheirosas flores desparzir sorrindo
>   Da mágica cintura. ("A T...").

Embora intimidado pela natureza exterior, adotava Álvares de Azevedo uma terminologia biológica reveladora de íntima comunhão com o mundo vegetal. Desse mundo, constantemente extraiu imagens para definir certos estados de alma, a exemplo desta:

> Meu amor foi a verde laranjeira
>   Cheia de sombra, à noite abrindo as flores
>   Melhor que ao meio-dia
>   ("Hinos do profeta. Um canto do século").

Pois não está aí o melhor flagrante da organização imaginativa e psicológica do poeta?

E esse poema revela não só a sua inelutável inclinação para o lado noturno da vida, senão, também, como decorrência natural desse estado de espírito, a ninfomania pela qual foi induzido a ansiar por mulheres imaginárias, deliciando-se em entrevê-las ou amá-las em seus devaneios. Embora ainda nisso estimulado ou superexcitado por influências estrangeiras, em Álvares de Azevedo tocava às raias de um delirante idealismo amoroso esse sentimento, em que Mário de Andrade viu antes um fenômeno de fobia sexual. Concepção discutível, não já somente à luz de outros exemplos, como o de Musset, a quem seguiu em sua obsessão de pintar mulheres adormecidas, mas por ser temerário querer encontrar completa identidade entre a atitude espiritual do poeta e o comportamento individual do homem, quando, naquele, o culto do Sonho, como é o caso, obedecia a uma imperiosa tendência imaginativa.

Esse cândido libertinismo, tão inocente que só grupava anjos em torno de suas fantasias, não passava na verdade de um fenômeno de ninfomania, que teve em Edgar Poe um de seus paradigmas mais representativos entre os românticos do século passado.

A exemplo do criador de Annabel Lee, Álvares de Azevedo preferiu divisar a mulher ideal ou idealizada em um raio de luar a vê-la em carne e osso à crua luz do sol. Nele, conforme sua metáfora, o amor abriu suas flores à noite melhor que ao meio-dia... Era, enfim, uma fantasmagoria lunar, à margem da realidade da vida.

Se o subjetivismo difuso levara Álvares de Azevedo a obter extraordinários efeitos, enriquecendo-lhe o pensamento criador e encaminhando-o a incertezas e mistérios fertilizadores desse pensamento, com o culto do Sonho, por outro lado não lhe dava azo a perpetrar com todo o êxito certas experiências poéticas que ostentaram à época a marca atraente de uma novidade irresistível.

O byronismo era a mais sedutora dessas experiências, com estrepitosa repercussão em São Paulo, onde, por volta de 1845, conforme o testemunho de José de Alencar, grassava entre a estudantada a mania de byronizar: "Todo estudante de alguma imaginação queria ser um Byron, e tinha por destino inexorável copiar ou traduzir o bardo inglês."[3] Álvares de Azevedo, que para lá seguiu dois anos depois, contagiou-se rápida e irremediavelmente daquele vírus literário, passando a ter em Byron um de seus principais orientadores ou desorientadores, embora fosse exatamente a contraparte de sua personalidade ou talvez por isso mesmo. Há, porém, uma ressalva a fazer-se quanto a essa influência, com a observação de que ela se processou sobretudo através de Musset, e não apenas diretamente, como seria natural.

Musset foi com efeito o poderoso foco de que recebeu a maior e mais fecunda irradiação. As ideias germânicas e inglesas, mormente de João Paulo Richter e Byron, que encontraram frenética receptividade em Álvares de Azevedo, não lhe era necessário ir às fontes diretas para as colher. O poeta francês tornara-se o polarizador universal, por assim dizer, dessas ideias para todo o mundo que procurava orientações estrangeiras através dos canais franceses. Em suas confissões (*La confession d'un enfant du siècle*), revela que, quando essas ideias passaram sobre os cérebros franceses, "foi com um desgosto morno e silencioso, seguido de uma convulsão terrível". Convulsão que Álvares de Azevedo veio a experimentar de maneira mais perturbadora do que qualquer outro, quando sua sensibilidade juvenil começava a abrir-se às direções encontradas do espírito, por sua vez devorado por uma sede interminável de conhecimento intelectual.

146 ERA ROMÂNTICA

Com os tateios e imprecisões de quem assimilava às pressas as ideias que ia recebendo em suas leituras, Álvares de Azevedo adotou os mesmos sestros desses modelos estrangeiros, para justificar ou atenuar as imperfeições de sua obra poética. Mas, nesse particular, recaiu numa duplicidade muito significativa. Em seus estudos literários condena o desregramento em que descambara a liberdade poética, contra o que tomava posição ostensiva afirmando que era daqueles que a reprovam e, por isso mesmo, preferia Byron por mais perfeito em algumas páginas do *Childe* do que noutras de *Don Juan*, *Beppo* e da *Visão do juízo*. Quanto a Musset, não era menos desenganado o julgamento: "... em Musset, preferimos seu poetar de *Rolla*, onde menos se abunda isso, ao desalinho de *Mardoche* e, ainda a esse último, as sextilhas, não tantas vezes truncadas, de *Namouna*".[4]

Assim pensava o crítico, mas o poeta agiu de maneita diferente, seguindo Byron e Musset até mesmo em suas negligências, algumas vezes intencionais.

Em seus poemas dramáticos, em que se percebe claramente a influência cruzada de ambos — "O poema do frade" e o "Conde Lopo"—, o que há em desmazelo ou tumulto, na urdidura formal, representa não apenas trabalho de afogadilho, mas também o reflexo de uma atitude mais ou menos estudada e que se revela declaradamente nesta estrofe:

> Frouxo o verso talvez, pálida a rima.
> Por estes meus delírios cambeteia,
> Porém odeio o pó que deixa a lima
> E o tedioso emendar que gela a veia!
> Quanto a mim é o fogo quem anima
> De uma estância o calor: quando formei-a,
> Se a estátua não saiu como pretendo,
> Quebro-a — mas nunca seu metal emendo.
> ("O poema do frade")

Não se encontra a confirmação disso em seus manuscritos conhecidos, quase ilegíveis pela abundância de emendas, mas era forçoso não ficar aquém do Byron que blazonara antes: "If I miss my first spring, I go grumbling back to my jungle"... Mas a imitação era sobretudo de Musset, reflexo por sua vez do bardo inglês, não obstante Álvares de Azevedo tê-lo criticado precisamente por causa do desalinho de algumas obras, em que de resto predominava o gosto irônico e maligno de menoscabar o leitor. Não tinha outra intenção quando abriu um de seus poemas com a advertência: "Ce que j'écris est bon pour les buveurs de bière", ou ainda quando quis resumir, em certa altura, a sua arte poética, dizendo "qu'il faut déraisonner".

O byronismo de Álvares de Azevedo não obedeceu absolutamente a um imperativo natural e isso pode ser visto através de suas narrativas dramáticas, em prosa ou verso, engendradas sob a ação desse poderoso cordial, servindo quase sempre pela mão de Musset.

Conquanto o poeta haja revelado, em carta a um amigo, que estava a fazer byronismo, com o poema "O Conde Lopo", a verdade é que a imitação reclamava um tom convincente que não pôde imprimir a nenhuma de suas produções desse gênero. Byron não deixava de ser um retórico, inclusive em seus poemas em que prevalece aquele tom, mas o poeta brasileiro até mesmo na sua correspondência amistosa ou íntima empregava o jargão romântico como se não pudesse falar ou escrever em outra linguagem. Não exagera, portanto, Sílvio Romero chamando-lhe "um Childe Harold de gabinete". Faltava-lhe a sinceridade que Byron, apesar de todos os seus artifícios, deu às crônicas rimadas do Childe ou do D. Juan, tornando-se por isso convincente naquilo que constituiu o fulcro de sua rebeldia individual.

Em Álvares de Azevedo a naturalidade estava antes numa nota íntima e discreta que se caracteriza pela delicada mistura, a que aludiu Machado de Assis, referindo-se à "nudez das formas com a unção do sentimento" e de que se pode indicar, como um de seus melhores exemplos, a estrofe a seguir:

> Tu não pensas em mim. Na tua ideia
> Se minha imagem retratou-se um dia
> Foi como a estrela peregrina e pálida
> Sobre a face de um lago... ("Desânimo")

Essa melódica urdidura da expressão poética, a que o poema "Se eu morresse amanhã" deveu em grande parte a sua enorme popularidade no passado, foi o traço de originalidade legado por Álvares de Azevedo às novas gerações, encontrando, por isso, ainda em seu tempo, alguns imitadores de talento, entre os quais avulta um Castro Alves, nascido cinco anos antes de sua morte. Essa expressão representava um milagre, dada a maneira tumultuária como produziu em tão poucos anos de existência e da qual se pode ter uma ideia pela informação mandada em carta a um amigo em 1851, anunciando-lhe que, durante as últimas férias escolares, tinha elaborado: um romance de duzentas e tantas páginas; dois poemas, um em cinco e o outro em dois cantos; uma análise do *Jacques Rolla* de Musset; e uns estudos literários sobre a marcha simultânea da civilização e poesia em Portugal, bastante volumosos; um fragmento de poema em linguagem muito antiga, mais difícil de entender que as *Sextilhas de Frei Antão*, noutro gosto porém, mais ao jeito do "The Rowley", de Chatterton.[5]

Quem assim trabalhava, e tratava-se de um estudante sisudamente dedicado às ciências do curso de direito, é claro que não podia deter-se em pormenores formais, submetendo seus versos a um tratamento esmerado; entretanto, não são raras as realizações técnicas, entre as suas poesias, que o reabilitam soberbamente da vertiginosidade com que as escreveu. Está nesse caso o poema "Glória

148   ERA ROMÂNTICA

moribunda", sobretudo através de uma estrofe em que o jogo de tônicas alternadas livra o pensamento ou a ideação, em regra prolixa ou difusa, de tornar-se musicalmente monótona. Com essa caprichosa variação do esquema rítmico, adquiriram os versos um tom melódico verdadeiramente empolgante:

> Era uma fronte olímpica e sombria,
> Nua ao vento da noite que agitava
> As louras ondas do cabelo solto;
> Cabeça de poeta e libertino
> Que fogo incerto de embriaguez corava,
> Na fronte a palidez, no olhar aceso
> O lume errante de uma: febre insana.

No "Poema do frade" sobressai a estrofe XIV, do 3º canto, por um pormenor também melódico e delicioso, em que influi a vogal "e":

> É belo ao fresco da relvosa espalda
> Os serenos beber à flor pendente.
> Do Reno o vinho em taças d'esmeralda
> E sobre o campo adormecer contente!
> É bela a noite que a volúpia escalda
> E acorda aos seios um suspiro ardente!

Atentando-se melhor no valor representativo ou enfático do "e", sobretudo nas duas linhas iniciais, compreende-se como essa vogal, embora fraca ou por isso mesmo, concorreu para exprimir a languidez ou o torpor peculiar à cena evocada nessa estrofe.

Em "A tempestade", observa-se idêntico fenômeno de representação, com as palavras e o ritmo, de uma convulsão da natureza, mas que, a exemplo do poema a Pedro Ivo, constitui antes um exercício de virtuosismo métrico, dada a facilidade com que o tema era tratado à época do Romantismo:

> Da gruta negra a catarata rola,
> Alaga a serra bronca,
> Esbarra pelo abismo, escuma uivando
> E pelas trevas ronca.
> ....
> Cede a floresta ao arquejar fremente
> Do rijo temporal,
> Ribomba e rola o raio — nos abismos
> Sibila o vendaval.

Particularmente expressiva de uma transição quase imperceptível para o Simbolismo, a representação sugerida pela alvura dos lençóis sobre que dorme a virgem, no soneto que abre com o evocativo verso: "Pálida, à luz da lâmpada sombria":

> Era a virgem do mar! na escuma fria
> Pela maré das águas embalada!
> Era um anjo entre nuvens d'alvorada
> Que em sonhos se banhava e se esquecia!

O poeta hesitava talvez entre esse tipo de lirismo, repassado de límpida doçura, e as extravagâncias literárias em que predomina a retórica afetada do Romantismo em suas manifestações de gosto duvidoso, mas lastimavelmente cedeu demais a essa última tendência.

Sem optar definitivamente por nenhuma dessas direções, escolheu outra, em que as fundiu até certo ponto, com deliberado tom de mofa. É o que corresponde às composições da segunda parte da *Lira dos vinte anos*, sem dúvida o mais significativo conjunto de toda a sua obra poética, por aquele em que a unidade interior provém de um angustioso, embora disfarçado, binômio individual. "Duas almas — adverte-se, no prefácio — que moram nas cavernas de um cérebro pouco mais ou menos de poeta escreveram este livro, verdadeira medalha de duas faces."

Não era sem um impulso realmente sincero que, embora com ar de gracejo, o poeta de "Ideias íntimas" bradava, no começo desse poema, como quem encontra finalmente o caminho que procurava em vão por outras bandas:

> Basta de Shakespeare. Vem tu agora,
> Fantástico alemão, poeta ardente
> Que ilumina o clarão das gotas pálidas
> Do nobre Johannisberg!

Em verdade, nesse novo contato, Álvares de Azevedo adquiriu, se não fortaleceu, o senso da ironia romântica, com a qual pôde evitar um soçobro, se persistisse em suas abordagens pelos mares revoltos de Byron. É certo que, no bardo inglês, o conflito entre a inteligência derivara em ironia venosa por seus resíduos de mórbida insatisfação. Dir-se-ia que era do mesmo estofo a ironia que Álvares de Azevedo preconizava em seu poema "Lélia".

> Descrê. Derrame fel em cada riso —
> Alma estéril não sonha uma utopia...
> Anjo maldito salpicou veneno
> Nos lábios que tressuam de ironia.

Embora o poeta haja também derramado um pouco de amargura em seus poemas, não era dessa natureza a ironia que passara a empregar, mas precisamente daquele gênero amável que induziu Novalis a esclarecer que "por vezes, o sonho pode desempenhar o papel de ironização da vida". Essa a ironia que Álvares de Azevedo introduziu. Afrânio Peixoto colocou-o entre os nossos primeiros humoristas, mas há que distinguir, pelo visto, a qualidade extremamente específica desse "humour". O crítico norte-americano Irving Babbitt definiu o drama individual que dava impulso a esse espírito de complexíssimas essências, dizendo que o romântico por ele dominado pensava numa coisa, sentia outra e aspirava a uma terceira. Dessa instabilidade ninguém escarneceu mais do que o próprio ironista, embora exposto a conflito insolúvel em si mesmo entre o ideal e o real.

Foi Álvares de Azevedo o mais perfeito representante dessa singular entidade em nosso país e tão importante é a sua contribuição a respeito que algumas de suas melhores composições são justamente as que têm o travo desse diabólico licor. Sob os seus efeitos descobriu instantaneamente a face da Verdade, mas a morte o colheu antes que pudesse converter essa revelação numa substância poética perdurável.

JUNQUEIRA FREIRE[*]
(por Eugênio Gomes)

A obra poética de Junqueira Freire não pode ser dissociada do singularíssimo drama de sua existência, cujo *pathos* foi a mais frenética nota do individualismo romântico em nosso país.

Um mistério de vida, ainda não esclarecido, envolveu-lhe a personalidade, transmitindo-se às suas produções, onde repercute o conflito interior de uma consciência lacerada de angústias.

Fazendo-se frade antes dos vinte anos de idade, mas sem suficiente vocação religiosa, dava a impressão de uma personagem que tivesse sido criada pelo

---

[*] Luís José Junqueira Freire (Salvador, Bahia, 1832-1855), estudou no Liceu Provincial. Sob o nome de Frei Luís de Santa Escolástica Junqueira Freire, ingressou na Ordem Beneditina, em 1851, em consequência de uma crise moral, oriunda de questões de família. Faltando-lhe a vocação, não permaneceu aí mais que três anos, afastando-se da Ordem e obtendo, em 1854, um breve de secularização.

Bibliografia
POESIA: *Inspiração do claustro*, 1885. 2ª ed. 1867; *Obras poéticas* (*Inspirações de claustro e Contradições poéticas*) s.d.; *Obras*, edição crítica por Roberto Alvim Correia. Rio de Janeiro, Z. Valverde, 1944. 3 vols.

cérebro de um poeta satânico, tamanha a sua incompatibilidade com a vida monacal.

Essa estranha figura de monge-poeta, que oscilava entre o Cristo e Voltaire, a bradar suas rebeldias e desesperações numa época em que o sopro do Romantismo agitava o ambiente brasileiro, convulsionando a vida em geral, atraiu para a sua poesia um interesse desmarcado, principalmente por efeito da lenda em torno de suas terríveis contradições.

Como era natural, o Romantismo favoreceu-o amplamente, permitindo--lhe dar libérrima expansão às complexas reações do "eu" incontentável, e, com tal estrépito o fez, que a sua voz, entrecortada de preces e blasfêmias, ainda parece repercutir pelo tempo afora.

Essa atitude, por assim dizer vocal, era a de um romântico, não há dúvida. Mas, em Junqueira Freire, o clássico resistiu tenazmente a uma capitulação definitiva, nisso consistindo uma de suas incongruências ou contradições.

Preliminarmente, deve ter-se em vista que compôs um tratado de retórica, no qual aplica as convenções tradicionais com exemplos de autores brasileiros, nota-damente Gonçalves Dias. Deste, aliás, recebeu tamanho influxo que Bernardo Guimarães atribui a isso a dureza de seus versos, ao criticar-lhe *Inspirações do claus-tro*, logo após o aparecimento do livro. A essa impregnação junta-se a da poesia lusitana, com Bocage, Tolentino, Herculano e Garrett, bem como a de alguns autores antigos, sobretudo Horácio, em que era versado. Sob a sua influência escreveu a poesia "Temor", cuja primeira estrofe a torna inesquecível:

Consultar

Alves, C. "A sensibilidade romântica" (in *Rev. Acad. Brasil. Letras*. Rio de Janeiro: Ano 19, vol. 26, nº 73, jan. 1928); Artur Orlando. "Discurso de posse" (in *Rev. Acad. Brasil. Letras*, nº 7, jan. 1912); *Autores e livros* (sup. *A Manhã*, Rio de Janeiro, Ano III, v. 5, nº 2, 11 jul. 1943); Capistrano de Abreu, J. "Luís Junqueira Freire" (in *Ensaios e estudos*. Rio de Janeiro, Soc. Cap. de Abreu, 1931); Correia, R. A. (in O *mito de Prometeu*. Rio de Janeiro, Agir, 1951); Macedo Soares, A. J. de "Ensaio crítico sobre Luís Junqueira Freire" (in *Corr. Mercantil*, 19 e 20, set. 1859); Machado de Assis, J. M. "Inspirações do claustro" (in *Crítica literária*. Rio de Janeiro, Jackson, 1938); Martins, W. "Junqueira Freire, o primeiro satanista" (in *Corr. Manhã*. Rio de Janeiro, 17 jun. 1945); Morais, D. de "Entre a fé e a dúvida. Junqueira Freire" (in *Rev. Brasil*. 2ª fase, 1, 7, 15 dez. 1926); Mota, A. "Junqueira Freire" (in *Rev. Acad. Brasil. Letras* nº 168, dez. 1935), Mota Filho, C. (in *Introdução ao estudo do pensamento nacional*. O *Romantismo*, São Paulo, Hélios, 1926); Peixoto, A. "Vocação e martírio de Junqueira Freire" (in *Ramo de louro*, São Paulo, Comp. Ed. Nac., 1942); Pires, H. "Discurso de posse da Acad. Baiana de Letras" (in *Corr. Manhã*, 28 nov. e 5 dez. 1926); idem. *Junqueira Freire*. Rio de Janeiro, *A Ordem*, 1929; idem. *Junqueira Freire*. Rio de Janeiro. Acad. Bras. de Letras, 1931; Quental, A. de (in *Cartas*, 2ª ed. Coimbra, Universidade, 1921); Vítor, Nestor. "J. F." *O Globo*, Rio de Janeiro, 4 fev. 1929.

Ao gozo, ao gozo, amiga. O chão que pisas
A cada instante te oferece a cova.
Pisemos devagar. Olha que a terra
Não sinta o nosso peso.

É claro que esse círculo de influência era de natureza a restringir-lhe o comportamento formal, prendendo-o a regras ou modos de expressão que constituíam um obstáculo à liberdade insuflada pelo Romantismo. O inconformismo era, porém, o traço dominante de sua ardente e impetuosa personalidade. E nem só não se cingiu passivamente àquelas regras como quis criar algo de novo, conforme deixou transparecer no prefácio a *Inspirações do claustro*, esclarecendo: "Pelo lado da arte, meus versos, segundo me parece, aspiram a casar-se com a prosa medida dos antigos."

Por coincidência (sinal da inquietação reformadora que lavrava geralmente, nessa altura do século), com o ritmo bíblico por modelo dava então Walt Whitman vigoroso impulso à arte poética, introduzindo em seu país o verso livre e tornando-se, desse modo, o precursor do modernismo de um Paul Claudel.

Se, como é de supor, o poeta baiano ignorava o bardo de *Leaves of Grass*, havia de ter presente em suas cogitações o verso livre e encantatório dos poemas ossiânicos, de cuja influência existem vestígios em sua obra, entre os quais o poema "Dertinca" será o mais expressivo, bem como dos salmos e da poesia bíblica em geral.

Entretanto, não há como inferir de suas composições que Junqueira Freire quisesse de fato adotar o verso livre, consoante a observação de Homero Pires, tendente a considerá-lo um antecipador do gênero no Brasil.

No prefácio às *Lyrical Ballads*, Wordsworth demonstrou que poesia e prosa podem coexistir perfeitamente em um poema, afirmando que a linguagem de uma larga porção de todo bom poema não difere da de uma boa prosa. O poeta inglês submeteu à prova um soneto de Milton, mostrando que, em suas catorze linhas, somente cinco apresentam uma expressão poética realmente substancial.

Não há dúvida que o verso branco permitiu ainda mais essa inevitável coparticipação de poesia e prosa ou prosaísmo em um mesmo poema. Certamente era esse o sentido da expressão "prosa medida", que tanto preocupava Junqueira Freire, dada a grande porção de prosa que contêm os seus principais poemas em versos brancos.

Como quer que seja, não foi absolutamente feliz em suas experiências, apesar de Homero Pires considerá-lo um técnico do verso. Não lhe passava, aliás, despercebido que fracassara de algum modo em suas tentativas para imprimir a seus versos um ritmo novo ou uma expressão nova, confessando que isso resultava da sua hesitação entre "a naturalidade da prosa" e "a cadência bocagiana".

Empolgava-o realmente a ideia, que resumiu numa esperançada e significativa conjetura: "Chegará o dia a literatura a um tal grau que distinga a prosa e a poesia tão somente pela *nuance* dos pensamentos?" O fato é que não conseguiu fertilizar convenientemente aquele "neutral ground", de que falava Coleridge, a propósito da sutil conjunção de prosa e verso, observada pelo crítico em Samuel Daniel. Minguava-lhe dom melódico em escala ponderável e, consequentemente, embora tivesse introduzido inovações no sistema métrico, consoante o meticuloso reparo de Macedo Soares, recaiu sempre numa dureza verbal e às vezes também métrica, que inutilizava os seus esforços naquela direção. Quanto à harmonia métrica, Bernardo Guimarães foi mesmo induzido a afirmar que o poeta baiano desdenhava completamente a forma, a exemplo de outros poetas modernos de sua época.

Tudo indica que o mestre de retórica em Junqueira Freire contribuiu para lhe prejudicar a frescura e naturalidade da imaginação poética, encontrando-se alguns reflexos disto em suas composições da última fase, sobretudo entre as canções bucólicas, como "O banho", que se infiltra ali furtivamente como um raio de sol numa paisagem sepulcral.

Dir-se-ia que, levado a exemplificar figuras de retórica, em suas lições, não mais pudera varrê-las da memória ou da imaginação, tal o emprego abusivo delas em suas poesias. Estas adquiriram, por isso, quase geralmente, um aspecto didático e enfadonho, agravado pelos resíduos de uma filosofia moral em que o pensamento da morte paira sobre tudo, espalhando a tristeza, a desolação e o tédio.

Dentre as figuras que, pelo excesso de uso, estabelecem esse ar monótono em suas obras, sobressaem: repetições, reduplicações, diácopes e anáforas, o que Homero Pires atribui à influência direta de Alexandre Herculano.

Como quer que seja, tão frequentemente recorreu a tais figuras que só por esse pormenor será possível distingui-lo de qualquer outro poeta contemporâneo, mesmo de um Gonçalves Dias, que também usava e abusava delas.

Não obstante as excessivas reincidências nesse particular é certo que, num ou noutro poema, o sestro retórico exerceu papel adequado, como em "O noviço", onde o elemento onomatopaico, produzido com o emprego da vogal "i", algumas vezes, corresponde ao som do sino que tocava às matinas impertinentemente:

> Noviço, noviço, que sono que dormes,
> Que sono que dormes! não ouves o sino,
> A que não desperta, ferindo os ouvidos,
> Um som de garrida, tão crebro, tão fino.

Mostraram-lhe seus críticos outros pormenores interessantes de técnica e, mais recentemente, Roberto Alvim Correia, querendo exculpá-lo de certas deficiências, afirmou que o seu único erro consiste em não ter apresentado alguns versos como exercícios, pura e simplesmente.

Quaisquer que sejam as restrições sobre o aspecto formal ou o fundo filosófico, de sua obra poética, Junqueira Freire nela deixou os traços de uma forte individualidade. Distinguiu-lhe Sílvio Romero quatro notas gerais: a religiosa, a filosófica, a amorosa e a popular ou sertaneja, enquanto Alvim Correia as resumiu em três: a religiosa, a lírica e a social.

Ao fazer aquela classificação, o velho crítico obedeceu à sua tendência favorita de valorizar as formas populares do lirismo, o folclore, e, em consequência, as composições desse gênero passaram a ser havidas como as mais características do autor, com a infalível inserção do "Hino da cabocla" em todas as antologias. Além de retardatário, o indianismo de Junqueira Freire tornara-se um instrumento de ação política antilusitanista ou simplesmente nativista, como foi observado por mais de um de seus críticos.

Machado de Assis, num entusiástico estudo de 1866, referiu-se à sua "grande originalidade", mostrando que esta deriva "não só das circunstância pessoais do autor, mas também da feição própria do seu talento". A admiração do crítico ainda incipiente levara-o até a afirmar que Junqueira Freire não imitava ninguém...[6] Mas o criador de *Brás Cubas* daria depois um alto exemplo no sentido de que, não permanecer indene de influências ou não tê-las em grau reduzido ou medíocre, é condição indispensável à evolução de um grande espírito. Ao contrário do que ocorreu com esse escritor e anteriormente com Álvares de Azevedo, o que faltava a Junqueira Freire, em suma, como muito bem evidenciou Nestor Vítor, era antes suficiente influência, no que leu, para dar à sua obra, em conjunto, coloração capaz de pô-la em mais ou menos perfeita correspondência com o que o "mal do século" produziu na Europa.[7]

No particular, as suas limitações advieram de um tumulto interior que o obstou de fertilizar melhor as suas tendências literárias: a luta que se travava em si mesmo, entre a consciência moral, impelido por cuja força tentara inutilmente abafar as suas paixões numa clausura religiosa, e a consciência social que o levava a vibrar com o meio cívico. Esse último impulso era de fato o mais sincero, o mais perdurável e, portanto, o mais poderoso.

Em 1852, na sua *Retórica nacional*, já pelo título, revela o pendor nacionalista que o induziu a acompanhar as tendências revolucionárias do século, pregando a libertação do Brasil literariamente de Portugal. E, nesse afã, dizia: "Enquanto não a tivermos e formos obrigados a seguir um norte, sigamos a França. Porque ela é o farol que ilumina o mundo civilizado."

Apesar dessa atitude, o poeta baiano não pôde evitar a esfera de influência que tinha em Portugal o mais direto e prolífero centro de irradiações para o nosso país, mentalmente preso à literatura lusitana. Manteve-se, mesmo, lusitanizante a sua linguagem poética e até com o acréscimo de expressões arcaicas, algumas não estranhas ao meio local, onde os remanescentes coloniais ainda estavam bem vivos.

Por outro lado, e nisso não diferiu de Gonçalves de Magalhães, as ideias literárias que buscava em França eram principalmente do Pré-romantismo, no qual o elemento clássico ainda estava presente, embora dissimulado sob os luxuriantes disfarces da nova escola. Ter-se-á uma ideia da espécie de Romantismo para o qual se voltava, cedendo à sedução irrefugível de Ossian ou Chateaubriand, por um tópico de sua interessantíssima autobiografia: "Deixemos as figuras e as formas asiáticas para a poesia romântica." Não obstante essa frase, só aparentemente lhe repugnava a tropologia oriental em que a poesia se engolfava na fase pré-romântica, visto que sua impregnação romântica não foi absolutamente além dessa fase inicial.

Em suma, estava Junqueira Freire numa situação idêntica à de Young (o de *Night Thoughts*), que também pregava a libertação da poesia do jugo de Pope, mas sem abrir mão completamente de certo preconceito formal, que o vinculava inevitavelmente às hostes do Classicismo.

A agravar essa situação, o poeta baiano era um romântico, que, embora sob a carga esmagadora de um penoso conflito emocional, quis fazer prevalecer em sua poesia a razão sobre o sentimento. Não trepidava por isso afirmar, ainda na introdução a *Inspirações do claustro*:

> A hora da inspiração é um mistério de luz que passa inapercebível. Contudo eu tenho consciência de que, por mais etéreo que seja aquele momento, cantei tão somente o que o imperativo da razão inspirou-me como justo. Não excluí, na verdade, o sentimento nestas composições a quem presidia a solidão, porque ninguém o pode — mas também não sou cabalmente um poeta.

Procurando justificar essa imprevista conclusão, confessava ter o pensamento "sob a reflexão gelada de Montaigne" e que, abafados em consequência os seus ímpetos, tornara-se-lhe impossível acompanhar os voos de Klopstock.

Não é para surpreender portanto que haja dado por epígrafe àquele prefácio um pensamento de Courier: "O que entenderdes que é útil, podeis sem receio publicá-lo." A utilidade que tinha em vista era enfim a de projetar as luzes da razão sobre aquelas almas fortes, a quem se dirigiu intencionalmente, por não estarem ainda eivadas "do cancro do ceticismo" ou "da mania do misticismo".

Esse propósito utilitarista impeliu Junqueira Freire a girar frequentemente no mesmo círculo monótono, sob o influxo do Humanismo, mas arrimado a uma filosofia moral de caráter eclético ou propriamente enciclopédico que, sem lhe apaziguar o espírito, conteve seguidamente os surtos de inspiração, sofreando-lhe o impulso instintivo exarcebado por suas paixões.

"A razão" — já o dizia Blake, na sua linguagem simbólica — "é o limite ou circunferência exterior da energia, ao passo que esta é a voluptuosidade eterna."

Está visto que a intensa energia espiritual de Junqueira Freire só tinha a perder quando, na sua poesia, se deixava quedar "sob a reflexão gelada de Montaigne". É compreensível portanto que as suas composições mais reveladoras de um momento poético fecundo sejam exatamente aquelas em que a razão, o frio e calculado raciocínio, cede lugar a um estado de espírito vizinho da loucura. Portanto, quando deixava falar o inconsciente. De fato, a participação desse elemento sobressai, pela primeira vez, de maneira insólita, em nossa literatura, com Álvares de Azevedo e Junqueira Freire, sem influência de um sobre o outro. Era uma consequência natural da liberdade de criação que o surto romântico propiciou na altura em que o individualismo adquiriu um aspecto mais ousado.

O poema "Louco" é mesmo o que melhor ilustra esse fenômeno, bem fixado, aliás, por Homero Pires, quando, a propósito dessa composição, observou judiciosamente que Junqueira Freire primava por "uma forma de imaginação física, feita de raiva, desespero, delírio, inquietação e dúvida, forma na qual não teve imitadores".

Em realidade, nas suas "horas de delírio" é que tomava livremente o monge-poeta o rumo do absoluto, onde desferiu os mais audazes voos. Torturado pela dúvida metafísica e correndo pelo mesmo mal do ceticismo que abominava em outros, não se encontrava enfim em si mesmo senão quando a ele se aplicava o que dizia do louco, naquele significativo poema:

> Agora está mais livre. Algum atilho
> Saltou-se-lhe do nó da inteligência:
> Quebrou-se o anel dessa prisão de carne,
> Entrou agora em sua própria essência.

Não estava longe do pensamento de Blake, consubstanciado em um de seus memoráveis provérbios do Inferno: "Se o louco persistir em sua loucura, acabará por converter-se em sábio."

Esse poema não é apenas altamente significativo pela audácia do pensamento, mas também pelo movimento de transição expressional que se aproxima da "prosa medida" consoante e aspiração estética lançada no prefácio a *Inspirações do claustro*. Contém ainda outro pormenor interessante: o de serem geralmente objetivas as imagens, metáforas, como é comum à arte de Junqueira Freire, segundo outra e arguta observação de Homero Pires. Essa particularidade não é a rigor um sinal de falta de subjetivismo, mas é um índice disto no poeta baiano em consequência de sua organização imaginativa.

É explicável que tangenciasse para as formas violentas do pensamento, como a apóstrofe, a que deu sempre grande ímpeto e mais significativamente quanto quis traduzir, em "Meu filho no claustro", o profundo abalo que sofreu sua mãe, ao saber de seu inesperado ingresso na ordem dos beneditinos.

Esse poema representa, aliás, flagrante imitação de Gonçalves Dias, na parte do "I Juca Pirama" onde o velho indígena blatera contra o filho,

O INDIVIDUALISMO ROMÂNTICO 157

amaldiçoando-o por ter transgredido, como presa de guerra, o código de uma tradição sagrada entre as tribos selvagens.

A mãe do poeta dirige antes a Deus as suas apóstrofes, exprobrando-lhe o haver inspirado aquela decisão extrema do filho:

> Blasfemei! — e no meio das chamas
> Dos demônios ouviu-me a coorte:
> E rompeu numa horrível orquestra,
> Digna festa dos filhos da morte!

O espetáculo dessa mãe desesperada, cujas imprecações dirigidas a Deus só encontram ressonância no inferno, é uma representação típica da inspiração alegórica de Junqueira Freire. De resto, a atração do inferno o perseguiu terrivelmente e foi impelido por uma verdadeira fascinação luciferina que concluiu a poesia "Desejo", com a arrogância de um réprobo:

> Estou cansado de vencer o mundo.
> Quero vencer o inferno!

Dizia Afrânio Peixoto não conhecer "gesto de desengano mais ousado e que exceda a quanta hipérbole, de Bryron a Espronceda, de Baudelaire a Carducci, o gênio poético rebelde e delirante se tenha atrevido".[8] E não lhe escapara o que havia de sádico nessas e noutras manifestações da sensibilidade pervertida do monge-poeta e que se cristalizaram em algumas frases insólitas, como quando se refere a "inefáveis dores" ou ao "gozo de sensações terríveis".

Não era sexualidade normal, concluiu Homero Pires, após estudar-lhe minuciosamente a vida e a obra. E já por isso, já pela reclusão claustral, tinha um derivativo às solicitações da carne sublevada compondo poesias fesceninas, no que parece terem influído Gregório de Matos, Bocage e Nicolau Tolentino.

Na sua autobiografia, revela Junqueira Freire que, em certa época, a bracejar com a desilusão, "procurava a fé, a crença, a convicção em tudo, sem achar segurança em nada". Aliás, não há melhor testemunho da luta interior em que o envolveram as suas contradições de sentimentos e ideias que as poesias de cunho religioso, sobretudo "Claustros", em que apesar de algumas vacilações, dava a impressão de haver encontrado a cobiçada paz, e "O monge", em que condena desenganadamente o ascetismo monástico. A compensação desse malogro veio a ser de algum modo o lado cívico de suas trepidações. Esse monge, que afinal era um homem de pouca fé, tinha um espírito combativo e não vacilava em querer "vencer o inferno", mas a sua constante era o sentimento da nacionalidade.

Nessa altura, era a Bahia um rumoroso centro de agitações políticas e o poeta deixara-se impregnar do nativismo dominante e antilusitano, com a exaltação peculiar à sua índole malferida. As suas manifestações nacionalistas, através de várias poesias sertanejas, indígenas e cívicas, apresentam um saudável contraste com a inspiração melancólica de outras, em que o sentimento da morte o leva a desviar os olhos da paisagem estuante de vida para os túmulos, que se enfileiravam entre os claustros.

Numa carta de 1853 a Franklin Dória deixara mesmo transparecer a preocupação de voltar-se para a natureza, como fonte pura de poesia, e, já em *Inspirações do claustro*, através do poema "O apóstolo entre as gentes" dera um arrebatado testemunho de fervor nativo, com tendência à vida primitiva, quando proferiu esta apóstrofe:

> Ó destinos do céu! — por que não somos
> Ainda agora os índios das florestas?
> Por que degenerado em nossas veias
> Gira tão raro o sangue do Tamoio?

Do nativismo às ideias republicanas, entre os românticos, era apenas um passo, e Junqueira Freire, que tinha a paixão da liberdade não obstante haver procurado aliená-la de si mesmo metendo-se em um convento, foi o mais vibrátil e ousado precursor de Castro Alves, quanto à poesia social.

O instinto político, que o tomava extraordinariamente caroável a todos os movimentos da vida nacional, era o de quem se arrogava o direito de converter-se em legítimo cantor do povo:

> Consagro aos cantos do povo
> A lira que Deus me deu!
> Instintos do povo eu tenho.
> Eu tenho o sangue plebeu.

Em sua loucura cívica (chamemo-la assim de acordo com a terminologia do próprio poeta referindo-se à loucura religiosa ou à loucura erótica, de que surgiram algumas de suas composições), não contente com transformar sua poesia em tribuna demagógica, concitava a ação pública à eloquência representativa do país:

> Oradores verdadeiros! — não devem de aborrecer nem fugir a este vulgo profano, como fazia Horácio: deveis de amá-lo, de buscá-lo, de instruí-lo, de inspirá-lo, de purificá-lo — porque somente vós podeis dominá-lo.

O heroísmo brasileiro teve nele um fixador assomado, especialmente em suas poesias: "Frei Ambrósio", sobre a luta holandesa; "Gonzaga" e "Padre Roma". Sobre o movimento baiano denominado "A Sabinada", pelo qual manifestava extrema simpatia, encontra-se entre os seus manuscritos o esboço de um drama apenas iniciado.

Talvez justamente pela superefusão dos sentimentos que davam tão grande intensidade às suas vibrações, quer quando se voltava para Cristo, para Voltaire ou para a Pátria, Junqueira Freire atirava-se à Razão como o náufrago a um pedaço de terra firme. E com procurar sobrepô-la ao sentimento, assumiu uma atitude mental que pressupunha um culto esmerado da forma. Se não, como evitar que viesse a tornar estéreis e duras as suas produções? Não ignorava as imitações que se traçara com essa disposição e, numa nota ao poema "O monge", sublinhou-as conscienciosamente:

A inspiração ou a razão, segundo o profundo Cousin — profundo apesar dos padres — a inspiração ou a razão não é voluntária. A poesia, isto é, o pensamento inspirado não vem segundo o desejo. Espera-se mais, e dá menos; espera-se menos, e dá mais. Há por isso duas linguagens para o poeta: uma da inspiração ou da razão; outra do raciocínio ou da inteligência. Há alguma coisa de máquina cartesiana na primeira: porém que máquina sublime!

A filosofia moral com que desejava transmitir os movimentos dessa "máquina sublime" às suas poesias era um complexo de tendências, que estava longe de performar uma substância poética à altura de suprir a flama do sentimento, que deixara de acender-lhe a inspiração. Neste sentido, tomava por modelo a Gonçalves de Magalhães, considerando-o "o primeiro dos nossos líricos", "o nosso poeta filósofo".

O útil era chamado enfim a substituir o agradável, mas lastimavelmente não é apenas com a razão metafísica que se cria uma grande poesia. Acresce que esse idealismo moral em Junqueira Freire era antes a máscara com que tentava, enganando-se a si mesmo, dissimular o extravasamento irreprimível de suas paixões, pois, em verdade, nada estava mais em concordância com a sua tempestuosa maneira de ser. Não era por isso gratuitamente que, na sua poesia "Pedido", passara a exaltar o férvido impulso do sentimento ou mesmo da paixão:

Belo jovem — só tu podes
Co'os sentimentos na mão,
Falar palavras ardentes,
Labaredas de paixão.

Significativamente, serve de epígrafe a essa poesia um pensamento de Chateaubriand: "Não é verdade que se possa escrever bem, quando se sofre." Até onde influiu no espírito do poeta esse pensamento, que, de resto, estava na linha de sua orientação estética revelada no prefácio a *Inspirações do claustro*?

Como quer que seja, a frase de Chateaubriand exprime uma realidade que encontrava em Junqueira Freire um exemplo gritante, por ter desafiado sempre o perigo da transcrição direta da sua experiência emocional. O sentimento em grau superlativo é antipoético. "Il sentimento non è in è stesso estético", já o afirmava Francesco de Sanctis, acrescentando que o verdadeiro artista, abrasado de paixão, "traduce tutto in immagini e le vagheggia e se ne sta lontano a rappresentarla".[9] "Idêntico o ponto de vista de um crítico moderno, T.S. Eliot, quando, no seu estudo sobre o talento individual, assevera paradoxalmente: "It is not his personal emotions, the emotions provoked by particular events in his life, that the poet is in any way remarkable or interesting."[10]

Não há dúvida que algumas deficiências do poeta baiano resultaram de seu frenético esforço de escrever "co'os sentimentos na mão", quando a Razão o deixava livre de agir por si mesmo. Uma de suas tentativas para grafar o sentimento ao vivo é o poema "A morte no claustro", cuja gênese explicou numa nota:

> Eu assisti à morte deste monge — e pela primeira vez à morte de um homem. Fui tão impressionado, que corri a escrever, com ânsia, esse espetáculo medonho. Saiu uma coisa comum, e entretanto, monstruosa.

Tais sentimentos, repita-se, ao vivo, eram perturbadores demais para se acomodarem pacificamente às linhas de uma composição e delas extravasaram sempre sem deixar qualquer essência perdurável. O que as aquece de um calor humano é antes algo de vezânico, germinado sofregamente em seus delírios, a exemplo do poema "Louco". Seria precipitado concluir disto que o poeta só alcançava a verdadeira poesia quando estava fora de si, mas a verdade é que raros demonstraram no Brasil, tanto quanto Junqueira Freire, que a chispa da insânia era indispensável à inspiração romântica.

CASIMIRO DE ABREU[*]
(por Emanuel de Morais)

Na análise da obra de Casimiro de Abreu, constitui fator da maior importância o assinalado pelos historiadores da literatura brasileira, tanto antigos quantos modernos, de haver sua poesia merecido a preferência do povo.

---

[*] Casimiro José Marques de Abreu (Fazenda da Prata, Capivari, Est. do Rio, 1839-Indaia-açu. 1860; outros autores sustentam como tendo sido Barra de São João e Nova Friburgo, Est. do Rio, os locais de nascimento e morte) era filho natural de um comerciante português e uma viúva fazendeira. Estudos primários em Correntezas e em Nova Friburgo. Em 1852 transfere-se para o Rio e, no ano seguinte, embarca para Portugal. Em Lisboa, leva uma existência despreocupada. Em 1856 vê montar-se o seu ato dramático, *Camões e o Jaú*, num dos teatros da capital portuguesa. Retorna ao Brasil em 1857 e, a instância do pai, começa a praticar no comércio. Mas a vida literária e boêmia tinha para ele mais sedução. Sua imaginação cria, então, um drama, no qual ele é a vítima de um pai que lhe contraria a vocação. Este — que continuará solteiro e residindo sozinho — morre em 1860 e poucos meses depois segue-lhe o poeta, vítima da tuberculose.

Esse fato, revelador da confluência entre a obra de arte e o homem comum, está a indicar o caminho a percorrer para que sejam encontrados, senão os méritos, ao menos as características fundamentais de sua poesia, as quais a crítica costuma resumir nas referências à simplicidade de sua linguagem, ao tom coloquial, à juventude e ingenuidade de sua expressão, à exacerbada sentimentalidade do seu verso e à correlação entre essas virtudes e a sensibilidade popular.

Na busca das palavras capazes de indicar a dominante psicológica sobressaem: *primavera, esperança, amor* e *saudade.*

A primeira é o próprio título de seu livro. As demais, ele destaca no poema "Três cantos", estabelecendo relações entre idades e estados de alma.

Tanto essas palavras, pela carga de significações vulgares, quanto as situações focalizadas pelo poeta, constituem manifestações simples de sentimento do comum dos homens, mormente dos adolescentes.

Bibliografia

TEATRO: *Camões e o Jaú*. Lisboa, 1856. POESIA: *As primaveras*. Rio de Janeiro, 1859. Poeta popular, são numerosas as edições de suas obras, mas eivadas de erros. A edição crítica das *Obras completas*, organizada pelo Prof. Sousa da Silveira, restabeleceu os textos (São Paulo, Comp. Ed. Nac., 1940, Rio de Janeiro. Min. Ed. e Cult., 1955). Com introduções de Afrânio Peixoto, publicou-se o fac-símile da edição original de *As primaveras* (Rio de Janeiro, I.N.L., 1952).

Consultar

Almeida, A. F. de "Poetas fluminenses" (in *Federação Acad. Let. Brasil.* Rio de Janeiro, 1939); Almeida, R. "Revisão de valores. Casimiro de Abreu" (in *Movimento Bras.* I, 5, maio 1929); idem. "Casimiro de Abreu" (in *Bol. Ariel*. Rio de Janeiro, VIII, 5, fev. 1939); Andrade, C. D. de (in *Confissões de Minas*, Rio de Janeiro, Americano, 1945); Andrade M. de (in O *Alejadinho e Álvares de Azevedo*, São Paulo, Rev. Acad. editora 1935); Araújo, M. "Casimiro, a poesia e a infância" com Prefácio da editora de "Poesias" Rio de Janeiro, Z. Valverde, 1947); *Autores e livros* (supl. *A Manhã*, Rio de Janeiro, vol. I, nº 9, 12 out. 1941); Bruzzi, N. *Casimiro de Abreu*. Rio de Janeiro, Aurora, 1949; Goulart de Andrade, J. M. "Casimiro de Abreu" (in *Rev. Acad. Brasil. Let.* nº 14, jul. 1920); Guerra, A. *Casimiro de Abreu*. São Paulo, Melhoramentos, 1923; Leão, Múcio. "Casimiro de Abreu" (in *Rev. Acad. Brasil. Letras.* Rio de Janeiro, vol. 53, 1937); Lima, H. F. "Casimiro de Abreu em Portugal" (in *Rev. Arq. Mun. São Paulo*, vol. 58, pp. 1939); Magalhães Júnior. *Poesia e vida de C. A.* São Paulo, Ed. Américas, 1965; Maul. C. *Casimiro de Abreu, poeta do amor.* Rio de Janeiro, Coelho Branco, 1939; idem. "Casimiro de Abreu" (in *Rev. Acad. Flum. Letras*, Niterói, vol. 3, out. 1950); Maul, C. e Lacerda Nogueira, N. *Em defesa de Casimiro de Abreu* (in *Rev. Acad. Flum. Letras*, vol. 2, maio 1950, vol. 4, jun. 1951); Mendes, A. *Casimiro de Abreu, o poeta do amor e da saudade.* Braga, Liv. ed. 1947; Nunes, A. "A poética de Casimiro de Abreu" (in *Rev. Acad. Flum. Let.*, vol. 3, out. 1950); Sousa da Silveira (Introdução das *Obras*. São Paulo, Comp. Ed. Nac. 1939); Viana, H. "Descoberta de Casimiro de Abreu" (in *Rev. Brasil.* 3ª fase IV-34, abr. 1941).

Repetem-se as gerações jovens na expressão não literária daqueles sentimentos, também denominados românticos por extensão de conceito, devido à semelhança — no sentir e no dizer — com certas características do romantismo literário. Nesse sentido (e este é um fato sobretudo da adolescência) se o adolescente se dá à prática de poetar, salvo raríssimas exceções, o faz romanticamente.

E se já agora, naquela senda, o gênio poético não se manifesta, porque já não lhe permite o mundo a vivência romântica, outrora, sem dúvida, nela pôde encontrar a fonte de sua potencialidade.

Esse encontro, do gênio e do romântico adolescente, certamente por circunstâncias históricas, verificou-se em Casimiro de Abreu. Nele principalmente dentre os demais, porque sua poesia correspondeu às tantas tentativas de realização frustradas dos jovens de todas as épocas. Pelo seu dom — este sim, individual e exclusivo — sua expressão adquiriu permanência, transformando-se na voz comum dos que não são capazes de criar com a palavra os mundos desejados.

Entre os dezesseis e vinte anos realizou sua obra. Poesia símile de juventude — *primaveras* — ou, como diria: "raramente de flores próprias da estação —; flores que o vento esfolhará amanhã, e que apenas valem como promessa dos frutos do outono". Seus poemas, *rosas*, revelando as ansiedades dos que jamais desejariam perder a mocidade — *eterna primavera*. Versos que um dia lhe propiciariam *as palmas do cantor...* Poesias: perfume de *rosas desfolhadas*, a essência do canto adolescente.

Inúmeros são os poemas em que se encontra a apropriação pelo poeta desse sentido popular da palavra primavera! "No lar", "Quando?!", "De joelhos", "Infância".

Na senda de Metastásio, cujo dístico

> Primavera! juventud dei anno,
> Mocidade! primavera della vita,

que lhe serve de mote, constitui terrível lugar-comum em tom de pretensa filosofia, Casimiro de Abreu, em *Primaveras*, compôs o seu hino à primavera-mocidade, definindo-a num e noutro verso, despido de qualquer preocupação conceitual, e integrando a significação, universal e cansada, da leveza bucólico-romântica de sua poesia:

> A primavera é a estação dos risos,
> Deus fita o mundo com celeste afago,
> ....
> Na primavera tudo é viço e gala
> ....
> Na primavera tudo é riso e festa,

> Brotam aromas do vergel florido,
> ....
> Na primavera — na manhã da vida —
> Deus às tristezas o sorriso enlaça,
> ....
> Na mocidade, na estação fogosa,
> Ama-se a vida — a mocidade é crença,
> E a alma virgem nesta festa imensa
>
> Canta, palpita, s'extasia e goza.

Esse deslumbramento pela mocidade transformava-se, em Casimiro de Abreu, na própria essência da vida. Viver significaria fundamentalmente ser moço. E se a ideia da morte se lhe afigurava dolorosa, a verdadeira dor não estaria em deixar a vida, mas na circunstância de perder a mocidade.

À morte pura e simples, conforme transluz dos "versos escritos numa ocasião em que julgava morrer", ele receberia como uma componente da paisagem da sua primavera, da qual só o seu corpo se desprenderia:

> Sinto a morte; ouço-lhe os passos
> E o farfalhar do vestido
> Como um perfume de flor!
> ....
> Podes crer, eu não te odeio
> ....
> Porque a alma deixo-a aqui.

O morrer amanhã — e ele, em "No leito", estaria respondendo ao poema de Álvares de Azevedo, voltado principalmente para as glórias futuras — só lhe importava enquanto representasse um corte na sua vida romântica de adolescente. A destruição fria daqueles anos de então.

Desejava viver, mas viver sempre em primavera:

> Quisera a vida mais longa
> Se mais longa Deus ma dera,
> Porque é linda a primavera,
> Porque é doce este arrebol,
> Porque é linda a flor dos anos
> Banhada da luz do sol!

Pelo ardor desse desejar a mocidade eternamente, em sua poesia — "Meu livro negro"— aflorou a angústia quando, transportado pelo desencanto para imaginárias paisagens, viu-se, olhando para trás, irremediavelmente banido do seu mundo primaveril:

> E os galhos todos nus ao céu s'elevam
> Na súplica de dó!
> No campo a primavera estende os mimos,
> Tudo é verde no monte e na colina...
> Mas ai! no inverno eu só!

Todavia, na poesia de Casimiro de Abreu, a mocidade, se bem que a melhor das estações da vida, nem por isso é suma perfeição. Nela surgem as primeiras decepções. Enquanto ("Três cantos")

> Ao despontar da existência / (...) A alma, que desabrocha / (...) É toda um hino: — esperança!

depois, percebe não poder realizar, nem ao menos no mundo encontrar, muito do que na infância constituíra as suas esperanças, e então "as primeiras ilusões da vida, abertas de noite — caem pela manhã como as flores cheirosas das laranjeiras!"

Sem dúvida, o poeta não se entregou ao desânimo aos primeiros encontros com as realidades da vida: *um mar que é turvo.*

Nos verdores febris da mocidade, ainda se dispôs a rasgar em *hinos d' esperança* as agruras de um mundo que ele apenas começava a sentir em suas distorções conceituais. O mundo dos *homens sérios,* dos *homens de metal,* incapazes de adotar a sua interpretação lírica das coisas, os quais sobrepunham a *moeda de cobre* a uma página de Lamartine.

O Poeta não poderia aceitar impassível a derrota. Sua posição ("A J. J. C. Macedo Júnior") haveria de ser de luta pela felicidade desejada. Lutar com suas armas de artista, com sua sensibilidade de romântico: "Oh! canta e canta sempre! esses teus hinos." Ainda quando apenas lírico, procurar pelo canto levar ao mundo a sua redentora contribuição: *"Canta! e que teus hinos d' esperança / Despertem deste mundo de misérias / A estúpida mudez."*

Não se exagerará, vislumbrando na temática da *esperança* um Casimiro de Abreu participante.

Poeta extremamente voltado para si mesmo no seu lirismo, os fatos de sua intimidade, os seus problemas individuais, haveriam de ser, forçosamente, as determinantes das suas observações sobre o homem e a sociedade.

As biografias de Casimiro de Abreu são inseguras e, por vezes, contraditórias no apresentar os acontecimentos de sua vida. Pode-se considerar certo, porém, que, trabalhando no comércio — como meio de subsistência ou apenas para aprendizado tendo os seus gastos custeados pelo pai a vida de escritório ou do armazém o alienava. Com efeito, mesmo escrevendo a seu pai, não ocultava esse estado de espírito: "espero poder vencer a espécie de repugnância instintiva que até hoje tenho tido ao comércio". O seu temperamento, em busca de outro destino para o ser, não aceitava o comportamento daqueles aos quais denominava — com desprezo e revolta — *homens sérios, homens de metal,* os que tão somente se preocupavam com a *moeda de cobre,* desconhecendo o lado humano.

Não passou assim o poeta pelo mundo despercebido dos grandes equívocos psicológicos e sociais. E, se não lançou condoreiramente na lição ao menos procurou constatá-los de forma a despertar sentimentos de humanidade, tal como o fez no poema "Na estrada", ao qual acrescentou o sugestivo subtítulo — "Cena contemporânea".

Aquele que podia perceber a injustiça — o humanamente injusto das contingências sociais, não se poderia conformar em aceitar a posição do *homem de metal* (no qual, consciente ou inconscientemente, talvez estivesse retratando o seu próprio pai, conforme se pode crer, com apoio na informação de alguns de seus biógrafos).

Essas contradições de sua vida íntima teriam-no levado ao grito de desencanto que, partindo do mais profundo de sua alma, se transmudaria em verso, em "Fragmento": "O mundo é uma mentira..." e ao julgamento pessimista da destinação do homem:

> O homem nasce, cresce, alegre e crente
> Entra no mundo c'o sorrir nos lábios,
> ....
> Veste-se belo d'ilusões douradas,
> Canta, suspira, crê, sente esperanças,
> E um dia o vendaval do desengano
> Varre-lhe as flores do jardim da vida.

E o poeta que ao primeiro entrevero com a realidade e as misérias do mundo não se deixara abater e pregara com o seu canto o cantar das esperanças, malgrado ainda ter... *o peito*
> *De santas ilusões, de crenças cheio,* ("A...")
sentir-se-ia inteiramente perdido, depois de tantos desencantos e desenganos ("Meu livro negro").

Mas, antes das desilusões, na plenitude de sua crença na mocidade, diria ainda o poeta:

> A alma que então se expande
> ....
> Soletra em trovas: — amor! ("Três cantos").

Esse é o terceiro dos principais temas da poesia de Casimiro de Abreu.

Ainda aqui as observações biográficas longe de auxiliarem a pesquisa de certa forma a conturbam, face as inúmeras contradições das informações e interpretações.

O que deve importar, portanto, não é a possibilidade da existência de "um amor infeliz que lhe deixou a alma ferida e para sempre dolorosa"[11] ou a afirmativa de que "não encontrando nenhum prazer no convívio com mocinhas de família... não saía de lupanares",[12] mas o amor conforme transluz de sua poesia, eventualmente confirmatório dos fatos apontados em suas biografias.

Ao que parece, também sua correspondência, com exceção do que revela quanto ao fato de haver escrito um poema ("Clara") de encomenda, não está correlacionada diretamente com fatos motivadores de sua poesia.

Afirmações suas, em cartas: "Vivo como um monge, e com o meu gênio esquisito não acho pequena que goste de mim", ou "Feliz quem ama e é amado! Não se pode ser moço sem amar, e é por isso que eu sou moço em anos e velho caduco na alma", ou ainda "Parece-me que vou namorar-me duma estampa deliciosa que encontrei há dias num livro. Há de ser a minha amante essa mulher de cabelos compridos que me há de ser fiel e me acompanhará sempre", — essas afirmações poderiam levar a dizer-se que Casimiro de Abreu fora um homem vazio de amor (pois apenas *gozo* e não amor lhe dariam as suas "mulheres de mármore"), mas o mesmo não se poderá dizer do poeta. Ainda quando não houvesse conhecido mulher — o que não é de se crer em face das inúmeras passagens de sua vida — nem assim seria legítimo afirmar haver o poeta desconhecido o amor, sendo um mero fazedor de versos *à moda de...* ou de encomenda, sem nenhuma autenticidade.

Pelo contrário, Casimiro de Abreu, ao criar a sua imagem do amor, é um poeta autêntico. Nada importando que essa imagem não se explique pela sua vida e sim pelo estado de alma em que a concebeu: aquela adolescência-romântica antes referida. Ou como ele mesmo diria, na introdução às "Primaveras": o fruto "do coração que se espraia sobre o eterno tema do amor".

Sua autenticidade é a de todos os adolescentes no seu sonho de um ideal de amor, haja ou não a correspondência física de um amor real, encontrem-se ou não motivações evidentes no subconsciente recalcado.

As manifestações dessa temática, em Casimiro de Abreu, inicialmente encontram-se ligadas à necessidade que o poeta sentia de amparo e trazem, por isso mesmo, a marca da solidão, como na "Canção do exílio".

Essa necessidade de amparo fez com que concentrasse a imaginação em sua mãe, cujos *beijos tão doces* e *carícias* valeriam mais do que tudo mais deste mundo, elevando um hino a esse grande amor ("Minha mãe").

E esse amor, do qual o centro de gravitação era a figura de sua mãe, e cujas raízes se encontrariam na sensação de vazio da timidez da infância e no temor do mundo pelos seus fantasmas e realidades, a pouco e pouco, num prolongamento dos cuidados maternos, inclusive através de esparsas referências à irmã (aos *beijos de minha irmã*, referir-se-ia em "Meus oito anos", encontrando-se os versos — *A pudibunda virgem do meu sonho/Seria minha irmã!*, em "Sempre sonhos"), esse amor se foi transferindo para o ideal dos seus sonhos, a eterna virgem dos seus amores, conforme se afere do poema "No lar".

Nesse poema estão fixadas as linhas principais do tema, ora desenvolvido em puro sonho, ora pela configuração em algum tipo feminino concreto, tenha tido ou não o seu amor existência real.

"Moreninha" é exemplo do segundo caso. A inocência, a pureza do amor e a graça feminina, ele exalta, e traduz repetidamente essa exaltação através da simbologia consagrada pela lírica amorosa, a simbologia das flores, e, dentre estas, sobretudo da rosa.

Tudo é sonho. O poeta vê a amada num ato de pura imaginação. E da mesma forma que sonha, também a sonhar se encontra aquela que representa o seu ideal de amor.

Em "Amor e medo", pode-se dizer que o poeta procurou situar-se face ao problema.

Nenhuma filosofia, apenas confissão. A confissão de sua timidez, a confissão dos seus desejos de adolescente-romântico. A sua visão da mulher, a sua imagem do amor. Tudo isso na formação do que Mário de Andrade teria chamado de "complexo do amor e medo":[13]

> Quando eu te fujo e me desvio cauto
> Da luz de fogo que te cerca, oh! bela,
> Contigo dizes, suspirando amores:
> "—Meu Deus! que gelo, que frieza aquela!"
>
> Como te enganas! meu amor é chama
> Que se alimenta no voraz segredo,
> E se te fujo é que te adoro louco...
> És bela — eu moço: tens amor — eu medo!...

O seu medo seria o de transformar o amor puro das almas inocentes em lascívia. Em transformar o sonho no prazer sensual destruidor do amor santo. Ao clamor que aquele símbolo impoluto, criado por sua imaginação, de mulher digna de ser amada cedesse aos seus ímpetos ardorosos, perdendo por isso mesmo o trono que lhe erguera e nele a colocara como sua visão ideal:

> ... que seria da pureza d'anjo,
> Das vestes alvas, do candor das asas?
> — Tu te queimaras, a pisar descalça,
> — Criança louca — sobre um chão de brasas!

No fogo vivo eu me abrasara inteiro!
Ébrio e sedento na fugaz vertigem
Vil, machucara com meu dedo impuro
As pobres flores da grinalda virgem!

Vampiro infame, eu sorveria em beijos
Toda a inocência que teu lábio encerra,
E tu serias no lascivo abraço
Anjo enlodado nos pauis da terra.

Depois... desperta no febril delírio,
— Olhos pisados — como um vão lamento,
Tu perguntaras: — que é da minha c'roa?...
Eu te diria: — desfolhou-a o vento!...

Oh! não me chames coração de gelo!
Bem vês: traí-me no fatal segredo.
Se de ti fujo é que te adoro e muito,
És bela — eu moço; tens amor, eu — medo!...

Por isso, o poeta pediria que o perdoasse a virgem dos seus sonhos pelo quanto se manifestava lascivo o seu comportamento imaginário ("Perdão").

O poeta pedia perdão, não a determinada mulher contra cuja inocência houvesse realmente tentado, mas a todas as virgens do mundo, à moça-donzela símbolo da adolescência-romântica, porque no seu canto procurava desnudar-lhe e possuir-lhe o corpo, maculando-a com amor espúrio, quando só a deveria ter desejado com amor nubente, o amor abençoado, aquele capaz de transformar a mulher possuída em *filha do céu*. Por ela, então, elevava suas preces: "Senhor! mil graças eu vos rendo agora!/ Vós protegestes com o manto augusto/ A doce virgem que a minha alma adora!"

Tal é a psicologia do amor do principal das composições de Casimiro de Abreu. Toda ela gira em torno da

...linda filha do meu sonho,
A pálida mulher
Das minhas fantasias...
....
...a doce virgem pensativa e bela,
— A pudica vestal
Que eu criei numa noite de delírio
Ao som da saturnal.
("Horas tristes")

Em torno de um sonho que ele traduzia em poesia, interpretando a adolescência-romântica e sua reação contra a realidade da vida. A terrível realidade em que

> Murcha-se o viço do verdor dos anos,
> Dorme-se moço e despertamos velho,
> Sem fogo para amar!
> E a fronte jovem que o pesar sombreia
>
> Vai, reclinada sobre um colo impuro,
> Dormir no lupanar!
> ("Dores")

Aí, nenhuma felicidade o homem encontraria, apenas dor. Esses prazeres, ele não os desejava para suas virgens. Jamais poder-se-iam confundir com as "mulheres de mármore" dos bordéis.

É interessante notar, porém, que ao menos uma vez Casimiro de Abreu compôs, dentro da temática do amor, mas fora da linha do sonho.

Trata-se do poema "Cena íntima".

No vocabulário usado pelo poeta nessa composição não há sonhos nem virgens.

Pela linguagem e pelo sentido (e note-se que a palavra flor, uma só vez empregada, não representa imagem de pureza, mas ternura de tratamento) esse poema talvez constitua o único exemplo, na obra do poeta fluminense, da expressão de um amor verdadeiro — romântico, mas real amor por alguém existente e não apenas manifestação de sonhos genéricos da adolescência.

Da temática do amor, à da saudade.

Na poesia de Casimiro de Abreu, esse é outro sentimento fundamental.

Ronald de Carvalho[14] considerava-o, aliás, "o mais esquisito cantor da saudade na velha poesia brasileira".

Tanto antes dele quanto depois talvez não tenha havido poeta que melhor se apropriasse da tradição semântica da palavra *saudade*, para com ela construir toda uma linha poética.

Sem nenhuma preocupação etimológica, apenas acompanhando a expressão do sentimento na poesia de Casimiro de Abreu, pode-se verificar que suas composições cobrem toda uma gama de significações através das quais a palavra evoluiu até alcançar a "generosa paixão" de que fala D. Francisco Manuel de Melo,[15] "a quem somente nós sabemos o nome, chamando-lhe *Saudade*". E da longa conceituação de saudade, pelo clássico português, destaquem-se estes trechos: "hua mimosa paixão da alma, e por isso tão sutil que equivocamente se experimenta deixando-nos indistinta a dor da satisfação. He hum mal de que se gosta, e hum bem que se padece; quando fenece, trocasse a outro mayor contentamento, mas não que formalmente se extinga... —... ella he hum suave fumo do fogo do Amor e que do proprio modo que a lenha odorifera lança hum vapor leve, alvo e cheiroso, assi a Saudade modesta e regulada dá indicios de hum Amor fino, casto e puro.

"Não necessita de larga ausencia: qualquer desvio lhe basta para que se conheça. Assi prova ser do natural apetite da união de todas as cousas amaveis e semelhantes; ou ser aquella falta que da devisão dessas taes cousas procede".[16]

E D. Francisco Manuel de Melo resumia as causas da saudade em duas ideias — amor e ausência — abandonando quaisquer outras significações.

Já Casimiro de Abreu teve — instintivamente, sem dúvida — sentimento correspondente à evolução da palavra. Daí guardar sua conceituação (aferida do emprego que faz em sua poesia de *saudade*) antigas e novas significações, a estas dando desusado vigor pelo retorno às origens, sem, contudo, roubar à palavra aquele encanto de que tem primazia a língua portuguesa entre as demais.

Assim, tudo quanto se contivera e se continha em saudade, e nas formas vocabulares precedentes, compõe a sua expressão da ideia, na qual, de resto, nem sempre usa especificamente a palavra saudade e sim imagens correlatas, formando o que se poderá chamar de complexo da saudade.

Esse complexo tanto aflui das manifestações de solidão e desamparo quanto daquele estado de alma a que se refere Antenor Nascentes, estudando a evolução da palavra saudade: "Do significado de solidão e desamparo, passou ao do sentimento de quem se encontra solitário, longe daquilo que ama, a pátria, a família."[17]

Quase todos ou mesmo todos os matizes da saudade — da primitiva ideia à atual — conforme os assinala e descreve Carolina Michaelis de Vasconcelos, encontram-se na poesia de Casimiro de Abreu.

Para que bem se possa justificar a afirmativa, face à posterior análise poética, leiam-se algumas passagens de "A saudade portuguesa": "*Soedade* designava um lugar ermo; o estado da pessoa que está *só* ou *solitária*, sem companhia, quer no meio do mundo, quer apartada do mundo. Mas também significava isolamento, em abstrato... Do sentido *isolamento* derivaram muito cedo outros empregos abstratos: o de *ausência*, *abandono*, *falta*, *míngua*, *carência*, não só de pessoas, mas também de coisas necessárias ou desejadas, e o de *desamparo*, *tristeza*, *melancolia*. Finalmente chegamos àquele *dó de alma* que se costuma apoderar de quem está só e senheiro. Por extensão designa o *mal de ausência*, a *nostalgia* (*Heimweh*, o desejo de rever o *home*, *sweet home*). Todos os desabrimentos, cuidados, e desejos da solidão, a mágoa (conforme já defini a *saudade*) de já não se gozar um bem de que em tempos se fruía, a vontade de volver a desfrutá-lo no futuro, e mesmo a de possuir aquilo que nunca se possuiu: a bem-aventurança, o céu."[18]

Adiante, a mesma autora, referindo-se à separação da "ideia originária" entre *saudade* e *solidão*, acrescenta: "Uma vez feita esta separação, foram os poetas, de Bernardim Ribeiro a Camões, e de Camões a Garrett, de Garrett a Antônio Nobre, Teixeira de Pascoaes, Correia de Oliveira e Afonso Lopes Vieira que encheram a *saudade* de tudo quanto de vago, misterioso e apaixonado e melancólico se desentranha da alma nacional."[19] Concluindo: "O sentido primitivo de *soedade-solitate*, e o de *soidade suidade* foi retirado do representante moderno e trespassado a *soidão solidão*.

"Esse representante moderno, nascido da fusão de *soidade* com *saudade--salutate saudar saude saudações*, ficou apenas com os sentidos derivados de a) lembrança dolorosa de um bem que está ausente, ou de que estamos ausentes, e desejo e esperança de tornar a gozar dele; b) expressão desse afeto dirigido a pessoas ausentes. Esse bem desejado, ausente, pode ser: tanto a terra em que nascemos, o lar e a família, os companheiros da infância, como a bem-amada, ou o bem-amado. Com respeito a esse sentido, designa sobretudo o vácuo nostálgico ou peso esmagador que nas ausências dilata ou oprime o coração humano — agravado, quantas vezes, pelo arranhar da consciência (o "gato" de Reine); pelo remorso que nos acusa de não havermos estimado, aproveitado e efusivamente reconhecido o bem que possuíamos."[20]

Na introdução às *Primaveras*, revelaria Casimiro de Abreu que o seu nascimento como poeta havia decorrido da saudade, ou, em suas palavras: "a saudade havia sido a minha primeira musa".

Ao expor o seu sentimento, começou o poeta por falar do seu isolamento e da falta que então sentiu do lar paterno, e do pranto provocado. E bem fixou essa sensação de ausência ao descrever o ermo que a provocou: "Era tarde; o crepúsculo descia sobre a crista das montanhas e a natureza como que se recolhia para entoar o cântico da noite; as sombras estendiam-se pelo leito dos vales e o silêncio tornava mais solene a voz melancólica do cair das cachoeiras. Era a hora da *merenda* em nossa casa e pareceu-me ouvir o eco das risadas infantis de minha mana pequena! As lágrimas correram e fiz os primeiros versos da minha vida, que intitulei — *Às Ave-Maria:* — a saudade havia sido a minha primeira musa."

O ermo, a solidão em meio à natureza, provocou a nostalgia. Tão somente a solidão, independentemente de qualquer lembrança ou sensação de ausência, a cena que o seu espírito romântico transmitiu em poesia já lhe provocara o estado psicológico que também exprimiu no uso da palavra saudade, somando--lhe ao significado as demais sensações.

Nessa passagem, não se poderia apartar a ideia de solidão da ideia de ausência ou lembrança para bem se entender a saudade do poeta.

De igual modo, no poema "Canção do exílio", onde se referiu, logo de início, à sensação de ausência — pois seus amores lá ficaram, *além dos mares* — e em que dizia, "Oh! que saudades tamanhas / Das montanhas, / Daqueles campos natais!", portanto, dentro da ideia traduzida pelo significado dito moderno da palavra saudade, basicamente, tal como no caso anterior, o sentimento lhe nasceu da solidão sem ausência, face apenas à natureza, nostálgica mesmo sem exílio, mesmo para o ser que, nela integrado, a compõe. Assim, o sabiá, humanizado pelo poeta, suspira, naquele cenário do qual ele, o poeta, era um ausente, mas não a ave: "Onde canta nos retiros / Seus suspiros,/ Suspiros o sabiá!"

O sabiá é apenas um solitário, não um desterrado, pois não se encontra *distante do solo amado*, no entanto, sua manifestação pelo canto já é de saudade para a sensibilidade do poeta. É a ideia original de solidão integrada no significado de saudade.

Ainda no poema que intitulou "Saudades", atingiria o proscrito os "Suspiros dessa saudade / (...) — Saudades — dos meus amores, / — Saudades da minha terra!" através do *doce meditar* "Nas horas mortas da noite / (...) Nessas horas de silêncio, / De tristezas e de amor" nas quais de longe ouvia, mesmo quando em nenhum exílio se encontrasse, mas apenas só em sua própria alma, "O sino do campanário/ Que fala tão solitário."

Em "No lar", apesar de o sentimento corresponder ao significado mais comum de saudade, é interessante notar a estreita ligação que o poeta mantém com a ideia de solidão, nos versos: "No mar/ — de noite — solitário e triste/ (...) Folguei nos campos que meus olhos viam", e sobretudo naqueles versos em que, já descrevendo as sensações do retorno — a cessação da ausência — não demonstrou, contudo, o desaparecimento da saudade, porquanto continuava só: "Foi aqui, foi ali, além... mais longe, / Que eu sentei-me a chorar no fim do dia."

No poema "Assim!", no qual é caracterizado o ser que vive permanentemente em saudade (malgrado Casimiro de Abreu não empregar essa palavra) a dominante é o aspecto da ausência. Repetem-se comparações dando ênfase a essa ideia. A alma sentida do poeta seria "A dor do nauta / Suspirando no alto mar". Seria a *rola sem ninho* ou o mesmo que a *barca perdida*. Todavia, a imagem da primeira estrofe não é a do ser cuja dor resulte da ausência daquele algo desejado. Nela, a saudade é um sentimento que decorre e se confunde com a solidão:

> Viste o lírio da campina?
> Lá s'inclina
> E murcho no hastil pendeu!
> — Viste o lírio da campina?
> Pois, divina,
> Como o lírio assim sou eu!

Já em versos de "Folha negra", a ausência, a solidão e o amor se amalgamaram para formar um só sentimento:

> Vozes de flauta longínqua
> Que as nossas mágoas aviva,

Soluço da patativa,
Queixume do mar que rola.
antiga em noite de lua
Cantado ao som da viola!...

Saudades do pegureiro
Que chora o seu lar amado,
Calado e só — recostado
Na pedra dalgum caminho...
Canção de santa doçura
Da mãe que embala o filhinho!...

Nem sempre, porém, o complexo da saudade, em Casimiro de Abreu, constituiu a manifestação integrada daquelas ideias. Muitas vezes encontra-se na sua expressão apenas o aspecto denominado por Carolina Michaelis de Vasconcelos de sentido moderno.

Nos primeiros versos de "Minha mãe", o exílio e a falta que sentia do carinho materno são as dominantes:

Da pátria formosa distante e saudoso,
Chorando e gemendo meus cantos de dor,
Eu guardo no peito a imagem querida
Do mais verdadeiro, do mais santo amor:
— Minha Mãe! —

O trespasse do amor malferido, a saudade o poeta exprimiu nestes versos de "No álbum de Nicolau Vicente Pereira": "Tudo muda com os anos: / A dor — em doce saudade."

Em "Rosa murcha", cantaria a profunda tristeza causada pelo amor perdido:

Esta rosa desbotada
Já tantas vezes beijada,
Pálido emblema de amor;
É uma folha caída
Do livro da minha vida,
Um canto imenso de dor!
....
Oh! esta flor desbotada,

....
Quanta saudade resume
E quantos prantos também!

Até mesmo a ausência do sonho — a importância para criar sonhando na sua lira, transformar-se-ia em saudade ("Os meus sonhos").

Nesse mesmo poema, como em "O quê?", "Três cantos" e em versos de outras composições, o poeta traria a lume a saudade da infância, que também serviu de inspiração ao seu mais belo ou, ao menos, ao seu mais famoso poema, e, talvez, a mais importante composição, em língua portuguesa, relativamente ao tema — "Meus oito anos".

Há, ainda, na temática de Casimiro de Abreu, outros aspectos que merecem ser mencionados.

Sem ter sido um cantor preocupado com os grandes lances políticos e sociais — que tanto serviram à eloquência de outros poetas de sua época — porquanto era essencialmente um lírico, a pátria, no entanto, foi objeto de sua poesia menos talvez porque o empolgasse, do que por ser moda do romantismo.

Podem-se entender como uma confissão dessa origem os primeiros versos de "Minha terra": "Todos cantam sua terra, / Também vou cantar a minha".

Sua exaltação foi puramente ufanosa e lírica. A terra pátria seria, para ele, *rainha*, nela encontrando tudo quanto de possível houvesse na natureza, pois no mundo, diria, *não tem igual*, que *Deus fadou-a dentre todas a primeira*.

Mas, entre menções ora à beleza, ora à majestosidade das paisagens, e as referências aos que, antes dele, já as haviam cantado, o que principalmente lhe importava era ser o *gigante Santa Cruz, hoje Brasil*

> ... uma terra de amores
> Alcatifada de flores
> Onde a brisa fala amores
> Nas belas tardes de abril.

Avesso à épica, suas manifestações patrióticas foram sobretudo chochas, como o exemplo das estrofes desse poema, a partir da nona, nas quais procurou situar fatos históricos como motivação da criação poética. E totalmente sensaborosa é a composição dedicada a D. Pedro II, sob o título de "Sete de Setembro".

Fora da órbita do lirismo característico de sua poesia, sua construção não se sobrepõe ao prosaísmo, à grandiloquência e sentimentalidade chãs dos recitativos piegas dos saraus provincianos ou de escola primária, do seu tempo, e mesmo de agora, entre os que não conseguem, por circunstâncias várias que não vêm à oportunidade, alcançar o verdadeiro conceito de poesia e ultrapassar a faixa quase infantil do sentimentalismo popular.

Nenhuma profundidade se encontrará, ademais, em sua poesia, naquelas ocasiões em que tentou penetrar nos mistérios da vida e de Deus, deixando de ser apenas o cantor do que na natureza e no homem se exteriorizava em primavera, esperança, amor e saudade.

Se, em verdade, por se conservar totalmente lírico, conseguiu realizar-se poeticamente, em "A vida", já em "Deus", não pôde transformar em poesia as ansiedades face ao mistério do Todo-poderoso. Suas imagens são falsas, seu verso é duro.

Na tentativa de filosofia da vida, concebida no poema "A vida", nada acrescentaria à sua obra não fora a singeleza lírica das comparações.

Pelo exame da temática de Casimiro de Abreu, verifica-se que, malgrado as deficiências porventura existentes, decorrentes da idade e do momento histórico, encontrou ele, vivendo intensamente sua época, a forma adequada de expressão de sua sensibilidade, pela qual se revelariam os dons individuais de genialidade poética do adolescente.·

Todavia, não se poderá dizer que haja sido um poeta original no sentido de haver criado uma forma de expressão poética. Terá sido original, sim, no sentido popular que lhe deu.

As fontes de sua temática e de suas imagens foram, em verdade, variadas.

Encontram-se, por exemplo, referências a Tomás Antônio Gonzaga, quando quis manifestar a sua admiração pelos que, antes do Romantismo, haviam tocado a lira no mesmo diapasão. E antes de Casimiro de Abreu o Romantismo já havia sido desbravado, no Brasil, dentre outros menos importantes, por Gonçalves de Magalhães, Gonçalves Dias e Álvares de Azevedo, pelos quais, aliás, não ocultava as suas preferências. Nem se poderá, também, desconhecer a influência dos poetas franceses, cujos versos foram usados nas epígrafes de suas composições, como Chateaubriand, Lamartine e Victor Hugo.

Aquela característica marcante do Romantismo, de confundir poesia e dor da alma, foi, também, de Casimiro de Abreu.

Da mesma forma que Gonçalves de Magalhães diria, no seu "O canto do cisne":[21] "Meus versos são suspiros de minha alma", para Casimiro de Abreu, o poeta também "Em vez de cantar — suspira" ("Minha terra") e o poema seria o "...ferver de ideia / Que a mente cala e o coração suspira" ("No lar").

É certo que ao Romantismo não pertence a primazia do uso poético do suspiro como manifestação das tristezas dos espíritos apaixonados. O que se quer anotar é a adoção pela escola romântica da conceituação poesia-suspiro, conforme se lê tanto no autor de *Suspiros poéticos e saudades*, quanto em Casimiro de Abreu.

Também, as flores como símbolos do amor, de pureza e fragilidade, as virgens sonhadas e de dourados sonhos de amor, a saudade e os amores fugidios, não constituíram criações em primeira mão do poeta fluminense.

Anteriormente a ele, os temas e as imagens já haviam sido de muitos poetas românticos, e dentre eles, no Brasil, de Gonçalves Dias e de Álvares de Azevedo.

Do primeiro, em poemas como "Inocência", "Sonho" ou "Menina e moça".

De Álvares de Azevedo, em poemas como "No mar", "Sonhando", "Cismar", "A cantiga do sertanejo", "Pálida inocência", "Vida", "C...".

Conforme se vê, muitos títulos são os mesmos, os temas são idênticos não há diferenças fundamentais, de técnica e de elocução.

Com Almeida Garrett muitas são as aproximações. Não é só a admiração revelada no poema em sua memória — "O túmulo de um poeta"— no qual o chama de *poeta divino*. As aproximações são pressentidas em versos, como o de "Rosa murcha". "É uma folha caída", e identificáveis, quanto à temática, pelo confronto da obra de Casimiro de Abreu com alguns poemas de *Folhas caídas*, como "Quando eu sonhava", "Saudades" (onde Garrett se dirige a uma certa Pepita, nome que Casimiro de Abreu adotaria também em um dos seus poemas) e "Rosa pálida".

Destaque-se, finalmente, Lamartine, dentre os poetas de língua francesa aquele cuja influência terá sido da mesma extensão dos precedentemente citados ou ainda maior.

Com efeito, grande é a semelhança de sentido e construção de versos de Casimiro de Abreu com os de "A une fiancée de quinze ans".

E as virgens sonhadas, que são flores que bailam e que morrem de amor, são encontradas em "La rose fanée".

Todavia, malgrado essas influências quanto a características da escola a que pertencia, Casimiro de Abreu se destacou dos demais poetas pela circunstância de haver singrado, em poesia, os caminhos da expressão do sentimento do homem comum brasileiro, donde, conforme se observou de início, pelo menos até época recente, nenhum outro lhe levar a palma da popularidade.

Com justeza afirmou Nelson Werneck Sodré[22] haver ele restituído "ao leitor médio aquilo que este desejaria criar", o que corresponde à observação anterior de José Veríssimo:[23] "o nosso povo... achou por ventura em Casimiro de Abreu, o mais fiel intérprete das suas próprias comoções elementares, primárias, do amor do torrão e da mulher querida. Pelo que é Casimiro de Abreu o poeta brasileiro que o nosso povo mais entende e a quem mais quer. Ama-o, recita-o, canta-o, fazendo-o um poeta popular, em certos meios quase anônimo".

Não somente fatores temáticos terão determinado essa preferência, também fatores decorrentes da linguagem e da construção.

Estrofes, versos, frases, que ainda hoje pertencem à linguagem comum e ao cancioneiro popular, foram, não por obra do acaso, mas por coincidirem os sentimentos originários, estrofes, versos e frases de Casimiro de Abreu.

Nos poemas "Moreninha" e "Borboleta", encontram-se exemplos significativos.

Ainda quando, no primeiro, se possa dizer existir alguma inspiração em Tomás Antônio Gonzaga, é na sensibilidade e nos ditos do comum do povo que se acharão as raízes destes versos: "Tu ias de saia curta... / Saltando a moita de murta / Mostraste, mostraste o pé!".

E se já poucos se recordam da cena descrita pelo poeta, tantas as modificações da moda feminina, não justificando mais a ansiedade masculina pela visão do pé da donzela, é certo que o fato teve sua época, e não se duvidaria de encontrar esses três versos nas modinhas de fins ou princípios do século.

No mesmo poema, sobrevivendo até hoje em marchas e sambas carnavalescos, há este verso: "Morena — não tens rival!".

Fenômeno idêntico ocorre com este de "Noivado": "Vem! a noite é linda...".

Tão comuns são, também os versos de "Borboleta", que no leitor, sobretudo diante da estrofe principal, se produz a sensação do folclórico:

> Borboleta dos amores,
> Como a outra sobre as flores,
> Porque és volúvel assim?
> Porque deixas, caprichosa,
> Porque deixas tu a rosa
> E vais beijar o jasmim?

Motivo, porém, que se nos afigura da maior importância para explicar a popularidade de Casimiro de Abreu, mormente aquela mencionada por Sílvio Romero[24] — "tem sido o predileto do belo sexo nacional" — se encontra na linguagem, altamente impregnada de sensualidade, usada na descrição de encantos femininos e de fatos do amor.

Sua poesia, em sua época, dando ênfase a essa face do romantismo, teria algum sabor de leitura proibida, ou, ao menos imprópria para moços, face a audácia das imagens, o que produziria interesse incomum, corroborando o já despertado pela própria temática.

Em língua portuguesa, por certo, não teriam faltado, antes de Casimiro de Abreu, poetas em que a exaltação do sexo houvesse servido à boa literatura, nem faltado o que se pudesse considerar irreverência.

Desde o cancioneiro medievo, os encantos femininos eram objeto do canto poético:[25]

> Tam ingenua, tam formosa
> Como a flor, das flores brio
> Que em serena madrugada
> Abre o seio descuidada
> A doce manham d'Abril!
> — Roupas de seda que leva
> Alvas de neve que cega
> Como os picos do Gerez
> Quando em Janeiro lhe neva.

Famosas ainda seriam, ao tempo de Casimiro de Abreu, as estrofes do canto nono de *Os lusíadas,* aquele espetáculo de ninfas nuas correndo pelos bosques e pelas praias que provocara o grito de espanto de Veloso, o grande capitão.

Todavia, tudo de preferência se ocultava, sob eufemismos — talvez por vezes excitantes — mas tudo de preferência se ocultava em delicadezas líricas.

Em nenhum se encontrará (alguma exceção resultante de pesquisa mais perfeita não invalidará a afirmativa) a linguagem, que se poderá chamar direta, de Casimiro de Abreu.

Descrições, como a de Francisco Vilela Barbosa, do pintor diante dos seios da Mulher, seriam raras.[26]

Apesar de certa objetividade descritiva, a linguagem é abstrata e fria, despida de sensualismo, não transpondo o que seriam os cânones de tratamento literário de assunto dessa natureza.

Aquele que talvez haja, antes do Romantismo, empregado linguagem mais audaciosa foi Tomás Antônio Gonzaga.

Com efeito, alguns de seus versos trouxeram nova contribuição de sensualidade à poesia escrita em língua portuguesa. Gonzaga foi além das fixações pictóricas. Ainda quando respeitosamente resguardasse a inspiradora de seus poemas, não ocultou o encantamento que lhe produziam os seios da amada, nem o calor dos seus desejos, nem o ardor do seu comportamento enamorado.

Marília não era estátua, como parecia ser a musa de Francisco Vilela Barbosa. Era mulher que ansiava pelos prazeres do amor e os seus seios o manifestavam ("Lira 33").

E ao lado de versos realizados de acordo com os padrões até então usados ("Lira 97"), em outros os seios da amada constituíam objeto concreto para o amor ("Lira 76").

Gonzaga também não se esquivou de falar nos beijos dados em Marília, ainda quando apenas em suas mãos. Nem deixou de revelar a natureza do seu sentimento, como nestes versos que, apesar do delicado lirismo das imagens, são de incontestável sensualidade:

> Propunha-me dormir no teu regaço
> as quentes horas da comprida sesta,
> escrever teus louvores nos olmeiros,
> toucar-te de papoilas na floresta.

A linguagem de Tomás Antônio Gonzaga ainda não é, porém, a dos poetas do romantismo. Foi a estes que se desvelaram o sabor lírico e a intensidade sentimental das descrições dos encantos femininos e dos ardorosos instantes de amor.

Se Gonçalves Dias ainda é um poeta cerimonioso, no qual prevalece o abstrato das imagens, como em "Rosa no mar!", apresentando versos apenas prenunciadores ("Sonho"), em Álvares de Azevedo a linguagem é mais clara e sua sensualidade surge em atos declarados: "No mar", "Sonhando", "Ai, Jesus!", E também em "Vida" cujas imagens conduzem ao momento da posse.

Todavia, nem esses nem nenhum outro poeta seu predecessor terá usado a linguagem de Casimiro de Abreu, que — malgrado quase sempre ser o seu amor um sonho e a mulher uma visão — é direta, sem abstrações, com riqueza de detalhes descritivos. Talvez apenas fruto do anseio do adolescente face o despertar do sexo, contudo, nova na poesia brasileira, e que correspondia e corresponde, na sua simplicidade, à maneira concreta de expressão dos desejos de todos quantos, como o poeta, se abismavam e se abismam ante a beleza física da mulher, dando largas à imaginação dos prazeres do sexo.

Os seios da mulher surgiam como maravilhosos monumentos ante os seus olhos. Nem só os contemplava. Eles se lhe ofereciam intumescidos, afagava-os, saboreava-os. O beijo, em seus versos, constituía quase sempre o prelúdio do ato amoroso. Nele não havia apenas o encontro superficial dos lábios, mas bocas a sorverem-se apaixonadamente. E o ato amoroso, ora se anunciaria na carícia dos cabelos, ora no encontro de sua boca com o seio da amada, ora se revelaria no quedar de amantes entrelaçados à sombra de arvoredos ou seria a revelação do próprio gozo em que a donzela entregava a sua virgindade.

Sem dúvida, Casimiro de Abreu usou de imagens poéticas. Suas descrições não foram de cru realismo. No entanto, não procurou ocultar, pelo contrário, desejou dizer tudo quanto dizer pudesse em sua linguagem lírica.

Vejam-se os seus versos mais exemplificativos em "No lar", "Moreninha", "Na rede", "Sonhando", "Desejos", "Segredos", Meia-noite", "Canto de amor", "Quando tu choras", "Violeta", "Lembras-te?", "Palavras no mar", "Pepita", "Amor e medo", "Noivado".

Suas imagens, nesses poemas, e que hoje poderão parecer vulgares em literatura, mas que ainda brotam do espírito amoroso do adolescente, à época terão constituído audaciosa poesia, e em muito haverão de ter contribuído para a súbita divulgação da obra de Casimiro de Abreu, a qual pelo fato já assinalado de ir de encontro à sentimentalidade e à sensualidade da maioria do povo, sobretudo na idade romântica, se perpetuou.

Ainda no terreno da linguagem, há o aspecto do emprego de palavras relativas à paisagem brasileira.

Desde o tempo de colônia, a ideia de poesia nacional se confundiria com o uso abundante de palavras representativas da fauna e da flora brasileiras. Passagens de *A ilha da maré*, de Manuel Botelho de Oliveira e do *Caramuru*, de Santa Rita Durão, entre outras, são bastante elucidativas.

A crítica tem realmente reconhecido tal intenção no emprego desse vocabulário e na descrição das cenas brasileiras; muito exaltada havendo sido, afora as suas qualidades poéticas inegáveis, por esse só motivo, a "Lira",[26] de Gonzaga.

Mas foi no romantismo que o problema se situou poeticamente, porquanto deixou de ser, como na maioria dos casos anteriores, enumerativo, para constituir fator de beleza lírica.

Dentre os elementos da paisagem brasileira, um se destacou sobremodo: o sabiá. Deu-lhe fama a "Canção do exílio", de Gonçalves Dias. Antes dele, porém, outros já haviam associado o canto da ave à expressão de sentimentos líricos, e Ronald de Carvalho,[27] fixando a origem dessa associação, escreveria: "Cremos que foi Nuno Marques o primeiro poeta a descobrir na espessura dos bosques meridionais a ave que seria mais tarde a preferida dos nossos românticos, no século XIX."

Na poesia de Casimiro de Abreu, também cantou o sabiá. Se em algumas ocasiões é pressentida a sombra do seu predecessor, em outras o pássaro é um elemento inteiramente integrado no lirismo do poeta fluminense:

> Quando Dirceu e Marília
> Em terníssimos enleios
> Se beijavam com ternura
> Em celestes devaneios;
> Da selva o vate inspirado,
> O sabiá namorado,
> Na laranjeira pousado
> Soltava ternos gorjeios.
> ("Minha terra")

Da laranjeira, porém, Casimiro de Abreu terá sido o maior cantor. E não só com ela, mas com toda uma flora e uma fauna enriqueceu o vocabulário poético nacional: as bananeiras, as mangueiras, as palmeiras, as açucenas, os cajueiros, as borboletas, os gaturamos, as juritis e tantos outros. Todavia, não pela simples enumeração, em que apenas a curiosidade ou a sonoridade da palavra constituiriam o elemento da construção poética, mas através de um mundo de sugestões, como as que defluem dos famosos versos:

> Que amor, que sonhos, que flores,
> Naquelas tardes fagueiras
> À sombra das bananeiras,
> Debaixo dos laranjais!
> ("Meus oito anos")

Em sua poesia, esse vocabulário se integra num cenário mui caro a tantos quantos tenham conhecido certa paisagem que hoje vai rareando à aproximação do progresso. O cenário da vida natural, assinalou Carlos Drummond de Andrade,[28] "entre árvores frutíferas, pássaros que nos distraem com seu canto e que apanhamos em armadilhas, e o mais que compõe o quadro singelo das pequenas cidades do interior, confundidas com o campo".

É esse ruralismo poético que se encontra em "No lar".

Em poesia, não há como distinguir as palavras em melhores ou piores face a sua categoria. O único critério legítimo de distinção é a sua adequação ao texto.

Há quem fale mal da adjetivação abundante, sobretudo da adjetivação do romantismo. Se muitas dessas observações se justificam, outras não passam de preconceitos nascidos do fato de existirem composições poéticas elevadas a modelo de perfeição nas quais o adjetivo está ausente. A crítica à adjetivação é justa quando se dirige ao mau uso, ao uso desnecessário, e tanto isto poderá ocorrer com adjetivos ou com outra qualquer categoria gramatical. E se aqueles foram sempre os mais focalizados, deve-se à circunstância de constituir o seu emprego, dos deslizes poéticos desse tipo, o mais comum.

O acompanhamento do substantivo pelo adjetivo, quando ocorre a evocação de uma palavra pela outra, certamente contribuirá para a beleza lírica. O adjetivo torna-se então indispensável, porque indispensável à significação do substantivo é a impregnação daquela qualidade que ele lhe atribui.

No caso de Casimiro de Abreu, laboram em equívoco aqueles que isolam expressões como *rosa gentis, mimoso jardim, doce virgem, santas ilusões, virgem formosa, estro ardente, casto ninho, visão dourada, claros riachos* e tantas outras, com o só objetivo de destacar para condenar a abundância e a vulgaridade da adjetivação.

Se, em verdade, o estilo do romantismo não corresponde à atual tendência literária e certas formas se tornaram cansadas pelo abuso do seu emprego, não se poderá desconhecer que esse estilo correspondeu à exigência de uma época e que nem todas as formas seriam, ao tempo, esgotadas ou de má origem, nem bastantes por si mesmas para desmerecerem a poesia.

Aliás, vale ressaltar o comentário de Sousa da Silveira[29] a respeito do uso de *gentis*, por Casimiro de Abreu, numa lição que se aplica a tantos outros vocábulos semelhantes: "Adjetivo gratíssimo ao poeta. Vai aparecer repetidas vezes. Vindo de longe (cf. "Alma minha *gentil*, que te partiste" de Camões), passa por outros poetas, Bocage por exemplo... e adquire também frequente emprego em Gonçalves Dias."

O importante não será, contudo, pretender-se justificar historicamente o uso de certas palavras, mas procurar verificar qual a sua contribuição ao processo encantatório.

Ora, no exame da técnica de composição de Casimiro de Abreu, se constatará que o adjetivo, associado, em sua imagística, a outros recursos de linguagem, alguns cujas características já foram apontadas e outros que a seguir serão, o adjetivo foi um dos elementos, não de desqualificação de sua poesia, mas responsáveis pela construção de alguns dos mais belos versos da língua portuguesa.

Já no poema epígrafe de "Primaveras" encontram-se vários deles.

> Falo a ti — doce virgem dos meus sonhos,
> Visão dourada dum cismar tão puro.

Destaque-se o segundo verso. A cadência produzida pelas tônicas, associada às assonâncias da segunda e nona sílabas e da quarta e oitava, entrelaça o ritmo à expressão significativa de ternura da frase. O poeta valorizou a ideia de sonhar com mulher-moça, usando o qualificativo em função de uma abstração e não de uma realidade feminina, e de um pensamento obsessivo e não apenas de um sonho ocasional.

Ao substituir *virgem* por *visão*, deu à amada, sem apagar completamente a sensualidade, a indeterminação das figuras santificadas, sobretudo pelo acompanhamento do adjetivo *dourada*, traduzindo não apenas beleza — celeste beleza — mas algo a ser esperado, mais do que desejado. Essas duas ideias da qualificação ele as completou, aliás, na sequência da estrofe:

> Que sorrias por noites de vigília
> Entre as rosas gentis do meu futuro.

Na substituição de *sonhos* por *cismar*, o poeta ressaltou a intensidade e a integração do sonho em sua vida, mas — e novamente sobressai um adjetivo — sem que o caráter de obsessão destruísse sua pureza, igualmente intensa (o advérbio reforçando a ideia), pois somente sendo *puro* ele poderia corresponder à imagem concebida do ser amado.

> Tu vinhas pelas horas das tristezas
> Sobre o meu ombro debruçar-te a medo.

O elemento encantatório desses dois versos se encontra, certamente, na construção sintática.

Vir pelas horas é expressão de muito maior sabor lírico do que *vir nas horas*. Demais, a troca da preposição dá àquela presença, não instantânea nem delimitada, a vaga flutuosidade apropriada às visões. Também a substantivação do adjetivo, em *horas das tristezas*, imprime mais força à imagem. O importante deixa de ser o momento, conforme a locução comum *horas tristes*, passando o destaque à continuidade do sentimento: aquele permanente viver de amor no devaneio de suas tristezas.

No segundo verso, o uso pouco comum da preposição *a*, em *debruçar-te a medo*, dando à frase o tom de arcaísmo, produz todo o encantamento. Não só e mais do que pelo ritmo que permite ao verso, por transformar o gesto e o sentimento, de mecânico e irrefletido, em carinhoso aconchego de amor.

> Queria de harmonia encher-te a vida,
> Palmas na fronte — no regaço flores!

A complementação que o poeta deu ao primeiro verso, através da delicadeza da vestidura simbólica pela qual se define o seu desejo, torna poético o que poderia apenas ser conceitual. Assim, o verso ornamento, portanto dispensável à apropriação do sentido, passa a ser essencial. Sem ele — de resto belíssimo na sua singela realização — pouco restaria da imagem em termos de poesia.

> Ai de mim — se o relento de teus risos
> Não molhasse o jardim dos meus amores!

O achado lírico de Casimiro de Abreu está em haver criado o símbolo do relento para o riso da amada, numa evidente busca de rareza expressional, a fim de servir à significação do segundo verso: a necessidade de satisfação do seu puro, no entanto, farto e multiforme amor.

Em "Minha terra", podem ser colhidos estes exemplos:

> Onde a brisa fala amores,

valorizado pela simples supressão da preposição *de* entre *fala* e *amores*;

> Deu-lhe esses campos bordados,
> Deu-lhe os leques de palmeira,

onde sobressai, além do ritmo devido à repetição do verbo, a representação da paisagem, com seu colorido e perspectiva horizontal e vertical;

> Chora, sim, porque tem prantos,
> E são sentidos e santos
> Se chora pelos encantos
> Que nunca mais há-de ver,

cujo efeito lírico o poeta obteve, passando do ritmo modulado, dos três primeiros versos, pela repetição do verbo, pelas aliterações dos fonemas *te* e *se*, e, sobretudo, pela rima, nos quais procurou justificar as reações de revolta sentimental do exilado, à cadência diluente do último verso, correspondente à diluição de qualquer esperança de retorno.

Versos há, em Casimiro de Abreu, que se destacam pela beleza dos efeitos sonoros obtidos através de aliterações e assonâncias:

184   ERA ROMÂNTICA

Sonhando esses sonhos dos anjos dos céus
("Minha mãe")
Já dorme o sono profundo
E despediu-se do mundo
("Rosa murcha")
Do nardo o aroma e da camélia a cor
("Perfumes e amor")
Vive e canta e ama esta natura
("A J. J. C. Macedo Júnior")

Em outros versos, elevou-se o poeta além do ritmo e da musicalidade da frase, dando às imagens a plasticidade das visualizações, revelando pela disposição verbal estados de alma ou transformando o conceitual na mais pura expressão lírica.

Assim, em "Última folha", no verso:

A doce virgem se assemelha às flores...

Também em "Amor e medo":

Tenho medo de mim, de ti, de tudo,
Da luz, da sombra, do silêncio ou vozes,
Das folhas secas, do chorar das fontes,
Das horas longas a correr velozes.

No poema "No lar", encontram-se igualmente alguns desses extraordinários momentos poéticos de Casimiro de Abreu.

Aquela concretização de lembranças em suas retinas:

Folguei nos campos que meus olhos viam.

O seu viver em ansiedade, na recordação dos tempos de criança:

Beijando em choros este pó da infância!

A enumeração de fatos da paisagem pátria, pela qual, na abundância dos objetos apontados, se revelam a razão e o mundo de suas alegrias:

Oh! céu de minha terra — azul sem mancha —
Oh! sol de fogo que me queima a fronte,
Nuvens douradas que correis no ocaso,
Névoas da tarde que cobris o monte;

Perfumes da floresta, vozes doces,
Mansa lagoa que o luar prateia,
Claros riachos, cachoeiras altas,
Ondas tranquilas que morreis na areia;

Aves dos bosques, brisas das montanhas,
Bem-te-vis do campo, sabiás da praia,
Cantai, correi, brilhai — minh'alma em ânsias
Treme de gozo e de prazer desmaia!

(Notem-se a essencialidade e a excelência da construção atributiva, tanto pelo uso direto do qualificativo, como pelo relacionamento preposicional e pelo emprego de orações adjetivas.)

Aqueles mesmos efeitos poéticos encontram-se, ainda, no verso em que retratou o sofrimento de certa mulher face à morte simultânea do marido e do filho, o qual, por si só, vale uma elegia:

— Estátua da aflição aos pés dum túmulo! —
("Bálsamo")

Bem como na fixação em imagens das tristezas da alma e do sentimento da morte:

Minh'alma é triste como a flor que morre.
("Minha'alma é triste")

— Lírio pendido a que ninguém deu prantos! —
("Berço e túmulo")

Um anjo dorme aqui; na aurora apenas,
Disse adeus ao brilhar das açucenas.
("No túmulo dum menino")

E também na singeleza verbal da descrição do alvorecer da vida:

A natureza se desperta rindo
("Primaveras")

Como exemplo de encantação obtido sobretudo através de processos rítmicos, destaca-se na obra de Casimiro de Abreu o poema "A valsa", habitualmente classificado como imitativo.

Esse é, sem dúvida, sob o aspecto do ritmo, a mais antológica das suas composições. Quer pela raridade do verso de duas sílabas, quer pela excelência de sua arquitetura, o poema tem sido objeto de repetidas apreciações.

Através dele, Carlos Drummond de Andrade,[30] comparando-o com poema semelhante de Gonçalves Dias, traçou excelente retrato psicológico de Casimiro de Abreu, desvendando daquela cena de baile, onde a "amada rodopia, lânguida ou nervosamente nos braços de outro", a feminilidade do tímido e recalcado poeta, à sua melancolia, aquela satisfação em só deplorar e disfarçar a dor, buscando compaixão.

Também Manuel Bandeira,[31] em estudo relativo à métrica, revelou a face artesanal do poeta, tantas vezes antes negada, ao destacar a abertura em vogal e a quebra de verso usadas, em seguida ao final esdrúxulo dos versos nove e onze de estrofe nona, a fim de não sacrificar o ritmo.

Todavia, Casimiro de Abreu não fugiu à regra geral do Romantismo no que diz respeito à técnica da versificação e aos esquemas silábicos. Seus poemas obedeceram sempre a um determinado metro tradicional ou a uma combinação deles, constituindo versos desde duas sílabas até doze, rimando das mais diversas maneiras. E dentro desses esquemas, à moda do Romantismo, se permitiu todas as liberdades, por certo conscientemente em inúmeros casos, em outros desapercebidamente, contudo, menos por ignorância da versificação portuguesa do que pela despreocupação em ser rigoroso.

Esse assunto, tanto quanto o das possíveis impropriedades gramaticais, já foi objeto de muitos debates. Bastante exata, porém, é a observação de Silveira Bueno:[32] "Querer, a todo esforço, apresentar Casimiro de Abreu sem defeito algum é tese absurda como absurdo também seria o propósito de só ressaltar seus pontos fracos de linguagem e de técnica." E como exemplo de lucidez na apreciação do problema, vale ressaltar o trabalho de Sousa da Silveira, nas duas edições[33] da obra do poeta fluminense publicadas sob a sua responsabilidade, cujas anotações desfazem inúmeros julgamentos precipitados daqueles que apontaram erros demasiados em sua poesia, quer por se apoiarem em textos tipograficamente imperfeitos, quer por não atentarem para as características específicas do Romantismo.

FAGUNDES VARELA[*]
(por Waltensir Dutra)

A posição de Fagundes Varela na cronologia do Romantismo já foi acentuada por vários autores: em 1861, quando apareceu seu primeiro livro (*Noturnas*, um opúsculo de apenas 32 páginas), "a poesia brasileira estava completamente muda. Magalhães e Porto-Alegre ainda viviam no estrangeiro, um dedicado quase que exclusivamente à filosofia, o outro calado, escrevendo lentamente o seu extenso poema. Gonçalves Dias e Laurindo, prematuramente cansados e próximos da morte, mais nada produziam. Álvares de Azevedo, Casimiro de Abreu e Junqueira Freire tinham emudecido no sepulcro. Luís Delfino não se havia ainda revelado o potente lirista que veio a ser no correr dos últimos trinta anos. Machado de Assis começava apenas, e muito timidamente, na poesia. Destarte, Fagundes Varela foi quem tomou aos ombros os encargos da arte essencialmente querida dos brasileiros". (Sílvio Romero e João Ribeiro, *Compêndio de história da literatura brasileira*.)

Nada mais natural, portanto, que o livro de estreia de Varela, aos vinte anos, trouxesse a marca dos três grandes poetas do Romantismo que o antecederam: Gonçalves Dias, Álvares de Azevedo e Casimiro de Abreu. A do primeiro e do último haveria de diluir-se com o tempo; somente a de Azevedo — talvez fosse melhor dizer a marca da época — permaneceria em quase toda a sua obra.

A reduzida influência de Gonçalves Dias se fez principalmente sobre os padrões métricos e a técnica da poesia narrativa. O indianismo — tal como se pode observar no poema "Esperança", por exemplo — é em Varela puramente

---

[*] Luís Nicolau Fagundes Varela (Santa Rita do Rio Claro, Província do Rio de Janeiro, 1841-Niterói, 1875), fez estudos primários sem regularidade, tendo aos 10 anos viajado com o pai para Goiás, em condições extremamente rudes. Em 1860, matriculou-se na Faculdade de Direito de São Paulo, cujas aulas pouco frequentou, preferindo a vida boêmia, não interrompida nem mesmo pelo casamento, em 1862, com a filha de um proprietário de circo. Em 1865, tenta prosseguir os estudos no Recife, mas no mesmo ano morre-lhe a mulher, e desiste. Em 1866, matricula-se novamente na Faculdade de São Paulo, para abandonar definitivamente os estudos, no meio do ano, e voltar para a fazenda do pai, em Rio Claro. Apesar de novo casamento, continuou levando vida errante até o fim da existência.

Bibliografia

POESIA: *Noturnas*. 1861; *O estandarte auriverde*. 1863; *Vozes d'América*. 1864; *Cantos e fantasias*. 1865; *Cantos meridionais*. 1869; *Cantos do ermo e da cidade*. 1869; *Anchieta, ou o Evangelho nas selvas*. 1875.

PÓSTUMOS: *Cantos religiosos* (em colaboração com a irmã, d. Ernestina Fagundes Varela). 1878. *O diário de Lázaro*. 1880. *Obras completas*. Rio de Janeiro, Garnier, 1886-1892, 3 vols., preparada por Visconti Coaraci; Rio de Janeiro, Z. Valverde, 1943. 3 vols., preparada por Atílio Milano; São Paulo, Editora Cultura, 1943.

acidental e sem maior expressão, sendo o seu índio ainda mais impreciso e fantástico do que o idealizado pelo cantor dos timbiras, cujos "tacapes e borés" ele ironizou no prefácio dos *Cantos meridionais*. Mas em "Mauro, o escravo" (de *Vozes d'América*), por exemplo, predominam a métrica, o mesmo ritmo anfibráquico e a mesma estrofação do início do "I Juca Pirama", havendo até certa semelhança nos dois versos iniciais ("Na sala espaçosa, cercado de escravos/ nascidos nas selvas, robustos e bravos", diz Varela; e Gonçalves Dias: "No meio das tabas de amenos verdores / cercados de troncos, cobertos de flores"). E ao índio, ele prefere a figura do escravo, retocada e aformoseada como convinha ao gosto romântico.

Tendo vivido muito mais tempo do que Álvares de Azevedo e Casimiro, Varela pôde deixar obra mais extensa e, consequentemente, mais variada: o subjetivismo byroniano, o bucolismo, a narração, o misticismo e até a preocupação social misturam-se nesse poeta de vida atormentada, da mais romântica biografia do nosso Romantismo. Se a aparente ingenuidade de Casimiro de Abreu transparece nas cenas de roça e nas descrições bucólicas, já o pessimismo violento, o desejo de morte, a amargura e o sofrimento sombrios mais o

---

Consultar

Almeida, A. F. de "Poetas fluminenses" (in *Federação Acad. Letras do Brasil*, Rio de Janeiro, Briguiet, 1939); Andrade, C. D. de (in *Confissões de Minas*, Rio de Janeiro, Americano, 1945); Araújo, M. "O Evangelho nas Selvas" (in *Bol. Ariel*. Rio de Janeiro, VIII, 5 fev. 1939); Athayde, T. de (in *Poesia brasileira contemporânea*. Belo Horizonte, P. Bluhm, 1941); *Autores e livros* (supl. lit. *A Manhã*). Rio de Janeiro, vol. 1, nº 2, 24 ago. 1941; Azevedo, Vicente de. *Fagundes Varela*. São Paulo, Liv. Martins, 1966; Cavalheiro, E. *Fagundes Varela*. São Paulo, Martins, 1940; idem. Notas sobre Fagundes Varela (in *Atlântico*, Lisboa, nº 3, 1943); idem. *Fagundes Varela, o cantor da natureza*. São Paulo, Melhoramentos, s.d.; Freitas Júnior, A. de. "Fagundes Varela" (in *Rev. Brasil*. Iª fase, nº 77, maio 1922); Guerra, A. *Fagundes Varela*. Melhoramentos, 1923; Haddad, J. A. "Retorno de Fagundes Varela" (in *Leitura*. Rio de Janeiro, nº 7, jun. 1943); Holanda, S. Buarque de (in *Cobra de vidro*. São Paulo, Martins, 1944); Lima, Jorge de. "Fagundes Varela" (in *Rev. Brasil.*, 3ª fase, 1-4, out. 1938); Mota, A. "Fagundes Varela" (in *Rev. Acad. Brasil. Letras*. nº 81, set. 1928); Magalhães Júnior. *Poesia e vida de F. V.* São Paulo, Editora das Américas, 1965; Mota, O. "Fagundes Varela" (in *Rev. Língua Port*. Rio de Janeiro, nº 25, set. 1923); Mota Filho, C. (in *Introdução do estudo do pensamento nacional. O Romantismo*. São Paulo, Hélios, 1926); Oliveira, A. de. "Fagundes Varela" (in *O Estado de São Paulo*. 7 fev. 1917); Paulino Neto. "Fagundes Varela" (in *Rev. Acad. Flum. Letras*. Niterói, vol. 1, out. 1945); Ramiz Galvão, B. F. *O poeta Fagundes Varela, sua vida e sua obra*. Rio de Janeiro, Rohe, 1920; Rezende, C. P. de. "Interpretação de Fagundes Varela" (in *Investigações*. II, 16, abril 1950); Távora, F. "O Diário de Lázaro" in *Rev. Brasil*, vol. 5, 1880); idem (in Prefácio da 1ª ed. de *Obras completas*. Garnier, 1886. vol. 1); Vilalva, M. *Fagundes Varela, sua vida, sua obra, sua glória*. Rio de Janeiro, Pongetti, 1931.

aproximam de Álvares de Azevedo. Era o mal do século, que aos vinte anos já fazia Varela lastimar-se:

> Minha'alma é como o deserto
> de dúbia areia coberto,
> batido pelo tufão;
> é como a rocha isolada,
> pelas espumas banhadas,
> dos mares na solidão.

E a insistir, oito anos depois, retomando o mesmo poema:

> Minha'alma é como um deserto
> por onde o romeiro incerto
> procura uma sombra em vão.
> É como a ilha maldita
> que sobre as vagas palpita
> queimada por um vulcão!

Já então perdera a mulher e o filho, estivera em Recife, voltara a São Paulo, sempre na peregrinação de que tanto se queixava, mas que nunca procurou deixar. Aqueles versos de *Noturnas*:

> De plaga em plaga como o hebreu maldito
> refugiei-me em vão, buscando d'alma
> expulsar o pesar que me roía!

mostravam-se estranhamente proféticos, e Varela poderia repetir a sério, em 1869, o que em 1861 dissera talvez por simples atitude literária: "Vi minha vida desfazer-se em fumo."

Na poesia subjetiva de Varela delineiam-se duas tendências quase opostas: a grandiloquência, o byronismo sombrio que se aproxima do ultrarromantismo, e a qualidade elegíaca de acentuada simplicidade e indiscutível autenticidade, sem dúvida o seu melhor aspecto, e que tem no "Cântico do Calvário" uma das mais altas expressões.

O byronismo de Varela reduz-se — como em quase todos os românticos — a uma temática pobre, presa a alguns pretextos já na época bastante explorados: a solidão, voluntária ou forçada; o desejo de morrer, que se manifesta nas constantes invocações e chamamentos da morte, a "noiva", a "incompreendida"; prazer em ostentar desperdício da vida, o que não impede que se lamente (e não poucas vezes) de tê-la desperdiçado. Nem era possível esperar que, com a vida dispersiva que levou e a escassa cultura que possuía, se concentrasse o poeta no aspecto formal de seus versos e fugisse, ou procurasse fugir, à influência da moda, que por outro lado se adaptava muito bem a essa faceta do seu temperamento agitado, que era a boêmia trágica.

O subjetivismo grandiloquente, que só desaparece, ou antes, se ameniza, nos poemas de fundo religioso ou místico, é uma constante do poeta, que pode ser traçada do primeiro ao último livro. Em *Noturnas*, nenhuma razão biográfica há que o justifique: Varela brilhava na vida estudantil de São Paulo, onde seus versos lhe asseguraram logo posição destacada. Não obstante, a moda impõe-lhe poemas como "Sobre um túmulo", onde se pode notar a sombra de Álvares de Azevedo:

> Torce-te aí na sepultura fria
> onde passa rugindo o furacão.
> Seja-te o orvalho das manhãs negado,
> soe em teu leito a voz da maldição!
>
> Teu castigo será gemer debalde
> buscando o sono que o sudário deixa,
> ouvir nas trevas de uma noite horrenda
> de errantes larvas a funérea queixa!

Mais tarde, uma vida desregrada e destituída de qualquer lógica justificaria o tom sombrio, como nos *Cantos do ermo e da cidade*:

> Tenho n'alma a tormenta,
> tormenta horrenda e fria!
> Debalde a douda conjurá-la tenta,
> Luta, vacila e tomba macilenta,
> nas vascas da agonia!

Ou então:

> Amo o sinistro ramalhar dos cedros
> ao rijo sopro da tormenta infrene,
> quando antevendo a inevitável queda
> mandam aos ermos um adeus solene.

Nessa motivação eminentemente romântica, a figura do poeta solitário, desprezando ou desprezado pelos homens, tem especial relevo. Varela vagava longos meses pelos campos e florestas, e sua obra reflete a solidão que nessas ocasiões o envolvia; no íntimo, porém, ele era um falso solitário, como o demonstrou Carlos Drummond de Andrade, em *Confissões de Minas*, e ansiava pelo contato humano, dificilmente suportando o isolamento que ele próprio buscava, talvez num ressentimento mórbido: "Quero escutar nas praças, ao vento das paixões,/ Erguer-se retumbante a voz das multidões!".

Mas nem tudo são sombras convulsionadas, desespero, agitação, na poesia subjetiva de Varela: há um momento em que os ventos se acalmam, as sombras se aquietam, e surge o poeta elegíaco que chora a morte do filho ou a partida da mulher amada, numa linguagem simples e comovida, sem os exageros outras vezes tão frequentes. É o aspecto mais importante da obra de Fagundes Varela, observável principalmente em *Cantos e fantasias*, livro através do qual ele nos dá a sua medida de poeta lírico e elegíaco, que dificilmente encontra par na língua portuguesa. Se não traz nada de propriamente novo, em compensação sua pureza é mais convincente do que a de Casimiro. É daquele livro a série de poemas intitulada "Juvenília", talvez a mais conhecida produção do poeta, depois do "Cântico do Calvário"; o motivo é tratado com a maior singeleza:

> Lembras-te, Iná, dessas noites
> cheias de doce harmonia,
> quando a floresta gemia
> do vento aos brandos açoites?

A densidade de um poema como "Sombras!" mostra que Varela sabia conseguir dramaticidade e tensão em seus versos sem ter de recorrer à oratória romântica:

> Não me detestes, não! Se tu padeces,
> também minh'alma teu sofrer partilha,
> E sigo em prantos do suplício a trilha,
> Curvado ao peso de tremenda cruz!

Não seria possível falar de Varela elegíaco sem examinar a sua obra máxima, o "Cântico do calvário", escrito sob a inspiração da morte de seu primeiro filho, cuja existência parecia ter dado um sentido à vida do poeta. O poema, longo e em decassílabos, é um impressionante fluir de metáforas. A primeira estrofe, que descreve a importância afetiva do morto para o poeta, abre com duas metáforas desdobradas em seis versos, das quais constam nada menos do que seis imagens: "pomba", "mar de angústias" e "ramo de esperança" na primeira, e "estrela", "névoa de inverno" e "pegureiro" na segunda. Seguem-se várias metáforas simples, que vão terminar em quatro anacolutos relacionados com as metáforas iniciais, e onde há, por sua vez, duas novas metáforas. E, enquanto os versos iniciais provocam sugestões de movimentos ascendentes, os anacolutos servem para o corte violento desse movimento. Com isso, o poeta simboliza o nascimento e a morte do seu filho:

Eras na vida a pomba predileta
que sobre um mar de angústias conduzia
o ramo da esperança!... Eras a estrela
Que entre as névoas do inverno cintilava
apontando o caminho ao peguereiro!...
Eras a messe de um dourado estio!...
Eras o idílio de um amor sublime!...
Eras a glória, a inspiração, a pátria,
o porvir de teu pai! — Ah, no entanto,
pomba — varou-te a flecha do destino!
Astro — engoliu-te o temporal do norte!
Teto — caíste! Crença — já não vives!

O jogo de metáforas prossegue nos versos seguintes. Estudá-las uma por uma seria matéria para um livro. É como um turbilhão de imagens, que dão a exata ideia da poesia jorrando aos borbotões. Não se tem, em nenhum momento, a impressão de que o poeta pudesse levantar sequer os olhos do papel para pensar a comparação. É o oposto o que se sente, parece que as metáforas lhe acudiam em tal abundância que ele não podia anotá-las todas.

A mesma dualidade que se observa na poesia subjetiva está presente na poesia narrativa ou descritiva. De um lado, os cacoetes românticos se agravam a ponto de atingir o ultrarromantismo popularesco, tipo "Douda d'Albano", do qual é exemplo o "Vingança":

A noite vai em meio; a pálida viúva
Escuta as ventanias que no deserto rugem;
O filho recostado num canto, junto ao muro
De uma arma gigantesca areia o cano escuro,
Manchado há muito tempo de sangue e de ferrugem.

E no final, o filho volta à casa trazendo a mão do homem que lhe assassinara o pai...

De outro, também a poesia narrativa e descritiva se vai enquadrar na linha da elegíaca, aproximando-se então da ingenuidade meio casimiriana, ou dos poemas que no gênero escreveram Bittencourt Sampaio e Bruno Seabra, principalmente nas descrições das cenas da roça, como em "A flor de maracujá", ou nos casos pitorescos, como "Antonino e Corá". Outras vezes, à grande beleza descritiva se casa uma suave melancolia, que parece oriunda da própria paisagem, e não da alma angustiada do poeta:

Era no mês de agosto, o mês dos risos,
das doces queixas, das canções sentidas,

O INDIVIDUALISMO ROMÂNTICO   193

quando no céu azul, ermo de nuvens,
passam as andorinhas foragidas.

Quando voltam do exílio as garças brancas,
quando as manhãs são ledas e sem brumas,
quando sobre a corrente dos ribeiros
pende o canavial as alvas plumas.

Observe-se a exatidão da descrição dos costumes roceiros, impregnada de tranquilidade, sem nada que lembre "as ventanias que no deserto rugem":

Punha-se o sol; as sombras sonolentas
mansamente nos vales se alongavam.
Bebiam na taverna os arrieiros
e as bestas na poeira se espojavam.

O fogo ardia vívido e brilhante
no vasto rancho ao lado do jirau

onde os tropeiros sobre fulvos couros
entregavam-se ao culto do pacau.

Fagundes Varela foi, assim, um poeta rico e contraditório, com um talento de muitas faces, e no qual há ainda a assinalar o aspecto religioso e a preocupação social e nacionalista. O primeiro, ao qual se junta boa dose de misticismo, consubstancia-se principalmente no longo poema em vários cantos e decassílabos brancos, *Anchieta ou o evangelho nas selvas*, e numa coletânea em colaboração com a irmã, *Cantos religiosos*. Foram publicados depois de sua morte, e seus melhores momentos são aqueles em que o poeta lírico predomina.

A preocupação social e nacionalista surge em Varela com a patriotada de *O estandarte auriverde, cantos sobre a questão anglo-brasileira* e se estende a esporádicos ataques ao Imperador, ocasionais manifestações contra a escravatura e hinos de exaltação a figuras heroicas, como o dedicado a Juarez. Em conjunto, essas manifestações não chegam a constituir tendência ou atitude — Varela não deixou nunca de ser um individualista, reagindo um pouco ao sabor das circunstâncias.

Ao grupo estudantil de Álvares de Azevedo, em São Paulo, pertenceram dois escritores mineiros: Bernardo Guimarães e Aureliano Lessa. Das figuras de segundo plano do Romantismo brasileiro, Bernardo Guimarães 1825-1884) é talvez a mais interessante como poeta, foi lírico, elegíaco, humorístico e até pornográfico; como romancista, é considerado o introdutor do regionalismo em nossa ficção, e como crítico literário foi de um vigor e uma técnica impressionantes em relação ao que se fazia na época.

194   ERA ROMÂNTICA

O poeta Bernardo Guimarães é de tendência classicizante, apesar de suas inseguranças de métrica, sua despreocupação com a forma. Foi na poesia humorística que ele mais se aproximou do espírito romântico, principalmente no "bestialógico", tão em moda entre os estudantes daquela geração. Não desprezou a sátira, ironizando as modas, tanto as do traje como as literárias; nem o amigo Aureliano Lessa escapou à sua veia humorística — Bernardo fez da "Lembranças do nosso amor", modinha de Lessa então muito popular, uma paródia que começa assim:

> Qual berra a vaca do mar
> Dentro da casa do Fraga,
> Assim do defluxo a praga
> Em meu peito vem chiar.

Na poesia séria, ele se volta de preferência para os motivos exteriores caracterizando-se por um lirismo objetivo. Manuel Bandeira, que reviveu o nome do poeta, incluindo-o na *Antologia de poetas brasileiros da fase romântica*, tem palavras de louvor para "O devanear do céptico", composição de intenções filosóficas, que não são nele tão frequentes como as descrições. No prólogo das *Folhas de outono*, Bernardo Guimarães fez a sua profissão de fé poética: não aceitava nenhum "sistema crítico-filosófico-histórico-etnográfico-sociológico, etc. etc." e pensava que a inspiração não se devia prender à "pesada charrua da crítica moderna, tão cheia de teorias sibilinas e ainda mais carregada de erudição do que a antiga". Proclamava a necessidade de os poetas brasileiros se libertarem das influências europeias, rebelava-se contra as limitações impostas pelo positivismo e pelo Naturalismo. E era contra o verso alexandrino.

A opinião da crítica é hoje quase unânime em colocar o poeta acima do prosador, mas apesar disso foi como romancista que Bernardo teve seu nome popularizado. Suas novelas foram o que a sua poesia não foi: acentuadamente românticas, presas aos moldes e ao gosto fácil de estilização da época; Bernardo estava "impregnado do mais insosso e falso Romantismo da época, que só na idealização artificial das coisas via o encanto e o valor da arte", disse Tristão de Athayde em *Afonso Arinos*.

Seu título maior é o de introdutor do regionalismo no romance. José Veríssimo definiu-o como o "criador do romance sertanejo e regional, sob o seu puro aspecto brasileiro". E incursionou até pelo indianismo (*O índio Afonso*, *O ermitão de Muquém*, etc.). Tem certa fama como paisagista, mas Monteiro Lobato não o perdoou: "Lê-lo é ir para o mato, para a roça, mas uma roça adjetivada por menina de Sião, onde os prados são *amenos*, os vergéis *floridos*, os rios *caudalosos*, as matas *viridentes*, os píncaros *altíssimos*, os sabiás *sonorosos*, as rolinhas *meigas*. Bernardo descreve a natureza como um cego que ouvisse contar e reproduzisse as paisagens, com os qualificativos surrados do mau contador. Não existe nele o vinco enérgico da impressão pessoal. Vinte vergéis que descreva, são vinte perfeitas e invariáveis amenidades. Nossas desajeitadíssimas caipiras são sempre lindas morenas cor de jambo. Bernardo falsifica o nosso mato".[34] A crítica literária é o aspecto menos conhecido e mais curioso do talento de Bernardo Guimarães. Exerceu-a entre 1859 e 1860, em *A Atualidade*, e o fez de maneira violenta, porém não injusta. Atacou *Os timbiras* de Gonçalves Dias, exprobrando-lhe a contradição (hoje tão explorada pela crítica) entre a linguagem castiça e figura dos selvagens. Censurou o falso brilho de Junqueira Freire, cuja "metrificação é sempre pesada e monótona". Sua crítica se destaca nitidamente dos artigos laudatórios de então, preferindo o exame objetivo do texto à divagação elogiosa. Analisando o poema-romance de Joaquim Manuel de Macedo, *A nebulosa*, detém-se nos seguintes versos: "... de neve o seio / de neve os braços, de cristal os dedos", para perguntar — "Qual a razão por que, sendo de *neve* o seio e os braços dessa gentil criatura, o poeta dá-lhe dedos de *cristal?*"

Não era o espontâneo que se tem querido ver — era um espírito capaz da análise justa, capaz da sátira aos vícios da poesia romântica, capaz de evitar muitos deles nos seus próprios poemas, mas que não quis, não soube ou não pôde, evitá-los na prosa de ficção.

Aureliano Lessa (1828-1861) não fugiu à influência do Romantismo, nem ao "mal do século" que, ao jeito de Álvares de Azevedo, mas sem a mesma intensidade, está presente em sua poesia. E além dos "tormentos sem nome" e dos "desenganos mais negros que o rumor da sepultura", o poeta não é indiferente às solicitações amorosas nem à grandiloquência:

> Os cometas correram desgrenhados,
> Quais prófugos do inferno
> Levando aos astros dos confins da esfera
> Os decretos do Eterno.

A essa poesia não falta nem o condor, "Leviatã nos mares", que abre as asas sobre nuvens.

Prefaciando as *Poesias póstumas* de Lessa, assim o definiu Bernardo Guimarães: "Essa mania do paradoxo, e o gosto de metafisicar (deixem passar a expressão), o emaranhavam às vezes em tal confusão de raciocínios, que o tornavam completamente ininteligível." Mais adiante: "O pendor de seu espírito para as concepções transcendentais da filosofia reflete-se até em algumas de suas composições poéticas, nas quais o conceito é por vezes tão sutil e alambicado, que prejudica grandemente a clareza."

Versando quase que exclusivamente três motivos românticos — a metafísica confusa, o amor e a melancolia — a poesia de Aureliano Lessa não fugiu nunca ao lugar-comum. Sua leitura, hoje, leva a estranhar-se a benevolência com que o trataram, entre outros, Sílvio Romero: nada há, na mediocridade incolor dos seus versos, que justifique isso.

Tendo de Fagundes Varela e Álvares de Azevedo a mesma dor profunda, o mesmo sentimento às vezes sombrio, Laurinda Rabelo (1826-1864) não perdeu, porém, certa fé e confiança na vida: a descrença romântica não o atingiu. Em compensação, sua tristeza é mais convincente porque menos eloquente; o poeta não tem arroubos, é como se a melancolia já lhe fosse natural. Sua poesia, se não foge das linhas gerais do Romantismo, também não lhe participa dos excessos. É simples e direta, mas em essência são as mesmas dores fundas, o mesmo anseio da morte e desalento da vida. Seu poema antológico — "Adeus ao mundo"— manifesta um temor de morrer longe da pátria semelhante ao que é característico de Casimiro de Abreu, e idêntico sentimento de exílio.

Laurindo Rabelo teve uma vida trágica e boêmia, em muitos pontos parecida com a de Fagundes Varela, pelo gosto de perambular, pela incapacidade de enfrentar os problemas da vida prática. Era, porém, um espírito mais simples: transformou-se num tipo popular, o *Poeta lagartixa*, foi repentista, humorista e até poeta pornográfico.

Francisco Otaviano de Almeida Rosa (1825-1889) dividiu seu tempo entre o jornalismo e a política e como poeta não passou de diletante, embora tenha gozado de nomeada em sua época. Foi um talento medíocre, que resiste ainda em nossas antologias graças a um poema que começa "Quem passou pela vida em branca nuvem", e a um soneto baseado no solilóquio do *Hamlet*. Em ambos, a fonte de inspiração é alheia.

Francisco Otaviano guarda ainda uns traços de Classicismo, e do Romantismo tomou o que havia de menos ousado. Traduziu muitos poemas ingleses, principalmente de Byron e Ossian.

NOTAS

1 Discurso pronunciado na sessão de instalação da Sociedade Acadêmica Ensaio Filosófico, a 9 de maio de 1850: "Sem uma filosofia, sem uma poesia nacional como quereis uma nação?" (in *Obras completas*. São Paulo, 1942, 2 vols.) (Edição utilizada neste estudo.)

2 T. Ribot. "L'imagination diffluente." (in *Essai sur l'imagination créatrice*. Paris, Alcan, 1900).

3 in "Como e por que sou romancista". Ver no cap. 25.

4 Marion (in "Estudos literários", *Obras completas*. Vol. II, p. 284).

5 Carta a Luís (Luís Antônio da Silva Nunes), de Rio de Janeiro, 1º março 1850 (in *Obras completas*. Vol. II, p. 511).

6 in *Crítica literária*. Ed. Jackson. Rio de Janeiro, 1953.

7 Junqueire Freire (in *O Globo*. Rio de Janeiro, 4 fev. 1929).

8   "Vocação e martírio de J. F." (in *Ramo de louro*. Rio de Janeiro, 1927).

9   *Saggi critici*. Milão, Sonzogno, (s.d.) Vol. I, pp. 226-227.

10   *Selected essais*. 2ª ed., Londres, Faber, 1934 p. 20.

11   José Veríssimo. *História da literatura brasileira*. Rio de Janeiro, Alves, 1916. p. 308.

12   Nilo Bruzzi. *Casimiro de Abreu*. 2ª ed., Rio de Janeiro, Aurora, 1957. p. 112.

13   Manuel Bandeira, *Apresentação da poesia brasileira*. Ed. de 1946, p. 76.

14   *Pequena história da literatura brasileira*. Rio de Janeiro, Alves, 1926. p. 259.

15   Carolina Michaelis de Vasconcelos. *A saudade portuguesa*, 1922, p. 140.

16   Carolina Michaelis de Vasconcelos, op. cit., p. 42.

17   *Dicionário etimológico da língua portuguesa*. Rio de Janeiro, 1932.

18   Idem, pp. 72-73.

19   pp. 74-75.

20   pp. 75-76.

21   *Suspiros poéticos e saudades*. 1836, p. 287.

22   *História da literatura brasileira*. 3ª ed. Rio de Janeiro, José Olympio, 1960. p. 284.

23   *História da literatura brasileira*, idem, p. 309.

24   *História da literatura brasileira*. Rio de Janeiro, 1903. T. II, p. 314.

25   Almeida Garret. *Romanceiro*. 1853. T. I, p. 34.

26   *Parnaso brasileiro*, de Pereira da Silva. Ed. 1848, p. 51.

27   *Pequena história da literatura brasileira*, p. 155.

28   *Obra Completa*. Rio de Janeiro, Aguilar, 1964. "Confissões de Minas", p. 515.

29   *Obras de Casimiro de Abreu*. Rio de Janeiro, Casa Rui Barbosa, 1955. p. 50.

30   id., ibid., p. 518.

31   *Poesia e prosa*. Rio de Janeiro, Aguilar, 1958. Vol. II, "De poetas e de poesia", p. 1281.

32   Casimiro de Abreu. *Poesias Completas*. São Paulo, Saraiva, 1961. p. 19.

33   *Obras de Casimiro de Abreu*. São Paulo, Comp. Editora Nacional, 1940, e Rio de Janeiro, Min. Educação e Cultura, Casa Rui Barbosa, 1955.

34   Cidades mortas. São Paulo, 1919.

27. *Fausto Cunha*

CASTRO ALVES

Antecessores. A década de 1870. Hugoanismo. Pedro Luís, Tobias Barreto, Vitoriano Palhares, Luís Delfino. A poesia e a poética de Castro Alves. Realismo. Narcisa Amália, Machado de Assis, Quirino dos Santos, Carlos Ferreira, Siqueira Filho, Melo Morais Filho. Sousândrade.

ANTECESSORES

O movimento ultrarromântico, cujo marco miliário é a publicação, em 1853, das poesias de Álvares de Azevedo, encontrará em 1859, em *As primaveras* de Casimiro de Abreu, o seu esquema afetivo. Entre 1845 e 1865 (datas redondas), o predomínio do Ultrarromantismo é flagrante; só os derradeiros ecos do Neoclassicismo e uns prenúncios de Realismo obstam à unanimidade. O próprio Gonçalves Dias, muitas vezes mais um pré-romântico do que romântico, não esconderá sua face ultrarromântica. Pois o Ultrarromantismo no Brasil é, em rigor, mais uma fase, um período, do que um movimento.

Nele se mesclam três correntes cada vez menos distintas: o *indianismo*, o *subjetivismo lírico* e o *subjetivismo realista* (a classificação adotada é a costumeira nos românticos).

A influência de Gonçalves Dias permanece nítida em todo o Romantismo brasileiro; no Sul, declinará mais cedo que no Norte e Nordeste. Graças a Machado de Assis, Olavo Bilac e Artur Lobo, repercutirá fundo no Parnasianismo.

O *subjetivismo lírico* (expressão imprópria, mas elucidativa) começará entre nós com a influência de Lamartine, de Espronceda, de Herculano, do *Trovador*. Atingirá sua culminância com *As primaveras*, nas quais por assim dizer se cristalizou o sentimento poético ultrarromântico: Casimiro de Abreu vinha propor uma linguagem perfeitamente de acordo com o *pathos* da época. Essa linguagem, de grande maleabilidade, poder de infiltração e virtualidades mnemônicas, condensava uma pequena tradição a que poetas como Francisco Otaviano, José Bonifácio, o *Moço*, Luís Delfino (da primeira fase), João. Silveira de Sousa, Pedro de Calasans e, sobretudo, Teixeira de Melo haviam dado forma entre nós. Colocado sob o signo de Lamartine, esse subjetivismo lírico talvez devesse muito mais a nomes, hoje obscuros, como Turquety, Millevoye, Serpa Pimentel, Xavier Rodrigues Cordeiro; alimentaram-no outros mais favorecidos, quais Soares de Passos, João de Lemos, Palmeirim, para só mencionar os portugueses. Ao contrário do que declarou, numa de suas raríssimas afirmativas, o historiador José Veríssimo, os nossos ultrarromânticos tomaram conhecimento, e abusivo, dos colaboradores do *Trovador*, do *Novo trovador* e seus contemporâneos em Lisboa e Coimbra. Os "arquivos", "álbuns", "mosaicos", "flores e frutas", ou simplesmente coletâneas de autores lusos eram frequentes na primeira metade e meados do século XIX.

Houve um momento em que o subjetivismo lírico chegou a pretender foros de doutrina poética. O extrarrealismo frenético em que descambara, idealismo elementar e espiritualismo superficial, criara uma legião de crianças e mulheres divinizadas ou angelizadas, uma bolorenta moral de adjetivos, uma literatura de "orações", "meditações", "lamentações" e "inspirações" pudibundas; esse "idealismo", a serviço dos costumes, menos que da arte, prestava-se excelentemente a servir de estorvo ao avanço do que então se denominava "materialismo", "indiferentismo moral", "industrialismo" ou mesmo "romantismo extravagante". É a partir de 1865 que se inicia uma reação de maior âmbito contra esse subjetivismo. É também por essa ocasião que se revelam os antirrealistas forrados de moralistas, o mais ilustre dos quais seria Tobias Barreto, inovador em Filosofia e Direito mas visceralmente reacionário em matéria de poesia.

A linha subjetivista continuará. Após enfrentar o *realismo* de 1870, sairá a campo contra o *naturalismo* de 1880, e só em face do Simbolismo perderá sua razão de ser. *Primeiros sonhos* de Raimundo Correia (1879) ainda se inscrevem nessa ala. Depois de 1865, vai cedendo o Ultrarromantismo e vão-se fundindo subjetivistas "líricos" e "realistas", subordinados cada vez mais a influências comuns. Não é possível distinguir com segurança a ascendência de um poeta numa geração em que se caldeiam Heine e Victor Hugo, Byron e Quinet, Foscolo e Zorrilla, Musset e Hoffmann, Tomás Ribeiro e Gonçalves Dias, Ossian e Klopstock, Casimiro de Abreu e Mendes Leal, Azevedo e Lamartine, Goethe e Shakespeare. Quando se fizer a história (tão necessária) das epígrafes no Romantismo brasileiro, poderemos compreender como era possível conciliar Virgílio e Milton com George Sand e Manzoni.

O *subjetivismo realista* (designação ainda mais imprópria e não menos útil) misturará suas águas com as dos "líricos", particularmente quando se tratar do tema da morte. A poesia fúnebre de ambas as correntes é idêntica, ou pouco diferem entre si. Já não se dá o mesmo quanto à posição em face da vida: nisso Azevedo e Casimiro não correm paralelos. Hoje, é-nos lícito dizer que a atitude casimiriana estava muito mais próxima da realidade que a azevediana. Menos, sim, com respeito ao conceito de "realismo" vigente no seio dos românticos: realismo como sinônimo de erotismo, de individualismo exacerbado, de rebeldia moral, de *cinismo*, no estilo do *Rolla* de Musset. O "realismo" do *Estudiante de Salamanca*, de *A noite na taverna*, de "Uma página de escola realista"...

Por volta de 1860, entra a florescer uma poesia "campesina", de costumes e situações, estas mais ou menos estandardizadas. Essa poesia, amiúde galante e não raro licenciosa, não esconde suas dívidas para com Béranger, Palmeirim, Garrett; apanha o fio do indianismo, recolhe pequenas contribuições folclóricas ou regionalísticas, cultiva um nacionalismo garrettiano e dá origem a um grupo de poetas menores, com obras de bom nível, quais Bruno Seabra, Bittencourt Sampaio, Gentil Braga. O humorismo está presente, mas não é o *humour noir*, dos subjetivistas realistas, o humor macabro. As relações entre o homem e a mulher, na poesia brasileira, evoluem para um tom coloquial (Tobias Barreto), ousado (F. Quirino dos Santos, *Estrelas errantes*, 1863) e mesmo atrevido (Celso da Cunha Magalhães, *Versos*, 1870).

Esse lirismo costumbrista (poesia urbana, campestre, sertaneja, etc.) representa um avanço no sentido do Realismo, como já representara, no nascedouro do Romantismo, uma conquista do nacionalismo. De certa forma, ela é a resposta romântica ao pastorismo dos árcades.

Na peça *Uma cena de nossos dias* (1864), o sergipano Pedro de Calasans (1837-1874), que se firmara como ultrarromântico (*Páginas soltas*, 1855, *Últimas páginas*, 1858), insere um poema *d'apres-nature*, atribuído a seu irmão Joaquim. Em *Wiesbade* (1864), o Romantismo é metido à bulha e tenta-se, pela primeira vez no país, a inspiração cosmopolita, recheada de vocábulos estrangeiros. O hibridismo, notadamente na prosa, antecipará a afetação da *belle époque* brasileira. A moda vicejará, por certo tempo, na literatura acadêmica.

Parecerá estranho que o Romantismo, tentando oferecer-nos uma poesia nacional, autêntica e autônoma, incorra de mais a mais na dependência europeia. Deixando de lado o provincianismo e a falta de inspiração própria, há outra explicação: a consciência de nação em pé de igualdade. Essa consciência, um pouco temerária, permitia inclusive o comércio idiomático, a penetração nos problemas universais. Pedro de Calasans sentir-se-ia perfeitamente à vontade para descrever os ambientes burgueses da Alemanha; Tobias, para debater as altas questões do Pensamento; Castro Alves, para se justapor a Hugo.

Há uma corrente, fora daquelas três, que não se interromperia dentro do nosso Romantismo: a clássico-romântica, de Magalhães e Porto-Alegre, buscando o impossível apaziguamento da forma neoclássica pelo tema romântico. De maneira atenuada, ela encontrará simpatia em Machado de Assis; depois do noviciado ultrarromântico, Pedro de Calasans a ela se converterá (*Ofenísia*, 1864); Bernardo Guimarães levá-la-á, diluída, quase até o fim do século. A citação desses nomes prova como a estrada se bifurca; nuns, é o simples retorno, o "arrependimento" (Magalhães); noutros, a manutenção da linha de Castilho (o caso de Bernardo Guimarães, quando ataca o "quinhentismo" de Gonçalves Dias e lhe contrapõe a poética do mestre da *Noite do castelo*). *Colombo*, de Porto-Alegre, aparecido em 1866, é o fim cronológico desse Neoclassicismo anacrônico. Pode-se ver, nada obstante, do prefácio aos *Cantos do fim do século*, datado de 1873, como o poeta Sílvio Romero ainda defrontara a encruzilhada onde os antirromânticos deviam tomar sua decisão: retrocesso ao Classicismo ou adesão ao Realismo. Em Portugal, o conflito seria mais violento.

Mas o que vai caracterizar essencialmente a década 1860-1870 é o *surto do hugoanismo*. Após a hegemonia de Lamartine, de Musset, Victor Hugo passa ao primeiro plano, mercê dos *Châtiments*. Sua glória estava em ascensão desde as *Orientales*, tão glosadas, e das *Feuilles d'Automne*. Composições como "Sara la baigneuse" fizeram longa carreira em nossa literatura. Contudo, nada se comparava ao impacto de quatro livros decisivos, em menos de dez anos (1852-1859): *Napoléon le Petit*, *Les châtiments*, *Les contemplations*, o primeiro volume da *Légende des siécles*. Para nós o momento era psicológico, levando-se em conta o natural atraso de um decênio e mais com que adotávamos as novidades de França. A uma geração que ainda discutia o prefácio de *Cromwell*, pouco se lhe dava o ruidoso fracasso dos *Burgraves* em 1843. Victor Hugo não foi somente um nume inspirador, um semeador de *leitmotiv*: é mesmo possível que alguns dos que o imitaram nunca o tenham lido senão em traduções, como as que Múcio Teixeira reuniria nas *Hugonianas*. Foi um estado de espírito, em sintonia com a fermentação do Brasil naquela etapa. Sua luta contra Napoleão III era, para quase todos os nossos poetas republicanos, ou apenas antimonárquicos, o canhão que deveria derrubar o trono de Pedro II. Um dos últimos românticos, Luís Murat, transformaria Hugo em profeta de uma nova religião.

Euclides da Cunha, na conferência *Castro Alves e seu tempo*, traçou as linhas gerais dessa época. A guerra do Paraguai (1864-1870) encerraria brutalmente o decênio. Agitavam-se duas campanhas paralelas, ora ajudando-se entre si, ora divergindo nos princípios e nas finalidades: a Abolição e a República. As idas e regressos dos soldados brasileiros, se propiciavam aos áulicos louvaminhas ao cetro ou hinos belicosos, também rasgavam oportunidade a que se desagravassem os "Voluntários da Pátria".

Victoriano Palhares não se fartou de alusões acres à coroa imperial. Nem sempre a metáfora velava a intenção. Em 1870, saudando o 53º batalhão que retornava do Sul, declama Tobias Barreto:

> O pendão que os relâmpagos rasgaram,
> Das mãos da guerra bravamente escapo,
> De que pode servir?
> O rei tem frio...
> Dai ao rei por esmola... este farrapo!

Ficou famosa a saudação a Osório feita no mesmo ano pelo então acadêmico Celso da Cunha Magalhães na Faculdade do Recife: "Osório não precisa de púrpuras, porque tem o seu manto crivado de balas, que atestam o seu civismo; Osório não precisa de trono...", e assim por diante, numa progressão que obrigou o general a interromper o orador com um viva à Sua Majestade.

Brasil e Portugal irmanavam-se no assédio. Em 1869, o português Sousa Pinto (depois naturalizado) dedicava um poema, "Ecos democráticos", a Emílio Castelar, a quem pedia a epígrafe: "Com os reis, com a sua autoridade, soberana, indiscutível, com o seu privilégio monstruoso, hereditário, não pode haver liberdade, nem democracia." Estampado na imprensa pernambucana, a repercussão foi expressiva: Luís Guimarães Júnior, Plínio de Lima e outros escreveram sobre os alexandrinos do autor de *Ideias e sonhos*.

A guerra contra López desencadeará os ventos da epopeia, agora assoprados através da trompa hugoana. Poucos foram os poetas brasileiros de então que não pagaram tributo à musa guerreira. Bastava um adjetivo, uma hipérbole, um levantar de braços. Nada, ou quase nada, se salvou dos milhares de poemas cujo único objetivo era o aplauso imediato, o nome nos jornais, quando não o favor do Monarca. Não foi, porém, na poesia de clangor, nas apóstrofes, que a influência de Hugo se fez sentir mais imperiosamente. Ela ia derramar-se no verso moralista, na historieta metrificada, na reflexão filosófica (observem-se, v.g., as traduções hugoanas feitas por aqui, especialmente as de Castro Alves), forneceria a nota lírica. É um aspecto bem pouco examinado, esse de um poeta velho transmitindo a um punhado de jovens a linguagem do amor; de um poeta enfático e apaixonado emprestando a uma legião de enfáticos e apaixonados a nota mais suave da paixão — a ternura.

Pois o hugoanismo considerado como escola da ênfase, das metáforas arrojadas, da antítese vertical, dos apelos ao Direito e das invocações à Liberdade, se deve ao exilado de Jersey o modelo estilístico-retórico, não deve menos alguns de seus elementos de dição a vários outros poetas. Como o byronismo, o lamartinismo, também o hugoanismo, nas suas diversas etapas indígenas, atravessa inúmeros sedimentos: Musset, Gautier, o próprio Lamartine, Vigny, Espronceda, Tomás Ribeiro, Teófilo Braga, Mendes Leal, Béranger, Gonçalves Dias... Isso explica o "hugoanismo épico" em datas muito recuadas, quando os chamados "precursores" ainda não haviam embocado a trombeta. O que esse tipo de dição, mais retórico do que poético, deve a Victor Hugo é a autoridade do seu nome glorioso para manter em circulação uma fórmula que na França já se ia fazendo anacrônica.

O hugoanismo, quer na sua linha enfática, quer na contemplativa (no sentido puramente alusivo), é em parte responsável pela continuação do Ultrarromantismo e do Romantismo no Brasil, quando mesmo em Portugal a reação se processava com celeridade. A literatura épica, produzindo uma libertação emotiva, teve o mérito de aproximar-nos ainda mais do Realismo e de, por necessidade metafórica, introduzir uma série de recursos novos na linguagem. Vivendo, como vivia, da Retórica, provocou ao mesmo tempo, sob a ilusão de um novo rumo, o estacionamento em velhos caminhos. Até o advento da República, são frequentes as manifestações hugoanas ao cunho de 1865-1870. Daí por diante, o anacronismo se torna cada vez menos suportável e, por fim, passa para fora da literatura. Essa mistura de poesia e oratória, onde tudo se resolve através de exclamações, apóstrofes, antíteses, elipses e rimas agudas, nada tem de comum com a linguagem pura e opulenta do gênio das *Contemplations*; são antes, na verdade, sobras espúrias de Castro Alves. A última e única repercussão desse Ultrarromantismo no século XX digna de atenção haveriam de ser os *Gritos bárbaros* de Moacir de Almeida.

Seja como for, o hugoanismo trouxe um cômodo denominador comum para juntar elementos que, de outra sorte, dificilmente subsistiriam. Estão nesse caso Pedro Luís, Tobias Barreto e Vitoriano Palhares, apontados como antecessores de Castro Alves e, como José Bonifácio e Luís Delfino, simultaneamente antecessores, contemporâneos e sucessores do baiano. O epíteto de precursores a todos esses poetas raia pelo disparate, não só porque em nenhuma linha hugoano-enfática é predominante (muito menos em Castro Alves), como também porque todos, sem exceção, se inscrevem numa linha geral de subjetivismo lírico mesclado de subjetivismo realista. Dos cinco, apenas José Bonifácio, lírico em perene transição, e Luís Delfino podem aspirar à sobrevivência, sem precisão de se verem atrelados ao carro triunfal do criador das *Espumas*.

José Bonifácio de Andrada e Silva (1827-1886), dito o *Moço* para o distinguir de seu avô, o Patriarca da Independência e, na Arcádia, Américo Elísio — apresenta uma das mais curiosas trajetórias em nossas letras românticas. Sua obra, relativamente escassa para uma existência bastante longa, jaz em quatro publicações das quais apenas uma, *Rosas e goivos* (fins de 1848 ou princípios de 1849), dada a lume por ele próprio. Em 1859, o poeta negro Luís Gama incluiria nas suas *Primeiras trovas burlescas de Getúlio* algumas composições de José Bonifácio;[1] em 1887, José Maria Vaz Pinto Coelho reuniria deficientemente o seu espólio e em 1920 Afrânio Peixoto dividiria entre os dois José Bonifácio uma antologia luso-brasileira.*

Sem ter sido, em momento algum, um grande poeta, não merece o relativo esquecimento a que vem sendo relegado. Sua poesia é a que talvez possua, em conjunto, maior número de afinidades com a de Castro Alves, nos três planos — épico, amoroso e humorístico. Como professor e como poeta exerceu determinada influência no autor das "Vozes d'África"; mas não seria impossível demonstrar que, nos poemas de José Bonifácio posteriores a 1868, haja alguma centelha devida ao seu jovem discípulo. Sua poesia amorosa difere da castroalvina no tipo de lirismo: a experiência conjugal,

---

*   As poesias de José Bonifácio, *o Moço*, tiveram finalmente uma edição definitiva, organizada, prefaciada e anotada por Alfredo Bosi e Nino Scalzo, e publicada pela CL/CEC, São Paulo, em 1962.

tranquila e terna, que constitui uma das notas mais pessoais da inspiração andradina, foi estranha a Castro Alves, cujo pábulo erótico eram as explosões do amor sem regime.

A veia satírica de ambos era notória, ainda que só o primeiro houvesse deixado uma peça poética em testemunho: *O barão e seu cavalo*, espécie de ato cômico, publicado em 1868, no qual José Bonifácio, adotando recursos bestialógicos, conseguiu, ademais de resultados políticos, deixar uma engenhosa paródia dos vezos hugoanos e elmanísticos do tempo:

> Oh! sol! Oh! sol! cabeça de palito,
> Brasa acesa nas costas de um mosquito

ou

> Oh! raios, oh! trovões!, oh claraboia,
> Donde Eneias fugiu, deixando Troia!

ou esta, de um antirromantismo extremo:

> Que perfumes que vêm pelas janelas,
> Das roseiras plantadas nas panelas!?

O ditirambo de Guimarães ao Barão só poderia ter sido escrito por um escritor consciente dos ridículos do Ultrarromantismo da época.

Se quisermos dar a precursor o sentido, puramente cronológico, José Bonifácio é um legítimo precursor de Azevedo e Casimiro com seu livro *Rosas e goivos*. Nele a influência dos componentes do *Trovador* é clara. Os temas da saudade da infância, da "valsa da perdição" e da morte surgem de permeio com ainda acentuados resíduos arcádicos, ou melhormente, pré-românticos, devidos talvez à sugestão de Américo Elísio. Turquety é copiosamente solicitado, desde a abertura do volume até às epígrafes internas. O fúnebre antelóquio é paráfrase de uma passagem turquetyana: "Que sepulcro aí pela terra se encontra, que não tapizem algumas flores sem perfume? — e o que é o passado senão um sepulcro, e o que é a existência senão um cadáver? caiam pois sobre a lousa, que a esmaga, rosas de um dia, goivos de toda a vida." José Bonifácio nunca mais incidirá nesse romantismo paroxístico. Sua poesia evoluirá para um romantismo atenuado, e, mais tarde, para um pré-parnasianismo, à maneira de Luís Guimarães Júnior. O soneto "Não e sim" é puro Bilac. Nalgumas estrofes, há uma vaga emanação simbolística. Não é de surpreender que, como Luís Delfino, pudesse o autor de "O redivivo" realizar-se dentro dos moldes pós-românticos melhor que nas fórmulas de transição em que poetou. Era um panteísta de voos moderados, com senso de equilíbrio e economia de metáforas.

Pedro Luís (1839-1884) deve a permanência de seu nome ao fato de haver influenciado algumas vezes o estro de Castro Alves. Esse influxo é perceptível com particularidade na fase de 1864-1865; composições quais "A sombra de Tiradentes" e "Voluntários da morte" repercutiram aqui e ali no trabalho do provinciano, deslumbrado com o vidrilho da adjetivação tonitruante e dos pontos de exclamação reticenciados. Foi uma influência nociva, essa de Pedro Luís. Seus *Dispersos* nos dão a medida de um citaredo medíocre, demasiado favorecido pela crítica de seu tempo e, em menor escala, pela benevolência dos pósteros.

De Tobias Barreto (1839-1889) o que se pode dizer é que, não fora a insistência de Sílvio Romero, ninguém falaria nele como poeta. *Dias e noites* (1881) nada valem. A seu crédito, um tom mais íntimo do lirismo, infelizmente sempre a descair no mau gosto e na banalidade. O que seu discípulo de *Cantos do fim do século* se furtou a ver na obra do mestre foi a torrencial imitação que de Casimiro de Abreu fez o sergipano; alguns versos são transcrições quase textuais.

Vitoriano Palhares (1840-1890) poderia, como Carlos Ferreira e Melo Morais Filho, ser situado entre os contemporâneos não antecessores de Castro Alves. Sua geração é, todavia, a de Pedro Luís e Tobias Barreto. Praticamente silenciou depois de 1870, ano em que apareceram as *Peregrinas e centelhas*. A estreia remonta a 1866, com *Mocidade e tristeza*. Em 1868, lançou um opúsculo que hoje circula em várias edições populares, *As noites da virgem*. Entrementes, saem as *Perpétuas*. O lustro 1865-1870 foi o mais ativo e o mais triunfal para Vitoriano, que se transformou numa espécie de poeta oficial da guerra do Paraguai. As *Centelhas* são o calendário épico dessa campanha, variando das mais arrojadas metáforas ao enumerativo mais chão.

Vitoriano Palhares estava longe de ser um talento desdenhável. Tinha quase um estilo próprio, no meio de centenas de versejadores medusados na imitação. Seu romantismo é sem maior originalidade enquanto lirismo sentimental; na poesia heroica, o pernambucano afastava-se da rotina, conquanto nem sempre pela porta do gosto. Possuía o segredo dos movimentos de cena, dos jogos imagínicos; e um dom de síntese muito apreciável em quem devia empolgar a multidão poetizando-lhe fatos sabidos. Sua retórica jamais se detinha:

> Nas pelejas do direito
> O ferro que vara o peito
> Não encontra o coração.

Teve dias de glória. "Vitoriano (escreve Afonso Olindense) foi sempre o mimoso das turbas, o *enfant gâté* das multidões, o mais popular, o mais aplaudido de todos os poetas brasileiros. Ninguém teve mais triunfos na praça pública; nem obteve mais pronta a sagração dos seus talentos." De tudo isso, restam duas ou três poesias.

CASTRO ALVES[*]

Em 1870, Castro Alves deu à estampa o único livro seu que viu impresso, *Espumas flutuantes*; nesse ano praticamente reviu e retocou sua obra, datando de 1870 os manuscritos, que ficariam sendo definitivos, do ciclo dos *Escravos*. O fecho de *A cachoeira de Paulo Afonso* leva a data de 12 de julho de 1870. As últimas composições são de junho de 1871.

Pode, pois, o ano de 1870 funcionar como uma espécie de fiel da balança em cujos pratos se encontram *As primaveras* (1859) e *Sonetos e rimas* (1880). Seria, dessarte, o ponto ideal da transição entre o Ultrarromantismo e o Parnasianismo. Todavia, se por um lado *Espumas* ainda guardam muitos pontos de contato com a lírica de Casimiro de Abreu, por outro se avantajam nalguns sentidos às produções de Guimarães Júnior naquilo em que estas hajam contribuído à instauração de uma nova corrente poética.

Se a classificação de Castro Alves dentro desta ou daquela escola é de somenos importância, não o é o estudo de sua posição em face do Realismo. Aqui,

---

[*] Antônio de Castro Alves (Fazenda Cabaceiras, Curralinho, Bahia, 1847-Salvador, 1871). Educação iniciada em São Félix e completada na capital da Bahia, no Colégio Sebrão e depois no Ginásio Baiano de Abílio César Borges, sob cuja influência se desenvolveu o pendor literário do poeta. De 1859 a 1861 datam os seus primeiros ensaios. Em Recife e São Paulo, seguiu o curso jurídico, que não completou. Nessa fase, viveu intensa atividade acadêmica, como poeta e tribuno, em torno da campanha abolicionista, e da guerra do Paraguai. A vida boêmia, as rivalidades dos grupos acadêmicos entre as atrizes teatrais, em Recife, como era comum no tempo, atraíam o poeta, que se fez o paladino de Eugênia Câmara, em oposição ao grupo de Adelaide Amaral, chefiado por Tobias Barreto. Os desafios públicos entre os poetas empolgavam a mocidade. Já é, então, intensa a sua produção poética.
O amor da atriz conduz Castro Alves à Bahia, ao Rio e a São Paulo, onde a glória pública e a crítica o consagram, esta última pela pena de Alencar e Machado de Assis. Em 1868, em São Paulo, num acidente de caça, foi ferido num pé, que veio a ser amputado no Rio. De retorno à Bahia, vai à terra natal, em busca de melhoras para a saúde, minada pela tuberculose. Termina *A cachoeira de Paulo Afonso* e publica *Espumas flutuantes*. Morre em 1871, no palacete do Sodré, aos 24 anos.

Bibliografia
POESIA: *Espumas flutuantes*. 1870. Novas edições em 1875, 1878, 1881, 1883, 1889, 1897, 1898, 1901, 1904, 1909, 1915, 1923, 1926, 1928, 1932, 1943, 1944, 1947, e várias sem data, ou em conjunto de obra, havendo as simultâneas por editoras diferentes. É o único livro aparecido em vida do poeta. A julgar pelo número de edições e estudos críticos, é o poeta mais lido e admirado do Brasil. Cinquenta edições assinala Afrânio Peixoto em 1931.
OBRAS PÓSTUMAS: *Gonzaga ou A revolução de Minas* (teatro). 1875; *A cachoeira de Paulo Afonso*. 1876; *Vozes d'África. O navio negreiro*. 1880; *Os escravos*. 1883.

sua poesia investe-se de uma dupla significação histórica: retoma a tradição azevediana, e portanto se coloca frontalmente na linha anticlássica, sobretudo como afirmação da estética romântica em face do já mencionado movimento de retorno ao Classicismo; e estabelece, ao mesmo tempo, uma oposição de qualidade à acomodação do Ultrarromantismo como sistema lírico, constituindo-se no principal artífice de uma nova concepção da realidade na poesia brasileira. A eventual contradição latente nesse duplo aspecto não deve surpreender-nos numa obra, qual a castroalvina, onde as contradições são numerosas.

Não foi Castro Alves, como se tem dito, um fenômeno à parte em nossa literatura, nem desligado de antecedentes e ambientes, conforme acreditava Euclides da Cunha. Qualquer de suas facetas pode ser defrontada na obra de antecessores e contemporâneos. Uma das maiores dificuldades antepostas aos

Edições

Obras completas. Ed. Afrânio Peixoto. 1921 (3ª ed. São Paulo, Cia. Ed. Nac., 1944. 2 vols.).

Poesias completas. Prof. Agripino Grieco. Rio de Janeiro, Z. Valverde, 1946. 2 vols.

Poesias completas. Intr. Jamil Almansur Haddad. Org. rev. Notas de F. J. da Silva Ramos. São Paulo, Saraiva, 1953 (Col. Estante da poesia brasileira, 3).

Poesias completas. Org. Jamil Almansur Haddad. São Paulo, Cia. Ed. Nac., 1952 (Col. Livros do Brasil, 9).

Poesias escolhidas. Org. Homero Pires. Rio de Janeiro, Inst. Nac. Livro, 1947.

Obra completa. Org. Eugênio Gomes. Rio de Janeiro, Ed. José Aguilar, 1960. (2ª ed. 1966).

Para a bibliografia de e sobre Castro Alves o ponto de partida, indispensável embora exigindo atualização, é: Afrânio Peixoto: *Castro Alves* (ensaio biobibliográfico). Rio de Janeiro, Acad. Brasil. Letras, 1931. H. J. W. Horck. *Bibliografia de Castro Alves*. Rio de Janeiro, Inst. Nac. Livro, 1960. Ver também: *Arquivos*. n. 2, mar.-abr. 1947. pp. 186-200. Rio de Janeiro, M. F. S., 1947. *A questão Castro Alves*. Considerado como o Poeta da Raça, pela notável congenialidade com o gosto poético do povo brasileiro, que lhe dá a sua preferência. Castro Alves tem oscilado, entre os críticos, da exaltação à negação. Sobretudo atraída pelo aspecto biográfico, pela sua ideologia, pelo papel que desempenhou como poeta, máxime na propaganda abolicionista, a crítica brasileira dividiu-se muito tempo em uma polêmica sobre a superioridade poética de Castro Alves ou Gonçalves Dias. Além dessa discussão, iniciada por Lúcio de Mendonça e Olavo Bilac respectivamente, há ainda a mencionar, a respeito de Castro Alves, a atitude de Sílvio Romero, que, em toda a sua carreira, tentou opor-lhe a figura de seu amigo Tobias Barreto, o êmulo do poeta baiano nos tempos do Recife. A posteridade encarregou-se de demonstrar a sem-razão da doutrina. Eram essas posições evidentemente acríticas, e a tendência mais recente mostra-as superadas, em proveito da análise e da interpretação. Alguns estudos dedicados à sua obra ultimamente revelam preocupação mais crítica, indicando os rumos que deverão seguir-se em relação a uma poesia rica de sentido, e sobretudo extraordinariamente brasileira, pela sensibilidade, pela linguagem, pelo colorido, pela pujança, pelos ideais, pela correspondência com a Natureza.

estudiosos desse poeta é a ignorância reinante, mesmo entre exegetas, do que se fez e fazia naquele tempo, agravada pelo fato de não infundirem respeito (ou confiança) as contribuições válidas de nomes hoje obscurecidos, sem embargo da projeção de que tenham gozado, ou da influência exercida. Daí o perigo de afirmações e classificações aligeiradas do aparato documental, e a quase inanidade de justificativas históricas a ser formuladas pela primeira vez.

Datam de 1864 as primeiras composições castroalvinas dignas de referência. Nesse ano, aparecia *Vozes d'América* e em 1865 *Cantos e fantasias*, de Fagundes Varela. O Ultrarromantismo brasileiro estava encerrado. As obras subsequentes do próprio Varela pouco iriam acrescentar à sua glória literária, ainda que tenham enriquecido, para nós, o conhecimento de sua figura humana. Na década 1860-70, a *escola* caminha a velas pandas para a abstração e o ridículo,

---

Consultar

Alencar, J. de. "Um poeta". Carta a Machado de Assis (in *Correio Mercantil*. Rio de Janeiro, 22 fev. 1868); Almeida, R. "Revisão de valores" (in *Movimento Brasileiro*. Abril, 1929); Alves, Constâncio. "Castro Alves, no 50º aniversário de sua morte" (in *Revista da Semana*. Rio de Janeiro, 9 jul. 1921); idem (in *Figuras*. Rio de Janeiro, Anuário do Brasil, 1921); idem. "As obras de Castro Alves" (in *J. Comércio*. Rio de Janeiro, 7 jul. 1921); Amado, Gilberto. "Castro Alves" (in *Boletim de Ariel*. Rio de Janeiro, nov. 1932); Amado Jorge. *ABC de Castro Alves*. São Paulo, Liv. Martins, 1941; Andrade, M. de. "Castro Alves" (in *Revista do Brasil*, ano 2, nº 9, mar. 1939); Ataíde T. de. "Castro Alves" (in *O jornal*, 6 jul. 1921); idem. *Estudos*. Rio de Janeiro (2ª, 4ª, e 5ª séries); *Autores e livros*. III, nº 8, 13 set. 1942; Azevedo, F. de "A poesia social no Brasil" (in *Ensaios*. São Paulo, 1929); Bandeira, M. (in *Apresentação da poesia brasileira*. Rio de Janeiro, Casa do Estudante· do Brasil, 1946); Barbosa, R. "Elogio de Castro Alves" (in *Diário da Bahia*, 8 jul. 1881); idem. *Decenário de Castro Alves. Elogio do poeta*. Bahia, 1881 (tirada à parte do primeiro); Barreto, B. "Discussão com F. Lisboa e outros acerca das poesias de C. A. no decenário". Cachoeira, Bahia, 1881. 2 vols; Bastide, R. "Castro Alves e o romantismo social" (in *Letras e Artes*, 2ª seção, n. 34, Rio de Janeiro, 9 mar. 1947); Calmon. P. *História de Castro Alves*. Rio de Janeiro, José Olympio, 1947; idem. *Vida e amores de Castro Alves*. Rio de Janeiro, *A Noite*, 1935; Cardoso, F. M. "Castro Alves". São Paulo, *Revista dos tribunais*, 1945; Carneiro, E. *Castro Alves*, Rio de Janeiro, José Olympio, 1937; idem. *Trajetória de Castro Alves*. Rio de Janeiro, Vitória, 1947; Carneiro, Humberto. "A imagem, a paisagem e o estilo de Castro Alves" (in *Revista do I. C. L. de Pernambuco*. I/1, jan.-mar., 1922); Carpeaux, O. M. "Aproximando-se de C. A." (in *O Jornal*, 9 mar. 1947); Carvalho, R. de "A aurora de Castro Alves" (in *O País*. Rio de Janeiro, 6 set. 1921); Castro, T. L. de. "Castro Alves" (in *Questões e problemas*. São Paulo, Emp. de prop. lit. luso-brasileira, 1913): "O centenário de C. A." (in *A Tarde*, Salvador, 14 mar. 1947); Cunha, E. da. *Castro Alves e seu tempo*. Rio de Janeiro Grêmio E. da Cunha, 1919. 2ª ed., Dantas, M. O *nacionalismo de Castro Alves*. Rio de Janeiro, *A Noite*, 1941; Dias, T. "A literatura brasileira e os poetas abolicionistas" (in *A província de São Paulo*, 25 jan. 1881); Falam de Castro Alves poetas moços de São Paulo (in *Correio Paulistano*. ano 93, nº 27.896. São Paulo, 14 mar. 1947); Feder, E. "Castro Alves e Heinrich Heine" (in *O Jornal*, Rio de Janeiro, 16 mar. 1947); Ferreira,

inteiramente desligada de qualquer tipo de realidade. A maior parte dos livros de gente nova assemelham-se a paródias. O patético e o grotesco são gêmeos. Os *Cânticos juvenis*, com que estreou Carlos Ferreira em 1865, ou o poema *Leonor* de Almeida Cunha (1866) não podem ser lidos senão às gargalhadas. Existia consciência dessa anomalia, principalmente entre os acadêmicos, em cujos volumes de versos as bulhas antirromânticas se fazem mais assíduas. A importância de tais epígonos é mostrar-nos de forma clara quais as influências dominantes, os cacoetes metafóricos, a engrenagem automática das rimas, dos metros e das estrofes. Sob esse aspecto, atingem em certos casos o valor do documento: assim *Canções da vida* de Fábio Joaquim Ewerton, poeta-bacalhau que somente por crueldade o editor Belarmino de Matos editaria em 1869.

Depois de Gonçalves Dias, Álvares de Azevedo, Casimiro de Abreu e Fagundes Varela, nada mais poderia ser feito com o material ultrarromântico. Nem o foi. O que vem depois é rescaldo, é superafetação. Arrasta-se até os primórdios do penúltimo decênio do Oitocentos um pseudorromantismo de retardatários, medíocres ou de estreantes desavorados.

J. L. R. *Castro Alves*. Rio de Janeiro, Pongeti, 1947. 3 v.; Goines, E. "O esboço da Ode ao dois de julho" (in *Correio da Manhã*, Rio de Janeiro, 30 maio 1953); idem. "Castro Alves e o sertão. As imagens do movimento em C. A. Poema atribuído a C. A." (in *Prata da casa*. Rio de Janeiro, *A Noite*, 1952); idem. "Lord Byron e Castro Alves" (in *Correio da Manhã*, Rio de Janeiro, 3 abr. 1953); idem. "Os textos de C. A." (in *Correio da Manhã*, 19 dez. 1953); Grieco, A. "Castro Aives" (in *Vivos e mortos*. Rio de Janeiro, 1947); Guimarães, Adelaide de Castro Alves. O *imortal*. Rio de Janeiro, Ed. Marisa, 1933; Guimarães, A. A. "Biografia de Castro Alves" (in *Gazeta literária*. Rio de Janeiro, 15 out. e 1º dez. 1883); Guimarães Júnior, L. "Castro Alves" (in *Gazeta de Notícias*, Rio de Janeiro, 1881); Haddad, J. A. *Revisão de Castro Alves*. São Paulo, Saraiva, 1953. 3. vols.; *Homenagem do Grêmio Literário Castro Alves ao laureado poeta...* 10 jul. 1881. Rio de Janeiro, Tipografia nacional, 1881; *Homenagem do I. G. H. da Bahia ao grande poeta...* organizada pelo 1º sec. Conselheiro João Torres. Vol. I, Bahia, Cincinato Melquíades, 1910; *Jornal de Ala*. Bahia, outubro 1939 (Dedicado a Castro Alves, com estudos de C. Chiacchio, Nobre de Lacerda Fº, Alves Ribeiro, etc., e vasta iconografia); Jucá Filho, C. "A estrutura sonora do verso em Castro Alves" (in *Cadernos*. Bibl. Acad. Carioca Letras, nº 19, Rio de Janeiro, 1949); Le Gentil, G. "Castro Alves e a literatura universal" (in *Revista da Acad. Brasil. Letras*. nº 22, abr.-jun., 1922); Leite, A. "Depoimento da atual geração literária sobre C. A. Reportagem." (in *O Jornal*, 9 mar. 1947); Machado de Assis, J. M. "Resposta a José de Alencar sobre C. A." (in *Correio Mercantil*. Rio de Janeiro, 1º mar. 1868); Machado Filho, A. da M. *História de Castro Alves*. Belo Horizonte, Ed. de Rocha-desenhos, 1947; Marques, X. "Castro Alves no decenário de sua morte" (in *Revista Acad. Brasil. Letras*, nº 96, dez. 1939); idem. *Vida de Castro Alves*. 2ª ed. Rio de Janeiro, Anuário do Brasil, 1924; Martins, W. *Interpretações*. Rio de Janeiro, 1946; Mattos, V. *A Bahia de Castro Alves*. 2ª ed. São Paulo, IPE, 1948; Melo, G. C. de. "Castro Alves e a linguagem brasileira" (in *O Jornal*, Rio de Janeiro, 30

O próprio Varela já se dilui na adjetivação estereotipada. Quando nos fala em "tredos", "gentis", "fatais", "celestes", "pálidos", sentimos que a função romantizadora desses adjetivos não mais existe; são enchimento, escória. Até às *Primaveras*, tais recursos vocabulares propiciavam de fato a atmosfera romântica, expressavam a reação do subjetivismo contra o formalismo clássico-arcádico, da criação individualista contra o mimetismo *ilustrado*. Logo se converteram em parasitos sentimentais.

Os clichês enraizavam-se por tal jeito que amiúde colidiam com o pensamento do poeta. É assim que Castro Alves, no poema "Um raio de luar", fala no *níveo* seio da escrava *morena* e constrói suas imagens à base exclusiva de brancuras convencionais: "gelada, como a garça", "criancinha loura", "asa de pombo", "pálida"... Num país riquíssimo de borboletas coloridas, todas são "azuis". O adjetivo "sutil", um dos poucos que recuperariam mais tarde sua independência semântica, frequenta os mesmos substantivos: "vaga-lumes sutis" em Varela, em Castro Alves, e assim por diante. Com as rimas sucede o mesmo. Pobre delas como foi o Romantismo, qualquer solução num instante se banaliza. "Asas: gazas" ainda não é cediça em Pedro de Calasans, em Casimiro, em

---

mar. 1947); Mendonça, Lúcio e Bilac, Olavo. "Polêmica" (in *Rev. Acad. Brasil. Letras*, nº 53); Milliet, S. *Diário crítico*, 2º e 3º vols. São Paulo, 1945; Montello, J. "Uma fonte de C. A." (in *Correio da Manhã*, 1º maio 1955); Montenegro, T. H. "Na poesia brasileira... Castro Alves" (in *Tuberculose* e *literatura*. Rio de Janeiro, 1949); Mota, A. *Vultos e livros*. São Paulo, 1921; Nabuco, J. "Castro Alves" (art. publ. na *Reforma*, 20, 24, 27 abril 1873. Rio de Janeiro, Tip. da *Reforma*, 1873. Transe na *Rev. Acad. Letras*, nº 18, 1921); Palha, A. *Castro Alves*. Rio de Janeiro, Inst. Brasil. de Cultura, 1942; Passos, A. *Castro Alves, arauto da democracia e da república*. Rio de Janeiro, Pongetti, 1947; Peixoto, Afrânio. *Castro Alves, O poeta e o poema*. Paris, Lisboa, 1922; idem. "Cinquentenário da 'A cachoeira de Paulo Afonso'" (in *Revista Acad. Brasil. Letras*, nº 63, março de 1927); idem. "Vida e obra de Castro Alves" (in *Diário da Bahia*, 1896); Pires, Homero. "Castro Alves, poeta social" (in *Revista do I. G. H. da Bahia*. Vol. XVIII, nºs 37, 38 e 39); idem. "Imagem de Castro Alves" Prefácio da ed. de poesias escolhidas. Rio de Janeiro, Imprensa Nacional, 1947; Pontes, J. *Castro Alves, variações em torno da poesia social d'* "Os Escravos". Recife, Diretoria de doc. e cult., 1947; *Revista Acad. Brasil. Letras*. Ano XII, jun. 1921, nº 18 (Comemoração do cinquentenário de Castro Alves. Páginas recolhidas dos maiores escritores nacionais sobre o poeta); *Revista da Acad. Letras da Bahia*. V. X. (Dedicado às comemorações do centenário de Castro Alves). Bahia, Imp. oficial, 1949; Rodrigues, Lopes. *Castro Alves*. Rio de Janeiro, 1947, 3 vols.; Segismundo, Fernando. *Castro Alves explicado ao povo*. Rio de Janeiro, Ed. Letícia, 1941; Távora, F. "Castro Alves". Prefácio de *"Espumas flutuantes"*. Rio de Janeiro, Garnier, 1884-1904: Teixeira, M. Prefácio de edição de *"Os escravos"*. Rio de Janeiro, S. J. Alves, 1883; Verissimo, José. *Estudos de literatura brasileira*. Vol. II. Rio de Janeiro, Garnier, 1901; idem. *Estudos brasileiros*. Vol. 1. Belém, Tavares Cardoso, 1889; Barros, Frederico P. de *Poesia e vida de C. A.* São Paulo, Ed. Américas, 1962; Cunha, Fausto, *Castro Alves e o realismo romântico*. Separata da *Revista do Livro*, INI, nº 23-24, 1961.

Guimarães Júnior, em Castro Alves; mas de Carlos Ferreira em frente ninguém mais detém o automatismo.

Os versos de 9 e 11 sílabas, conquanto permitissem larga variedade de movimentos, fossilizaram-se nos de alternância uniforme. Abusou-se dos esdrúxulos finais, notadamente nos versos de arte menor. O tetrassílabo e o hexassílabo terminados em dáctilos têm papel notório no processo de saturação da métrica romântica. O proparoxítono interior é de não menor significação no comportamento rítmico dos nossos poetas do século XIX: ele é respeitado ou não em sua integridade silábica de acordo com a linhagem do autor, indica fenômenos prosódicos no Ultrarromantismo, e caracteriza algumas vezes as tendências rítmicas.

Não uma evolução e sim uma degenerescência, o Ultrarromantismo vai exaurir a tal extremo as virtualidades estéticas do Romantismo que no fim da centúria seus remanescentes caem fora dos quadros literários.

É necessário ter sempre em vista esse estado de coisas para compreender a evolução poética de Castro Alves, medir sua importância como elemento renovador e distinguir, na sua obra, o que é resíduo e o que é fermento.

As ligações entre o poeta de *Espumas flutuantes* e o de *Noturnas* são ostensivas. A transmissão do facho, tão do agrado de nossos historiadores, que se fez de Azevedo para Casimiro e de Casimiro para Varela, poderia ter continuação de Varela para Castro Alves. Não somente os "tredos", "sutis", "gentis" coaram daquele para este; também alguns verbos altamente metafóricos como "embuçar" (ex. de Varela: "as montanhas se embuçam nas trevas"), "debruçar" (id. "lírios debruçados"), outros quais "rumorejar", "doudejar". Ao lado de expressões mais ou menos típicas, como "brisas forasteiras". "Errante", adjetivo que é para Castro Alves o que "pálido" teria sido para Álvares de Azevedo, prolifera no elegíaco do "Cântico do calvário". Descendem de Varela alguns esquemas estróficos, como por exemplo a oitava seguida de dístico ("A enchente", F. V., e "Mocidade e morte", C. A.), ou rítmicos, qual o alexandrino espanhol de andamento binário.

Não se trata aqui, exatamente, de influência ou aprendizado. De ambos houve no baiano mais de um reflexo (Varela, dos brasileiros vivos, era seu poeta favorito). Trata-se de ilustrar a passagem de matéria romântica, sem nunca nos descuidarmos da cronologia vareliana. As dívidas de Castro Alves para com seus antecessores são múltiplas: Gonçalves Dias, Casimiro de Abreu, Álvares de Azevedo, Junqueira Freire — e outros bem menores que ele próprio. Além-mar, chamam-se Hugo, Musset, Espronceda, Byron (mais a legenda que a obra), Soares de Passos, Tomás Ribeiro, Lamartine, Quinet...

É a partir de 1868 que sua personalidade poética se afirma com autonomia e entra, por seu turno, a influenciar os contemporâneos. Ele continuaria agrilhoado, no entanto, a matrizes temáticas — o que se observa, de maneira paradoxal, principalmente quando o motivo lhe tocava mais de perto. O rompimento com Eugênia Câmara e o derradeiro amor de Agnese Trinei Murri mergulharam-no de novo no oceano de lugares-comuns ultrarromânticos, quase todos já então superados pelo seu próprio acervo.

A muitos respeitos, a trajetória poética de Castro Alves é desconcertante e parece ajudar a tese — por certo extremista — de que o poeta era um "realizado".[2] A falta de uma edição crítica definitiva* impossibilita afirmações e reduz as pesquisas formais a especulações afetivas. Dentro de estreito limite, é possível aludir a certo progressivo esgotamento de sua lírica depois de 1869. Em compensação, nos três últimos anos de vida (a contar de meados de 1868), as traduções feitas por ele são proporcionalmente numerosas. A pausa amorosa e o acidente que o obrigaria a amputar um pé, se lhe facultaram pensamentos ou sugestões para o lançamento de *Espumas flutuantes*, como que influíram de modo esterilizante no seu comportamento estético. Talvez o poeta, nos seus dias finais, estivesse mais interessado em retocar ou reunir seus trabalhos do que em multiplicá-los. As traduções e paráfrases, que começam a avolumar-se desde 1868, não dão muita consistência a essa hipótese. Há um momento em que todo grande poeta, feitas as experiências em território alheio, sente-se capaz de rasgar o seu próprio caminho; recebe a revelação de sua própria linguagem e nela se realiza. Se a obra de adolescência de Castro Alves está riscada de pastichos, a de maioridade vai ressentir-se de interferências completamente desnecessárias; a inspiração, em vez de alçar voo direto, socorre-se daquele arbusto de que falava Euclides da Cunha. A impressão que nos deixa, na fase derradeira, não é bem a de um "satisfeito", de um "realizado": é de um aniquilado — com as peculiares explosões de otimismo e energia.

Os sofrimentos que atribularam a existência do poeta deveriam despertar nele o elegíaco. Em sua vida amorosa, quase nada justificaria o lírico. Dificilmente, porém, vislumbraríamos em Castro Alves o elegíaco; e sua libertação do lirismo subjetivo é menos uma conquista estética do que uma imposição do temperamento sensual e objetivista que possuía. As semelhanças com Victor Hugo são patentes — ressalvado que do francês podemos ter um retrato de corpo inteiro, da mocidade à velhice; ao passo que de Castro Alves não nos resta senão o esboço dos vinte e quatro anos. Um ponto de seu lirismo contraditório, como adiante se verá, é a sexualização da natureza, a infiltração do erótico no descritivo e no heroico, em contraste com a rarefação sensual e com o realismo semirromântico de suas composições propriamente amorosas.

Pouco mais de dez anos após o seu desaparecimento, defendia-o Tito Lívio de Castro da pecha de "poeta sem coração". A acusação, se o era, não vinha dos parnasianos. Note-se, o ensaísta de *Questões e problemas* era um antiparnasiano; bem mais sintomático, o detalhe de investir, a trinta anos de distância, contra o "pieguismo" de Álvares de Azevedo. Ainda que errada, ou pelo menos falsa,

---

*   Em 1960, a admirável edição crítica de Eugênio Gomes veio preencher essa lacuna.

a sua visão de Azevedo, Lívio de Castro voltava a arma contra o peito de seu defendido. Acusar o vate baiano de tibieza de coração parece-nos hoje impertinência. Seria injusto? Talvez não, se quisermos considerar que, na sua época, isso era antes uma qualidade — e se não virmos nisso a negação de seu caráter e de sua autenticidade na poesia ideológica.

Ninguém praticou mais intensamente e com melhores resultados a poesia humanitária e política do que o autor dos *Châtiments*. Hugo não temeu o ridículo em suas manifestações de carinho familiar. O amor hugoano desce como um raio abrasador sobre as eleitas... Nada obstante, são bem poucos aqueles que ainda acreditam na sua imensa sensibilidade. Há cinquenta anos, ao longo de uma epopeia nem sempre crítica, Gustave Lanson (*Histôire de la Littérature Française*) formulava a questão em termos razoáveis, quando assinalava em Victor Hugo não uma sensibilidade aguçada e sim "une puissance illimitée de sensation". Não fosse a diferença de medida entre os dois poetas, seria tentação das maiores construir o retrato castroalvino dentro do esquema lansoniano. Esquema, aliás, que por vezes se aproxima do de Mário de Andrade, com as generalizações decorrentes de qualquer posição sumária.

A opinião hodierna, afeita ao realismo total da literatura deste século, não distingue a sentimentalidade de Castro Alves da de seus companheiros de Ultrarromantismo. Tendo diante de si apenas os textos castroalvinos e o código vivencial estabelecido pelos biógrafos, retirado o denominador comum da linguagem e dos sentimentos do tempo, essa opinião não hesita em passar-lhe o pergaminho da sinceridade, em considerar como pessoal o que era coletivo e é mesmo induzida a ver numa composição a sensibilidade e o pieguismo existentes tão só no seu juízo apriorístico.

Um exemplo. "Immensis orbibus anguis" é, na tradição, um libelo contra Eugênia Câmara. O verso "Não boca de mulher... mas de fatal serpente!" é puro idioma ultrarromântico, e parece contaminar o poema inteiro. Nele se exprime toda a queixa contra a amada infiel. Vejamo-lo de mais perto. "Immensis orbibus anguis" leva a data de outubro de 1869. Esse ano foi terrível para Castro Alves. Chegou a estar desenganado. Em outubro, sua vida era uma ruína. Os estudos acadêmicos interrompidos, o pé amputado em condições atrozes, a tuberculose declarada; a dor moral e a dor física. Nenhum livro ainda, aos 22 anos. Por muito menos Casimiro e Varela haviam escrito versos lancinantes. Nada impediu, porém, que Castro Alves compusesse um poema cujas cinco primeiras estrofes não traem a menor comoção interior, não refletem a mínima interferência subjetiva. Das nove estâncias apenas duas trazem a participação pessoal do autor. "Immensis orbibus anguis" é a visão fria de uma ocorrência transformada em fábula. As estrofes sexta e sétima, onde surgem vocábulos afetivos (de resto, genéricos) são meros recursos de um fabulista aferradíssimo ao jogo das antíteses hugoanas. Se as cinco estâncias iniciais nos põem diante da *maneira* impessoal de Leconte de Lisle, as últimas nos recordam a técnica de Raimundo

Correia. Nem se diga que a fabulização é frequente no Romantismo. Os nossos poetas (e os do mundo) sempre gostaram do efeito: o moralismo é próprio do homem... O que não é frequente é esse "poder de sensação" a permitir que um poeta romântico se deixe empolgar por sua força descritiva a tal ponto que o desfecho do poema se afigure mais uma anamnese.

Nas quatro primeiras estrofes de "Immensis orbibus anguis" o descritivo se entrelaça a um sensualismo sadio, quase diríamos otimista. Era a insensibilidade (sensualismo não é sensibilidade), a "falta de coração" do poeta que lhe propiciavam, em vez de românticas lamentações, alguns belíssimos alexandrinos espanhóis cujo binário quase não se percebe, tão rijos e inteiriços: "Resvala em fogo o sol dos montes sobre a espalda", "Na selva zumbe entanto o inseto de esmeralda", "E a pluma dos bambus a tremular imensa"...[3]

Essa neutralidade sentimental é ainda mais flagrante no "Navio negreiro", cujas 15 estrofes iniciais (em 34) não se ligam nem estética nem psicologicamente ao título da composição, menos até se ela se chama "Tragédia no mar". O tema ruge a um passo do poeta, dentro de mais algumas redondilhas os negros se estorcerão nos tombadilhos sinistros, logo mais o próprio Deus será apostrofado: mas o pintor não se interrompe até que seja completado o painel marítimo, e pede aos fantasmas impacientes que esperem.

> Esperai!... esperai!... deixai que eu beba
> Esta selvagem, livre poesia...

A transição entre o descritivo e o patético (III parte) é feita numa estância onde os lugares-comuns e as exclamações de palco se atropelam: o orador gagueja.

Todas essas nuanças e muitas outras que hoje nos escapam (sem esquecer que o Parnasianismo *corrompeu* o nosso gosto romântico) não escapavam aos contemporâneos. Eles poderiam, como um dos inimigos pessoais do poeta, indagar algum tempo depois de sua morte: "Qual foi sua propaganda?", e asseverar que Castro Alves consagrara às causas humanitárias uma parte relativamente pequena de sua obra. Mesmo que tivessem do acervo castroalvino o conhecimento de conjunto agora a nosso alcance, não alterariam a pergunta. Foi a mesma que Sílvio Romero dirigiu a Luís Delfino, sem embargo dos copiosos trabalhos que o futuro sonetista parnasiano havia dedicado às mais diversas questões.

O realismo de Castro Alves justifica-se plenamente em face dessa faculdade de se desligar do subjetivismo em favor de melhores soluções poéticas. Não se trata de soluções poéticas. Não se trata de soluções formais do tipo de rimas ricas, alexandrinos franceses, sinalefas obrigatórias, hiatos abolidos, proibição de síncopes, etc. A técnica do Parnasianismo resultou bastas vezes num empobrecimento das conquistas românticas, pelo desesperado aferro aos ditames banvilleanos. O que deve caracterizar mais de perto esse realismo é o despojamento de chavões ultrarromânticos, o desaparecimento paulatino de adjetivos expletivos, a busca de imagens novas, maior poetização da linguagem (às vezes em detrimento do assunto) e a atribuição de um sentido pessoal e específico ao vocabulário. Em suma, a descoletivização e a depuração do poético, estabelecendo-se um elo mais firme, léxico ou metafórico, entre o significante e o significado.

Em todos esses campos, é certo, Antônio de Castro Alves ergueu um mundo de contradições. Não seria prudente afirmar que ele sempre teve consciência de sua evolução. Não progredia em linha reta, mas em zigue-zagues, retomando (particularmente nos últimos anos) a etapas já vencidas. Sua cultura romântica lhe deitou as algemas de certas constantes, das quais nunca se libertaria. Faltou-lhe o tempo necessário. O tempo que ao Luís Guimarães Júnior dos *Carimbos* de 1869 consentiu os *Sonetos e rimas* de 1880.

No estudo do pensamento criador de Castro Alves, um dos pontos que precisam ser postos de lado, por supérfluos, é o da originalidade. Deixe-se de banda, igualmente, o conceito que estabelece vínculos de sinonímia entre esse vocábulo e sinceridade, autenticidade, espontaneidade. A originalidade é um estágio muito avançado da criação e mesmo aqueles gênios que deram estrutura literária a uma língua só muito limitadamente foram originais. No campo temático, ela é quase sempre mera questão de precedência; no campo estilístico, nem sempre assume forma visível.

No Romantismo, e no caso particular do Romantismo brasileiro, qualquer conclusão baseada no texto literal está a um passo do malogro. A *ars poetica* que regeu o movimento romântico obedeceu, enquanto linguagem, a um espírito de despersonalização, de uniformização, semelhante ao que presidia ao Arcadismo. Não esquecer que as Celutas, as Consuelos, as Julietas, Elviras e Marias ultrarromânticas eram tão convencionais (tão irreais) quanto as Marílias e Nizes dos pastores setecentistas. Com esta diferença: o Arcadismo era a descaracterização do indivíduo em prol de determinadas fórmulas puramente retóricas, ao passo que as fórmulas coletivizantes do Romantismo se colocavam a serviço do individualismo. Exceção dum Gonzaga enleado, dum Bocage libidinoso, o problema poético do árcade começava e terminava no poema: o poema romântico era o ponto de partida de uma afirmação, quando não de um desafio; a disciplina formal funcionava secundariamente. A linguagem era uma senha. Sem esta, seria impossível a diferenciação entre clássicos e românticos (diferença hoje difícil de estabelecer em países como a França, onde o Romantismo encontrou a língua num alto grau de maleabilidade semântica). No Brasil, linguagem é quase sinônimo de vocabulário.[4]

Equívoco ilustrativo, nessa direção, é o que se tem cometido com o verso de "Mocidade e morte": "Eu sinto em mim o borbulhar do gênio."

O poeta não se deu ao trabalho de colocar um ponto de exclamação no final do verso, tanto sabia de sua inexpressividade. A *inspiração coletiva* impusera uma série de ideias e situações que circulavam de poema em poema sem que ninguém se preocupasse com a gratuidade do conteúdo. A distância, no entanto, sepulta rotinas e igualanças, de maneira que hoje se vê nesse decassílabo um grito premonitório. "Acredita no seu próprio gênio e o afirmou" comenta o via de regra sagacíssimo Mário de Andrade. Os menos afetuosos, como Jamil Almansur Haddad, enxergam aí "o orgulho elevado ao auge".

O tropo "borbulhar do gênio", especialmente o verbo "borbulhar", de grande efeito visual-auditivo, talvez seja o responsável pelo extravio dos exegetas. De outra forma não se compreende como se extraem sugestões biográficas de uma expressão rotineira. Pois o citado verso é, como os demais do poema (sabidamente influenciado por Álvares de Azevedo), ressonância do espírito do tempo, quer no plano metafórico ("Eu sinto o borbulhar do entusiasmo", Pedro de Calasans, 1858), quer no plano estético ("Écouter dans son coeur l'écho de son génie", aconselhava Musset num *Impromptu* sobre a poesia). Em 1855, carpia Luís Delfino a certo colega morto, em cujo cérebro, dantes "a ideia borbulhava". "Pensamentos borbulhavam-me no cérebro", diz Fagundes Varela, um dos que mais abusaram da palavra "gênio":

> Eu lembro-me de ti, porque tu'alma
> É o sol de minh'alma e de meu gênio.

reza uma das "Estâncias" (*Vozes d'América*). Noutra ele se alinha entre os "gênios do infinito", sem que vá nisso nenhuma soberba. "Une-te a mim; isto é: o anjo ao gênio", pede o sergipano Gomes de Sousa à sua amada, sem recear o ridículo. Num péssimo volume de versos editado em 1865, com posfácio de Tobias Barreto, Pais de Andrade construía uma cena dramática em torno deste motivo, repetido em vários metros:

> Artista, sinto n'alma a luz do gênio,
> Estudo e aspiro aos louros do talento,
> Em busca do porvir!, etc.

Mas é também o conhecimento desse contágio estilístico que nos leva ao que há de novo e pessoal na obra de Castro Alves, em meio às constantes e generalidades. "A tarde" servirá de exemplo.

O motivo (dir-se-ia melhor, o pretexto) era tradicional nos românticos. Quando Gonçalves Dias publicou nos *Primeiros cantos* uma composição com esse título, julgou-se no dever de mencionar alguns que o haviam precedido, um deles Odorico Mendes. Posteriormente, nos *Cantos da solidão*, Bernardo Guimarães incluiria seu "Hino à tarde". Nessas três peças, a motivação e os elementos retórico-poéticos se acham mais ou menos definidos. O "Hino" de Bernardo Guimarães tem desenvolvimento análogo ao de Castro Alves, e várias particularidades em comum; Odorico Mendes dedica, na sua ode, umas dez linhas ao escravo africano.

Adiante-se que a matriz de "A tarde" é outra; provavelmente o "A Portugal" do *D. Jaime,* a cuja estrofação se subordina, embora os dois assuntos não possuam ponto aparente de contato.

A comparação da tarde à mulher ("mimosa do infinito", "pálida donzela") ocorre em Odorico ("moça meiga e sossegada"), em Bernardo ("formosa filha do Ocidente", "gentil pastora"). Neste, a fala amorosa ("Quanto eu te amava, então, tarde formosa!") corresponde ao castroalvino "Eu amo-te, ó mimosa do infinito". É ocioso pensar em influência, porque tais expressões — "Eu amo-te", "eu te saúdo"— dirigidas à tarde, à noite, à lua, ao mar, são abundantes no Romantismo.

Os elementos às vezes são dispostos indiretamente, como nesta passagem do citado Gomes de Sousa (*Poesias líricas,* 1868):

> Que mais querias tu? Amei-te tanto
> Que em tudo quanto a natureza encerra
> Via o teu rosto; no perfume santo
> Da bonina a florir no alto da serra,
> Na borboleta a doudejar no vale,
> No azul-loio das vagas; nos suspiros
> Que a tarde soluçou da flor no cálix...

No mesmo livro: "Que hora tão meiga! Apraz-me em teus seios,/ Ó pálida tarde, verter os meus prantos", etc. O exórdio "Era a hora..." classifica-se entre as expressões mágicas muito do gosto dos românticos.[5] Nada impede que desse material eclético tenha brotado uma das composições mais pessoais, senão a mais pessoal de Castro Alves. É que se verifica na "Tarde" um fenômeno semelhante ao de Tomás Antônio Gonzaga nas liras arcádicas: seu realismo é autenticado por um contato direto com a natureza; a saber, a realidade coexiste com sua expressão literária. A linguagem liberta-se da crosta de rotina para se adequar ao sentimento individual, intransferível; o poeta capta a sua própria paisagem. Na quinta estrofe, essa libertação é total, pode-se falar numa alta fidelidade vivencial:

> Mas não me esqueço nunca dos fraguedos
> Onde infante selvagem me guiavas,
> E os ninhos do *sofrer* que entre os silvedos
> Da embaíba nos ramos me apontavas;
> Nem mais tarde, nos lânguidos segredos
> Do amor do nenufar que enamoravas...
> E as tranças mulheris da granadilha!...
> E os abraços fogosos da baunilha!...

Apenas quatro adjetivos para catorze substantivos: "selvagem", "lângui-dos", "mulheris", "fogosos". Dois, triviais: "lânguidos" e "fogosos". Mas o primeiro está numa acepção raríssima, onde se misturam malícia, melanco-lia e ternura; "fogosos" também está longe do sentido desmetaforizado de "fogoso" (em "fogoso corcel", "fogoso mancebo"). Ambos exercem função imagínica singular. Em "... dos lânguidos segredos / Do amor do nenufar que enamoravas" o tom prosopopeico da oitava se define e adquire valor imprevisível. Não é a simples atribuição (arcádica) de sentimentos a uma entidade abstrata: é sobretudo a caracterização erótica de um tipo de senti-mento. "Fogosos" se investe, por igual, de tendência nitidamente erótica. O que há de mais impressionante nesses decassílabos é a simultaneidade meta-fórica obtida pela síntese de paisagem e sentimento, de anotações descritivas objetivas ("ninhos do *sofrer*", "ramos da embaíba") e transmutações meta-fóricas instantâneas: "as tranças *mulheris* da granadilha", "os abraços *fogosos* da baunilha". Componentes da paisagem exterior, "nenufar", "granadilha", "baunilha", são metaforizados — desobjetivados — pela proximidade de "enamorar", "tranças mulheris" e "abraços fogosos", passando a atuar no plano alegórico. Atingidos pelo metaforismo, integram-se na fórmula encantatória.

O que menos importa, como no caso de Gonzaga, é se a natureza foi vista ou apenas visualizada.

Para se compreender melhor essa autenticação da linguagem pelo senti-mento da realidade, aproxime-se essa oitava de outra, semelhante e alguns anos anterior, do "Adeus, meu canto":

> Tu foste a estrela vésper que alumia
> Aos pastores da Arcádia nos fraguedos!
> Ave que no meu peito se aquecia
> Ao murmúrio talvez dos meus segredos.
> Mas, hoje, que sinistra ventania
> Muge nas selvas, ruge nos rochedos,
> Condor sem rumo, errante, que esvoaça,
> Deixo-te entregue ao vento da desgraça.

Essa estância possui uma interpretação, não porém um sentido. Qualquer dos versos pode significar uma coisa diferente do sugerido pelo texto. É que em 1865 (data do poema) Castro Alves ainda não se assenhoreara de uma expressão própria e indissolúvel. A imagética é pobre e consueta, os dois únicos adjetivos ("sinistra" e "errante") são vazios de carga útil; a abertura "estrela vésper que alumia/ Os pastores da Arcádia" retira qualquer possibilidade de adequação da linguagem ao tempo e à vida. O sexto verso, multiplamente válido, arruína-se num simples efeito de sonoridade, devido à inanidade do conjunto.

Não é só nesse campo, o da adequação da natureza à personalidade e da linguagem ao estado de espírito, que a evolução do poeta pode ser assinalada. Ela às vezes se processa dentro da própria obra, através de melhor aproveitamento de recursos metafóricos. Tomemos outra passagem do "Adeus, meu canto":

Quando a piedosa, errante caravana
Se perde nos desertos, peregrina,
Buscando na cidade muçulmana
Do sepulcro de Deus a vasta ruína,
Olha o sol que se esconde na savana,
Pensa em Jerusalém sempre divina,
Morre feliz, deixando sobre a estrada
O marco miliário de uma ossada.

Esses versos estão ligados aos imediatos por um "assim" que não os torna mais inteligíveis; antes, estabelece contradição de ideias. O afluxo de adjetivos sem caráter definido ou rotineiros empobrece ainda mais a passagem, cujo argumento repousa numa vaga tentativa alegórica.

Nas "Vozes d'África" seria utilizado o mesmo vocabulário, a topografia não diferiria em essência, subsistirá dentro da estrofe o mesmo pensamento metafórico. No entanto, com essa argila cansada, Castro Alves construirá a melhor estância do poema, uma das melhores da sua e da nossa poesia:

De Tebas nas colunas derrocadas
As cegonhas espiam debruçadas
    O horizonte sem fim...
Onde branqueja a caravana errante,
E o camelo monótono, arquejante,
    Que desce de Efraim...

A sugestão que emana dessas linhas é fortíssima, e não deriva apenas do hexassílabo final do concurso de rimas e assonâncias nasais. O pintor de crepúsculos que foi Castro Alves nos transmite, com admirável economia de tintas, um quadro dos mais completos em seus meios-tons e na minúcia das imagens visuais distribuídas no retângulo. Lido de perto, cada verso contém o usual: "colunas derrocadas", "horizonte sem fim", "caravana errante", "camelo arquejante"; os adjetivos estão em função da rima; "Tebas", "cegonhas" intensificam o *déjà vu*. Mas esse fracionamento é artificial, porque decompõe lexicamente uma estrutura coesa e indivisível; a interação das palavras existe de fato no corpo do texto, a imagem não prescinde de nenhum dos semantemas propostos, ela os revitaliza, os coordena e os reintegra na expressividade primitiva. O poeta,

220   ERA ROMÂNTICA

ainda que nos comunique sua visão da paisagem, não o faz didaticamente. Os signos utilizados permanecem fiéis à realidade dos seres e dos objetos. Os dados fornecidos à emoção, enquanto fenômenos, vestem-se de estrita objetividade científica.

Isso é tanto mais importante quando se guarda sob os olhos o fato de que esse trecho pertence à composição mais pungente do poeta.

Outro exemplo no terreno da imagem, agora caracterizando não apenas a evolução criadora senão também a consciência dessa evolução. O poema "Remorso", inspirado no "Meu sonho" de Álvares de Azevedo, tem como última sextilha:

> Tu não vês? Qual matilha esfaimada,
> Lá dos morros por sobre a quebrada,
> Ladra o eco gritando: quem és?
> Onde vais, cavaleiro maldito?
> Mesmo oculto nos véus do infinito
> Tua sombra te morde nos pés.

A figura do "eco... qual matilha esfaimada" é uma inteligente transposição da correspondente em Azevedo: "... na longa montanha / Um tropel teu galope acompanha" (cf. o poema inteiro). A penúria do texto vulnera o valor intrínseco da concepção. Esfaz-se o tropo, entregue como se acha à própria sorte, funcionando em segundo plano, quase como enchimento material da estrofe. O verso "Lá dos morros por sobre a quebrada" é uma aderência informativa. O comparativo "qual" antecipa e desnatura o impacto metafórico de "ladra".

Tal não se dará em "O hóspede", de 1870. Basta um pequeno deslocamento sintático, a eliminação da comparação em favor da metáfora, e a elevação desta ao primeiro plano:

> Teu cavalo nitrindo na savana
> Lambe as úmidas gramas em meus dedos
> Quando a *fanfarra* tocas na montanha,
> A matilha dos ecos te acompanha
> Ladrando pela ponta dos penedos.

Pela própria construção interrogativa em "Remorso" a figura do eco, de natureza auditiva, era retida em seus limites lógicos. Em "O hóspede", ela invade o território do visual, modalizada pela subordinação a "matilha" e pela proximidade de outra imagem visual: "De lajedo em lajedo as corças descem", a que se poderia juntar "Teu cavalo nitrindo na savana". (Há um pequeno conflito de tempos entre "nitrindo" e "lambe", sem maior importância.) De tudo resulta um grupo óptico-intuitivo formado de animais (corças, cavalo, cães) — conferindo unidade metafórica ao conjunto e deixando, como em toda metáfora bem realizada, o fenômeno concreto ("quando a *fanfarra* tocas") fora da órbita imagínica.

Exemplos desse tipo são suscetíveis de multiplicação. Podem ser estendidos a poemas inteiros, a fim de que a demonstração não se confine a detalhes. No caso, v.g., de "A tarde", temos uma peculiaridade que se desenvolve mais amplamente em "O São Francisco" e "A cachoeira". No primeiro, a visão *genesíaca* de Castro Alves atinge o grau mais agudo em sua obra: o trecho é uma prosopopeia densamente erotizada, o rio transformado em garanhão que sai possuindo, como a fêmeas, as terras que percorre.[6]

No tocante à linguagem poética, nenhum trabalho do poeta se compara ao "Crepúsculo sertanejo", decerto sua obra-prima. Se no acervo do autor de *Espumas flutuantes* alguma página pode aspirar ao privilégio de representar, integralmente, o que há de vívido, duradouro e perfeito na criação castroalvina, essa página é o "Crepúsculo". A unidade qualitativa, que foi o maior problema estético dos românticos, teve aí uma de suas raras efetivações.

Nos domínios da invenção poética e da linguagem, encontrou o poeta em si mesmo os recursos necessários à evasão do Ultrarromantismo e mais de uma vez, do Romantismo. Havia nele um sentido divinatório que lhe insuflava soluções difíceis de esperar no seu tempo. Merece consideração o fato de que seus melhores momentos são os descritivos, quando a criação era verdadeiramente livre, e os sentidos predominavam sobre o raciocínio e a adesão sentimental. Ao contrário de quase todos os românticos, que empenhavam na poesia dita social o espírito e o verso, Castro Alves só empenhava o espírito. Sua tendência era fugir do interior para os exteriores, do todo para os detalhes, do tema para os acessórios — do ideológico para o descritivo. *A cachoeira de Paulo Afonso* é o desdobramento plástico de uma ideia vagamente abolicionista (nem Lucas nem Maria representam o negro escravo), onde a Natureza é a personagem central e triunfante. Em "Vozes d'África" e em "O navio negreiro", a cada instante o pensamento social é soterrado pelo pensamento poético, o fato pela metáfora, o real pelo idealizado. Somente um artista absolutamente desinteressado da validade histórica de sua obra poderia construir um dos seus mais arrojados e mais valiosos trabalhos sobre um anacronismo; somente Castro Alves se empolgaria, como o fez em "O navio negreiro", por uma concepção altamente plástica — a dos negros chicoteados num tombadilho — sabendo que o tráfico de escravos havia sido extinto dezoito anos antes. Era também, a crer nas datas dos manuscritos, o império do poeta sobre o homem que o levaria a transformar "Prometeu" em "Vozes d'África", isto é, um poema inseguro em favor do "povo infeliz, mártir eterno", no formidável clamor em nome da África, onde a imaginação tomava as rédeas nos dentes e punha em ação a engrenagem de suas leituras. Ele compreendeu, ou pelo menos sentiu, o que nenhum contemporâneo (exceto Varela) parecia compreender ou sentir: o que confere a uma obra de arte poder sobre o tempo não é a causa que ela defende, ou o sentido de que se imbui. É sua qualidade. A utilização extraliterária de uma obra que sobrevive são os frutos, ou percalços, da sua permanência.

OUTROS POETAS

Os românticos que tiveram a experiência do Naturalismo e do Parnasianismo deixaram-se, na maioria dos casos, arrastar pelos novos cânones estéticos. Alguns repudiariam suas primícias românticas ou as retocariam convenientemente. Não foram poucos os que deram por esquecidos os versos "subjetivistas" da juventude. Luís Guimarães Júnior (q. v.), que estreara em 1869 com os *Corimbos*, ficaria sendo o poeta dos *Sonetos e rimas*. O ridículo que naturalistas e parnasianos deitaram sobre o "Lirismo" forçou a conversão de muitos. Houve, no entanto, os que se conservaram fiéis, quer silenciando, quer prosseguindo na estrada familiar ou defendendo-a; tais são os exemplos de Vitoriano Palhares, Tobias Barreto e Bernardo Guimarães.

A década 1871-1880 é toda ela marcada por um Pós-romantismo parte comprometido com a tradição ultrarromântica, parte dirigido para o que seria depois o Parnasianismo. De permeio, a versalhada filosófico-científica, antes um equívoco de sectários do que uma linha poética. Românticos eram de certa forma, e continuariam sendo, os príncipes do Parnaso nacional: Alberto de Oliveira, Raimundo Correia, Olavo Bilac. Românticos não deixariam de ser os egressos do tipo de Carlos Ferreira.

Admitindo-se um lirismo parnasiano, para o distinguir da impassibilidade (temática) que só os epígonos atingiriam, pode-se vislumbrar na geração pós-romântica (a que pertence Castro Alves) tudo aquilo que caracterizará, com a devida ampliação de escala, os poetas parnasianos. Nas *Americanas* (1875) de Machado de Assis, em *Estrelas errantes* (2ª ed. 1876) de Quirino dos Santos, em Carlos Ferreira e nalgumas das escassas produções que se salvaram de José Siqueira Filho (*Parnaso sergipano*), há uma dicção que se aproxima da parnasiana, por vezes se lhe equipara e até a ultrapassa como realização formal. Mas é inútil querer apanhar um sólido fio condutor nessa fase de transição. A falta de unidade estilística, vício romântico, interfere a cada momento.

A poesia de Melo Morais Filho (1844-1919), talvez a única de importância dentre quantas podem reivindicar para si o estípite castroalvino, ilustra os pontos de contato entre a dição do poeta de *Espumas flutuantes* e a dos Realistas. Pode ainda exemplificar as possibilidades de conciliação entre a poesia nativista (não indianista) e o Realismo, pela ausência de introspecção e subjetivismo, sem perda das características líricas.

Por sua própria natureza, a contribuição de Melo Morais Filho nem sempre é original. Suas dívidas para com o autor do "O navio negreiro" são pacíficas em composições como "Ponte de lianas", "Tarde tropical", "A sucuruiúba", "A reza", "Túmulo selvagem". Seja nos *Cantos do Equador* (1881) seja nos *Mitos e poemas* (1884), predomina o descritivo e o documental, ficando a emoção em plano subalterno. Nem podia ser de outra sorte nesse perpétuo enamorado de nossos fastos, de nossas tradições, de nossa natureza. Seus versos abolicionistas, de maior êxito que os de Castro Alves, apelavam para sentimentos burgueses; à apóstrofe das "Vozes d'África" preferiu o melodrama. Nacionalista convicto ("Nacionalismo" é o subtítulo de *Mitos e poemas*), colocou sua vida e sua arte a serviço da pátria. E foi na poesia folclórica e tradicionalista que produziu as melhores páginas, algumas historicamente importantes como "A véspera de Reis", com engenhosas transposições da lira popular.

Sua vasta bagagem é ainda hoje preciosa para os nossos historiadores, etnólogos, sociólogos; deixou antologias e cancioneiros, sempre informando e documentando. Enquanto isso, o poeta foi ficando esquecido. Mesmo como remanescente do Romantismo de inspiração castroalvina, a obra de Melo Morais Filho não deve ser menosprezada. Na poesia folclórica, embora prejudicada como está pelo pitoresco e pelo documentalismo, ninguém do seu tempo lhe tomou a frente em conjunto de qualidades. Antes que o Modernismo libertasse o lirismo intrínseco da tradição e do folclore, a contribuição do poeta de "A mulata" era o que havia de mais válido.

Reeditando em 1900 seus poemas sob o título geral de *Cantos do Equador*, procurou acomodar-se a exigências parnasianas. Sua inadaptação a miudezas formais (ou talvez sua fidelidade a si mesmo) limitou essa acomodação ao afrancesamento dalguns alexandrinos primitivamente escandidos à espanhola, não se importando de manter as síncopes, os hiatos, as elisões e certos hábitos prosódicos menos tolerados no fim do século.

Já seu companheiro de geração Carlos Ferreira (1846-1913), ao lançar *Plumas ao vento* em 1908, mostrava-se aclimatado à nova ordem poética. Os sonetos desse volume correm tranquilamente nos trilhos parnasianos. Mas é um livro da decadência, dentro de uma obra que primou pela irregularidade.

Sua estreia se deu em 1865 com os *Cânticos juvenis*, influenciadíssimos por Teixeira de Melo e Gonçalves Dias; mais tarde, o poeta não se referiria a esse lançamento prematuro, cônscio do grotesco de muitas de suas páginas. *Rosas loucas*, editado em 1871 e reeditado em 1883, seria seu melhor livro. Viriam depois *Alcíones* (1872) e *Redivivas* (1881). Praticou a ficção em prosa e o teatro.

No prefácio a *Alcíones* (vocábulo que parecia pronunciar como paroxítono), declarava: "Eu compreendo a gravidade dos homens de meu século, e não ignoro o quanto destoa uma canção lírica no meio dessa orquestra de ideias utilitárias que por aí se agitam, talvez para felicidade de todos, porque decididamente o mundo não se leva por cantigas." Dez anos depois, nas *Redivivas*, ei-lo engolfado nessa poesia utilitária, versejando ao Progresso, à Caridade, ao Operário, à Criança, em alexandrinos bem-intencionados mas nem por isso de melhor qualidade. "A arte saúda a indústria", cantava ele, celebrando essa "alliance monstrueuse de l'art et de l'industrie" contra a qual, trinta anos antes, se rebelara Leconte de Lisle.

O futuro converso das *Plumas ao vento* era o mesmo que, envolvendo-se na "batalha do Parnaso", metia à galhofa os realistas de 1880. Contudo, já falava em "mônadas", "transformismo"; o coração, tantas vezes "lúcida crisálida", era também "víscera cruel".

Amigo e companheiro de Castro Alves, só muito superficialmente foi influenciado por este. Os temperamentos poéticos não se harmonizavam a ponto de permitir uma transfusão de estros. Carlos Ferreira era um lírico de formação lamartineana, voltado para o amor e a sentimentalidade. Daí o fiasco de sua produção de cunho humanitário.

Das *Rosas loucas* em diante não mais nos achamos em face de um ultrar-romântico. Seu realismo, no entanto, jamais se coadunaria com o Naturalismo e com os requintes bilaquianos. O poeta das *Redivivas* foi, entretanto, um dos poucos românticos de 1870 que sofreram confessadamente o influxo de Baudelaire, a quem traduziu e imitou. Tinha de ser por força um Baudelaire romântico. Sua sensibilidade não aprenderia nas *Fleurs du mal* os eflúvios do símbolo. Foi deficiência e não erro de perspectiva o que fez os nossos autores dessa fase de transição considerarem o genial precursor da poesia moderna como romântico ou como realista. Nada há que estranhar, visto que no próprio Baudelaire essas duas arestas não chegaram a ser aparadas.

Coartado como se viu por uma doutrina poética em luta aberta com a do Romantismo, o ouvido afeito à doçura dos hiatos e das diéreses, nunca poderia ser um bom parnasiano. Se nas *Plumas ao vento* figuram alexandrinos tersos como:

> Musa! É a hora do ocaso. Hora solene e calma.

que Alberto de Oliveira assinaria, há destes, que horrorizariam as potestades da sinérese e da sinalefa:

> Terno rumor do *ermo*, oh! voz misteriosa
> Das noites de *luar*, oh! puro céu do outono...

SOUSÂNDRADE[*]

Nada existe de semelhante à obra de Sousândrade em seu tempo. É impossível determinar os limites entre a inspiração e a aberração, entre a inovação

---

[*] Joaquim de Sousândrade (Maranhão, 1833-1902). O poeta assinou, sucessivamente, Sousa Andrade, Sousa-Andrade e por fim Sousândrade, esta última forma, na tradição, acentuada na antepenúltima sílaba.

Bibliografia

Harpas selvagens. 1857; *Impressos*. 1866; *Eólias*. 1868; *Obras poéticas*. 1º vol., 1874: reunindo *Eólias*, *Harpas* e os três primeiros cantos do *Guesa errante*; *Guesa errante* (12 cantos, incompleto), várias edições parciais; *Novo Éden*. 1893; *A casca da caneleira* (um dos capítulos), prosa, 1866. *Sousândrade. Inéditos*. "Harpa de ouro", "Liras perdidas", "O guesa". 1970; *Sousândrade. Prosa*. 1978.; Augusto e Haroldo de Campos. *Revisão de Sousândrade* (Crítica, antologia, glossário, bibliografia). São Paulo, Edições Invenção, 1964. 2ª ed. rev. e aum., Rio de Janeiro, Nova Fronteira, 1982; Idem. *Sousândrade. Poesia*. Rio de Janeiro, Agir, 1966 (Col. Nossos Clássicos); Sousândrade. *O Inferno de Wall Street*. Texto de A. e H. Campos. São Paulo, Ed. Invenção, 1964.

Consultar

Ávila, Afonso. "Sousândrade: o poeta e a consciência crítica" (in *O Estado São Paulo* (Supl. Lit.), 9, 16 out. 1965); Aiala, Walmir. "Ressurreição de Sousândrade" (in *Correio da Manhã*, Rio de Janeiro, 8 ago. 1964); Braga, Edgard. "Ainda Sousândrade" (in *Diário São Paulo*, 13 fev. 1966); Bumett, Lago. "Sousândrade cem anos depois" (in *J. Brasil*. Rio de Janeiro, 2 ago. 1964); Campos, A. e H., "Montagem: Sousândrade" (in *Estudos Universitários*. Recife, II, out.-dez. 1962); Campos, A. e H. "Sousândrade: o terremoto clandestino" (in *Rev. Livro*, Rio de Janeiro, mar. 1964, nº 25); Costa Lima, Luís. "A questão Sousândrade" (in *O Estado de São Paulo* (Supl. Lit.), 6, 13 mar. 1965); Costa Lima, Luís. "O campo visual de uma experiência antecipadora" (in *Revisão de Sousândrade* (op. cit.); Cunha, Fausto. "Sousândrade e a colocação de pronomes" (in *Letras e Artes*, Rio de Janeiro, 17 ago. 1954); Furter, Pierre. "Pois os mortos retornam" (in *O Estado de São Paulo* (Supl. Lit.) 27 fev., 6 mar. 1965; Martins, Wilson. "O fim de um mito" (in *O Estado de São Paulo* (Supl. Lit.), 31 out. 1965); Moutinho, Nogueira. "Sousândrade revisitado" (in *Folha São Paulo*, 13 set. 1964); "Notícias de Sousândrade" (in *Revista de Cultura Brasileira*, Madrid, Marzo 1965, nº 12); Oliveira, Antônio de "Sousândrade — O Guesa errante", *J. Comércio*, Rio de Janeiro, 2 dez. 1962); Oliveira, Antônio de. "Sousândrade — o terremoto clandestino" (in *J. Comércio*, Rio de Janeiro, 17 maio 1964); Oliveira, Antônio de. Mais uma vez Sousândrade (*Jornal Comércio*, Rio de Janeiro, 28 nov. 1965); Oliveira, Franklin de. "Literatura soterrada. Homem Estilhaçado, Poeta Rebelionário" (in *O Globo*, Rio de Janeiro, 20 nov. 1967); Santiago, Clarindo. S. A., "O solitário da vitória" (in *Rev. Acad. Brasil. Letras*); Serra, Astolfo. "Sousândrade" (in *Rev. Acad. Maranhense Letras*, nº 3); "Sousândrade, o poeta maldito" (in *O Globo*, Rio de Janeiro, 20 jul. 1965). *Sousândrade: o último périplo*. 1977; Lobo, Luísa. *Tradição e ruptura: o guesa de Sousândrade*. 1979; Mendes, Angela. *O Guesa. O universo poético de S.* 1977; Williams, T. G. *Sousândrade: vida e obra*. 1976.

poética e o desarrazoado patológico. O *Guesa errante*, abeberado no *Childe-Harold*, só muito remotamente se liga a Byron. Há mesmo, no canto VIII, alusão faceta à diferença entre as duas personagens. A respeito de Sousândrade poderíamos falar em Hölderlin, Baudelaire, Lautréamont, em Gérard de Nerval, talvez em Blake — se a todos esses nomes não estivesse adstrita uma linha de pressupostos que invalida a aproximação; além do fato de que, em nível estético, o maranhense lhes é sempre inferior. O que dificulta a apreensão do fenômeno sousandradino é a carência de poemas ou trechos representativos no plano do valor poético. Descamba dos versos mais belos, das soluções geniais, para versos grosseiros e soluções elementares. Nunca se mantém à mesma altura, no mesmo diapasão: é do Tabor à vala comum.

Escreveu sempre fora de seu tempo. Suas *Harpas selvagens* são anteriores às *Primaveras* de Casimiro e o *Novo Éden*, poema ininteligível, saiu em 1893. No "Memorabilia" proemial aos Cantos V, VI e VII (Nova York, 1876), fez ele uma espécie de declaração de princípios onde revela uma posição poética extremamente avançada para a sua época. No prefácio de 1877 ao Canto VIII, reflexiona: "Ouvi dizer já por duas vezes que o *Guesa errante* será lido cinquenta anos depois; entristeci — decepção de quem escreve cinquenta anos antes. Porém se — *Life, not form; work, not ritual, was what the Lord demanded* — diz um swedenborgiano pregador, falando da Religião: não poderíamos dizer o mesmo da Poesia?" Seu lema cifrava-se neste "conselho dos mestres": "ser absolutamente o *eu* livre". E afirmará mais adiante: "É em nós mesmos que está nossa divindade."

Teve, pela primeira vez entre nós, a intuição de uma poesia universal. Vivendo no exterior, viajando pelos quatro cantos do mundo, compreendia quanto nossa poesia não interessava ao estrangeiro, o que imputava à "falta de ciência e de meditação". Acrescentava:

> Até a nossa ortografia portuguesa não se entende entre si; a nossa escola não é nossa e nada ensina aos outros; estudando os outros, tratamos então de *elegantizá-los* em nós, e pelas formas alheias destruímos a escultura da nossa natureza, que é a própria forma de todos. A nossa música e os nossos literários esplendores de certo que transportam e deslumbram os sentidos, mas também adormentam o pensamento, afrouxam a ideia do homem. Sons e perfumes, flores e fulgores, roupagens e adornos, graças e tesoiros, são sem dúvida grandes dotes de muitas princesas; porém de poucas será o corpo belo, sadio, forte, e a alma com a dor da humanidade e com a existência do que é eterno.

Não ficou na crítica. Tentou a poesia universal, dentro de moldes universais. Foi mais além: subverteu a ortografia, a sintaxe, a semântica. Praticou o hibridismo idiomático numa escala nunca vista em nossas letras — hibridismo funcional, onde vocábulos e frases em francês, inglês, alemão, espanhol, grego, italiano, se encadeiam harmoniosamente com o português e expressões indígenas. Vai ainda mais longe: antecipando-se à lição de Ezra Pound e de Joyce, corrompe os vocábulos à sua conveniência criadora. Versos como "Sobre-*rum*-nadam *fiends, rascáls*", com um emprego moderníssimo da tmese, situam-no na vanguarda da mais exigente técnica poundiana.

Humberto de Campos viu-o, burlescamente, como um "futurista" a*vant la lettre*; José Veríssimo, como um pré-simbolista, no sentido pejorativo. A verdade caminha por veredas tortas. O Modernismo homologou muitas de suas proposições, algumas constituem pontos-chave da poesia moderna.

Assim aglutinações metafóricas como "*Florchameja* das matas o dossel", sínteses como "lírios-luz", "laços-serpentes", "seios-céus", soluções (não estranhas às línguas anglo-saxônicas) como "os longes longe-ignotos/Nunca ouvidos cantares". Inovações sintáticas do tipo de "olho-azul Marabá" (recordando o "blue-eyed" anteposto do inglês) seriam de aceitação mais duvidosa. A construção da frase obedece amiúde a torneios latinos ou anglicanistas. Segue-se a obscuridade, o sentido ambíguo, a elipse no significado.

Hábito morfológico do gosto dos simbolistas encontraria nele antecessor: "mármoro luar", "ôndulos cabelos", "ares tênebros", etc.

Parece que Sousândrade tinha diante de si, mais que os poetas românticos, os clássicos. Do emaranhado fraseológico dos seus versos se extrai uma linha embebida no Neoclassicismo de Odorico Mendes e Gonçalves Dias. Nas *Eólias* e nas *Harpas selvagens* o romântico, o ultrarromântico são visíveis, embora sem exacerbamento. No *Guesa*, sua dição é por vezes limpidamente parnasiana, ou intrinsecamente simbolista. Há nele uma forma de Realismo que, no Brasil, esperaria o *Eu* de Augusto dos Anjos. Quando o paraibano, diante do cadáver do pai, em vez de se lançar à lamentação e ao elegíaco, volta-se para a descrição do processo fisiológico da putrefação — situa a morte como um fenômeno orgânico e não como uma abstração metafísica; lembra a elegia "Sombras", das *Harpas* sousandradinas, feita meio século antes. Quase com a mesma objetividade, dentro duma concepção filosófica não muito distinta (o materialismo de Augusto é aparente), Sousândrade vai descrevendo o apodrecimento do corpo da criatura amada.

Exceção de algumas cenas e trechos intercalados, o *Guesa errante* é todo construído em quartetos decassilábicos, rimando ora ABBA ora ABAB, com ligeiras variantes. "O *Guesa* nada tendo do dramático, do lírico ou do épico (explica ele), mas simplesmente da narrativa, adotei para ele o metro que menos canta, e como se até lhe fosse necessária, a monotonia dos sons de uma só corda; adotei o verso que mais separa-se dos esplendores de luz e de música, mas que pela severidade sua dá ao pensamento maior energia e concisão, deixando o poeta na plenitude intelectual..."

As rimas agudas, no *Guesa*, são em pequeno número. Abundam, em contrapartida, as imperfeitas, as assortâncias, as audácias: "pálido: assombrado", "pirilampos: relâmpagos", "mádida: esquálida", "bebem: cedem", "lôbrega: negra", "tardes: arrabaldes", "bárbaros: lábaros", "nuvem: enturvem", "cego: meigo", "depende: concede", etc. O mesmo sucede nas *Eólias* e nas *Harpas selvagens*.

Há, na sua imagética, largos traços de nobreza e de originalidade: "as rosas e os jacintos do nevoeiro", "esgarçado noturno de colmeias", "Luar em luz de pérolas e lírios",

> Onde vivi, que estou como os que sobem
> Tontos do abismo à luz dos oceanos?

> Vê-se como tão rápido anoiteço,
> Como de sombra e solidão me enluto.

Na poesia desigual e tumultuária de Sousândrade é difícil tomar pé. Seu levantamento crítico exige dedicação de muitos anos. Talvez provenha dessa dificuldade inicial o prolongado silêncio em torno de seu nome, rompido vagamente por Sílvio Romero. Mas a projeção do criador do *Guesa* na atualidade, como ele previra, se concretizou. As direções tomadas pela poesia moderna, valorizando a criação no absurdo e a violentação do organismo verbal, conferiram a Sousândrade o direito de figurar como um precursor.

NOTAS

1   Na primeira edição das *Trovas burlescas* figuram apenas dois poemas de José Bonifácio, o *Moço*: "Calabar" e "O tropeiro". Essa edição é da Tip. Dous de Dezembro, de Antônio Louzada Antunes, São Paulo, 1859, 130 pp. Na edição de 1861 (Rio de Janeiro, Tip. de Pinheiro & C.), foram incluídos, além dos citados, mais: "A Rodrigues dos Santos", "Saudades do escravo", "Enlevo", "A Garibaldi", "Teu nome", "Prometeu", "Saudade" e "Olinda". "O tropeiro" está datado de 1850 e foi publicado nas *Trovas* no mesmo ano em que nas *Harmonias brasileiras*, de Macedo Soares, apareciam "O tropeiro" de Bittencourt Sampaio e "O tropeiro" de Duarte de Azevedo. Embora essas três composições permitam situar em 1859 o início de uma poesia de aspecto regionalista, o trabalho pioneiro remonta a 1842, ano em que o português V. P. de Carvalho Guimarães deu à estampa o seu *Álbum poético*. Esse livro já pode ser considerado um livro romântico, embora o autor não esconda seu arcadismo nalgumas composições medíocres. "O tocador de lote" (um dos subtítulos de "O tropeiro" de José Bonifácio) é de boa qualidade e, do lado regionalístico, possui curioso parentesco com as *Tropas e boiadas* de Carvalho Ramos (q.v.), o que se deve talvez ao fato de que ambos tiveram contato direto com o *hinterland*. O vocabulário é típico e autêntico, não pecando pelo pitoresco. "O trono do Curaíba," é indianista antes de Gonçalves Dias, antecipando alguma coisa do "Caçador de esmeraldas" de Bilac. A xácara "A noiva do tropeiro" (tema depois muito explorado) tem seus méritos.

2 "Nada promete. Não se percebe na obra dele a menor possibilidade de acréscimos futuros. É um realizado, como finamente salientou Andrade Murici. Assim teve a felicidade de morrer a tempo, para não arrastar pelos anos uma juventude brilhante, e genialmente brilhante e insatisfeita. Mas insatisfatória também."; (Mário de Andrade. *Aspectos da literatura brasileira*. 1943. p. 149.) Para um de seus entusiastas. Mesquita Pimentel (*Prata de casa*, 1926), depois de 1867 Castro Alves "nada escreveu de melhor do que até então".

3 Criticando, em 1864, as poesias de A. A. de Mendonça, escrevia Castro Alves que "esse soluçar contínuo por um amor perdido é um defeito para o livro". Ele não incidiria no mesmo erro.

4 A senha vinha de longe. Em fins do século XVIII, a inteligente Dorothea Schlegel escrevia no seu diário a propósito dos primeiros românticos alemães: "Eles me escarnecem com frequência e sentem-se superiores a mim porque não me veem empregando as palavras costumeiras e as expressões em moda, com que designam facilmente qualquer coisa: grande, sublime, moderno, antigo, gótico, gentil, miraculoso, celeste, divino... e outras." Comentando o primeiro número da revista *Eumonia*, lançado em 1801, diz Henri Brunschwig: "Felicidade, infinito, sublime são outros-tantos termos vagos, pois todos indicam o mesmo estado indefinível, o milagre que permitiria a cada um sair da mediocridade" (*La crise de l'État prussi en à la fin du 18e siècle et la génese de la mentalité romantique*. Paris, 1947).

5 Seria longo reproduzir exemplos. Basta lembrar um que tem valor circunstancial. No mesmo número de *O futuro* em que Castro Alves publicava "Recordações" (nº 2, 1864), vinha um poema de seu amigo Maciel Pinheiro que assim começava:

> É a hora da tarde longa e triste,
> Em que a brisa no ar soluça e geme,
> E os ares nos vergéis decantam nênias
> E o mar em solidão na praia freme.

No caso de motivos como a tarde, era difícil ser original. Quase tudo fora explorado nos mínimos pormenores. Em "Ao crepúsculo" utiliza Teixeira de Melo o verbo "gaguejar": "Como é tristonho o canto que nest'hora / *Gaguejam* sabiás..."; a imagem inicial: "Enquanto *o ocaso*, em pés *sobre as colinas*, / *Se debruça* nos prados!"; e a obsecração final: "Luz do crepúsculo, / ... / Quero a última vez cismar contigo / ... / Suspender-me no abismo, *erguer-me às nuvens* / E, tão perto do *céu, fitar-te* ainda!".
A recordação da infância é uma constante na série.

6 Afrânio Peixoto não compreendeu, entre muitas outras coisas, o verso "Esposa do porvir, noiva do sol". Homero Pires não lhe ficou atrás: levantou uma biblioteca filológico-sociológico-jurídica para defender a imagem "noiva do sol". Tanto "esposa" como "noiva" são para Castro Alves simples expressões metafóricas; dentro de sua imagética preponderava a componente erótica. Seu ginotropismo nunca lhe permitiria dizer "irmã do sol", que aboliria o sexualismo latente na concepção. Entendeu-o bem melhor outro romântico, José Maria Gomes de Sousa, que em *Mocidade e velhice* lhe pediria emprestado o "noiva do sol". O mesmo faria Melo Morais Filho.

28. *Heron de Alencar*

JOSÉ DE ALENCAR E A FICÇÃO ROMÂNTICA

Romantismo e Romance. Precursores. O primeiro romance brasileiro. Lucas José de Alvarenga, Pereira da Silva, Justiniano José da Rocha, Varnhagen, Joaquim Norberto, Teixeira e Sousa, Macedo, Alencar. A obra alencariana: romances urbano, histórico, regionalista. Bernardo Guimarães, Franklin Távora, Taunay, Machado de Assis. Características estruturais do romance romântico: influências da literatura oral, do teatro, do folhetim. Características temáticas: solidão, lealdade, amor e morte, natureza, nacionalidade. Legado do romance romântico.

ROMANTISMO E ROMANCE

Já foi observado que o Romantismo, tendo inovado completa e sistematicamente a poesia e o drama, substituindo por um ideal novo o ideal superado dos clássicos, não faria o mesmo com a ficção, principalmente na França, na Inglaterra e na Alemanha, onde a existência de importante tradição levaria o romance romântico à condição de mero prolongamento do romance dos séculos precedentes e, em especial, das obras mais significativas dos pré-românticos. A única exceção, como acentua Paul Van Tieghem, viria a ser o romance histórico, "création du Romantisme, qui apparut aux contemporaines eux-mêmes comme une franche nouveauté".[1]

Apesar disso, foi no romance que o Romantismo encontrou o melhor veículo para a propagação de suas ideias. E se examinarmos com atenção o processo de desenvolvimento do romance burguês, comparando-o ao do próprio Romantismo, veremos que as coisas não poderiam ter ocorrido de outro modo. O romance, forma narrativa moderna, surgiu como resposta a necessidades de expressão, da parte do escritor, e a determinadas aspirações, da parte do leitor. Na raiz dessas necessidades está o Romantismo, cujas sementes se encontravam fecundadas desde a segunda metade do século XVIII. Os movimentos revolucionários dessa época fizeram ruir a velha estrutura social, emergindo em consequência elementos novos das camadas inferiores da estratificação socioeconômica. O industrialismo, com o progresso da técnica, pôs em vigor novas formas de trabalho, baseadas na especialização. Uma nova atitude em face da vida, valores novos, novos anseios, surgiram, ao mesmo tempo, para o homem atordoado do início do século XIX. O frio equilíbrio racional das ideias e dos sentimentos neoclássicos era uma linguagem estranha a esses novos valores, a se debaterem na maré revolta de anseios de justiça e de aspirações reivindicatórias. Esses fatos permitem compreender o que tem sido apontado como característica fundamental do Romantismo, ou seja, a sua atitude de permanente oposição, de luta contra o que até então vigorava e, ao mesmo tempo, de protesto contra as novas formas de existência. Ao ideal renascentista de uma cultura integral, o liberalismo burguês respondia com o processo de individualização derivado dos novos métodos de trabalho, o que, em última análise, desligava o homem da sociedade. Daí o sentimento de solidão que domina o Romantismo. Ao destruir as bases da sociedade, o liberalismo burguês impedia a estruturação da atmosfera necessária à arte de expressão extensa. E se a arte requer um mínimo de ressonância na coletividade para satisfazer seu impulso criador, "la literatura desde el siglo XIX carece de esa primordialidad social. La forma política rompía los nexos entre el hombre y la sociedad. Y como el hombre no puede vivir fuera de la sociedad, la inventa para proyectarse socialmente".[2]

Acrescente-se a isso que o Romantismo permaneceu sempre ligado às lutas políticas, não obstante sua tendência à embriaguez metafísica, e fez dos ideais de liberdade, igualdade e fraternidade sua inspiração e seu motivo. Surgia, assim, uma nova temática para a literatura; as camadas, que os movimentos revolucionários haviam trazido para a realidade social, emergiriam, também, para as páginas dos romances e para os versos dos poemas. Seria nas primeiras, sobretudo, que elas encontrariam sua melhor expressão. O romance, mais do que a poesia e o teatro, era o meio adequado à difusão das ideias românticas, pelo menos daquelas tendências mais profundas e por isso mesmo universais. Por outro lado, essas tendências eram particularmente propícias ao enriquecimento do romance:

> La réhabilitation de l'imagination, le développement du réalisme, l'expression plus directe du sentiment, tout cela devait naturellement profiter à un genre qui est avant tout de la peinture de la réalité, de la liberté de l'imagination, de l'expression des passions.[3]

Encarado em conjunto, o romance romântico europeu apresenta uma série de características gerais, que pouco variam nas diversas literaturas nacionais, sendo mais importantes aquelas já indicadas por Van Tieghem:[4] o predominante papel que exerce a personalidade do autor, e cujas origens residem na *Nouvelle Héloise*, de Rousseau; à importância conferida à paixão, que já agora não só proclama seu valor intrínseco como reclama seus direitos e sua liberdade em face de restrições ou preconceitos de ordem moral e social; o amor ao exotismo, ao maravilhoso, à

232   ERA ROMÂNTICA

aventura; a evocação do passado histórico, de regra o nacional; o sentimento da natureza e a pintura de paisagens nas quais se desenvolva a ação, o que confere às emoções das personagens ressonâncias mais profundas; certo realismo na adaptação e fixação de aspectos do mundo objetivo, de detalhes da vida familiar; ao lado da narrativa impessoal, a narrativa pessoal, em forma de romance epistolar e autobiográfico, técnica que apresenta certas vantagens para a expressão direta das grandes paixões; quanto ao estilo, geralmente mais concreto e mais colorido do que os dos romancistas do século XVIII, e com frequência apaixonado, impetuoso, brilhante e sonoro, declamatório para o gosto atual, abundante no uso de hipérboles, exclamações e imagens.

Essas características, como é natural, são mais evidentes e mais bem fixadas naquelas literaturas onde o romance prolonga tradição já existente.

PRECURSORES. O PRIMEIRO ROMANCE

No caso brasileiro, o Romantismo não veio fecundar um romance porventura existente. Veio criar o romance. Aderindo às ideias românticas como recurso para conseguir a emancipação literária que, sob a inspiração da mesma filosofia política que informara os movimentos revolucionários europeus, já vínhamos tentando desde época anterior, iríamos não somente assimilar do dicionário romântico aquilo que melhor se adaptasse à realidade e às aspirações do país, mas incorporar à nossa atividade literária uma nova forma de expressão ainda não realizada entre nós, embora já conhecida. Era o romance essa forma, que tão bem nos calhava, menos pelo descrédito da nossa poesia do que por sermos uma jovem nação, a nascer sob o signo da classe cuja ascensão, na Europa, influíra de modo decisivo para a criação do romance moderno.

Dizer que o romance ainda não fora realizado no Brasil implica não incluir nessa categoria, como querem alguns, obras como a *História do predestinado peregrino e de seu irmão Precito*,[5] o *Compêndio narrativo do peregrino da América*[6] e *Aventuras de Diófanes*.[7] Quando muito, as duas primeiras podem ser consideradas como antecedentes embrionários e isolados do nosso romance, sem qualquer continuidade, sem uma linha de desenvolvimento unitária. Quanto ao livro de Teresa Margarida, em cuja defesa se empenham nomes ilustres,[8] não é brasileiro, não diz respeito ao Brasil, nem exerceu a mínima influência em nossa literatura. Sua autora aqui apenas nasceu, é de completa formação europeia, e o livro, confessadamente uma imitação de Fénelon, não pode ser incluído nos quadros da literatura brasileira senão por força de um critério de classificação bastante discutível, como o adotado por Sílvio Romero,[9] e no qual se escudou Rui Bloem[10] para tentar justificar a nacionalidade brasileira do livro da irmã de Matias Aires. A prevalecer esse critério, estaríamos impedidos de classificar como nossa a obra de Anchieta, de Vieira, de Alexandre Gusmão, de Gonzaga e muitos outros que, nascidos no estrangeiro, aqui viveram e escreveram a respeito de nossa história, de nossa vida e de nossa gente, e por isso pertencem ao nosso passado intelectual.

Com o Romantismo, pois, nasceu a novelística brasileira, e suas primeiras manifestações pertencem, hoje, ao domínio pouco acessível da arqueologia literária; de consulta difícil, muita vez impossível, já não figuram nem mesmo nos estudos especializados, nos quais não deveriam faltar, pela contribuição que, como inauguradoras da forma, prestaram ao desenvolvimento do nosso romance.

*

Ao que tudo indica, a primeira novela que se publicou no Brasil foi *Statira, e Zoroastes* (1826), de Lucas José de Alvarenga.[11] Pequeno volume de 58 páginas, filia-se essa novela à literatura didática, de moral edificante, que tanta voga teve na Europa, principalmente na França, antes do advento do Romantismo. O próprio autor indica essa filiação quando, na introdução, esclarecendo que por muitas razões não lhe convinha o método sentencioso, diz ter preferido o alegórico, entre outros motivos porque

> não sendo a Novela senão um discurso inventado para instrução dos homens debaixo da alegoria de uma ação, pareceu-me este meio o mais conveniente para aproveitar a oportunidade de dar algumas ideias de Moral e de Política, misturando agradavelmente o *utile dulci* que recomenda Horácio.[12]

Mineiro rico e instruído, companheiro, em Coimbra, entre outros, de Caldas Barbosa, poeta, militar e político, tendo sido durante pouco tempo governador em Macau, é o próprio Lucas José de Alvarenga quem confessa haver tomado a resolução

> de despender o resto de sua fortuna em passar da Ásia à Europa, e demorar-se algum tempo nas duas capitais da França, e da Inglaterra (esta rival de Esparta e ambas rivais de Atenas) sem outro fim mais, que limar e polir a sua própria instrução; para o que estava prevenido desde muitos anos antes com o conhecimento das respectivas línguas, para assim poder tirar deste tão dispendioso trabalho e das suas penosas fadigas os melhores frutos, que os seus ardentes desejos pudessem conseguir.[13]

Daí, naturalmente, por que a sua novela, sob a influência de um gênero que ele conhecera de perto, está cheia de citações eruditas, a respeito de literatura ou de política. O autor, é evidente, tinha mais propósitos políticos que literários, ao escrever essa obra; julgava-se no dever de prestar serviços à pátria, e por isso ousava levantar a voz para falar sobre

> esta importante, e delicada Ciência [Política], pois que sendo ele [o autor] ao mesmo tempo da Profissão das Letras, formado na Universidade de Coimbra, em Direito Civil [...] é sem dúvida que tem a seu favor não a sua própria presunção; mas aquela presunção de direito, que outros sem estas favoráveis circunstâncias tão liberalmente se arrogam.[14]

Qualquer que tenha sido, porém, o seu propósito, o fato é que Lucas José de Alvarenga publicou sua pequena novela em 1826, quando nenhum outro escritor, ao que saibamos, tinha adotado essa forma literária no Brasil. Predominava a poesia, e só em 1839, treze anos depois de *Statira, e Zoroastes*, é que apareceria um grupo de autores se encaminhando para o romance, constituindo o fenômeno precursor tratado adiante.

Sabe-se que *Statira, e Zoroastes*, conforme depoimento do autor, nasceu de uma extensa peça, *A revolução*, escrita em 1822, que

> mutilada depois, talvez em mais de três partes (e bem interessantes) vim (o autor) por motivos imperiosos (ou imperiais) a dá-la em 1826 ao prelo redigida e já debaixo da forma de novela com o título de — *Statira, e Zoroastes*.[15]

Esse depoimento do novelista serviu de apoio a Hélio Viana para o estudo de *Statira, e Zoroastes* como a "primeira novela brasileira *à clef*".[16] Em mais de um ponto o historiador descobriu alusões ou mesmo identificou episódios da novela com fatos da história nacional, como: a) na passagem inicial de Zoroastes com os príncipes persas através dos aprazíveis passeios da Quinta e de um Jardim Filosófico (Botânico), em que chamou a atenção para as "localizações cariocas"; b) no fato de estarem armados de *arco e flexa* os misteriosos cavaleiros que raptaram Statira e seu pai; c) numa possível alusão a José Bonifácio, grão-mestre da maçonaria e criador do carbonário Apostolado, quando, na proclamação da soberana dos lícios, aparece mencionado o grande Sacerdote, que então passaria a ser denominado Magistrado d'Alta Polícia; d) nessa mesma proclamação, a suspensão da liberdade individual e a manutenção apenas da de imprensa, tal como foi feito no Brasil, àquela época; e) o oferecimento, pela soberana, de uma Constituição "ao nível das ideias do século e todavia digna do Trono", como fez D. Pedro em 1824; f) o fato de haver o projeto dessa Constituição, após a fala da soberana, merecido unânime aprovação, passando logo a Constituição do Estado, como se pensou em fazer no Brasil, em 1823.[17]

Mas, ainda que a tudo isso se acrescente a manifestação do autor, constante da dedicatória que fez à Imperatriz D. Maria Leopoldina Josefa Carolina, na qual diz que o Particular Motivo de imprimir-se esta Novela; o seu contexto, e objeto; a analogia, que tem com as de V. M. as sublimes virtudes da Princesa Heroína; tudo isto inspira a lembrança de a Dedicar a V. M. I.[18]

ainda assim não há por que se possa, com os dados até agora conhecidos, classificar a obra como novela *à clef.* Nela não há uma realidade disfarçada, com *personnages déguisés*, mas analogia e mesmo alusão a fatos de nossa realidade histórica, o que por si só não autoriza a classificação. De conteúdo político inspirado em princípios da revolução francesa, escrito não apenas para exaltar as virtudes da Imperatriz, mas, principalmente, para difundir ideias novas e revolucionárias a respeito dos direitos políticos e sociais femininos, inclusive com a pregação de uma república de mulheres, *Statira, e Zoroastes* é um romance alegórico ao gosto clássico, de moral edificante. A história é mero pretexto para a divulgação de ideias políticas e sociais, daí por que uma de suas principais características é a intemporalidade, a ausência de decurso temporal, como convém ao gênero. O amor de Zoroastes, príncipe tibetano, a Statira, vestal consagrada ao culto do fogo e por isso impedida de contrair matrimônio — que vai depois subir ao trono materno, instalar na Lícia a República das Mulheres e, por fim, após modificação nas leis do país, casar com o próprio Zoroastes e logo em seguida morrer — constitui, em síntese, o núcleo central da intriga da novela, mas não lhe fornece maior substância narrativa. Esgota-se em si mesmo, constituindo-se o restante, que no final de contas se tornou o essencial, com a propaganda ideológica do autor, cujos receios, manifestados através da pregação final de Zoroastes, de que as suas ideias

fossem talvez exageradas. Românticas, filhas de uma imaginação exaltada.[19]

são mera figura de retórica.

Só mais de dois lustros após a publicação de *Statira, e Zoroastes* é que apareceriam romances e novelas de outros autores. A partir de 1839, vários nomes, já conhecidos como poetas, historiadores ou críticos, passariam a assinar obras de ficção em prosa, preferencialmente nos jornais e revistas da época. Só nesse ano, após a interrupção assinalada, apareceriam de Pereira da Silva[20] *O aniversário de D. Miguel em 1828, Religião, amor e pátria,* e *Jerônimo Corte Real,* e de Justiniano José da Rocha[21] a "novela histórica" *Assassínios misteriosos ou A paixão dos diamantes*. No ano seguinte, seriam publicados mais dois romances de Pereira da Silva, e Varnhagen[22] estrearia com a *Crônica do descobrimento do Brasil,* enquanto o ano de 1841 veria surgir a primeira novela de Norberto,[23] *As duas órfãs.*

Nenhum desses escritores, porém, sobreviveu como romancista; também nenhum deles se dedicou ao romance como atividade literária única, ou mesmo como atividade principal. Eram, como já foi dito, poetas, historiadores ou críticos, que viam na forma narrativa a novidade digna de atenção, veículo novo para as suas ideias, sobretudo pelo favor que lhe concedia um público cada vez mais interessado. Para eles, ávidos de atuar em todos os domínios da literatura, o romance era simples instrumento de divulgação histórica, ou divertimento de letrados, de intelectuais que procuravam ficar em dia com o que estava acontecendo no mundo. E o centro do mundo para nós já era a França, onde o romance, sobretudo o de gosto popular e em forma de folhetim, escravizava à sua sedução milhares e milhares de leitores. Esses fatos, em·grande parte, explicam a má qualidade do que então se produzia: narrativas sem maior interesse, de categoria inferior, cujas intrigas, na grande maioria dos casos, eram evidente imitação do romance negro e do folhetim, ou simples crônicas históricas romanceadas, não merecendo os seus autores, como romancistas, maior atenção da crítica ou da história que deles se ocupou. Não nos é possível nem mesmo falar em romance histórico, no caso das obras de Pereira da Silva e de Varnhagen, por insuficiência de requisitos indispensáveis, e isso foi inclusive sentido por um deles,[24] quando acertadamente classificou a sua obra como "pequena crônica" e "ensaio de romance". Na verdade, essas obras participam muito mais da crônica, do relato histórico, do que do romance. São bem tentativas, ensaios; não podem ser consideradas romance histórico, não apenas pelo fato de não merecerem o nome de romance, senão porque lhes faltavam aquelas características que deram corpo e prestígio à forma inaugurada por Scott. Entre outras considerações, basta verificar que, enquanto o romance histórico do Romantismo europeu, à moda do autor de *Waverley*, responde quase sempre a uma necessidade de exaltação do passado nacional — o leitor a querer heróis que lhe sejam próximos, "d'une humanité plus voisine de la sienne"[25] —, a obra dos nossos precursores se encaminha preferentemente para o passado português, contra o qual o nosso Romantismo procura ressuscitar e mesmo criar raízes indígenas. Mais do que ao romance histórico, filia-se essa obra à linha do romance francês do tipo heroico-galante dos séculos XVII e XVIII.

Essas primeiras obras visavam antes à divulgação dos fatos históricos como História, do que ao aproveitamento deles como material de romance. Varnhagen chegou mesmo a confessar que a sua *Crônica do descobrimento do Brasil* era escrita em forma de romance para melhor adaptar-se ao gosto do país.[26] Data essa confissão de uma época em que, sendo pouquíssimos os romances nacionais, o público só poderia satisfazer o seu gosto — e inclusive tê-lo formado — na leitura de originais e traduções de romancistas estrangeiros. Aos nossos precursores, porém, a lição desses romancistas não foi útil senão em proporções bastante reduzidas: o conhecimento da nova forma de expressão literária; o ajuizamento de suas possibilidades e de seu poder de penetração popular; a verificação de que, ao lado do romance negro e do folhetim de capa e espada ou de intriga sentimental, havia a forma nova de romance histórico que interpretaram apressadamente como modalidade de fazer (ou de falsear) História; a assimilação dos temas mais vulgares e superficiais, sobretudo da novela sentimental, eis um rápido balanço do que os nossos primeiros romancistas revelam ter aprendido da lição que lhes davam os de literaturas mais adiantadas. Estava ausente deles a preocupação de estruturar a narrativa em bases sólidas, dar-lhe unidade e coerência, oferecer-lhe um mínimo de arquitetura capaz de fazê-la sobreviver. Essa preocupação só viria depois, quando já estivesse resgatado o pesado tributo da experiência inicial, e levaria alguns a modificar e melhorar, tempos mais tarde, o que a essa época haviam escrito. É o caso, entre outros, do *Jerônimo Corte Real*, de Pereira da Silva, publicado no *Jornal do Comércio* (1839) e só editado em livro em 1865, porém já bastante modificado e com o evidente intuito de melhor estruturação, como se pode deduzir, não apenas do cotejo das duas publicações, mas da própria confissão do autor:

> Aproveitando algumas cousas, desprezando outras, e acrescentando-lhe episódios mais largos e variados, siga o livro o seu destino, tão mudado de forma que quase me parece outro, e não o mesmo filho querido dos meus vinte anos e das minhas primeiras inspirações literárias.[27]

Mas não era somente a despreocupação no que diz respeito ao aspecto técnico que fazia da novelística dessa época o que ela foi. Era também, e quase diríamos principalmente, a desorientação quanto à escola a ser seguida, a falta de rumos em que ainda se debatia a nossa literatura, viciada pelas deturpações do Classicismo, em que sempre andara metida, e indecisa ante a nova orientação que se lhe apresentava. Os poetas mineiros, é certo, haviam iniciado a preparação do terreno para a mudança de rumo, e Magalhães, em 1836, descobria em Paris o Romantismo, ali já decadente, apontando-o como o caminho que deveríamos eleger. Num como noutro caso, o espírito nacional estava trabalhado pelos acontecimentos que abalaram e destruíram o regime colonial, e terminaram por fazer do Brasil um império, uma nação livre a tomar consciência de sua destinação histórica. E isso equivale a dizer que estávamos trabalhados pela atmosfera de reivindicação, de revolta e de anseio de liberdade, na qual crescera e vingara o Romantismo europeu. Esse fato foi perfeitamente sentido e aceito no plano político, mas não foi realizado no plano literário senão tardiamente, quando os nossos escritores, amadurecidas as ideias que nos vinham da França, compreenderam o sentido e a significação do Romantismo e o realizaram em suas obras, particularizando-o nacionalmente. Mesmo em poesia, para a qual havia o auxílio de uma tradição artesanal, o nosso Romantismo vingou tarde, inclusive mais tarde do que no romance; o nosso primeiro grande poeta romântico veria publicado o seu livro de estreia,[28] quando dois romances de um dos mais populares escritores da época[29] já circulavam entre os leitores. Exceto a obra de Magalhães, mesmo a de poetas secundários, mas da fase inicial, como Porto-Alegre e Dutra e Melo, não seria anterior à dos precursores do nosso romance. Ainda não haviam estes, porém, assimilado a essência da temática do Romantismo, ou, pelo menos, não sabiam como expressá-la em suas obras. Da nova estética tinham adquirido as tendências mais superficiais, que refletiam indecisa e fracamente a preferência dada à forma de narrativa em prosa, o romance. Orientação panorâmica, princípios de ordem geral da ideologia romântica, nada disso nos faltava desde 1826, data em que apareceu a história literária de Denis,[30] cujo capítulo de introdução pode e deve ser considerado como o manifesto do Romantismo brasileiro. Faltava-nos, porém, estratificação cultural, complexidade e profundidade de sentimentos, sem o que a postura romântica resulta quase sempre ridícula.

O amadurecimento de nossa consciência nacional fora realizado em ritmo acelerado, no embate dos choques políticos e militares, mas a nossa literatura naturalmente se atrasara, sujeita que estivera ao bacharelismo português, no que tinha de tópico e estéril. E se ela refletia mal as aspirações nacionais, não era intérprete muito fiel da alma brasileira, que se plasmava no orgulho e no amor à terra, no desejo de liberdade, na vontade de construir uma nação livre e independente, devia a que estávamos vivendo uma fase de transição durante a qual, tendo rompido com a tradição portuguesa em matéria de política, procurávamos igualmente romper em matéria de cultura, de arte, e aqui as dificuldades eram na realidade bem maiores, pois:

> Cette tradition portugaise a tant de valeur en elle-même; elle remonte si loin, se confondant avec les origines même du peuple brésilien: elle est si profondément ancrée dans les esprits, qu'on s'en débarasse moins aisément que d'un régime politique. La difficulté est grande; réduite à ses propres forces, la jeune nation arriverait malaisément à la résoudre. Elle refuse d'aller prendre le mot d'ordre à Coimbre ou à Porto. Mais elle a encore besoin de l'Europe: c'est en Europe, en effet, qu'elle ira chercher le romantisme, et de préférence à Paris.[31]

Foi durante essa fase de transição que surgiram os precursores do romance nacional, não podendo as suas obras, desse modo, refletir a temática romântica senão naquilo que ela apresentasse de mais superficial e menos definitivo. E o que é mais: poetas todos eles, foram fatalmente tentados a prolongar no romance, que se estava a iniciar, muitos dos erros e vícios que cometiam na sua medíocre produção poética; raro é o romance dessa fase que não contém pelo menos uma personagem poeta, geralmente o protagonista, cujos versos são cuidadosa e integralmente transcritos no corpo da narrativa.

O deficiente aspecto técnico de uma novelística que estava a nascer, num país que a não realizara até aí, e mais o fato de estar sendo iniciada numa fase de transição, em que à consciência política não correspondia uma consciência literária igualmente amadurecida — o que impedia a imediata assimilação e aproveitamento dos temas dominantes do Romantismo, eis, em síntese, os fatores que condicionaram a obra dos iniciadores do romance no Brasil, impedindo-a de elevar-se a um nível mínimo capaz de assegurar-lhe a sobrevivência.

A FASE DEFINITIVA

A observador mais atento, e que não pretenda previamente adaptar conceitos e critérios de classificação europeus ao processo de desenvolvimento da nossa literatura — mas estudar nos textos brasileiros de que "modo assimilamos as características da literatura europeia, transformando-as nacionalmente — não será permitido ignorar que o nosso romance, filho do Romantismo, dele não herdaria senão aquelas tendências mais populares, mais exteriores, que pertenciam à fase de plena decadência do Romantismo e de transição para o Realismo. E por isso nem sempre seguiu o mesmo caminho do romance europeu.

O romance romântico europeu foi, inicialmente, uma espécie de confissão pessoal, uma como que explosão da sensibilidade do indivíduo em face da sua nova circunstância histórica; até pela forma epistolar de que em alguns casos se revestiu, foi uma confissão pública, subjetiva e apaixonada, na qual a observação da realidade tinha lugar mínimo ou nenhum lugar, a inspiração e os sentimentos pessoais ocupavam tudo, a exemplo de *Werther*, *La nouvellle Héloise*, *Adolphe*, *Corinne* e *René*. Foi pelo caminho desse extravasamento de vida interior que o Romantismo primeiramente se manifestou, para só depois preocupar-se com a recriação do passado histórico e, daí, passar à sociedade contemporânea.

No Brasil, o caminho não foi o mesmo. E o nosso fenômeno, do ponto de vista histórico, e ainda mais do que o europeu, tem de ser examinado de um ângulo que não suprima a visão dos aspectos mais importantes da nossa vida cultural, política e econômica na primeira metade do século XIX, pois só desse modo será possível chegar a uma compreensão justa e adequada desse período de nossa literatura. E isso simplesmente porque os escritores dessa época, e a sua literatura, são fruto de fatores mais de ordem política e cultural no sentido amplo, do que de fatores puramente literários ou artísticos. O nosso Romantismo é mais produto de importação do que resposta a anseios de renovação estética ou simplesmente expressional. Ao cortarmos as amarras que nos prendiam cultural, econômica e politicamente a Portugal, observou-se um descompasso entre a consciência política e a consciência literária, e isso é que pode explicar os cinquenta anos de péssima ou de incaracterística literatura, que vão dos poetas mineiros às primeiras grandes obras do Romantismo. A França, com a qual já tínhamos algumas afinidades, passaria a ser o nosso modelo, mas não o assimilaríamos de pronto e de logo, por estarmos habituados a uma tradição, que não era a francesa, na qual havíamos plasmado a nossa consciência, formado a nossa personalidade e educado o nosso gosto; e, o que é mais, dessa tradição, a portuguesa, é que havíamos recebido o nosso instrumento de expressão, e, com ele, muito das nossas ideias e dos nossos hábitos mentais. Além disso, ao descobrirmos o Romantismo francês, não podíamos dele aproveitar senão o mais superficial, o mais exterior, porque era isso que coincidia com os nossos sentimentos coletivos de jovem nacionalidade. O problema mais profundo e mais interior do homem, os sentimentos íntimos e pessoais que deram fama e eternidade aos heróis românticos, tudo isso não podia aqui encontrar muita correspondência, pois o brasileiro apenas nascia àquela época para a independência, não podendo os seus sentimentos ser os mesmos que os dos europeus, resultado do amadurecimento secular de autênticas aspirações filosóficas.

Dominou mais o nosso Romantismo, na poesia e no romance, a tendência orientada pela filosofia e pela estética dos socialistas utópicos, embora a sua aclimação ao nosso meio sofresse transformações muita vez desfiguradoras. E dominou porque o seu conteúdo reivindicador e reformador melhor atendia às nossas necessidades de nação que procurava afirmar-se e resolver problemas graves que herdara de sua recente condição de colônia.

É com *O filho do pescador* (1843), de Teixeira e Sousa, que se inicia a fase definitiva do romance romântico no Brasil. Por mais que isso possa significar um mau começo, a verdade é que essa pequena novela, além de dar início a uma obra de romancista, o que até então não existira, apresentava-se com características que a situavam em posição diferente da dos precursores. A qualidade técnica, que seria melhorada nos livros subsequentes desse autor, era igual e em alguns casos inferior a certas obras publicadas anteriormente; devia-se isso, talvez, não só à inexperiência de Teixeira e Sousa, mas, principalmente, ao fato de haver ele lutado com problemas novos e bem mais complicados do que os precursores. Inexperiente e estando a inovar, era fatal que lhe acontecesse o pior, ou seja, que nos desse uma narrativa com todos os vícios e defeitos da pior novela romântica, e mais aqueles que eram natural consequência da sua condição de estreante em país sem tradição novelística.

As inovações de Teixeira e Sousa diziam respeito, em especial, aos problemas do espaço e das personagens. Enquanto dominara na obra dos precursores a narrativa de personagens históricas e de ação especialmente abstrata ou localizada com preferência fora do Brasil, a ação de *O filho do pescador* se desenrola nacionalmente na praia de Copacabana, e as personagens, em sua maioria, são retiradas do quotidiano. Isso significava, desde então, a inclusão da natureza como elemento fundamental do nosso romance romântico, e também uma tendência ao realismo de detalhe, que seria dominante a partir dessa época.

Essas características seriam logo depois, em 1844, mais bem acentuadas e mesmo definitivamente fixadas, com o aparecimento de *A moreninha*, de Macedo. Esse era um romance novo em nossa história literária, de qualidade técnica bastante evoluída para a época. Foi a primeira das grandes obras de nossa novelística romântica, em que se representavam as tendências do gênero, algumas — é certo — ainda em estado embrionário: nem mesmo lhe faltaria a feição indianista, presente na história intercalada de Aí e Aiotin, contada por uma das personagens, o que representa a primeira manifestação do indianismo em nosso romance. Daí por diante, seria possível distinguir três aspectos da evolução da nossa novelística romântica: o romance histórico, a novela urbana e as narrativas regionais.

O estudo desses aspectos será feito em seguida, através da consideração das principais figuras do nosso romance romântico.

TEIXEIRA E SOUSA[*]

São de ordem histórica as razões que aconselham o estudo de Teixeira e Sousa entre as principais figuras do romance romântico. Sua obra não alcançou, em nenhuma oportunidade, o mesmo nível daqueles que ao seu lado se alinham, mas tem o não pequeno mérito de ser a primeira obra de romancista no Brasil. O que antes havia, como foi assinalado, eram romances e novelas de

---

[*] Antônio Gonçalves Teixeira e Sousa (Cabo Frio, Província do Rio de Janeiro, 1812-Rio de Janeiro, 1861), de origem humilde, filho de um comerciante português arruinado, foi carpinteiro até 1830; depois mestre-escola. Em 1855, em virtude de haver encaminhado, por intermédio de Nabuco de Araújo, um memorial em verso a D. Pedro II pedindo o lugar de escrivão de órfãos no termo de Cabo Frio, foi nomeado escrivão do juiz da 1ª Vara do Comércio na Corte. Poeta, jornalista, teatrólogo e romancista.

Bibliografia

ROMANCES: *O filho do Pescador*. 1843; *Tardes de um pintor ou As intrigas de um jesuíta*. 1847; *Gonzaga ou A conjuração de Tiradentes*. 1848-51, 2 vols.; *A Providência*. 1854; *As fatalidades de dois jovens*. 1856; *Maria ou A menina roubada*. 1859. POESIAS: *Cânticos líricos* (1ª e 2ª sér., 1841 e 1842); *Três dias de um noivado*. 1844; *A independência do Brasil* (poema épico). 1847-57. TEATRO: *Cornélia*. 1840; *O cavaleiro teutônio*.

Consultar

Azevedo, Moreira de. *Esboços biográficos*, 2ª sér. [186...]; Bernard, Thalés. (in *Athenaeum français*, 1854); Burgain, L.A. "Cornélia — tragédia em 5 atos por Antônio Gonçalves Teixeira e Sousa" (in *Minerva Brasiliense*, II/24, 1844); Castelo, José Aderaldo. "Os iniciadores do romance brasileiro" (in *O Jornal*. Rio de Janeiro, 10 jul. 1949); Ferreira, Félix. "Traços biográficos de A. G. Teixeira e Sousa" (in *Tardes de um pintor ou As intrigas d' um jesuíta*. 2ª ed. Rio de Janeiro, Cruz Coutinho, 1868); Holanda, Aurélio Buarque de. "Teixeira e Sousa: *O filho do pescador e As fatalidades de dois jovens*" (in *O romance brasileiro*. Rio de Janeiro, *O Cruzeiro*, 1952); *Marmota fluminense*, n. 1323, 6 dez. 1868; Paranhos, Haroldo. *História do romantismo no Brasil*. São Paulo, Cultura Brasileira, 1938. Vol. II; Ribeiro, Santiago Nunes (in *Minerva brasiliense*, 1844); Silva, Joaquim Norberto de Sousa e. "Notícias sobre Antônio Gonçalves Teixeira e Sousa" (in *Rev. IHGB*, XXXIX/1, 1876).

poetas, historiadores e críticos que se encaminharam para essa forma literária, menos em obediência a um imperativo de natureza estética ou expressional do que por força da atração fácil e sem compromisso que a novidade representava. Foi depois dele, e graças ao seu esforço perseverante, que o romance ganhou entre nós posição mais definida, levando outros escritores a realizá-lo de modo permanente e deliberado. Isso mesmo percebeu e registrou a crítica que lhe foi contemporânea, e o próprio José Veríssimo, sempre tão parcimonioso e comedido, não hesitou em afirmar que

> por esta constância num gênero que, antes que Macedo o seguisse em 1844 com *A moreninha*, era ele o único a cultivar, ganhou Teixeira e Sousa direito inconcusso ao título de criador do romance brasileiro.[32]

O livro que inaugurou o ciclo da produção novelística de Teixeira e Sousa foi O *filho do pescador*, cujo subtítulo, "romance brasileiro", estava a indicar uma preocupação nacionalista, que já existia difusamente e daí para a frente passaria a ser dominante em nossa literatura, principalmente na prosa de ficção. Pequeno volume de umas poucas dezenas de páginas, sua fabulação parece o resultado de demoradas leituras do romance negro e do folhetim de capa e espada, tantas são as peripécias, os crimes e os pactos diabólicos que se sucedem. As personagens são demasiadamente convencionais, sem vida própria e sem outra característica além da ideia ou do princípio que encarnam, por deliberação do autor. Tem o romance, contudo, o mérito de conferir importância à presença do mundo exterior. Na obra dos precursores, ainda que a situação não seja a mesma do romance moralista, no qual a ação se desenvolve de modo abstrato no tempo e no espaço, o mundo exterior tem função secundaríssima, sendo sua presença acidental ou episódica, em nada influindo no destino das personagens. Foi preocupação de Teixeira e Sousa, evidenciada desde o subtítulo, localizar a ação no espaço do mundo objetivo do leitor, e isso lhe permitiu atender a uma das tendências mais universais do Romantismo, que é a exaltação da natureza. Não é por outro motivo que o primeiro capítulo de O *filho do pescador* tem a seguinte e significativa epígrafe:

> A descrição das cenas da natureza é a pedra de toque do escritor; descrever estas cenas está ao alcance de qualquer gênio medíocre; mas empregar nesta pintura as verdadeiras cores precisas e nos seus devidos lugares é sem dúvida o ponto mais difícil de atingir na poesia descritiva ou pintura da natureza. Desculpai-me, pois, se mal vou fazer. É sempre no meio desses belos quadros da natureza que amor ama revoar.[33]

O próprio capítulo é, inicialmente, exagerada descrição de clara manhã de primavera, na qual cisma e medita, à moda romântica, a bela e loura heroína de olhos azuis, que tantos crimes vai cometer logo depois e em tão poucas páginas de intriga. Ainda que o sentimento da natureza, nesse como em outros livros do autor fluminense, seja puramente descritivo, exterior, o certo é que ele aí se manifesta, com a evidente preocupação de exaltar a natureza, já não mais de um ponto de vista abstrato, mas com o intuito de valorizá-la nacionalmente. Isso significava, no romance, a assimilação de um tema fundamental do Romantismo, que iria ser progressivamente tratado até alcançar a exaltação vigorosa e entusiástica de Alencar. E tão singular era o fato que Wolf, antes mesmo de conhecer toda a obra novelística de Teixeira e Sousa, podia assinalar que ele tinha o mérito de haver dado lugar de destaque às particularidades nacionais, tanto na escolha quanto no tratamento dos assuntos.[34]

Esse mérito, como é compreensível, não lhe seria dado apenas pelo livro de estreia, hoje inteira e merecidamente esquecido. Quatro anos depois desse primeiro romance, Teixeira e Sousa publicaria *Tardes de um pintor ou As intrigas de um jesuíta*, em três volumes, o que por si só, e tendo em vista as reduzidas proporções do primeiro, já nos oferece uma ideia das pretensões do autor. Trata-se, na realidade, de um romance mais bem construído, mais bem arquitetado que o anterior, e mesmo entre os posteriores só encontraria parelha no *A Providência*, publicado doze anos após o da estreia. O progresso realizado entre um e outro é realmente considerável, não só do ponto de vista da fabulação, mas, também, no que diz respeito à expressão da temática do Romantismo. Localizando a ação durante o período colonial, como ocorre em quase toda a sua obra, Teixeira e Sousa compôs uma intriga ao gosto da época, porém mais bem urdida e de maior significação do que a dos seus outros livros. Ao lado disso, progrediu também na fixação das personagens e na descrição de paisagens, usos e costumes, dando-nos, como notou Wolf, um quadro curioso da vida nas plantações do Brasil.

Deve ser assinalado, também, o fato de haver Teixeira e Sousa, nesse seu romance, incluído episódios cuja ação transcorre no Oriente, o que parece significar uma tentativa de atender a tendência bastante acentuada do Romantismo europeu, o exotismo, que entre nós não vingou, apesar dessa tentativa e da de outros autores, como Alencar.

MACEDO[*]

Ao publicar *A moreninha*, quando ainda estudante, em 1844, Macedo anunciava que esse romance não era o único que então possuía: tinha ele três irmãos, que pretendia "educar com esmero", e para isso solicitava inclusive o auxílio do público, rogando aos leitores que acusassem os defeitos dele, frutos da sua ignorância, e disso tiraria muito proveito para criar e educar melhor os outros "filhos". Desses três romances de que falava Macedo, sabe-se apenas que um deles era *O forasteiro*, conforme o depoimento de vários críticos e historiadores.[35]

O fato é importante, pois comprova o interesse que já manifestava Macedo pelo romance, na época em que ainda não o produzíamos. 1839 é a data em que, depois do ensaio isolado de Lucas José de Alvarenga, aparece um grupo de narrativas assinadas por nomes já conhecidos, e foi nesse mesmo ano que Macedo escreveu *O forasteiro*, para só publicá-lo, certamente bastante modificado, em 1855. Esse interesse é tanto mais explicável quanto se sabe que o autor de *O moço louro* produziu ininterruptamente durante trinta anos, e durante trinta anos, com os seus romances e o seu teatro, ocupou lugar de relevo nas preferências do público brasileiro. Um exame sumário das características do romance macediano explicará muito do seu êxito inicial. Uma primeira consideração a ser feita, lembrada por Antônio Cândido,[36] é a de que o romancista fluminense pertence àquela categoria de escritor cuja obra literária se preocupa menos com a mensagem do que com a capacidade receptiva do leitor, e por isso os seus romances, satisfazendo às necessidades e ao gosto do público, não poderiam deixar de ter, como tiveram, uma rápida e extensa aceitação. Dessa consideração se deve inferir que, modificados o gosto e as necessidades da massa de leitores, o romance macediano passaria a perder prestígio, até o ponto de não

---

* Joaquim Manuel de Macedo (São João de Itaboraí, Província do Rio de Janeiro, 1820-Rio de Janeiro, 1882), diplomado em Medicina, que nunca exerceu, foi sócio-fundador, secretário e orador do Instituto Histórico e Geográfico Brasileiro durante muitos anos e professor, desde muito cedo, de Corografia e História do Brasil no Colégio Pedro II. Ingressando na política, foi várias vezes reeleito deputado à Assembleia Provincial do Rio de Janeiro e deputado geral (legislaturas 1864-68 e 1878-81) como representante do partido liberal. Gozou de extrema popularidade e, amigo de D. Pedro II, atuou no desenvolvimento literário e artístico que se processou nas três primeiras décadas do seu reinado. Apesar de haver sido o mais lido dos escritores da época, morreu quase esquecido e em pobreza. Poeta, dramaturgo, historiógrafo, jornalista e romancista, é o patrono da cadeira nº 20 da Academia Brasileira de Letras.

Bibliografia

ROMANCES: *A moreninha*. 1844; *O moço loiro*. 1845; *Os dois amores*. 1848; *Rosa*. 1849; *Vicentina*. 1853; *O forasteiro*. 1855; *A carteira do meu tio*. 1855; *Romances da semana*. 1861; *O culto do diva*. 1865; *Memórias de um sobrinho de meu tio* (continuação de *A carteira do meu tio*). 1867-1868; *A luneta mágica*. 1869; *As vítimas algozes*. 1869; *O rio do quarto*. 1869; *A namoradeira*. 1870; *As mulheres de mantilha*. 1870-1871; *Um noivo e duas noivas*. 1871; *Os quatro pontos cardeais* e *A misteriosa*. 1872; *A baronesa do amor*. 1876. TEATRO: *O cego*. 1845; *Cobé*. 1849; *O fantasma branco*. 1856; *O primo da Califórnia*. 1858; *Luxo e vaidade*. 1860; *O novo Otelo*. 1863; *A torre em concurso*. 1863; *Lusbela*. 1863; *Remissão dos pecados*. 1870; *Cincinato Quebra-louças*. 1873; *Antonica da Silva*. 1880; *Teatro de Macedo*. 2ª ed. Rio de Janeiro, Garnier, 1895. 3 vols. *Teatro completo*. SNT, 1979, 2v. POESIA: *A nebulosa*. 1857. OUTRAS: *Um passeio pela cidade do Rio de Janeiro*. 1862; *Ano biográfico brasileiro*. 1876; *Memórias da rua do Ouvidor*. 1878. Além de grande número de manuais escolares e obras diversas. *Nossos clássicos*. vol. 101, 1971.

ser mais aceito, precário que ele se mostra de qualidades capazes de despertar interesse permanente.

E isso foi, na realidade, o que sucedeu. Tendo alcançado rápida ascensão desde o aparecimento de *A moreninha*, a curva do prestígio literário de Macedo manteve-se nessa média durante muito tempo, e foi depois caindo de modo sensível e acentuado. A morte veio encontrar quase no olvido, e com certeza na indiferença do público, o homem que fora a figura central das reuniões elegantes ou literárias do seu tempo, o mais popular e festejado dos escritores de então. A crítica, mesmo antes do seu falecimento, já lhe vinha sendo menos favorável do que nos primeiros tempos. O cuidado com que Machado de Assis inicia a severa crítica ao romance *O culto do dever*, prevenindo que

> o autor de *Nebulosa* e de *A moreninha* tem jus ao nosso respeito, já por seus talentos, já por sua reputação.[37]

é claramente indicativa do grande prestígio que então ainda desfrutava Macedo. Era essa reputação que obrigava Machado a procurar colocar-se num plano de insuspeição que lhe permitisse reduzir o aludido romance de Macedo, como conseguiu, a termos de quase insignificância. Não demoraria muito que a crítica, de modo geral, revelasse pouco respeito e cerimônia diante da antiga reputação de Macedo, e deixasse mesmo de considerar a sua obra como objeto digno de estudo.

O autor de *A moreninha* foi um romancista cuja qualidade técnica não progrediu muito, do primeiro ao último livro. Quase seria permitido afirmar

---

Consultar

Autores e livros: II. n. 13, 26 abr. 1942; Barreto, Tobias. *Estudos alemães.* Edição do Estado de Sergipe, 1926. Vol. III das *Obras Completas*; Campos, Humberto de. "As modas e os modos no romance de Macedo" (in *Rev. Acad. Brasil. Letras.* nº 15, out. 1920); Cândido, Antônio. "Macedo, realista e romântico" (in *A moreninha*. S. Paulo, Martins, 1952); Carvalho, Aderbal de. *O naturalismo no Brasil.* São Luís do Maranhão, Júlio Ramos, 1894; Cavalcanti, Mário. "*A moreninha* e a educação no seu tempo". *Bol. Centro Pesquisas Educacionais Minas Gerais.* n. 2, 1969; Costa, Benedito. *Le roman au Brésil.* Paris, Garnier, 1918; Dutra e Melo, A. F. "*A moreninha*, por Joaquim Manuel de Macedo" (in *Minerva brasiliense.* vol. II, nº 24. 15 out. 1844); Fleiuss, Max (in *Rev. IHGB.* t. 87, vol. 141); Frota Pessoa. *Crítica e polêmica.* Rio de Janeiro, A. Gurgulino, 1902; Machado de Assis, J. M. "O culto do dever, de J. M. de Macedo" (in *Crítica literária.* Rio de Janeiro, Jackson, 1937); Mota, Artur. "Perfis acadêmicos, cadeira n. 20. Joaquim Manoel de Macedo" (in *Rev. Acad. Brasil. Letras.* Ano XXII, n. 113, vol. XXXV, maio de 1931); Silva José Franklin de Massena. "Elogio histórico do dr. J. M. Macedo" (in *Rev. IHGB*, 1887. XL, 2ª); Sousa, J. Galante de. "A moreninha" (*Bol. Ariel*, 2, 13); Veríssimo, José. "O teatro brasileiro" (in *Rev. Acad. Brasil. Letras.* Rio de Janeiro, Ano 1/2, out., 1910).

que o primeiro deles já revelava ao público o romancista fluminense tal como deveria ele ser durante toda a sua longa atividade. E, na verdade, poucos dos seus livros conseguiram atingir posição semelhante à de *A moreninha*, e nenhum obteve da posteridade a mesma generosa acolhida. O fato já fora observado por José Veríssimo;[38] mais recentemente, Astrojildo Pereira assinalou que não se podia

> esquecer que Joaquim Manuel de Macedo pouco progrediu em relação a si mesmo. Os seus últimos romances e novelas foram escritos e editados cinco lustros depois de publicada *A moreninha* — e os seus méritos de romancista não ficaram muito acrescidos com eles.[39]

Demasiadamente influenciado pelo teatro, para o qual tinha realmente vocação, disso se ressentiria sua técnica narrativa, que não sendo pior nos últimos livros, teria os seus defeitos mais bem evidenciados e postos a descoberto pelo inevitável cotejo com a de escritores como Alencar e Machado, então em plena atividade. Essa influência foi tão acentuada, que muitos historiadores e críticos se inclinaram a dar maior importância ao comediógrafo do que ao romancista. Baste-nos apenas um exemplo, o de Sílvio Romero:[40] das quase setenta páginas em que estudou Macedo, poucas linhas concedeu ao romance do autor de *Rosa*, e assim mesmo para uma simples enumeração de títulos — ocupando todo o espaço em examinar-lhe o teatro.

Na realidade, porém, foi o romance que conferiu a Macedo a grande popularidade que desfrutou. E isso, seguramente, pelo fato de haver atendido a certas tendências muito populares do Romantismo, em especial àquela de caráter realista, que capta e fixa com objetividade aspectos do mundo real e até pequenos detalhes da vida familiar. Mais de um crítico, levado por essa tendência, tem sido tentado, quando não a retirar Macedo dos quadros da estética romântica, pelo menos a conferir-lhe uma posição de quase equidistância entre o Romantismo e o Realismo, ou de simultaneidade numa e noutra escola, como, por exemplo, sugere o título do aliás lúcido e inteligente estudo de Antônio Cândido.[41]

O realismo de Macedo é próprio do Romantismo, particularmente do romance romântico, uma de cujas variantes — a que foi por ele adotada — se alimenta sempre do conflito entre as românticas aspirações sentimentais das personagens e a realidade imediata. No autor de *O moço louro*, porém, a debilidade, quase diríamos a inautenticidade dos sentimentos íntimos das personagens não permite maior contraste com o ambiente social, resultando daí que o melhor e mais perdurável nos seus romances é sempre a pintura realista dos usos e costumes da época. Mas não foi somente esse "pequeno realismo" que restringiu sua visão de romancista, como tem sido afirmado foi também sua condição de homem típico da classe média urbana que não lhe permitiu observar e aspirar senão de acordo com os hábitos e os anseios dessa classe. Sua observação fixa geralmente aspectos da vida pequeno-burguesa dos meados do século XIX; os namoros de estudante, os saraus familiares, as festas, as conversas de comadre, os hábitos, os costumes e as tradições da sociedade do seu tempo, eis o que enche os seus romances, de princípio a fim. As próprias personagens são retiradas do quotidiano da classe média; basta ver os negociantes, funcionários públicos, políticos e caixeiros que povoam as suas páginas, os únicos sem profissão definida constituindo a galeria dos heróis românticos, muita vez indicados como estudantes, o que era, na época, a melhor forma de ser romântico.

Foi a predominância da pintura realista do ambiente social sobre o mundo íntimo das personagens que fez de Macedo um cronista do seu tempo. Se os seus heróis românticos são convencionais, sem vida, declamadores de frases feitas, as outras personagens, apesar de certo colorido, do acanhado sopro de vida que as movimenta na atmosfera reconstituída da sociedade brasileira da metade do século XIX, não passam de simples transcrição da realidade, sem uma análise que empreste profundidade aos seus sentimentos pessoais ou à sua condição social. São, por isso mesmo, tipos caricaturais, de suas duas dimensões, resultado de observação passiva e sem compromisso, que nunca levou o autor a pensar nas sugestões que a realidade circundante lhe podia oferecer, limitando-se invariavelmente à pura e simples transposição do que estava no pequeno campo de sua visão.

Mesmo naquilo que representa o núcleo central do seu romance — o problema do amor — mesmo aí seu realismo tem muito de convencional e está limitado por sua condição de homem da classe média urbana. As suas personagens femininas têm desenho muito artificial e pouco diferem de um a outro livro, como ou nada diferem também os seus sentimentos, porque o autor parece ter tido em vista não a criação de tipos, mas, antes disso, a fixação de determinadas situações sociais, em especial a da mulher, cuja forma de êxito, por sua condição na sociedade burguesa do tempo, não podia ser outra senão o matrimônio. Desse modo, o tratamento do amor no romance macediano, ainda que de caráter acentuadamente romântico, muita vez refugiu do que era habitual no Romantismo, pelo menos no Romantismo exaltado e apaixonado das confissões íntimas, para adotar feição de sátira social. Tanto para o homem como para a mulher, o amor macediano, sendo forma de protesto contra os preceitos vigentes, é, também, espécie de divertimento caprichoso de adolescentes ou de obrigação fastidiosa para as gentes adultas, mas tudo arranjado de maneira que ele possa cumprir seu papel fundamental na moral burguesa, que é o de conferir classificação social por intermédio do casamento.

Ainda aí seria o olho do cronista, mais do que a visão do romancista, a procurar fixar o aspecto mais exterior da realidade, sem qualquer preocupação de apreender a realidade como um todo e em seu processo. Sem preocupação ou sem possibilidade, o que parece mais exato, pois de Macedo se poderia dizer, guardadas as distâncias que separam um do outro, o que Arqueles Vela[42] disse de Dickens: não percebe as grandes coisas, vive das pequenas coisas, como a classe média que lhe serviu a temática.

O próprio Macedo, em mais de uma oportunidade, aceitou ou reconheceu essa sua condição, inclusive quando se intitulou

pobre escritor de acanhada inteligência, rude e simples romancista sem arte que somente escreve para o povo[43]

para justificar as novelas contidas em *As vítimas algozes, quadros da escravidão*. Novelas que escreveu não porque a isso fosse levado por natural vocação de romancista, mas por hesitante sentimento de dever que, no final de contas, só fez prejudicar a sua contribuição ao problema abolicionista.

ALENCAR[*]

Machado de Assis disse uma vez a Alencar, publicamente, que contra a conspiração do silêncio o ilustre escritor teria por si, um dia, a conspiração da posteridade.[44] E ainda nisso foi profético o autor de *Brás Cubas*; o nome e a obra de Alencar pertencem indiscutivelmente à posteridade, mas a posteridade precisou e ainda precisa de conspirar para valorizá-los. Deixando de lado a crítica contemporânea do romancista, ou a que lhe foi imediatamente posterior, "de todo ininteligente, acaso por ser de todo malévola", como percebeu Veríssimo,[45] basta ver a posição que Alencar hoje ocupa nos quadros da nossa literatura em relação à crítica e ao público. Dois fatos tornam essa posição

---

[*] José Martiniano de Alencar (Mecejana, Ceará, 1829-Rio de Janeiro, 1877), diplomado em Direito (São Paulo, 1851), iniciou sua carreira na imprensa como folhetinista do *Correio Mercantil* (1854). Colaborou em vários jornais e dirigiu o *Diário do Rio de Janeiro*, onde divulgou os seus primeiros romances. O início do seu renome data da publicação de *Cartas sobre a confederação dos tamoios* (1856), onde parece ter origem, também, o permanente desentendimento entre ele e D. Pedro II. A este, já na qualidade de deputado geral pelo Ceará (1861), dirigiria duas séries de *Cartas a Erasmo* (1865, 1867) nas quais analisa a vida do país, a sua grave situação interna, e apela para que o Imperador use o poder moderador como única solução. Sua atuação política o levou ao cargo de Ministro da Justiça (1868-1870), e à eleição, e primeiro lugar na lista sêxtupla, de senador pelo Ceará (1869). O Imperador, porém, causando "espanto e lástima" escolheu dois outros que não o primeiro colocado e seu ainda recente Ministro. Recolheu-se, Alencar, à vida privada e, reiniciando o labor literário, sofreria terrível campanha que teria sido empreitada pelo próprio Imperador, enciumado da glória literária de Alencar, que jamais participara de sua roda literária nem lhe fora áulico.

bastante singular: primeiro, o de continuar sendo um dos autores nacionais mais lidos em todo o país, o que pode ser facilmente comprovado pelo número de edições dos seus romances e, também, pelas estatísticas de bibliotecas, notadamente as circulantes; segundo, o fato de a este prestígio permanente, de caráter popular; não corresponder nem mesmo o simples interesse da grande

---

Viajando à Europa (1876) para tratamento de saúde, de lá regressa no ano seguinte, quando faleceu. Jurista, professor, crítico, teatrólogo, poeta e romancista, dele foi dito que era impossível encontrar outro brasileiro que abarcasse tão largo campo de atividades e revelasse tantas e tão diferentes aptidões, em seu tempo.

Bibliografia

ROMANCES: *O guarani.* 1857; *Cinco minutos. Viuvinha.* 1860; *Lucíola.* 1862; *Escabiosa (Sensitiva).* 1863; *Diva.* 1864; *Iracema.* 1865; *As minas de prata.* 1865; *O gaúcho.* 1870; *A pata da gazela.* 1870; *O tronco do ipê.* 1871; *Sonhos de ouro.* 1872; *Til.* 1872; *Alfarrábios.* 1873; *A guerra dos mascates.* 1873; *Ubirajara.* 1874; *Senhora.* 1875; *O sertanejo.* 1876; *Encarnação.* 1877; *O pajem negro* (romance histórico incompleto). 1911; *O que tinha de ser.* 1912; *Um desejo de Sênio* (projeto de romance). 1916. INÉDITOS: *Um aprendiz de ministro* (projeto de romance). *Borboleta. A divina sátira. A filha do Belchior* (crônica). *Flor de amor. O Flota no Brasil* (fragmentos). *Memórias de um botão. A neta do Anhanguera.* TEATROS: Comédias: *Verso e reverso.* 1857; *A noite de São João.* 1857. *O demônio familiar. 1858; As asas de um anjo.* 1860; *A expiação.* 1867; *O crédito.* 1895-96. DRAMAS: *Mãe.* 1862; *O jesuíta.* 1875. INÉDITOS: DRAMAS: *O abade. Gabriela.* COMÉDIA: *Flor agreste.* POESIA: *Os filhos de Tupã.* (poema lírico) 1863. Vários: *Niterói. Rio de Janeiro. Temara. Trovas de um palerma. Poesias diversas. Depoimento: Como e por que sou romancista.* 1873.

Edições: São inúmeras as edições populares da obra de Alencar. Em 1951, a Livraria José Olympio reuniu em 16 volumes, ilustrados, a sua obra de ficção, com texto cuidadosamente estabelecido, e cada volume enriquecido de introduções e estudos por críticos e eruditos de nomeada. É uma excelente edição: infelizmente não inclui a parte de teatro, crítica e ensaio. Foi a utilizada neste estudo. Mais completa, incluindo estudos, bibliografia, a prosa crítica e política, e as poesias, é: *Obra completa.* Rio de Janeiro, Aguilar, 1959, 4 vols.

Para a bibliografia de Alencar, ver: J. Aderaldo Castelo. "Bibliografia e plano das obras de José de Alencar" (in *Boletim bibliográfico da Bibl. Mun. de São Paulo.* Vol. XIII, 1949); Leão, Múcio. *José de Alencar* (Ensaio bibliográfico). Rio de Janeiro, Acad. Brasil. Letras, 1955. Ver ainda: Raimundo de Menezes. *Cartas e documentos de José de Alencar.* São Paulo, Cons. Est. Cultura, 1967; *A polêmica Alencar-Nabuco.* Ed. A. Coutinho. RJ, Tempo Brasileiro, 1965. Em 1968, foi publicada nova edição pela José Olympio.

Consultar

Alencar, Mário. *José de Alencar.* São Paulo, Monteiro Lobato, 1922; Araripe Jr., T. de. *José de Alencar.* Rio de Janeiro, Fauchon, 1882; "Arquivo de José de Alencar" (in *Rev. do Brasil,* n.ºs 25-26-29-30 e 35); Athayde, T. de. *Estudos.* 4ª sér. Rio de Janeiro, Centro D. Vital, 1930; *Autores e livros.* II, nº 1, 11 jan. 1942; Barreto, Tobias. "O romance brasileiro" (in *Estudos alemães.* Edição do Estado de Sergipe, 1926, vol. VIII das *Obras*

maioria dos nossos intelectuais, o que levou Nélson Werneck Sodré a dizer que ocorreu com a personalidade do romancista cearense e com as suas obras um caso curioso: na proporção em que os seus romances penetravam na massa de leitores, e já de leitores de gerações diferentes, foram sendo esquecidos pelos homens de letras, de tal sorte que, tendo exercido um papel de importância

---

Completas); Barroso, G. "José de Alencar" (in *Rev. Acad. Brasil. Letras*. nº 89, maio 1929); Caminha, A. F. *Cartas literárias*. Rio de Janeiro, Aldina, 1895; Capistrano de Abreu, J. "José de Alencar" (in *Rev. Inst. Ceará*, XXVIII, 1914); Castelo, J. A. *A' polêmica, sobre a "Confederação dos tamoios"*. São Paulo, Fac. de Filosofia, 1953; Dantas, P. "Observações sobre J. de A." (in *O romance brasileiro*. Rio de Janeiro, O Cruzeiro, 1952); Donato, H. *José de Alencar*. São Paulo, Melhoramentos, (s. d.); Driver. D. *The Indian in Brazilian literature*. N. Y., Inst. de Españas, 1942; Freyre, Gilberto. *José de Alencar*. Rio de Janeiro, MEC, 1952 (Cad. de cultura); idem. *Reinterpretando José de Alencar*. Rio de Janeiro, M. E. C., 1955 (Cad. de cultura); Gomes, Eugênio. "José de Alencar" (in *Correio da Manhã*. Rio de Janeiro, 30 abr. 1954); idem. "J. de A. e a nacionalização da língua" (ib., 9 out. 1954); idem. "A estética de J. de A." (ib. 22 jan. 1955); Grieco, Agripino. *Vivos e mortos*. Rio de Janeiro, 1931; idem. *Evolução da prosa brasileira*. Rio de Janeiro, 1933; Iriema (*pseud*. Apolinário Porto-Alegre). "José de Alencar" (in *Partenon literário*. Porto Alegre, II, 9, set. 1873, 2ª sér. pp. 371-377; II, 10, out. 1873. pp. 422-426; II 11., nov. 1873. pp. 480-484; II, 12 dez. 1873. pp. 520-524; III, 2 fev. 1874. pp. 629-636); Jucá Filho, C. *Uma obra clássica brasileira. "Iracema", de J. de A. Vocabulário, morfologia, sintaxe e fraseologia*. Rio de Janeiro [s. ed.], 1949; Leão, Múcio. *Ensaios contemporâneos*. Rio de Janeiro, Coelho Branco, 1925; Lima, A. de. "José de Alencar" (*in Rev. I. H. G. B*., CVI, 1930); Machado de Assis, J. M. "O teatro de J. de A." (in *Crítica teatral*. Rio de Janeiro, Jackson, 1936); idem. Iracema. (in *Crítica literária*. Rio de Janeiro, Jackson, 1936); Meyer, A. "De um leitor de romances: Alencar" (in *O romance brasileiro*. Rio de Janeiro, O Cruzeiro, 1952); idem. "*O Gaúcho* de José de Alencar" (pref. *O gaúcho*. Rio de Janeiro. Org. Simões, 1951); Mota, Artur. *José de Alencar*. Rio de Janeiro, Briguiet, 1921; idem. "José de Alencar" (in *Rev. Acad. Brasil. Letras*. fev. 1934, nº 146); Oiticica, J. "José de Alencar e o romance histórico" (in *Studia*. Rio de Janeiro. I/1, dez., 1950); Ortigão, R. *Farpas*. Lisboa, 1943, vol. III; Ribeiro, J. *Crítica. Clássicos e românticos brasileiros*. Rio de Janeiro, Acad. Brasil. Letras, 1952; Rocha Lima, R. A. *Crítica e literatura*. S. Luís, 1878; Sodré, N. W. "Uma carreira literária" (in *Correio Paulistano*. 3, 10 out. 1954); Távora, F. *Cartas a Cincinato, Estudos críticos de Semprônio sobre "O Gaúcho" e "Iracema"*. Recife, J. W. de Medeiros, 1872; Veríssimo, J. *Estudos brasileiros*. Rio de Janeiro, Laemmert. 1894. Vol. II; idem. *Estudos de literatura brasileira*. Rio de Janeiro, Garnier, 1903. Vol. III.

Além destes trabalhos, é útil ler os estudos de Brito Broca, Pedro Calmon, Luís da Câmara Cascudo, Mário Casassanta, Gilberto Freyre, Wilson Lousada, Gladstone Chaves de Melo, Josué Montello, Osmar Pimentel e Nélson Werneck Sodré, que aparecem nas obras de ficção de Alencar, edição José Olympio, acima referida. Ver também o volume comemorativo do centenário de Alencar, da *Revista Acad. Brasil. Letras*. 1929, nº 89; Mendes, Oscar. *José de Alencar*, Romances Indianistas. Rio de Janeiro, Agir, 1968; Menezes, R. de. *José de Alencar*. São Paulo, Livr. Martins, 1965; Proença, M Cavalcanti. *José de Alencar na literatura brasileira*. Rio de Janeiro, Civ. Brasileira, 1966. As edições José Olympio e Aguilar incluem numerosos estudos críticos e biográficos.

indiscutível, no seu tempo e fora dele, Alencar permanece um assunto a explorar, em termos de história e crítica literária.[46]

Na realidade, o romancista de *As minas de prata* ainda permanece assunto a explorar, apesar de sua fundamental importância no desenvolvimento da nossa literatura.

É que a crítica brasileira, de modo geral, ainda não se habituou a procurar compreender os fenômenos antes de julgá-los, como se só merecesse esse nome quando dogmática ou impressionista, e como se falhasse a seu objetivo, caso não condenasse ou consagrasse. Acima de tudo, entretanto, deve preocupar-lhe a estimação dos valores estéticos e até mesmo dos fatos históricos, e a compreensão justa e adequada do fenômeno que estuda, baseada em leitura analítica da obra.

Assim, de modo geral, a crítica em relação a Alencar raramente saiu do plano do sentimento, ou da consideração dos fatos da biografia, em vez da compreensão da obra, atraída por certos traços do temperamento e do caráter complexo do escritor, especialmente a vaidade e o orgulho. Nesse particular, são dignas de menção as tentativas de interpretação da sua personalidade à luz da psicanálise.[47] Há outros críticos, porém, que, negando-lhe maior valor, vão ao ponto de atribuir-lhe falsificação de fatos sob a única inspiração de vaidade desmedida.[48]

Em 1856, um ano antes do aparecimento de *O guarani*, Alencar publicava, sob o pseudônimo de Ig, as suas famosas *Cartas sobre a confederação dos tamoios*,[49] nas quais, ao mesmo tempo que realizava a crítica do poema de Magalhães, ia fornecendo sem querer — o que é muito importante — valiosos elementos a respeito de sua formação literária e sobre o que acreditava ser necessário à literatura brasileira. Já na primeira carta, após dizer que se algum dia fosse poeta e quisesse cantar a sua terra faria tudo por esquecer a sua condição de homem civilizado, para aprender nas matas seculares a nova forma de poesia digna da — natureza americana, acrescenta:

> E se tudo isto não me inspirasse uma poesia nova, se não desse ao pensamento outros voos que não esses adejos de uma musa clássica ou romântica, quebraria a minha pena com desespero, mas não a mancharia numa poesia menos digna de meu belo e nobre país.[50]

Esse orgulho da sua terra e a convicção de que dela é que deveria originar-se a *nova poesia* seriam ainda mais de uma vez manifestados e presidiriam à elaboração de sua obra. A sua formação literária, feita no amor dos clássicos, e depois completada pela leitura cuidadosa dos românticos, não o impediria de ver mais longe do que os seus contemporâneos. Ao contrário, terá sido ela própria, conjugada à observação da história brasileira, que levou Alencar a essa posição singular para a sua época, de perfeita consciência da necessidade de formar uma literatura nacional, não apenas no conteúdo, mas na forma, o que é particularmente significativo. Diria ao amigo, na segunda carta, que se juntos estivessem poderiam escrever um poema,

> mas não um poema épico um verdadeiro poema nacional, onde tudo fosse novo, desde o pensamento até a forma, desde a imagem até o verso.
> A forma com que Homero cantou os gregos não serve para cantar os índios; o verso que disse as desgraças de Troia e os combates mitológicos não pode exprimir as tristes endeixas do Guanabara e as tradições selvagens da América.
> Porventura não haverá no caos incriado do pensamento humano uma nova forma de poesia, um novo metro de verso?[51]

Não só essa, como outras passagens das *Cartas*, escritas aos 27 anos, quando ainda não iniciara a sua obra de romancista, são bastante indicativas do caminho que Alencar teve de seguir até identificar o romance como a *nova forma de poesia* capaz de atender às exigências de nossa literatura em formação. Esse caminho foi, ao lado da análise meticulosa do nosso processo de desenvolvimento histórico, o do estudo cuidadoso das formas literárias clássicas e posteriormente do romance moderno.

A esse tempo, um escritor como Magalhães, que tinha frequentado Paris e vivido a atmosfera do Romantismo europeu — do qual foi um dos introdutores no Brasil — ainda procurava escrever longos poemas épicos, sob imediata inspiração do que então se fazia no velho continente; não tinha, portanto, uma compreensão muito justa do problema brasileiro, não percebia as particularidades de nossa dinâmica social e política, e pensava ser ainda possível, como expressão literária adequada para o tempo, a repetição do que haviam feito poetas anteriores e em especial os árcades mineiros, a única diferença consistindo numa pretendida atualização da temática. Foi pensando exatamente o contrário que Alencar saiu a campo para criticar *A confederação dos tamoios* negando-lhe validade como expressão da nossa literatura e da nossa nacionalidade. Seu trabalho é o resultado de estudo que parece haver realizado em três sentidos: os tratados de retórica, para captar as regras e os princípios orientadores das formas e gêneros literários então vigentes; a leitura das grandes epopeias da literatura universal, de Homero a Chateaubriand, para saber em que medida e até que ponto elas correspondiam a uma exigência de afirmação nacional; e, finalmente, a análise das condições históricas brasileiras, para, estabelecendo as necessárias diferenças entre o Brasil e países mais adiantados e mais velhos, compreender que a nossa incipiente literatura pedia outros fundamentos e orientação mais moderna. Foi esse estudo que o levou a negar, provando porque negava, o caminho seguido por Magalhães; cita Homero 24 vezes, Chateaubriand 18, Virgílio 17, Milton 13, Camões 8, Byron, Lamartine e Tasso 7 e Dante 5, analisando, quase como um preceptista, o caráter e a significação da epopeia; na base disso, então, estuda o poema de Magalhães, do ponto de vista da técnica em relação aos clássicos e modernos, e do ponto de vista temático em relação ao Brasil, para concluir que em ambos os aspectos ele era inquestionavelmente falho. Sabia, de certeza certa e convencida, que não era isso o que nos convinha. E tudo leva a crer que também já soubesse que *nova forma de poesia* deveríamos adotar, embora não a indique claramente em nenhuma oportunidade. Há, é verdade, alusões como estas:

> ...Demais, o autor não aproveitou a ideia mais bela da pintura; o esboço dessas raças extintas, a origem desses povos desconhecidos, as tradições primitivas dos indígenas, davam, por si só, matéria a um grande poema, que talvez um dia alguém apresente sem ruído, sem aparato, como modesto fruto de suas vigílias.[52]
> ...Estou bem persuadido que se Walter Scott (...) fizesse desse poema um romance, dar-lhe-ia um encanto e um interesse que obrigariam o leitor que folheasse as primeiras páginas do livro a lê-lo com prazer e curiosidade.[53]

E o certo é que já no ano seguinte, depois de *Cinco minutos* e de parte de *A viuvinha*, dá início à publicação de *O guarani*, em folhetins diários no jornal de que era redator-chefe.[54] Dentro do assunto do poema de Magalhães, fez um romance com tal *encanto* e *interesse* que obrigou o público a diariamente disputar o jornal que o publicava, para lê-lo impaciente, ali mesmo nas ruas, "em torno dos fumegantes lampiões da iluminação pública de outrora".[55] Se os dois primeiros são apenas duas novelas bem construídas, *O guarani* é romance bem feito, de sólida estrutura e mesmo de ousada arquitetura, a permitir a afirmativa de que Alencar, ao publicar os primeiros livros, não era um principiante a hesitar na solução desse ou daquele problema narrativo; mostrava-se, ao contrário, um romancista senhor do seu ofício, dono de uma técnica que não fora antes revelada e, mesmo depois, só seria ultrapassada por Machado de Assis.

A *veia do romance*, que confessou possuir, lhe vinha de longe; fora o leitor de novelas nos saraus da família, aos 13 anos escrevera um rascunho de romance histórico sobre a sedição de Exu, a pedido do amigo Sombra, que dela participara, e aos 14, quando partia para estudar em São Paulo, levava na bagagem

> fragmentos de romances, alguns apenas começados, outros já no desfecho, mas ainda sem princípio.[56]

e já possuía dois moldes para o romance:

> Um merencório, cheio de mistérios e pavores; esse, o recebera das novelas que tinha lido. Nele a cena começava pelo baço clarão da lua; ou nalguma capela gótica frouxamente esclarecida pela lâmpada, cuja luz esbatia-se na lousa de uma campa.

O outro molde, que me fora inspirado pela narrativa pitoresca de meu amigo Sombra, era risonho, loução, brincado, recendendo graças e perfumes agrestes. Aí a cena abria-se em uma campina, marchetada de flores, e regada pelo sussurrante arroio que a bordava de recantos cristalinos.

Tudo isso, porém, era esfumilho que mais tarde devia apagar-se.[57]

A verdade é que não se apagaria nunca; viria a ser apenas modificado. E foi durante a vida acadêmica que melhor e definitivamente se fixou em seu espírito a atração do romance. Confessa que nesse período leu Balzac com tamanha avidez, pelos tesouros que nele imaginava escondidos e defesos à sua ignorância, que lhe não foi obstáculo o pouco conhecimento do francês. Em um mês, encerrado com o livro e armado de dicionário, acabaria o volume de Balzac e passaria a ler Dumas e Vigny, além de muito de Chateaubriand e Victor Hugo. Registrou o resultado dessas leituras:

> O molde do romance, qual mo havia revelado por mera casualidade aquele arrojo de criação a tecer uma novela com os fios de uma aventura real, fui encontrá-lo fundido com a elegância e beleza que jamais lhe poderia dar.
>
> ....
>
> O romance, como eu agora o admirava, poema da vida real, me aparecia na altura dessas criações sublimes, que a Providência só concede aos semideuses do pensamento.[58]

Viriam outras leituras, e muitas, que o fariam eleger definitivamente o romance como forma de expressão literária da sua predileção. Devoraria os romances marítimos de Scott e Cooper, os de Marryat, completaria o que faltava de Dumas e Balzac, leria o que encontrasse de Arlincourt, Soulié e Eugene Sue, e admiraria Macedo. E só depois é que realizaria o primeiro esboço regular do romance *Os contrabandistas*, acidentalmente perdido.[59]

Entre as influências, avulta a de Chateaubriand, cuja estética assimilou para fundamentar a sua concepção do romance poemático, da forma lírica, do tom melódico, da preocupação ornamental, da poesia como pintura, doutrina que, como demonstrou Eugênio Gomes, desenvolveu, na polêmica com Gonçalves de Magalhães, como a que melhor se ajustaria à intenção de celebrar epicamente os feitos dos indígenas.

Já houve quem colocasse em dúvida algumas das afirmativas que Alencar inseriu na sua autobiografia literária. Ao escrevê-la, já era um escritor de romance e no auge da sua carreira, quatro anos antes de falecer. É possível, desse modo, que tenha alguma vez querido vestir de fantasia a realidade de sua formação literária, para que a posteridade — sua grande e permanente preocupação — lhe não regateasse admiração e fidelidade. Isso em nada altera o julgamento que deve resultar da leitura de sua obra, e esse é o único julgamento

JOSÉ DE ALENCAR E A FICÇÃO ROMÂNTICA   255

que prevalece. Uma conclusão, porém, deve de logo ser inferida dessas suas confissões: a de que Alencar, longe de um instintivo, foi vocação que se apurou e se disciplinou graças a estudo paciente e continuado. Estudo — não é demasia repetir — da forma literária que elegeu como preferencial, feito através dos tratados de retórica e da leitura de numerosos romancistas, e estudo do processo histórico brasileiro, graças ao que lhe foi possível realizar não apenas um romance de boa estrutura técnica mas igualmente representativo da então florescente nacionalidade.

*

No prefácio a *Sonhos d'ouro*, escrito em 1872 para responder às arguições de alguns dos seus censores, o romancista cearense dividiu o que chamou "período orgânico de nossa literatura" em três fases, encaixando em cada uma delas determinada parte de sua obra, àquela época ainda não concluída. Compreenderia a primeira, primitiva, "que se pode chamar de aborígine", as lendas e mitos da terra selvagem e conquistada, as tradições que teriam embalado a infância do nosso povo, e a ela pertencia *Iracema*. O segundo período, de caráter histórico, representaria o consórcio do povo invasor com a terra americana e termina com a independência.

> A ele pertencem *O guarani* e *As minas de prata*. Há aí muita e boa messe a colher para o nosso romance histórico; mas não o exótico e raquítico como se propôs a ensiná-lo, a nós beócios, um escritor português. A terceira fase, a infância de nossa literatura, começada com a independência política, ainda não terminou; espera escritores que lhe deem os últimos traços e formem o verdadeiro gosto nacional, fazendo calar as pretensões hoje tão acesas, de nos recolonizarem pela alma e pelo coração, já que não o podem pelo braço.[60]

Pretendia Alencar, nessa terceira fase, flagrar a vida nacional em seu processo, captando o que nela se contivesse de mais característico e representativo, antes que o espírito de imitação, trabalhado pelo exemplo de civilizações mais desenvolvidas, deturpasse

> esse viver singelo de nossos pais, tradições, costumes e linguagem, com um sainete todo brasileiro.[61]

como também pretendia fixar o conflito do espírito nacional incipiente em face das influências estrangeiras, o que acertadamente entendia importante, pois

A importação contínua de ideias e costumes estranhos, que dia por dia nos trazem todos os povos do mundo, devem por força de comover uma sociedade nascente, naturalmente inclinada a receber o influxo de mais adiantada civilização.[62]

O primeiro aspecto dessa terceira fase está representado em livros como *O tronco do ipê*, *Til*, *O gaúcho* e *O sertanejo*, enquanto o segundo o está em livros como *Lucíola*, *Diva*, *A pata da gazela*, *Sonhos d'ouro* e *Senhora*.

O que é particularmente importante, nesse esboço de classificação, é o fato de haver Alencar tentado a elaboração de uma obra esquematizada de modo a abranger todas as fases do nosso desenvolvimento histórico. Há, é verdade, os que oferecem reservas, não apenas à classificação em si mesma, porém, ao fato de ter ela servido de base ao planejamento da obra. Araripe Júnior foi um dos primeiros a considerar que essa "sistematização *post-factum*", por mais engenhosa que fosse, era de "uma considerável inconsistência no intuito".[63]

É difícil atinar com essa inconsistência, e muito menos aceitar que ela provenha "da falsa noção que Alencar tinha da sua *forma*", como pretende Rosário Fusco.[64] O que é fora de dúvida é que o escritor elaborou esse esquema tendo em vista o nosso processo histórico. E tão bem traçado ele se mostrou, que parece ter servido de base para Machado de Assis estabelecer as diferenças existentes entre a Capital e o interior, e a sua época e o período colonial, na parte do seu "Instinto de nacionalidade" em que estuda o romance brasileiro,[65] publicado um ano depois do prefácio a *Sonhos d'ouro*. Também não é difícil vislumbrar as sugestões que esse prefácio terá fornecido ao ensaio de Capistrano de Abreu, "A literatura brasileira contemporânea",[66] no capítulo em que o historiador estuda e fundamenta o indianismo.

Parece muito claro o propósito que teve Alencar, no seu romance, de abranger os aspectos fundamentais da vida brasileira. E realizou na verdade esse propósito, como, além de Machado de Assis e José Veríssimo, observou Sílvio Romero quando dele afirmou:

> Pode dizer que não ficou recanto de nosso viver histórico-social em que ele não tivesse lançado um raio de seu espírito.[67]

A evidência desse propósito se manifesta inclusive nas várias tentativas de classificação que, a partir da sua própria, a sua obra tem suscitado. A forma de expressão literária que preferiu foi o romance, mas não se cingiu apenas a uma única modalidade dessa forma; adotou variantes que se caracterizam, sobretudo, pela natureza do seu conteúdo em relação à realidade que pretendem recriar. Foi compreendendo isso que Artur Mota[68] dividiu a obra de Alencar em quatro grupos: a) romance histórico; b) romance da vida da cidade; c) romance da vida campesina e d) lenda indianista ou pastoral.

Será talvez preferível, por mais correto, classificar o romance alencariano em três grupos:

a) romance histórico,

que se inicia com a temática limitada do indianismo e evolui no sentido de ampliar o seu mundo no tempo e no espaço. Ao criticar *A confederação dos tamoios*, de Magalhães, Alencar já acreditava que a vida primitiva dos nossos indígenas fosse excelente material para o romance histórico brasileiro. Dir-se-á que, tal como o criou o Romantismo europeu, o romance histórico pretendia fixar caracteres e sentimentos verossímeis num ambiente histórico exato, ou tido como exato pelo autor e pelo leitor.[69] E mais, que se atentarmos no sucesso de Scott, sobretudo em *Waverley Novels*, veremos que o que aí se encontra é uma intriga sentimental situada em quadro histórico e local bem estudado, dando lugar à descrição de costumes, às cenas de um pitoresco realista e frequentemente familiar, à reconstituição de paisagens exatas, à evocação de figuras lendárias ou históricas com a maior precisão psicológica possível, todos esses elementos combinados por mão de mestre e de modo a alcançar o objetivo precípuo do romance histórico, que é o de afirmar e exaltar o passado nacional. Enquanto isso, o indianismo de Alencar pouco ou nada teria de historicamente exato, o local, os fatos, as personagens de modo geral, e os índios de modo particular, sendo mais fantasia de sua imaginação do que tentativa de autêntico levantamento de nossas raízes mais profundas.

Ainda que essa objeção fosse inteiramente verdadeira, e não é o caso, o romance indianista de Alencar não deixaria de ser, como é, legítimo romance histórico brasileiro. É possível que a vida dos selvagens esteja demasiadamente poetizada, que os costumes indígenas tenham sido algo deturpados pela fértil imaginação do romancista, e que as personagens históricas não confiram muito com os comprovantes reais, acaso existam. Isso nada altera o sentido e a significação do romance alencariano e coloca em maior relevo a intuição do autor. E não é difícil dizer por quê. A tendência universal do Romantismo, de remexer no passado nacional, de rebuscar nos escombros medievais o que de melhor aí ficara da alma e da tradição de cada povo, encontraria no Brasil a melhor receptividade, pois um dos nossos problemas era o de afirmar frente a Portugal o espírito nacional brasileiro, graças ao qual queríamos ser independentes, não só do ponto de vista político, mas também do ponto de vista cultural. A nossa idade média, o mais recôndito e autêntico do nosso passado teria de ser, pelo menos poeticamente, a civilização primitiva, pré-cabralina. Seria através da valorização poética das raças primitivas no cenário grandioso da natureza americana que alcançaríamos aquele nível mínimo de orgulho nacional de que carecíamos para uma classificação em face do europeu. Era o europeu quem afirmava que essas raças representavam a decadência dos primitivos troncos, que eram preguiçosos e pouco inteligentes, sendo raros os cronistas que se manifestavam em sentido contrário. E havia sido o europeu, o descobridor e o invasor, quem massacrara grande parte dessas raças, suas lendas e tradições não podendo sobreviver nem mesmo através dos catecúmenos, pelos repetidos exorcismos que estes sofriam até a completa descaracterização. Por outro lado, o negro, no caso, não se prestava ao papel de valorizador da nacionalidade; não só porque representava o trabalho, numa sociedade em que o trabalho era motivo de desclassificação social, mas porque não era filho da terra, para aqui tinha vindo escravizado e aviltado. O índio, ao contrário, era a escravidão e a invasão, não era escravo nem representava o trabalho; era americano e queria ser livre. Era o que convinha, sob medida, ao idealismo romântico. Era o que convinha a Alencar, que tendo estudado os velhos cronistas e a vida dos nossos selvagens, só iria aproveitar o que fosse favorável ao índio ou conviesse aos seus propósitos. Propósitos de romancista, e não de historiador, e de romancista romântico, que elevou o indianismo a uma posição consequente e significativa, anteriormente ainda não alcançada. Se o índio já servira de tema à poesia e mesmo ao romance, jamais fora, como em Alencar, alçado à categoria de valorizador da nacionalidade.

Alencar criou, com base mais lendária do que histórica, o mundo poético e heroico de nossas origens, para afirmar a nossa nacionalidade, para provar a existência de nossas raízes legitimamente americanas.

O procedimento, para a época, era não apenas válido, mas necessário e oportuno. E nascia da melhor tendência revolucionária do Romantismo, já identificada como de tons crepusculares, cândidos e pastorais,[70] acima da realidade, um mundo de sentimentos e virtudes ideais.

Por todos esses motivos, é lícito incluir sua obra indianista nos limites do romance histórico. E não apenas *O guarani*, por ele próprio assim classificado, mas *Iracema* e *Ubirajara*, que dele não mereceram senão a rotulação de lendas. Pertencem, todos eles, ao domínio do romance histórico, não como o realizaram os europeus, porém tal como o idealizou e praticou o nosso Romantismo.

O conceito alencariano emprestou, às vezes, a essa variedade de romance um caráter mítico e poético, que encontrou perfeito ajustamento com a estética de Chateaubriand por ele assimilada, resultando disso o tipo do romance poemático. Muitas das criações desses romances participam da natureza do mito e do símbolo, nos quais pretendeu integrar aspirações e ideais da alma brasileira. Em alguns desses, se é falha por vezes a realização técnica, avultam justamente o valor de símbolo e o conteúdo poético. Tanto *As minas de prata*, como *Iracema*, como *O guarani* encerram mitos de significação nacional. No primeiro, o mito do tesouro escondido, que arrastou para os sertões brasileiros a onda de aventureiros e bandeirantes a que se deve o seu povoamento. Nos outros dois, o mito do bom selvagem, da pureza do americano, em contraste com a rudeza e ambição desenfreada e sem escrúpulos do branco europeu. São o próprio conceito de indianismo e a sua visão do índio que têm, para ele, valor mítico.

Aí, porém, não ficaria Alencar. Evoluindo do âmbito do indianismo, iria atingir, com *As minas de prata*, um nível técnico e artístico que, no particular do romance histórico, não encontraria similar na sua obra nem na literatura brasileira. Foi esse nível que José Oiticica tanto salientou, ao analisar o citado romance.[71]

Além dos já referidos, pertencem ao grupo dos romances históricos: *O garatuja, O ermitão da glória* e *A guerra dos mascates*.

b) romance urbano,

que compreende o segundo aspecto da terceira fase do esquema de Alencar. Conforme o romancista, o objetivo aqui seria o de captar o conflito do espírito nacional em face de influências estrangeiras, cujo teatro era naturalmente a corte, a capital, aquele meio urbano no qual a mentalidade nacional em formação ia recebendo e aos poucos assimilando os exemplos que lhe chegavam de fora. Basta conhecer, porém, os romances que se classificam nesse grupo para concluir que eles não correspondem, senão em parte e indiretamente, aos propósitos do autor; só de longe e em rara oportunidade é que o pretendido conflito assoma à evidência. A influência a que se referia o autor parece menos no espírito coletivo, nacional ou simplesmente fluminense, do que no seu próprio; e isso porque as narrativas desse grupo é que se apresentam, em si mesmas, visivelmente influenciadas pelo romance estrangeiro; mais precisamente, pela novela sentimental, cujo principal modelo para Alencar terá sido a George Sand da primeira fase. E não será por mero acaso que, de um total de nove romances e novelas, quatro foram classificados pelo romancista como *perfil de mulher* e têm como título um nome de mulher, a exemplo da escritora francesa. É verdade que essa não foi a única, e em alguns casos não terá sido a principal influência que Alencar sofreu. Artur Mota,[72] com muito acerto, lembrou outras, todas elas, porém, direta ou indiretamente filiadas ao mesmo tronco comum do romance sentimental ou lírico do Romantismo europeu.

Não é difícil, na verdade, perceber o quanto *Lucíola* deve a *La Dame aux Camelias* e *Diva* a *Le roman d'un jeune homme pauvre*. Mas, a dívida, nesses como em outros exemplos, seria mais na escolha inicial dos assuntos do que no desenvolvimento deles, pois ainda aqui, e apesar das aproximações, se confirma o poderoso e original romancista da vida brasileira nos meados do século XIX, cujo conjunto de obra, sem dúvida, representa a sólida base em que se havia de fundamentar toda a nossa novelística.

Realizando esse tipo de romance, o escritor cearense iria superar a novela sentimental de Macedo, que foi também uma de suas fontes de inspiração, e das não menos importantes. Não só as obras de Alencar são de qualidade técnica bastante superior — algumas, *Senhora, Encarnação* e *Lucíola*, por exemplo, devendo mesmo ser consideradas de excelente estrutura narrativa — como desenvolvem melhor e mais consequentemente os temas essenciais do nosso Romantismo. Até mesmo no atendimento à tendência realista do movimento romântico foi mais longe o autor de *A pata da gazela*. Seus romances urbanos representam um levantamento da nossa vida burguesa do século passado mais considerável do que o levado a efeito por Machado. Embora não seja nesse terreno onde melhor se manifesta o seu realismo, também nele ocupa lugar de destaque e de importância, pela reconstituição cuidadosa da nossa vida social em seus menores detalhes, desde a moda, as danças, as recepções, os saraus familiares, até o protocolo do amor verbal e os formulários da exigência no plano do bom gosto.[73]

A intriga desses romances, como é natural, gira em torno do problema do amor; ou, para ser mais exato, em torno da situação social e familiar da mulher, em face do casamento e do amor. Como em Macedo, como na sociedade burguesa do tempo — já notou Antônio Cândido[74] — classifica-se a mulher socialmente pelo casamento, e é por intermédio de um "bom casamento" que os homens pobres também procuram classificação social. Daí por que a mulher é o centro de interesse em volta do qual gravitam quase todos os problemas econômicos e políticos; fator de categorização social é quem representa e transmite os bens da família e confere ao homem inteligente e pobre a oportunidade de realizar-se. Macedo já havia exposto a teoria do casamento por conveniência, e esse mesmo tema reaparece em vários dos romances de Alencar. Em Encarnação a própria heroína da intriga, à semelhança de Raquel em *Os dois amores*, de Macedo, não acreditava no amor e

> ...tinha sobre o casamento ideias mui positivas.
> Considerava o estado conjugal uma simples partilha da vida, de bens, de prazeres e trabalho.
> ...aceitava (o casamento) como uma solução natural para o outono da mulher.[75]

Dentro da boa tradição romântica, as heroínas de Alencar protestam contra o casamento por conveniência, fruto de uma sociedade autoritária, incompreensiva, da qual era necessário fugir, evadir-se em busca do mundo íntimo que cada romântico deve levar em si mesmo. Esse protesto, embora revestindo muita vez feitio diferente, é sempre talhado sob a inspiração do amor ideal, e vale como proclamação dos direitos que tem a mulher ao amor e à liberdade. Em *Senhora*, que é dos romances mais bem constituídos do autor, realizou Alencar uma boa crítica à educação tradicional, ao casamento por conveniência — simples contrato de interesse econômico — construindo, ao mesmo tempo, o mundo ideal acima da realidade circundante, com as mesmas personagens que haviam sido vítimas de casamento por dinheiro. Sublinhou, dessa forma, o caráter do amor romântico como retificador de conduta e portador de substância, que é o tema central de todos os seus romances desse grupo. E são eles: *Cinco minutos*, *A viuvinha*, *Lucíola*, *Diva*, *A pata da gazela*, *Sonhos d'ouro*, *Senhora*, *Encarnação* e *Escabiosa*.

c) romance regionalista,

que significa o deslocamento do interesse de Alencar, do geral nacional para o geral regional. Depois de haver iniciado o registro da vida brasileira como um todo, numa visão de conjunto que abarca o que há de mais característico no amplo panorama do país, o romancista, em certo sentido limitando o seu campo de observação, vai fazer o romance representativo de determinadas regiões, ou porque essas regiões lhe pareceram mais diferenciadas e de características mais fortes, ou porque nelas naturalmente se dividia o país, àquela época: o norte, o centro e o sul. E dentro de cada uma delas focalizaria o aspecto interior, a vida agrícola e pastoril com suas peculiaridades, seus hábitos, seus costumes, suas tradições, as relações sociais aí verificadas, os pormenores da vida coletiva, abandonando o aspecto urbano das capitais, que lhe serviu para outro tipo de romance. E ainda nisso se mostrou Alencar cuidadoso observador do nosso processo de desenvolvimento entre a vida das capitais e a das cidades do interior. Esse cuidado do romancista representa, para a época, um passo bastante significativo, inclusive porque evidencia — da concepção à execução das obras — um predomínio da tendência realista já manifestada no romance histórico e no urbano. Não foi Alencar, é certo, o primeiro a publicar romance regionalista no Brasil. Antes de *O gaúcho*, que é de 1870, já Bernardo Guimarães e Franklin Távora haviam iniciado a publicação de suas obras, evidentemente sob inspiração do romancista cearense, avançando, porém, numa direção que ele apenas sugerira sem ter ainda percorrido. Iria percorrê-la a partir de 1870, e levaria indiscutível vantagem sobre os dois autores citados.

O romance regionalista, na literatura universal, nasceu da atividade e da estética românticas, como possível fruto da reação contra o subjetivismo exagerado, cujo epifenômeno era a *hipertrofia do eu*. Essa reação, de sentido humanista,[76] visa a eliminar ou pelo menos debilitar a personalidade do autor como centro único e indivisível do mundo do romance, para refletir outros seres, cujo desenho se faz com a ajuda da pintura dos ambientes regionais que os caracterizam; seu objetivo é o de reencontrar o homem, identificá-lo pelos traços particulares que o situam no tempo e no espaço. O primeiro sintoma dessa reação, na literatura francesa, foi o romance histórico e depois o exótico, aparecendo mais tarde o de costumes rurais à maneira de George Sand. Mas, somente em 1853, com *Les maitres sonneurs*, é que pode conceituar verdadeiramente o romance regionalista,[77] beneficiário do que de fecundo apresentavam todas as tendências do Romantismo, e edificado tanto sobre o senso do pitoresco quanto do extravasamento do *eu* e da preocupação de ação social.

No caso brasileiro, esse tipo de romance também nasceu da estética romântica, porém não de uma reação contra o subjetivismo exagerado, que nunca

262   ERA ROMÂNTICA

tivemos, no particular. Dominou sempre em nosso romance romântico, em virtude de particularidades já referidas, a tendência realista que deu corpo ao romance histórico e forneceu substância inclusive à nossa novela sentimental. O romance regionalista de Alencar, como o de Távora e Guimarães, é natural desdobramento do romance histórico, feito na base da acentuação dessa tendência realista. Não são poucos, aliás, os historiadores e críticos que não incluem o romance regionalista em nosso Romantismo. Todavia, é regionalista

> non pas toute oeuvre qui prend pour cadre unité regionale, mais toute création littéraire dans laquelle une unité regionale, province, hameau ou ville, est fidelement représentée et tient ne place au moins aussi importante que celle de l'un des principaux personages imaginés par l'ecrivain.[78]

A partir dessa conceituação é lícito assim classificar essa parte da obra de Alencar. Nela, sem dúvida, uma unidade regional está tanto quanto possível fielmente representada e tem lugar de importância dentro da obra. A região em que se desenrola o drama de *O sertanejo*, por exemplo, é bastante diversa daquela de *O gaúcho*; e não o é apenas em seu aspecto físico, que é o que menos interessa no caso, mas em todo o seu complexo de características geográficas e culturais. Não é muito para estranhar que Arnaldo se assemelhe a Peri, mas nenhum crítico poderá, de boa-fé, identificar a figura do sertanejo com a de Manuel Canho. Um e outro são produtos de meios diferentes, porém sob um ângulo de visão determinado, que é o do autor. E esse ângulo de visão era romântico, e nem se poderia exigir que o não fosse, como pretendem aqueles que reprovam Alencar por não ter aprofundado o seu regionalismo.

Situado convenientemente, o romance regionalista de Alencar talvez represente, dentro da sua obra e mesmo no conjunto do romance romântico, aquele aspecto em que mais e melhor se desenvolveu e fixou a tendência realista do nosso Romantismo. Foi preocupação sua, aqui ou nos temas indígenas, registrar o que havia de típico em nossa sociedade rural, desde o comportamento individual e as relações domésticas, até o registro do folclore. E não é por outro motivo que

> para os estudos de folclore brasileiro a informação de José de Alencar é de indiscutível autenticidade e marca a existência de fases sociais de transformações nos costumes.[79]

Como não é por acaso que um crítico como Agripino Grieco dele disse, entre outras coisas:

> Foi o autor que pretendeu ver um país em conjunto, de extremo a extremo, e se tornou o grande poeta, o grande historiador, o grande pintor desse país.[80]

Classificam-se no grupo dos romances regionalistas: *O gaúcho* (1870), *O tronco do ipê* (1871), *Til* (1872) e *O sertanejo* (1875), aos quais Alencar chama de romances brasileiros.

*

Uma das primeiras preocupações de Alencar, daquelas que não o abandonariam nunca, é a que se refere ao estilo. Compreendeu desde o início que o problema da obra de arte literária era tanto uma questão de conteúdo como de forma, ainda que essa obra fosse o romance. E mais: percebeu que não era possível haver independência cultural e literária se continuássemos a escrever segundo os modelos portugueses, em desacordo com a nossa própria realidade linguística. Já nas *Cartas sobre "A confederação dos tamoios"* confessava possuir *gosto literário* pessoal, pelo qual julgava aquilo que lia,[81] e se mostrava preocupado com o estilo, com a adequada expressão dos sentimentos e das ideias. Daí as longas considerações sobre o valor da palavra como instrumento de trabalho, onde se pode ler que

> todo o homem, orador, escritor ou poeta, todo homem que usa da palavra, não como um meio de comunicar suas ideias, mas como um instrumento de trabalho; todo aquele que fala ou escreve, não por uma necessidade da vida, mas sim para cumprir uma alta missão social; todo aquele que faz da linguagem não um prazer, mas uma bela e nobre profissão; deve estudar e conhecer a fundo a força e os recursos desse elemento de sua atividade.[82]

Em outro passo, opõe severa crítica ao estilo de Magalhães, acrescentando em nota final, a de n⁰ 4, considerações sobre o estilo, tais como as que se seguem:

> Nem um escritor, mesmo jornalista, escrevendo *currente calamo*, mostraria tanto descuido e negligência, ou tanta pobreza de conhecimento da língua portuguesa, como revela o poema *A confederação dos tamoios*.
> Muitas e muitas vezes encontra-se em poucos versos a mesma palavra repetida três vezes, sem que esta repetição seja daquelas que se permitem para dar mais força e vigor às ideias; é simples reprodução do mesmo termo, por falta de outro que o substitua.[83]

O jovem crítico de 26 anos era, como se vê, um preocupado do estilo. E dessa preocupação, que o tempo aprofundaria ainda mais, nasceu o grande escritor que foi José de Alencar. Seu estilo, fruto de perseverante estudo e esclarecido esforço no sentido de incorporar à linguagem erudita peculiaridades do falar brasileiro, nem sempre foi bem compreendido e aceito pelos contemporâneos. Alguns chegaram mesmo a considerá-lo defeituoso e incorreto. Pinheiro

Chagas lhe reprovou vários aspectos, a propósito de *Iracema*, atribuindo a Alencar um objetivo que o escritor, na realidade, jamais perseguiu, qual o de querer criar uma *linguagem brasileira*.[84] Nesse mesmo erro incorreu Henriques Leal quando, de referência principalmente a *O guarani*, lamenta que talento tão superior como Alencar

> não se aplique ao estudo da língua com mais interesse e sem prevenções. Por enquanto sua linguagem e estilo são descuidados e, por vezes, desiguais e frouxos.[85]

reprovando-o, ademais, pela "monomania de criar um idioma". Mais longe foram, porém, José Feliciano de Castilho e Franklin Távora, na revista-panfleto *Questões do dia*, editada para servir à campanha mesquinha que intentaram contra Alencar,[86] a respeito da qual Gladstone Chaves de Melo, no estudo que lhe dedicou, assim se manifestou:

> É uma campanha de desmoralização e de descrédito, organizada e levada a efeito com técnica e minúcia, um ataque sistemático e constante ao político, ao jurista, ao dramaturgo, ao romancista, ao escritor. Sobressaem nessa mesquinha atividade José Feliciano de Castilho, Cincinato, e Franklin Távora, Semprônio, apostados em reduzir os méritos literários de Alencar. É crítica soez, feita a retalhos. Castilho é o tipo do caturra, gramaticoide estreito, exsudando latim e erudição clássica por todos os poros, arvorando-se em mestre do bom gosto, do estilo, em paladino da vernaculidade.[87]

Tanto a estes últimos como aos primeiros respondeu Alencar, quase sempre com vantagem. Conhecia bem a língua portuguesa, sabia manejá-la, e por isso muita vez refutou as acusações de incorreto, afrancesado ou vulgar, com exemplos dos clássicos do vernáculo. Ademais, numa época de geral influência francesa, seria impossível evitar os francesismos na expressão ou na pintura de costumes e de personagens.

Não foi nunca pretensão sua, como se afirmou, a criação de um idioma brasileiro, diferente do português, e em mais de um passo assim se exprime sobre a questão:

> Acusa-nos o Sr. Pinheiro Chagas a nós escritores brasileiros do crime de insurreição contra a gramática de nossa língua comum. Em sua opinião estamos possuídos da mania de tornar o *brasileiro* uma língua diferente do velho português!
>
> Que a tendência, não para a formação de uma nova língua, mas para a transformação profunda do idioma de Portugal, existe no Brasil, é fato incontestável. Mas, em vez de atribuir-nos a nós escritores essa revolução filológica, devia o Sr. Pinheiro Chagas, para ser coerente com sua teoria, buscar o germe dela e seu fomento no espírito popular, no falar do povo, esse "ignorante sublime" como lhe chamou.[88]

JOSÉ DE ALENCAR E A FICÇÃO ROMÂNTICA   265

Sua preocupação, como observou acertadamente Gladstone Chaves de Melo, era criar um estilo brasileiro, um modo de escrever que refletisse o espírito do nosso povo, as particularidades sintáticas e vocabulares do falar brasileiro. E sem dúvida que alcançou o que pretendia, não por intuição ou inspiração sobrenatural, mas à custa de observação e estudo. Suas constantes reflexões sobre o problema do estilo fazem prova disso:

> Minhas opiniões em matéria de gramática têm-me valido a reputação de inovador, quando não é a pecha de escritor incorreto e descuidado.
>
> Entretanto, poucos darão mais, se não tanta importância à forma do que eu; pois entendo que o estilo é também uma arte plástica, porventura muito superior a qualquer das outras destinadas à revelação do belo. Como se explica, portanto, essa contradição?[89]

Pouco adiante, respondendo às arguições de Pinheiro Chagas, oferece-nos passagens como esta:

> Em minha opinião, a principal condição do estilo é a sua concisão e simplicidade: o que não exclui, antes realça-lhe a graça ou elegância, a grandeza ou majestade. O grande número de monossílabos derramados pelo discurso ecoando com uma mesma consonância, em meu conceito torna o estilo frouxo e monótono. Escrevendo, muitas vezes senti a importunação desse reflexivo *se*, que zune em torno da frase como uma vespa teimosa.[90]

Ainda mais significativa seria a resposta a Henriques Leal, para quem o autor de *O guarani* tinha um *estilo frouxo e desleixado*:

> No conceito do distinto literato, os nervos do estilo são as partículas, especialmente as conjunções, que teciam a frase dos autores clássicos, e serviam de elos à longa série de orações amontoadas em um só período.
>
> Para meu gosto, porém, em vez de robustecer o estilo e dar-lhe vigor, essa acumulação de orações ligadas entre si por conjunções relaxa a frase, tornando o pensamento difuso e lânguido.
>
> As transições constantes; a repetição próxima das partículas que servem de atilhos, o torneio regular das orações a sucederem-se umas às outras pela mesma forma, imprimem em geral ao chamado estilo clássico certo caráter pesado, monótono, e prolixo, que tem sua beleza histórica, sem dúvida, mas está bem longe de prestar-se ao perfeito colorido da ideia. Há energias do pensamento e cintilações do espírito, que é impossível exprimir com semelhante estilo.[91]

E passa, então, a comentar o estilo de um trecho de Frei Luís de Sousa, reescrevendo-o *à moderna* para ilustrar o seu ponto de vista a respeito do estilo, finalizando com a seguinte afirmativa, que o tempo e os estudos sobre Alencar só fizeram confirmar:

> Não posso transportar para aqui todas as observações que tenho feito a respeito dos clássicos; limito-me por enquanto a manifestar minha opinião, ou antes, meu gosto em matéria de estilo. Assim aqueles que censuram minha maneira de escrever saberão que não provém ela, mercê de Deus, da ignorância dos clássicos, mas de uma convicção profunda a respeito da decadência daquela escola.[92]

Na verdade, o romancista conhecia, e conhecia bem, os clássicos portugueses. Estudou-os com cuidado, com vontade de penetrar a intimidade do estilo deles para só então construir o seu próprio, diferente, brasileiro, que atendesse não só às exigências da forma narrativa, mas também traduzisse as peculiaridades do nosso falar.

Por outro lado, na técnica estilística de Alencar, ainda aqui em consonância com a lição recebida de Chateaubriand, há elementos que sobressaem. Para ele a arte de narrar consistia em pintar com as palavras. Daí o predomínio do elemento descritivo, a descrição tendo mais importância do que a coisa descrita. Foi o próprio romancista, citado por Eugênio Gomes em seu ensaio sobre a estética de Alencar, quem definiu o elemento de pintura que a palavra significa:

> O pincel inspirado do pintor que faz surgir de repente ao nosso espírito, como de uma tela branca e intata, um quadro magnífico, desenhado com essa correção de linhas e esse brilho de colorido que caracterizam os mestres.

A poesia identificava-se com a pintura e as descrições eram como quadros ou painéis

> nos quais a verdadeira, a sublime poesia revela toda a sua bela estética e rouba por assim dizer à pintura as suas cores e os seus traços, à música as suas harmonias e os seus tons.

Pode o estilo de José de Alencar parecer declamatório ao gosto da nossa época, um tanto brilhante e sonoro. Isso era próprio do Romantismo. Ninguém lhe negará, porém, essa suave musicalidade, que muita vez faz do discurso um verso polirrítmico bem acentuado e melodioso. Também o fato de haver enriquecido a língua literária, acrescentando-lhe numerosos tupinismos e brasileirismos, construindo suas imagens ou fazendo suas comparações com elementos da natureza americana, também isso contribui de modo decisivo para a singularidade do seu estilo. O estudo da estrutura de sua frase revela, além de sensata fidelidade à boa tradição literária, o desejo de inovar, de refugir do trivial e do fatigado para a criação de algo realmente novo e caracteristicamente brasileiro.

Tão evidente isso se mostra que Nabuco procurou, na maturidade, penitenciar-se de uma possível injustiça da juventude, ao escrever:

> ...travei com José de Alencar uma polêmica, em que receio ter tratado com a presunção e a injustiça da mocidade o grande escritor — (digo *receio*, porque não tomei a ler aqueles folhetins e não me recordo até onde foi a minha crítica, se ela ofendeu o que há profundo, nacional, em Alencar: o seu *brasileirismo*).[93]

E Machado, o sóbrio e parcimonioso Machado de Assis, escreveria sobre o grande romancista esse juízo consagrador:

> Nenhum escritor teve em mais alto grau a alma brasileira. E não é só porque houvesse tratado assuntos nossos. Há um modo de ver e de sentir que dá a nota íntima da nacionalidade, independente da face externa das cousas... O nosso Alencar juntava a esse dom a natureza dos assuntos, tirados da vida ambiente e da história local. Outros o fizeram também; mas a expressão do seu gênio era mais vigorosa e mais íntima.[94]

BERNARDO GUIMARÃES[*]

A popularidade e o prestígio de Bernardo Guimarães, como romancista, estão quase desaparecidos. Resistiram menos do que a popularidade e o prestigio de Macedo e de Alencar. Dos romances do escritor mineiro, cuja poesia a crítica atual vem tentando revalorizar, os únicos que continuaram a ser lidos pelo público foram *A escrava Isaura* e *O seminarista*, principalmente este último, que, publicado em 1872, contava dez edições até 1941; os outros vieram gradativamente perdendo leitores, a maioria deles estando hoje inteiramente esquecida.

É quase certo que isso se deva menos aos assuntos dos romances do que à própria estrutura deles. É verdade que grande parte do sucesso de que desfrutou o escritor era devida a essa mesma estrutura, à forma simples e fácil com que construiu suas intrigas e escreveu suas narrativas, que encontravam nos assuntos o outro fator importante de atração do público.

---

[*] Bernardo Joaquim da Silva Guimarães (Ouro Preto, Minas Gerais, 1825-1884), bacharel em Direito pela Faculdade de São Paulo (1852), delegado de polícia e Juiz Municipal e de Órfãos (1864), foi jornalista, crítico literário, professor de retórica e poética no Liceu Mineiro, de Ouro Preto, e de latim e francês em Queluz. Poeta, ficou conhecido sobretudo como romancista.

Contudo, é ainda mais certo que o atual leitor de romances não é o mesmo nem tem o mesmo gosto que o leitor contemporâneo ou imediatamente posterior a Bernardo Guimarães, e por isso exige do romancista, além de uma história verossímil, uma técnica narrativa capaz de prender sua atenção e dar-lhe a ilusão de realidade. E se acaso esse leitor atual realiza a leitura de romances do passado, sobretudo do Romantismo, geralmente elimina a perspectiva histórica, que é indispensável à interpretação, à análise e mesmo à crítica valorativa, não o sendo, porém, ao seu objetivo de mero passatempo. No caso de Bernardo Guimarães essa perspectiva é mais necessária do que no de Macedo e Alencar; o autor de *Maurício*, permanecendo quase que inteiramente fiel à técnica primitiva do *contar*, do *narrar*, não teve, como estes, a preocupação de incorporar à sua prática de ouvinte e contador de histórias a experiência narrativa do romance moderno, que com certeza conheceu. E quando tentou essa incorporação não o fez do melhor modo, ressentindo-se as suas narrativas de falhas hoje imperdoáveis.

Bernardo Guimarães tem, na realidade, uma concepção primária de romance, em consequência da influência dominadora que nele exerceu a

---

Bibliografia

ROMANCE: *O ermitão de Muquém*. 1869; *O garimpeiro*, 1872; *O seminarista*. 1872; *O índio Afonso*. 1873; *A escrava Isaura*. 1875; *Maurício*. 1877; *A ilha maldita* e *O pão de ouro*. 1879; *Rosaura, a enjeitada*. 1883; *O bandido do rio das Mortes*. 1905. POESIA: *Cantos da solidão*. 1852; *Poesias*. 1865. OUTROS: *Lendas e romances*. 1871; *História e tradições da província de Minas Gerais*. 1872; *Poesias completas de Bernardo Guimarães*. Rio de Janeiro, Inst. Nac. Livro, 1959.

Consultar

Alphonsus. João. "A posição moderna de Bernardo Guimarães" (in *Autores e livros*, 14 mar. 1943); idem. "Bernardo Guimarães, romancista regionalista" (in *O romance brasileiro*. Rio de Janeiro, *O Cruzeiro*, 1952); *Autores e livros*. IV, nº 9, 14 mar. 1943; Beviláqua, Clóvis. *Épocas e individualidades*. Bahia, 1895; Carvalho, Adherbal de. *Esboços literários*. Rio de Janeiro, 1902; Casassanta, Mário. "A escrava Isaura, um panfleto político" (in *Mensagem*, nº 5, 15 set. 1939); Celso, Afonso. "Duas palavras de apresentação" (in Guimarães, Bernardo. *O bandido do rio das Mortes*. Belo Horizonte, Imprensa Oficial, 1905); Coelho, José Maria Vaz Pinto. *Poesias e romances do dr. Bernardo Guimarães*. Rio de Janeiro, Laemmert, 1885; Cruz, Dilermando. *Bernardo Guimarães*. Juiz de Fora, Costa e Cia., 1911; Haddad, Jamil Almansur. "Bernardo Guimarães e sua obra" (in Bernardo Guimarães. *O ermitão de Muquém. O garimpeiro*. São Paulo, Martins, 1952); Lima, Augusto de. "Bernardo Guimarães" (in *Revista Acad. Brasil. Letras*, nº 47, nov. 1925); Magalhães, Basílio de. *Bernardo Guimarães (esboço biográfico e crítico)*. Rio de Janeiro, Anuário do Brasil, 1926; Melo, José Alexandre Teixeira de. "Bernardo Guimarães" (in *Gazeta literária*. Rio de Janeiro, I/11, 20 mar. 1884); Mota, Artur. *Vultos e livros*. São Paulo, Monteiro Lobato, 1921; Pinheiro, Xavier. "Bernardo Guimarães, comemoração do centenário do seu nascimento" (in *J. Comércio*. Rio de Janeiro, 15 ago. 1925).

literatura oral. Essa influência é muito fácil de ser comprovada, não apenas por numerosos dados biográficos, mas, principalmente, por significativos trechos de seus romances. A organização de sua narrativa é, quase sempre, a de uma história contada em voz alta, e mesmo em obras que poderiam ser apresentadas como exceção — *O seminarista* e *Maurício*, por exemplo — mesmo nessas não é difícil perceber que o processo épico se organiza e se desenvolve à custa de elementos tradicionais da narrativa oral. Daí por que é preferível considerá-lo mais contador de histórias do que romancista. Muita vez exímio contador de história, sem dúvida, porém que logo se anula pela má utilização de recursos técnicos eruditos, disso decorrendo flagrante falta de unidade estrutural na narrativa. Esse defeito, no final de contas, é o maior responsável pela desvalorização progressiva de seus romances. Veríssimo percebeu isso mesmo, quando afirmou:

> É (Bernardo Guimarães) um contador de histórias no sentido popular da expressão, sem a ingenuidade, às vezes excelente, destes, porque em suma é um letrado, e as suas letras lhe viciam a naturalidade.[95]

Apesar de tudo, porém, o romancista mineiro desempenhou papel não pouco importante no desenvolvimento do romance nacional, assegurando o seu lugar na história de nossas letras. Grieco chegou a dizer que

> ...a contribuição de Bernardo Guimarães constitui aperfeiçoamento dos mais valiosos. Bernardo encontrou em sua província muitas coisas a explorar, desentranhando notas interessantíssimas do aparente rudimentarismo da vida do interior. Enquanto outros, sequiosos de ouro, cavavam a terra, ele remexia nas tradições.[96]

E Sílvio Romero, antes dele, afirmava: "O romancista em Bernardo Guimarães é merecedor de atenção pelo caráter nacional de suas narrações, pela simplicidade dos enredos, pela facilidade do estilo".[97]

Na verdade, a escolha dos assuntos, em Bernardo Guimarães, foi um passo à frente na evolução do romance brasileiro. Mas, essa escolha era inevitável, pelo desenvolvimento da tendência realista do nosso Romantismo, e, por si só, não pode conferir ao autor a classificação de realista e até de precursor do Naturalismo, que lhe vem sendo dada, quase sem exceção, a partir de Sílvio Romero. Para uma tal classificação era necessário que, além da simples escolha, fossem os assuntos tratados de outro ponto de vista que não o romântico, e não é isso o que ocorre no autor de *A escrava Isaura*.

A origem dessa classificação, ao que tudo indica, reside no prefácio do próprio Bernardo Guimarães ao seu primeiro romance, *O ermitão de Muquém*, que nos mostra o herói da história — um sertanejo — vivendo primeiramente em sua terra natal, depois isolado da civilização, em contato com os indígenas e, finalmente, transformado em santo, perdoado dos crimes pela visão da Virgem, a receber devotos que fazem penitência em busca de salvação. A cada uma dessas três partes da história procurou o autor caracterizar do seguinte modo:

> A primeira parte [...] é escrita no tom de um romance realista e de costumes; representa cenas da vida dos homens do sertão, seus folguedos ruidosos e um pouco bárbaros, seus costumes silenciosos, seu espírito de valentia e suas rixas sanguinolentas.
>
> [...] Aqui (na segunda parte) é força que o meu romance tome, assim, certos ares de poema. Os usos e costumes dos povos indígenas do Brasil estão envoltos em trevas, sua história é quase nenhuma, de suas crenças apenas restam noções isoladas, incompletas e sem nexo. O realismo de seu viver nos escapa, e só resta o idealismo, e esse mesmo mui vago, e talvez em grande parte fictício. Tanto melhor para o poeta e o romancista; há largas ensanchas para desenvolver os recursos da imaginação. O lirismo, pois, que reina nesta segunda parte, a qual abrange os *Pousos* segundo e terceiro, é muito desculpável; esse estilo um pouco mais elevado e ideal era o único que quadrava aos assuntos que eu tinha de tratar e às circunstâncias de meu herói.
>
> O misticismo cristão caracteriza essencialmente a terceira parte, que compreende o quarto e último *Pouso*.
>
> Aqui há a realidade das crenças e costumes do cristianismo, unida à ideal sublimidade do assunto. Reclama pois, esta parte, um outro estilo, em tom mais grave e solene, uma linguagem como essa que Chateaubriand e Lamartine sabem falar quando tratam de tão elevado assunto.[98]

Segundo indicam os trechos acima transcritos, *O ermitão de Muquém*, ao mesmo tempo que *romance realista e de costumes*, seria escrito de acordo com os moldes do mais acabado Romantismo, no estilo *grave e solene* de Chateaubriand e Lamartine. Numa época em que a imaginação tinha maior lugar que a observação, o aparecimento de um romance que descrevesse aspectos da vida das populações sertanejas, inclusive com registro de usos e costumes, de festas e tradições, devia perturbar a crítica, como foi o caso de *O ermitão de Muquém*, agravando-se a desorientação em face da classificação feita pelo próprio autor. E terá sido a partir disso, provavelmente, que se vem repetindo a inclusão de Bernardo Guimarães nos quadros do Realismo do século XIX, posterior ao Romantismo. Sílvio Romero, para quem o conceito de Naturalismo tinha uma elasticidade hoje inaceitável, chegou a ver em Bernardo Guimarães um precursor do Naturalismo, rotulando o do autor mineiro como *naturalismo aldeão e campesino*[99] tal como Clóvis Beviláqua encontrara em Távora um *naturalismo tradicionalista*. A leitura de qualquer dos romances de Bernardo Guimarães, porém, não pode levar o crítico atual a essa mesma conclusão, por maior que seja a sua vontade de engrandecer o papel desempenhado por um escritor de mérito e de cativante simpatia humana, como é o caso do romancista mineiro.

José Veríssimo, no particular, foi mais prudente, pois, não incluindo Bernardo Guimarães nos capítulos em que estuda o Realismo ("modernismo") e o Naturalismo, colocou-o entre os prosadores da "segunda geração romântica", embora advertindo que era um espontâneo, sem qualquer prevenção literária, propósito estético ou filiação consciente a nenhuma escola.[100]

O ermitão de Muquém, com que Bernardo Guimarães inicia a sua carreira de romancista, está datado de Ouro Preto, 10 de novembro de 1858, mas só uma rigorosa e hoje difícil pesquisa poderá assegurar a autenticidade dessa datação. Quem melhor até agora estudou a vida e a obra do romancista, Basílio de Magalhães, afirma ter elementos para assegurar que naquele ano o escritor se encontrava no Rio, e não em Minas, sem perceber que a sua afirmação coloca em dúvida a prioridade de Bernardo Guimarães como iniciador do regionalismo romântico. Esses elementos são, em grande parte, as datas de vários poemas de Bernardo Guimarães, que assim entrariam em choque com a data da elaboração de *O ermitão de Muquém*. O certo é que esse só foi publicado, primeiramente, em 1866, no *Constitucional* da capital mineira,[101] e depois em primeira edição pela Garnier, em 1869. Ora, em 1866, Franklin Távora, tendo publicado *A trindade maldita* em 1861 e o romance histórico *Os índios de Jaguaribe* em 1862, também entregaria ao público o seu primeiro romance de caráter regionalista, *A casa de palha*.[102] Quanto a Alencar, que até 1866 publicara, entre outros, *O guarani* (1857), *Iracema* (1865) e *As minas de prata* (1865-1866), não daria *O gaúcho* senão no ano seguinte à primeira edição de *O ermitão de Muquém*, portanto em 1870. Afirma-se, porém, que é a Bernardo Guimarães que cabe a glória de ser, historicamente, o iniciador do regionalismo romântico em nossa literatura, cujas origens já foram sugeridas, no capítulo referente a Alencar. Contudo, o que é mais importante, no caso, é observar o simultâneo encaminhamento de vários escritores para o regionalismo. Deve-se isso ao fato de haver a tendência realista do Romantismo brasileiro alcançado, àquela época, um desenvolvimento que começava a reclamar o quadro regional, pelo início de esgotamento das possibilidades do romance histórico e do urbano. Para atender a essa reclamação, Bernardo Guimarães estava em situação mais privilegiada do que os outros, do que Távora, sobretudo, pois a esse fato de caráter geral alia duas circunstâncias não menos importantes. A primeira, pelo íntimo e demorado contato com as tradições de sua província, é a de ser

> um narrador verbal de histórias à beira do fogo, nas fazendas ou humildes habitações da roça, sabendo tocar viola para entremear as narrativas de canções[103]

fato que, segundo a tradição, levava os fazendeiros a disputar a preferência de hospedar o alegre e boêmio contador de histórias. A segunda circunstância é a de haver Bernardo Guimarães começado a publicar romances tardiamente, quando já havia abandonado um dos maiores centros da agitação romântica no país — a Faculdade de Direito de São Paulo — e escrito dois livros de versos saturados de Romantismo, para retomar às paisagens e aos costumes da província natal, que tão profundamente lhe marcaram. Vacinado, dessa forma, contra os excessos do ultrarromantismo, e em contato demorado com a realidade da vida rural de sua província, ouvindo as histórias, lendas e tradições que provocavam a imaginação popular, não lhe era difícil, como não foi, recriar nos seus romances, ao jeito de quem despretensiosamente conta uma história, tudo o que vivera e sentira, que ouvira contado e contara ele próprio com ajuda da imaginação e da viola.

Depois desse primeiro livro, que não é o melhor nem o mais regionalista, Bernardo Guimarães voltaria ao regionalismo em *A filha do fazendeiro*, *O garimpeiro*, *O índio Afonso* e *O seminarista*, enriquecido este último com o estudo do problema do celibato clerical; também atenderia a outros aspectos do nosso Romantismo, com o romance histórico em *Maurício* e *O bandido do rio das Mortes*, o problema social da escravidão em *A escrava Isaura* e *Rosaura, a enjeitada*, e a feição indianista, mais em *O ermitão de Muquém* e *Jupira* do que em *O índio Afonso*. Quanto a este último aspecto, deve-se notar que, embora sensível seja nele a influência de Alencar, o caminho escolhido por Bernardo Guimarães foi outro. Enquanto Alencar exaltou o passado indígena com o intuito de afirmar a nossa nacionalidade em face do europeu, o romancista mineiro procurou fixar a realidade do mestiço na comunidade rural. Daí por que o melhor dos seus biógrafos disse que ele

> não se filiou na escola "indianista" pura; ao contrário, marca a diferenciação da mesma, pelo escopo de integrar na nossa literatura, em vez dos tipos extremos de mescla, os de cruzamento mais comum, isto é, o *mameluco* e o *cafuso*, nos quais são categorizados *Jupira* e *O índio Afonso*.[104]

Seus romances regionalistas ainda hoje podem oferecer interesse, pelo que reproduzem de usos e costumes e tradições da vida rural mineira ou goiana, no século passado. Foi geralmente com fidelidade que Bernardo Guimarães fixou os cenários de suas histórias, quase todos conhecidos seus de velhas e longas andanças. O registro de aspectos característicos do viver sertanejo da época é o que de mais importante existe em seu regionalismo: quer ao fixar a cata dos diamantes na região de Bagagem (*O garimpeiro*), a briga de sertanejos (*O ermitão de Muquém*), o mutirão e a quatragem (*O seminarista*), quer quando anota crendices e hábitos, costumes e tradições, é geralmente com fidelidade que o escritor descreve ou narra, e nisso leva indiscutível vantagem sobre Franklin Távora.

Ligado a isso está o problema da linguagem, contra a qual incidem, de preferência, as críticas que lhe foram feitas. Veríssimo observou que escrevia mal, sem apuro de composição nem beleza de estilo,[105] e mais de um crítico lhe apontou erros grosseiros, flagrantes desrespeitos à gramática. É certo que os cometeu, o que não impede a afirmativa de que sua contribuição ao enriquecimento de nossa língua literária é importante, pela incorporação de numerosos brasileirismos ou mineirismos, anotados à farta por Basílio de Magalhães,[106] ou pelo registro de particularidades sintáticas do falar sertanejo. Sílvio Romero chegou mesmo a dizer que Bernardo Guimarães pode ser tomado como um documento para se estudarem as transformações da língua portuguesa na América.[107]

Embora incorreto no perigo das generalizações, pois uma que outra vez se pode perceber em seus romances a inútil preocupação de escrever bem, é possível dizer que, ainda aqui, Bernardo Guimarães foi espontâneo — talvez seja melhor dizer primitivo — escrevendo numa linguagem simples, popular, quase em tom de conversa, muita vez em desacordo com os preceitos da gramática normativa. Ignorância, propósito de escrever para ser mais facilmente lido e compreendido ou consciente contribuição à formação do *dialeto brasileiro?*[108] Como quer que seja, o fato é que os seus romances estão cheios de particularidades sintáticas e vocabulares de certa área do nosso sertão, e podem, por isso, constituir documento importante para estudos de dialetologia brasileira.

FRANKLIN TÁVORA[*]

A má qualidade dos romances de Franklin Távora fez com que a sua obra permanecesse assunto quase inexplorado pela crítica moderna, seja pela natural falta de estímulo de um escritor assim caracterizado, seja pela dificuldade de leitura de obras hoje quase inacessíveis, por falta de novas edições e extrema raridade das antigas. Lúcia Miguel Pereira, autora de recente trabalho sobre Távora, não hesitou em confessar que dele

> nada conhecia, e não tinha o menor desejo de travar agora relações com o detrator de José de Alencar. Em todo caso, tratei de descobrir-lhe os livros, só encontrando dois. *O Cabeleira* e *Lourenço*, em péssima edição popular. Não tendo, portanto, lido a obra toda, notadamente, *Casamento no arrabalde* — o melhor livro do autor, segundo José Veríssimo, que o compara a *Inocência* — não poderia dar sobre o autor uma opinião segura. Pelo que li, concluí que não existe o romancista em Franklin Távora.[109]

O depoimento é importante, entre outros aspectos, porque nega o que críticos e historiadores dos fins do século passado e começos deste reconheceram: o romancista Franklin Távora. Por mais que tenha sido maltratado pelos literatos do seu tempo[110] a verdade é que ficou do autor de "literatura do norte" um conceito de modo geral honroso. Ora chefe de um *naturalismo tradicionalista e campesino* na novelística brasileira,[111] ora dotado de excelentes qualidades literárias, a sua representação da natureza e da vida sendo mais exata, senão mais expressiva do que a de Alencar,[112] ora considerado um dos vultos de mais alto relevo da nossa literatura,[113] é sempre com louvores que lhe registram o nome os que dele se ocuparam, até princípios deste século. Ao lado disso, classificam-no como realista e mesmo precursor do Naturalismo, tendo em vista menos talvez os seus romances do que os seus propósitos, manifestados principalmente na carta que incluiu no *O Cabeleira*, como espécie de manifesto da sua "literatura do norte".

---

* João Franklin da Silveira Távora (Baturité, Ceará, 1842-Rio de Janeiro, 1888), bacharel em Direito, pela Faculdade do Recife, exerceu cargos de destaque na administração pernambucana, foi secretário da Presidência do Pará e oficial da Secretaria dos Negócios do Império. Fundador da Sociedade dos Homens de Letras, foi sócio do Instituto Histórico e de outras associações nacionais e estrangeiras, militou na imprensa da província e da corte. Espírito polêmico, tornou-se irreconciliável adversário de Alencar, contra quem moveu, de parceria com José Feliciano de Castilho e outros, exaltada campanha de desmoralização e descrédito, sob o pseudônimo de *Semprônio* (1871). Ainda com o objetivo de combater Alencar, cuja glória não perdoava, criou uma "literatura do norte" (1876), que consta de uma série de quatro romances, sob o argumento de que era no norte, e não no sul, que se encontravam os elementos capazes de conferir caráter nacional à literatura brasileira. Como historiador escreveu *História da Revolução de 1817* e *História da Revolução de 1824*, das quais restaram apenas os fragmentos publicados na *Rev. Brasileira* e na *Rev. do Inst. Histórico*, pois os originais completos foram por ele próprio incendiados, num momento de desespero, quando se viu pobre e em estado de quase miséria, desamparado e esquecido daqueles a quem ajudara. Advogado, historiador, jornalista, crítico, teatrólogo, contista e romancista.

Bibliografia
ROMANCE: *Os índios do Jaguaribe*. 1862; *A casa de palha*. 1866; *Um casamento no arrabalde*. 1869; *O Cabeleira*. 1876; *O matuto*, 1878; *Lourenço*, 1881; *Sacrifício*. 1879; CONTO: *A trindade maldita*. 1861; *Lendas e tradições populares do norte*. 1878. TEATRO: *Um mistério de família*. 1861; *Três lágrimas*. 1870. CRÍTICA: *Cartas de Semprônio*. 1871; "Estudo crítico sobre Fagundes Varela", introdução a *Diário de Lázaro*. 1880.

Consultar
Autores e livros. V. 2, nº 3, 25 jan. 1942; Beviláqua, Clóvis. "F. Távora" (in *Rev. Acad. Brasil. Letras*, jul. 1912, nº 9, pp. 12-52); Miguel Pereira, Lúcia. "Três romancistas regionalistas" (in *O romance brasileiro de 1752 a 1930*. Rio de Janeiro, 1952); idem. *Prosa de ficção*. Rio de Janeiro, José Olympio, 1950, pp. 39-46; Mota. A. "F. Távora". (in *Rev. Acad. Brasil. Letras*, nº 87, mar. 1929, pp. 279-287); Studart, G. *Dicionário biobibliográfico cearense*. Vol. I, Fortaleza, 1910, pp. 482-484; Veríssimo, José. "F. Távora e a literatura do norte" (in *Estudos de literatura brasileira*. Vol. V. Garnier, 1905. pp. 129-140).

Os primeiros romances de Franklin Távora, anteriores ao lançamento da "literatura do norte" — *Os índios do Jaguaribe* (1862), *A casa de palha* (1866) e *Um casamento no arrabalde* (1869) — não oferecem maior dúvida quanto à filiação do escritor ao Romantismo. O da estreia, sobretudo, evidencia, mais do que essa filiação, a influência de Alencar na escolha e no tratamento do assunto. Os dois outros, não abandonando o ponto de vista romântico, encaminham-se para uma temática que só então começava a ser utilizada, em consequência do já estudado desenvolvimento da tendência realista do nosso Romantismo. Eram tentativas de romance de costumes, e só depois deles, tendo em vista sobretudo opor-se a José de Alencar, foi que Távora deu início à série da "literatura do norte", cujos princípios básicos estão consubstanciados na carta-manifesto aditada ao primeiro romance, onde afirma que

> as letras têm, como a política, um certo caráter geográfico; mais no norte, porém, do que no sul, abundam os elementos para a formação de uma literatura propriamente brasileira, filha da terra. (...) A feição primitiva, unicamente modificada pela cultura, que as raças, as índoles e os costumes recebem dos tempos ou do progresso, pode-se afirmar que ainda se conserva ali em sua pureza, em sua genuína expressão.[114]

José Veríssimo foi dos primeiros a criticar essa teoria de Távora, e o fez com acerto, dizendo que havia nela, com uma parte mínima de verdade, uma ilusão de bairrista e de romântico.[115] De fato, a teoria é falha, entre outros motivos porque não admite a possibilidade de regionalismo (*literatura brasileira, filha da terra*) no centro e no sul do país, erro que se agrava em virtude da época de sua divulgação. Em 1876, já Bernardo Guimarães, Porto-Alegre, Alencar e o próprio Távora haviam escrito romances regionalistas do norte, do centro e do sul. Mais ainda: reconhecendo a validade de qualquer desses aspectos do regionalismo, Alencar, que atendeu a todos os três, já havia publicado a sua divisão e caracterização do "período orgânico de nossa literatura"[116] na qual, em lugar de estabelecer oposição entre o norte e o sul, preferiu opor a vida do interior à das cidades, em qualquer que fosse a região, obedecendo, assim, a uma das dominantes da vida brasileira.

Mais importante do que isso, porém, é observar que entre a teoria e a prática de Távora existe evidente descompasso. Pretendendo fundar uma literatura do norte, por entender que nessa região é que se encontravam os elementos capazes de conferir caráter verdadeiramente nacional, brasileiro, à nossa literatura — e isso seria regionalismo, ainda que Távora não tenha usado a expressão — o fato é que os romances da série são mais históricos que de costumes, que regionalistas. *O Cabeleira*, por exemplo, é por ele próprio classificado como romance histórico, e dele já se disse que pode ser histórico, mas não é romance. É uma biografia romanceada, mal romanceada, e mal escrita.[117]

Quanto aos dois outros, *O matuto* e *Lourenço*, mais fácil ainda é a classificação. Ostentando o subtítulo de *crônica pernambucana*, o que já é suficiente para afastar as dúvidas, tomaram como assunto episódios da guerra dos mascates e, como se não bastasse, o autor documenta fatos e até personagens, repetidas vezes, transcrevendo trechos de memórias históricas[118] ou afirmando, em pé de página, o caráter histórico de detalhes ou fatos de suas narrativas. Isso não prova, apenas, que os romances de Távora eram históricos e não regionalistas. Prova, também, que ele era um mau romancista, sem imaginação, sem capacidade inventiva. E não podia ser de outro modo, num escritor cujas opiniões a respeito do romance, de movimentos ou escolas literárias, eram primárias e falhas. Tido, por exemplo, como realista e precursor do Naturalismo, seu conceito de Realismo, de romance realista, mostra o considerável atraso em que se encontrava; numa época em que o romance já se havia fixado no Brasil, quando o tempo das primeiras tentativas já estava longe e Alencar fornecera uma teoria e uma prática, cujos elementos básicos perduram na tradição de que é resultado o atual romance do nordeste, Franklin Távora concebia o romance quase como o concebera o erudito clássico francês Pierre Daniel Huet, ou seja, como instrumento de elevação moral e dignificação do homem por meio de doutrinação indireta.[119]

A teoria de Huet informara as primeiras tentativas de romance no Brasil, como observou José Aderaldo Castelo:

> É curioso que tais fundamentos teóricos (de Huet) atribuídos ao romance da era clássica possam ser observados, particularmente, nos primeiros romancistas românticos nacionais quando se tentava a introdução definitiva do gênero na literatura brasileira.[120]

Para Távora as coisas permaneciam mais ou menos no mesmo pé. Continuava a entender romance como o citado clássico francês, e, segundo a sua concepção, o romance realista pertencia a passado bem distante:

> ... Não condeno, pois, *in limine* o romance de fantasia.
> Parecendo-me, porém, que o romance tem influência civilizadora; que moraliza, educa, forma o sentimento pelas lições e pelas advertências; que até certo ponto acompanha o teatro em suas vistas de conquista do ideal social — prefiro o romance *íntimo histórico*, de *costumes*, e até o *realista*, ainda que este me não pareça característico dos tempos que correm.
> Em uma palavra, prefiro o romance *verossímil, possível*; quero "o homem junto das cousas", definição da arte por Bacon.[121]

Externava Távora semelhante opinião em 1871, do que se pode deduzir que não possuía ele melhor noção desses fenômenos; alheado da ideia romântica de romance como entretenimento, entendia-o como literatura edificante. Romance realista, que admitia em última hipótese e achava não ser característico dessa época, era somente o *Lazarillo de Tormes*, conforme esclarece logo adiante. Não conhecia, pois, o romance moderno, ou não o entendia até o ponto de ser capaz de perceber-lhe a significação e identificar-lhe as características. Sua preferência era o romance histórico, *íntimo histórico* como chamou ele próprio, e não é por outro motivo que a sua "literatura do norte" assim se classifica. Ademais, há outra circunstância, do mesmo modo esclarecedora; negando a *O gaúcho* a condição de romance histórico — que Alencar, aliás, jamais pretendeu — diz Távora em outro passo:

> Fez acaso outro tanto (de referência a Scott e Herculano) Sênio no seu *O gaúcho*, para pretender com razão um lugar na ordem dos romancistas históricos? Se acaso se não acha ainda inaugurada no país a escola, não há de ser decerto a obra de Sênio que servirá de modelo, tão certo é faltar-lhe a possança e a firmeza de ação e de crítica imprescindíveis em trabalhos tais de iniciativa no gênero.[122]

Ao escrever isso (1871), não desconhecia Távora que os seis volumes da primeira edição de *As minas de prata* já estavam publicados (1865-66), mas preferiu dizer que a "escola" do romance histórico ainda não se achava fundada no país. É difícil saber se a essa altura já imaginava fundá-la com a "literatura do norte", mas não é possível que isso tenha ocorrido. E o fato é que, ao lançar a "literatura do norte", não só classificaria o romance que a inicia como histórico, mas escreveria os dois seguintes dentro do mesmo espírito e, o que é mais, sobre o mesmo assunto histórico que antes fornecera inclusive o título de um romance de Alencar, *A guerra dos mascates* (1873-74).

Só um erro de interpretação, que injustificadamente vem sendo repetido, ou o desconhecimento dos textos, pode conduzir-nos a ver regionalismo onde ele na realidade não existe. O próprio Távora sentiu essa falha, talvez ao perceber a interpretação regionalista que foi sendo dada ao manifesto que acompanha *O Cabeleira*, e procurou corrigi-la. Na oportunidade de nova edição da "literatura do norte", acrescentou à série *Um casamento no arrabalde*, acanhada tentativa de romance de costumes, inteiramente esquecida do próprio autor, como confessa[123] em resposta a um amigo, que aconselhara a reedição, por entender que o "romance" tinha mérito e lhe havia conquistado mais aplausos do que

o primeiro livro da (deixa-me chamar pseuda?) literatura do norte.[124]

Esse amigo, romancista como Távora, além de poeta e crítico, daria ao escritor cearense um bom conselho:

> Leia Balzac... Disse mal: leia quem quiser, mas estude Balzac. Seu espírito fundido nos mesmos moldes conseguirá facilmente descobrir o segredo que levou o autor da *Comédia humana* a fazer viver na grande tela de suas composições a humanidade inteira representada por algumas centenas de tipos.
>
> Estude-o, e a sociedade brasileira ficará conhecida, suas fisionomias apanhadas, seus hábitos e costumes bem descritos, seus vícios e virtudes bem estudados, os caracteres bem acentuados, a natureza bem reproduzida.[125]

Ao que tudo indica, porém, o conselho seguido foi o da reedição de *Um casamento no arrabalde*, já agora fazendo parte da "literatura do norte" e dando ao conjunto a única nota regionalista porventura nele existente. Se acaso leu e estudou Balzac, não lhe aprendeu as lições. Permaneceu sempre um mau romancista. Faltava-lhe o que sobrava em Alencar e, embora menos, em Bernardo Guimarães e Macedo: a aliança da inteligência com uma poderosa imaginação. Escravo, por isso mesmo, da observação, do documento, seus romances são escritos num tom de relatório ou, como observou Lúcia Miguel Pereira em *O Cabeleira*, no de um compêndio histórico-geográfico.[126]

Um mérito, porém, não se lhe deve negar. Escrevendo o manifesto da "literatura do norte", chamou a atenção dos escritores, dos romancistas principalmente, para os recursos temáticos que o Norte lhes poderia oferecer. Nisso consiste, essencialmente, o seu regionalismo, ou melhor, o seu papel como um dos fundadores do regionalismo no Brasil, uma vez que foi aquele manifesto, ao qual o seu nome está definitivamente vinculado, uma das primeiras manifestações públicas, de caráter polêmico, a esse respeito verificadas no Brasil.

Quanto ao seu realismo, puramente descritivo, é de caráter romântico. A concepção do mundo e da vida é a mesma dos escritores dessa escola, e o que fez mais do que eles, ou menos, não foi observar e explicar a realidade e os elementos que a compõem — o homem inclusive — como um todo orgânico, sujeito a leis igualmente válidas para todos; foi inventariar aspectos exteriores da realidade, mas sem capacidade inventiva para organizá-los num mundo ideal de fantasia e de sonho.

TAUNAY[*]

Dos romances de Taunay, o único que conseguiu sobreviver foi exatamente o que lhe deu nomeada e o tornou conhecido fora do Brasil. Traduzido para quase todas as línguas cultas modernas, inclusive o japonês, *Inocência* durante certo tempo foi leitura popular em todas elas. Afora as numerosas edições em livro, é impressionante verificar quantos jornais estrangeiros o publicaram em folhetins, nos fins do século passado, o que basta para comprovar o enorme prestígio que desfrutou. Na França, na Alemanha, na Itália, na Bélgica, na Dinamarca, na Suécia, na Polônia, na Argentina, no Japão[127] foi leitura diária de numeroso público nas duas últimas décadas do século passado, quando outros folhetins, de autores consagrados, também disputaram a preferência dos leitores. No Brasil, não será demasiado dizer que o prestígio, embora diminuído, ainda perdura; as edições nacionais se repetem, alcançando já mais de cem mil exemplares, e *Inocência* ainda hoje é leitura habitual de grande parte do público brasileiro, principalmente do interior, confirmando o vaticínio de longa vida que lhe fez Francisco Otaviano, logo *no* seu aparecimento.[128]

Segundo Veríssimo, o romance foi muito corrigido e melhorado, a partir da segunda edição, em 1884, devendo datar-se daí a sua crescente popularidade, só comparável, na obra do autor, à que também gozava *A retirada da Laguna*, fato que desgostava Taunay, autor que era de outros livros por ele considerados de igual merecimento.[129]

---

[*] Alfredo d' Escragnolle Taunay, Visconde de Taunay (Rio de Janeiro, 1843-Rio de Janeiro, 1899), descendente de franceses, bacharel em ciências físicas e matemáticas e engenheiro geógrafo. Militar, alcançou o posto de major do imperial corpo de engenheiros e participou da campanha do Paraguai, tendo lecionado história e língua no curso preparatório da Escola Militar, e mineralogia, geologia e botânica no curso superior. Renunciou à carreira militar para dedicar-se à política e às letras, tendo sido deputado, senador por Santa Catarina, e presidente desta província e da do Paraná. Sócio do Instituto Histórico e Geográfico, a que muito se dedicou, renunciou ao título de sócio dessa agremiação, mas a ela confiou suas memórias para serem abertas no centenário do seu nascimento (1943). Jornalista, crítico de arte, historiador, musicista, pintor e romancista, suas obras literárias foram publicadas com os pseudônimos de Sílvio Dinarte e Heitor Malheiros.

Bibliografia

ROMANCE: *A mocidade de Trajano*, 1871; *Inocência*, 1872; *Lágrimas do coração, manuscrito de uma mulher*, 1873; *Ouro sobre azul*, 1874; *O encilhamento*, 1894; *Manuscrito de uma mulher*, 1899 (nova versão de *Lágrimas do coração*); *No declínio*, 1899. NARRATIVAS E CONTOS: *La retraite de La Laguna*, 1871; *Histórias brasileiras*, 1874; *Narrativas militares*, 1878; *Céus e terras do Brasil*, 1882: DRAMA: *Amélia Smith*, 1887. CRÍTICA: *Estudos críticos*, 1881-83.

Suas obras completas, em que estão representados vários gêneros e assuntos, são editadas pela Cia. Melhoramentos, São Paulo.

A que se deve essa impressionante popularidade de *Inocência*? O segredo disso parece residir na conjugação de vários fatores do mesmo modo importantes, de cuja fusão resultaram qualidades novas capazes de despertar a curiosidade e o interesse, mesmo do público estrangeiro. A uma história de amor de acentuado sabor romântico, que se passa no interior do Brasil, na região central, junta *Inocência* uma descrição realista de hábitos e costumes, episódios e cenários da vida sertaneja, até então inédita em nossa literatura. Tendo conhecido de muito perto as regiões nas quais se desenrola a história, Taunay transportou para a sua narrativa grande parte de experiência regional que adquirira nas viagens e campanhas militares, adiantando-se, desse modo, ao regionalismo de Alencar e Bernardo Guimarães. O cunho de novidade que lhe registraram os contemporâneos provém do realismo e certa graça com que fixou os costumes sertanejos, da descrição e, alguma vez, quase explicação dos cenários da história, da leveza e naturalidade dos diálogos espontâneos e vivos que pontuam a narrativa, alguns deles suficientes à caracterização das personagens, do registro de brasileirismos peculiares à região ou de particularidades do falar local, e, finalmente, à maneira natural e simples com que movimentou personagens e fatos do romance. Além disso, havia a nota exótica da inclusão de um naturalista estrangeiro como personagem de importância na história. Esse fato permitiu considerável alargamento do mundo de *Inocência*, pela possibilidade de coexistência de dois pontos de vista face à mesma matéria narrada, isso devendo ter contribuído para o interesse que o romance despertou em outros países.

Consultar

Athayde, Tristão de. *Primeiros estudos.* Rio de Janeiro, Agir, 1948; *Autores e livros,* II, nº 12, 12 abr. 1942; Barbosa, Antônio da Cunha. "Visconde de Taunay" (in *Rev. Acad. Cearense.* Vol. VI, 1901); Bezerra, Alcidez. *O Visconde de Taunay, vida e obra.* Rio de Janeiro, Arquivo Nacional, 1937; Carvalho, Veridiano. Prefácio a *O encilhamento.* Rio de Janeiro, Domingos de Magalhães, 1894; Castro, Francisco de. "Elogio do Visconde de Taunay" (in *Discursos acadêmicos.* Rio de Janeiro, Civilização Brasileira, 1934. Vol. I); Chastei, Olivier de. "Prefácio da tradução francesa de *Inocência*". Paris, Chailly, 1896; Garcia Merou. *El Brasil intelectual.* Buenos Aires, Lajouane, 1900; Leão, Múcio. *Ensaios contemporâneos.* Rio de Janeiro, Ed. da Rev. de língua portuguesa, 1923; Montenegro, Artur. "Visconde ·de Taunay" (in *Rev. Acad. Cearense.* Vol. IV, 1899; Montenegro, Olívio. *O romance brasileiro.* 2ª ed. Rio de Janeiro, José Olympio, 1953; Mota, Artur. "Taunay" (in *Rev. Acad. Brasil. Letras,* nº 85, jan. 1929); Pereira, Lúcia Miguel. "Três romancistas regionalistas" (in *O romance brasileiro.* Rio de Janeiro, *O Cruzeiro,* 1952; idem, *Prosa de ficção, de 1870 a 1920.* Rio de Janeiro, José Olympio, 1949; Pinho, Wanderley. "O Visconde de Taunay" (in *Rev. I. H.G. B.,* CLXXXI, 1943; Romero, Sílvio. *Outros estudos de literatura contemporânea.*Lisboa, A Editora, 1905; Sanchez-Sáez, Bráulio. *Vieja y nueva literatura del Brasil.* Santiago, Ercilla, 1935; Serpa, Phócion. "Impressões de *Inocência*" (in Biblioteca Acad. Carioca Letras. Caderno II. Rio de Janeiro, Sauer, 1944).

Escritor de transição entre o Romantismo e o Realismo, Taunay deve ser situado mais próximo daquele do que deste. Sua concepção do mundo tem muito de romântico, pela dominância do idealismo sentimental sobre a observação e a análise; nos valores secundários da história, porém, predominam estas. E predominam de tal forma que Lúcia Miguel Pereira, embora depois de ter defendido a duvidosa tese de que o êxito do livro se devia à melhor acomodação das qualidades e defeitos do autor ao gênero do *romance rural*, observa com muito acerto que

> no fundo os heróis do romance são muito menos ela (Inocência) e Cirino do que Pereira e os costumes sertanejos.[130]

A essa observação será conveniente acrescentar que, sabendo conduzir a intriga e movimentar as personagens, Taunay quase sempre se perde nas descrições da natureza ou nas anotações de costumes, talvez pela excessiva preocupação de fidelidade. O romancista, que se mostra hábil na construção da história, não raro cede lugar ao cronista ou ao botânico, do que resulta certa falta de unidade, certo desequilíbrio no tônus do romance. Compreende-se, por exemplo, que a narrativa de *Inocência* só tenha início no segundo capítulo, o primeiro — "O sertão e o sertanejo"— valendo como espécie de prólogo, com o qual o autor objetiva situar o leitor no mundo que vai ser narrado. Tal objetivo se denuncia mais claramente quando se percebe que esse primeiro capítulo, escrito sob a romântica evocação de Goethe e de Rousseau, se afasta do espírito panteísta das duas epígrafes evocadas e descreve a natureza — o cenário de ação que vai ser narrado — quase com precisão de geógrafo e de botânico. Aceitável no capítulo de introdução, esse procedimento, no correr da narrativa, retira do romance o seu caráter de *fábula*, disso decorrendo a observação, já registrada por Olívio Montenegro,

> que o autor chega a deixar a impressão de um homem de ciência mais do que de um puro escritor; de um etnógrafo mais do que de um puro romancista.[131]

Concebendo uma história sentimental e estruturando-a segundo os moldes do melhor romance romântico, Taunay quis enriquecê-la de valores secundários reais, objetivos, retirados da vida imediata. Nem sempre, porém, foi capaz de utilizar esses valores como romancista, de integrá-los de modo adequado no mundo de *Inocência*. Daí o seu realismo descritivo, cópia fiel de alguns detalhes da realidade, mas ainda longe de ser a visão realista do mundo, que apareceria em romancistas posteriores.

Inocência é o único romance de Taunay que fixa aspectos da vida rural brasileira. Os demais contam histórias que se passam na capital, e nenhum deles, mesmo na época da publicação, conseguiu a repercussão daquele. O próprio *O encilhamento*, a respeito do qual surgiram tantos comentários, não alcançou igual popularidade. Era um *romance à clef*, a narrar "cenas contemporâneas de Bolsa em 1890, 1891 e 1892", as personagens reais disfarçadas com outros nomes, que ao leitor de hoje custa identificar. O interesse que despertou vinha disso, e também do próprio disfarce do autor, escondido no pseudônimo de Heitor Malheiros, diferente daquele que Taunay usara nos livros anteriores. Esgotados os motivos circunstanciais desse interesse, o livro foi sendo esquecido, como os demais. Da obra de ficção de Taunay, foi *Inocência* o romance que ficou. É o que ainda hoje sobrevive, embora com a popularidade bastante diminuída. E não se pode dizer que a posteridade está sendo injusta; ela não faz senão ratificar o julgamento dos contemporâneos do autor, distinguindo o melhor dos romances desse escritor, aquele que lhe conferiu lugar na história literária como um dos marcos entre o Romantismo e o Realismo.

*

O quadro do romance romântico fica incompleto se não compreender a menção à produção de Machado de Assis (q.v.). As tentativas machadianas da sua primeira fase — que termina em 1878 — participam do espírito romântico, seja nas descrições das personagens, mormente os tipos femininos, seja na atmosfera geral de sentimentalismo, seja no tratamento de certos temas, não obstante suas tendências mais fortes o conduzissem por caminhos próprios, no sentido de uma arte pessoal, realista, em que as soluções técnicas e formais obedecem às inspirações de seu gênio e de sua visão estética. Todavia *Ressurreição* (1872), *A mão e a luva* (1874), *Helena* (1876), *Iaiá Garcia* (1878), *Contos fluminenses* (1870) e *Histórias da meia-noite* (1873), são romances e contos que traem o escritor que, na sua própria expressão, havia bebido o leite romântico.

CARACTERÍSTICAS ESTRUTURAIS

O romance romântico brasileiro repousa sua arquitetura na base de três principais influências: a literatura oral, o teatro e o romance estrangeiro. Dessas fontes foi que ele retirou os elementos de que necessitava para construir seu mundo, realizar-se. Inaugurando, a rigor, a forma no Brasil, não encontraria uma tradição nacional em que se apoiar, tal como ocorrera em literaturas europeias e em algumas americanas, nestas últimas pela sobrevivência e desenvolvimento de lendas indígenas.

O conhecimento desses fatos é da maior importância para uma análise compreensiva da narração romântica, pois é a partir deles que poderemos penetrar o mundo criado pelos nossos primeiros romancistas, sem o preconceito de querer encontrar nesse mundo uma atmosfera diferente daquela que o Romantismo, através dos elementos interiores e exteriores que o caracterizam, universalmente fecundou. Mais do que isso, é pelo conhecimento desses fatos que nos guardamos de pretender exigir do romance romântico outra estrutura, mais desenvolvida e mais sólida, do que aquela que fatalmente haveria de ter.

Para examinar as influências que serviram de base à arquitetura da nossa novelística romântica, será preferível conduzir a análise na direção de alguns dos problemas fundamentais da narrativa, como a divisão externa, o desenvolvimento da intriga, a configuração do tempo dentro da história e o processo narrativo. Algumas observações devem, de logo, ser feitas: em primeiro lugar, a de que o estudo das influências em parágrafos isolados não tem em mira sugerir que elas devam ou possam ser separadas em compartimentos estanques, pois isso obedeceu, apenas, a um propósito de maior facilidade na exposição; em segundo lugar, a de que a exemplificação foi feita na base de amostras significativas. E, finalmente, uma observação a respeito da orientação que se adotou para o estudo da contribuição estrangeira à formação do romance brasileiro. A intenção é, tão somente, registrar o aparecimento, em nosso romance romântico, de procedimentos técnicos mais desenvolvidos, assimilados pelos nossos escritores através da leitura de romancistas de literaturas tradicionais, mais adiantadas do que a nossa, e nas quais a lenta evolução dos gêneros possibilitou o aparecimento e desenvolvimento, sem maiores dificuldades, de novas formas literárias, como o romance burguês. É compreensível que esses recursos técnicos, não pertencendo à nossa literatura oral, e não tendo sido pedidos ao teatro, tenham vindo, através de leitura, do romance estrangeiro. Já foi dito que ninguém pode ser romancista sem haver lido romances.[132] Mas, será impossível, pelo menos no momento, confrontar os exemplos com os originais; em outras palavras, precisar, rigorosamente, que autor, obra ou trecho de obra estrangeira serviu de exemplo ao procedimento apontado. Desse modo, não é possível ir além do registro de uma técnica narrativa que, refugindo das duas influências outras, teria sido adquirida, e foi com certeza, no romance europeu e um pouco no norte-americano. Será isso muito menos perigoso, e melhor, do que aventurar uma indicação geral de fonte, simplesmente porque essa fonte, além de contemporânea dos autores em estudo, foi, ademais, referida por algum deles como modelo ou influência.

1. *Literatura oral*. A influência da literatura oral nas primeiras manifestações do romance brasileiro recai, principalmente, em dois aspectos fundamentais da técnica narrativa: o desenvolvimento da intriga, do enredo, e a configuração do tempo dentro da história. Foi para resolver esses dois difíceis problemas, mais do que por qualquer outro motivo, que os nossos romancistas, à falta de tradição novelística e do exemplo de técnica mais adiantada, recorreram aos processos utilizados pela literatura oral, fonte mais imediata e de mais

fácil acesso do que nenhuma outra. E mesmo para a própria construção externa da narrativa, alguns deles, quando não recorreram diretamente a essa fonte, nela se inspiraram, procurando emprestar às suas histórias o caráter de contos orais, relatados em sessões sucessivas por um fictício narrador.

Em *Tardes de um pintor ou As intrigas de um jesuíta*, de Teixeira e Sousa, encontramos um dos primeiros exemplos dessa utilização de elementos caracteristicamente orais na construção externa da narrativa. A duplicidade de títulos é mesmo um indício, pois, referindo-se ao fato de haver ouvido a história contada por um pintor, que ele e amigos da mesma idade, quando ainda adolescentes, haviam por acaso encontrado em uma tarde de tempestade, confessa o autor no final do capítulo primeiro:

> ...; e hoje fiel à palavra que dei ao pintor, aí dou ao mundo esta história, seguindo quase o mesmo método que o pintor quando ma contou, dividindo-a nas mesmas tardes, como ele fez, por isso lhe dei o nome de — *Tardes de um pintor* — sem todavia desprezar o nome que o pintor dava à sua história que era — *Intrigas de um jesuíta*.[133]

Terminado esse capítulo, intitulado "Como o autor soube desta história", e que não pertence ao corpo do romance, inicia Teixeira e Sousa a narrativa, dividindo-a em vinte *tardes* e trinta e oito capítulos; os detalhes dessa divisão revelam uma clara vontade construtiva, e demonstram que os elementos exteriores da narrativa não são fruto do acaso. Das vinte *tardes*, dezoito possuem dois capítulos, nenhum deles atingindo trinta páginas, e apenas duas possuem um único capítulo — as de nº VIII e XI — com, respectivamente, trinta e três e trinta e sete páginas. Isso parece indicar que o autor teve a preocupação de conferir a cada *tarde* aproximadamente a mesma extensão; e se não esquecermos que a história está sendo narrada em sessões diárias, durante vinte tardes, melhor compreenderemos a importância que o autor emprestou a essa divisão.

O mesmo processo iria ser utilizado, mais tarde, por Bernardo Guimarães, em *O ermitão de Muquém*, cuja introdução — que tem a mesma função do primeiro capítulo de *Tardes de um pintor* — assim termina:

> Como o romeiro do *Muquém* tinha de seguir sua viagem por alguns dias na mesma direção que nós levávamos, durante quatro noites entreteve-nos ele os serões do pouso com a narração da história que vamos reproduzir, e que por essa razão dividiremos em quatro pousos.[134]

No caso de Guimarães, porém, os pousos não terão a mesma unidade, pois, se o primeiro e o quarto possuem quatro capítulos, o segundo possui sete e o terceiro seis. Entretanto, os capítulos guardam uma unidade mais rigorosa do que a verificada em Teixeira e Sousa, com uma média de 6-8 páginas.

Essa preocupação de conferir à construção externa o caráter de fiel registro daquilo que fora oralmente narrado é uma prova bastante evidente da influência que, no particular, o nosso romance sofreu. E essa influência ficará ainda mais bem comprovada ao examinarmos outros aspectos da narrativa romântica.

O desenvolvimento da intriga, na literatura oral, obedece a uma técnica extremamente simples e pouco variável. Como já foi observado por Câmara Cascudo,

> não se abandona o principal acessório embora de inapreciável efeito temático. Segue a estória em linha reta, ação por ação, uma verdadeira gesta. Só se volta para acompanhar outro fio da narrativa quando o essencialmente característico pode esperar, imóvel, que os outros programas entrem em cena na hora exata da deixa.[135]

Os melhores exemplos dessa prática, como é natural, ainda são aqueles que nos oferecem Joaquim Norberto, Teixeira e Sousa, Franklin Távora e Bernardo Guimarães, embora possamos encontrá-los em autores como Macedo. No caso deste último, porém, será singularmente difícil isolar a influência da literatura oral daquela, bem maior, que ele recebeu do teatro. Entretanto, e ainda que a carecer de exame e interpretação mais cuidadosos, o fato de algumas personagens macedianas contarem histórias que ouviram narradas em tempos anteriores, ou foram por elas próprias vividas, é um indício de que a literatura oral estava presente nas preocupações do autor, inclusive como solução para determinados problemas narrativos. Essa prática, também utilizada por outros romancistas da época, pode ser exemplificada com a introdução de "Um conto" em "Maria ou vinte anos depois",[136] com a lenda indígena de Aiotin e Aí, narrada por D. Ana em *A moreninha*,[137] ou com a história do botão de rosa, contada por Celina em *Os dois amores*.[138]

Em Franklin Távora, a influência da literatura oral não é apenas fácil de ser pesquisada, mas confessada pelo autor:

> Vou contar uma história para quem não tiver que fazer. A falar a verdade, foi uma história acontecida, e não inventada; falta-lhe por isto certo tom de imaginativa, que prenda pelos entrechos. Aqui mesmo não há entrecho algum, só sim que é tudo verdadeiro, isto afirmo eu, palavra de honra, ao piedoso leitor que ainda tiver curiosidade de saber coisas de casamento.[139]
>
> ....
>
> Autorizam-nos a formar este juízo do Cabeleira a tradição oral, os versos dos trovadores e algumas linhas da história que trouxeram seu nome aos nossos dias envolto em uma grande lição.[140]

E a verdade é que Franklin Távora procurou ser o mais fiel possível às fontes populares ou históricas a que recorrera; em *O Cabeleira*, não só transcreve ou introduz várias quadras no corpo do romance (pp. 214, 215, 216 e 252), como vai ao ponto de justificar trechos da narrativa com a reprodução em pé de página, para confronto, dos versos populares em que eles se haviam inspirado (pp. 12, 13, 32, 60, 227 e 228). Mas, foi desse propósito de fidelidade histórica, num autor sem maior iniciação nos difíceis segredos da arte de narrar, que resultou uma construção defeituosa, caótica, os diversos fios da narrativa como que escapando das mãos não muito hábeis de Távora que, em numerosas oportunidades, interrompe a intriga para longas digressões de caráter histórico, ou para intercalações histórico-comparativas[141] ou meramente explicativas. Tendo recorrido à tradição oral como base para a sua "literatura do norte", o fato é que não soube, como Bernardo Guimarães e Alencar, assimilar de modo suficiente as lições que essa rica fonte, que já lhe inspirara a temática, lhe poderia dar no particular da técnica narrativa.

São Alencar e Bernardo Guimarães, inquestionavelmente, os dois romancistas dessa época que melhor assimilam essa lição. O escritor mineiro estava de tal modo trabalhado pela tradição oral, pela literatura popular, que não há um só aspecto de sua narrativa no qual não se encontrem exemplos marcantes dessa influência. A configuração do tempo, para citar apenas um aspecto, obedece a uma técnica bastante simples, à semelhança da literatura popular; o autor, em uma, duas e três linhas faz passar períodos e mais períodos da vida das personagens, a fim de que o desenvolvimento da intriga, absolutamente linear, não sofra alteração. E como a ação está determinada apenas pelos acontecimentos de primeiro plano, aparece a necessidade, muita vez, de sugerir o fluir do tempo ou a ação secundária sem quebra da continuidade, surgindo, então, o velho recurso da acumulação verbal, tão característico da literatura oral:

Viram-se, amaram-se e sabiam que eram amados.[142]

E se não bastarem esses exemplos, como demonstrativos da permanente e definitiva influência que Bernardo Guimarães sofreu, outros, e muitos, podem ser invocados, inclusive citações ou referências do autor à literatura popular, tal como ocorre em *O garimpeiro*.[143]

Em Alencar, haveria a considerar, antes de tudo, o depoimento pessoal do romancista:

Nosso repertório romântico era pequeno; compunha-se de uma dúzia de obras, entre as quais primavam a *Amanda e Oscar, Saint-Clair das Ilhas, Celestina* e outras de que já não me recordo. Esta mesma escassez, e a necessidade de reler uma e muitas vezes o mesmo romance, quiçá contribuiu para mais gravar em meu espírito os moldes dessa estrutura literária, que mais tarde deviam servir aos informes esboços do novel escritor.[144]

Não só do novel, mas do velho e experimentado escritor, acrescente-se, pois mesmo em alguns dos seus últimos romances, como *Senhora* e *O sertanejo*, dono a essa altura de privilegiada técnica de narrador, utiliza-se Alencar, como nenhum outro faria, dos elementos estruturais da literatura popular, assimilados naquela experiência inicial de leitor de novelas para o auditório familiar. Se compararmos, por exemplo, determinados trechos de *O sertanejo* com o já citado *O Cabeleira*, de Távora, veremos que enorme diferença na utilização de versos do romanceiro popular. Enquanto Távora, como já foi dito, limitou-se a transcrever pura e simplesmente os versos do cancioneiro, Alencar faz uma personagem ir recitando quadras do "Rabicho da Geralda" e um ou outro verso de Camões, enquanto se desenrola a cena de montaria e perseguição ao boi Dourado; dessa integração dos acontecimentos de primeiro plano no mundo maior dos versos declamados, resulta um alargamento do espaço e do tempo do romance; a história do valente boi Dourado e a de Arnaldo não pertencem apenas a eles, mas fazem parte de um mundo mais vasto, o nordeste, no qual o sertanejo e o boi são os heróis de todos os dias.

2. *Teatro*. A atitude narrativa dos nossos românticos varia de acordo com as influências que eles sofreram. Determinados problemas técnicos, por exemplo, que Alencar iria resolver com processos peculiares ao gênero épico e à forma romance, Macedo solucionou como um autêntico autor de teatro. É certo que, antes de 1900, como observa Comfort,[145] a narração encontrava na experiência real e no teatro as suas duas principais fontes de evocação visual. Em Macedo, porém, a utilização de elementos dramáticos decorre da maior experiência que ele possuía no campo do teatro, graças à qual procurou suprir suas deficiências como narrador.

Um primeiro exemplo a ser indicado é o da ausência de narrador intermediário no romance de Macedo, e sabe-se que, pelo menos até determinada altura, o criador, o narrador é *conditio sine qua non* de toda a literatura épica.[146] Convém não esquecer, além disso, que os romances de então parece terem sido escritos para uma leitura em voz alta, feita por *uma pessoa* para *um grupo de pessoas* durante os sermões familiares da sociedade brasileira do século passado. Esse fato aconselharia, ainda mais, a presença do narrador intermediário, cuja figura se encarnaria na pessoa escolhida para realizar a leitura em voz alta, configurando-se, desse modo, a situação primitiva do mundo épico: um narrador conta a um auditório alguma coisa que aconteceu.[147]

Observa-se que somente mais tarde, com o desenvolvimento da técnica novelística, é que o narrador — o homem que declaradamente vai contar uma história acontecida — ou será eliminado, ou terá sua função bastante modificada, para que a ação se ofereça diretamente ao leitor. A essa altura, porém, já terá ocorrido a introdução de novos elementos na arquitetura do romance, sendo dos mais importantes aqueles originária e caracteristicamente dramáticos, assimilados no processo de interação que se opera entre as formas narrativas, o teatro moderno e o cinema. Ao assimilar tais elementos, o romance já não será apenas *narração em tempo pretérito*; será também, e na maior parte das vezes principalmente, *representação em tempo presente*. Seria esse fato, segundo Ortega,[148] uma consequência da carência de temas novos, carência que acarretaria o deslocamento do interesse do leitor, do destino ou aventura das personagens para a própria *presença* destas. Embora se possa fazer restrições à interpretação do fato, o certo é que ele existe, e a ele corresponderia o deslocamento, ou mesmo a eliminação do narrador, como intermediário entre a ação e o leitor. As personagens passam a ter vida própria, a se movimentarem como seres vivos dentro do seu universo. O romancista deixa de ser um simples contador de histórias. Torna-se um autêntico criador de mundos.

No caso de Macedo, porém, a utilização de elementos dramáticos não significa aperfeiçoamento de técnica, mas incapacidade técnica. Não houve assimilação, mas, pura e simplesmente, transferência de elementos de construção dramática para o romance, disso resultando uma construção épica defeituosa.

A atitude narrativa de Macedo é claramente indicadora da constante influência que o teatro exerceu na arquitetura dos seus romances. Na grande maioria de seus livros, situou-se e situou o leitor, em face da matéria narrada, numa posição *sui generis*, que pouco tem de épica, funcionalmente muito semelhante ao recurso da *teichoscopia*, oriunda do teatro grego: a de quem está observando algo que se desenvolve apenas sob seus olhos, e relata para terceiros aquilo que vê, à medida que vê. E quando se sente incapaz de relatar, de transmitir, Macedo passa a descrever a ação em tempo presente, não com o intuito de chamar a narrativa para o *praesens historicum*, o que poderia ser um traço estilístico elogiável; seu objetivo, fácil de perceber, é o de apresentar ao leitor o movimento de uma cena de teatro, modificando, desse modo, a clara expressão linguística do processo épico, que é o pretérito, em que a narração deve apresentar-se como passada, isto é, como qualquer coisa imutável, fixa.[149] Os três capítulos iniciais de *A moreninha* constituem um bom exemplo; o primeiro deles é toda uma longa dialogação contracenada, como se as personagens estivessem representando num palco, sem que o espectador as visse, tendo ciência do que ocorre através do relato de uma terceira pessoa que, não participando da ação, tudo ouve e vê, e vai transmitindo os fatos à medida que eles acontecem, quase sempre no pretérito perfeito com auxílio do gerúndio. No segundo capítulo, porém, e em alguns momentos do terceiro, modifica-se a posição do autor e a do leitor em face da ação, que passa a ser descrita preferentemente no presente.

Além disso, as descrições de interior revelam o meticuloso cuidado, não de integrar o local na dinâmica da ação, mas de compor, como *metteur-en--scene,* o cenário estático no qual a ação se vai desenrolar. Bastante ilustrativa, no caso, é a comparação de um trecho do romancista com uma anotação do comediógrafo:

> Uma luz pálida e fraca alumia uma rude câmara, cujas paredes mal rebocadas, e já aqui e ali fendidas, ameaçam desabar bem cedo; tábuas já meio apodrecidas, e que rangem ao pisar de um pé menos leve, fazem o assoalho dessa câmara, que nem ao menos é forrada; no fundo, vê-se uma pequena janela, e iguais a esta duas outras, que se abrem uma para cada lado; todas três se acham fechadas; mas, naquela que fica à direita, uma fenda larga de três dedos deixa passar os raios da lua, que vem inundar o interior daquele aposento resfriado incessantemente pelas brisas da noite, que entram pela fenda da janela.[150]
> Jardim espaçoso e todo iluminado; ao fundo uma casa de campo de bela aparência, assobradada e com escadaria na frente; pelas janelas abertas vê-se brilhar as luzes; bancos de relva no jardim; à esquerda, um caramanchão coberto de jasmins; perto dele um portão de grades de ferro.[151]

O exame da configuração do tempo no romance macediano é particularmente importante, pelos dados reveladores que ele pode apresentar. Sabe-se que o narrador, por princípio e em consequência da situação primitiva do contar, tem muito mais possibilidades e liberdades na configuração do tempo do que o dramaturgo, e o maior ou menor uso que faz dessas possibilidades e liberdades diz muito do estilo duma obra narrativa. E isso porque, ao contrário do dramaturgo, o narrador não se encontra ligado a uma sequência temporal rígida e não precisa colocar os acontecimentos sob o domínio do tempo em decurso contínuo e implacável, como o dramaturgo deve fazer.[152]

Não será necessário muito esforço para que se chegue à conclusão de que Macedo só usou o tempo como narrador em raríssimas oportunidades. Sua liberdade está sempre limitada pela preocupação de marcar o tempo, medi-lo rigorosamente, como no teatro.

Em *As mulheres de mantilha*, como de modo geral em toda a sua obra, conduz a intriga linearmente, ação por ação, e de tal modo é sua preocupação em não interromper esse decurso horizontal, que abdica da sua liberdade de narrador, prendendo-se a uma sequência temporal rígida, invariável, puramente exterior, ditada, de modo exclusivo, pela evolução dos acontecimentos de primeiro plano. Veja-se o seguinte exemplo: no capítulo XIV, o velho Antônio Pires, sabendo que o vice-rei mandara proibir o entrudo, dá às filhas de seu compadre moedas de ouro para que elas mandem comprar limões de cheiro, apesar da proibição, e assim se expressa:

> — Hoje governo eu aqui e muito melhor do que se governa lá fora; enquanto vou ensinar o gamão a vosso pai, mandem vocês comprar limões de cheiro nas casas em que os vendem.[153]

Logo após, o autor avisa que as meninas saíram correndo, e continua a narração, mostrando o jogo e a palestra dos dois compadres, prolongando-se isso até o final do capítulo XVI. Só no início do capítulo XVII é que reaparecem as "meninas", tomando "ao pé da letra a ordem de Antônio Pires", e mandando comprar algumas dúzias de limões de cheiro. Mas, o autor interrompe a ação:

> Enquanto não chegam os compradores de limões de cheiro que as meninas despacharam, matarei o tempo, conversando sobre o entrudo.[154]

Esse matar de tempo ocupa três ou quatro páginas, nas quais descreve o curioso costume da época, para em seguida interromper bruscamente a descrição e finalizar o capítulo com o aviso:

> Os portadores das duas meninas chegaram, enfim.[155]

Percebe-se, claramente, a insegurança narrativa de Macedo, no seu extremo cuidado de medir o tempo exterior dos acontecimentos, cuidado que o leva inclusive a intercalar descrições à espera de que se *gaste* o tempo requerido para a finalização de ação secundária, que não foi narrada, mas sugerida.

Em *A moreninha* há exemplo ainda mais ilustrativo:

> Leopoldo deu-lhe o braço, e, enquanto por uma bela avenida, ornada de belos coqueiros, se dirigiam à elegante casa, que lhes ficava a trinta braças do mar, o curioso estudante recém-chegado examinava o lindo quadro que a seus olhos tinha e que, para não ser prolixos, daremos ideia em duas palavras.[156]

A economia de palavras, porém, não era antiprolixidade, mas, tão somente, a preocupação de medir o tempo de partida e chegada das personagens com a exatidão de rigoroso contrarregra, o mesmo contrarregra que pouco antes marcara trinta braças com a distância que as personagens tinham de andar, e prudentemente avisara que elas "se dirigiam à elegante casa". Uma vez calculado que o tempo objetivo do percurso das trinta braças se esgotara, o autor abandona a descrição do "lindo quadro":

> E fizemos muito bem em concluir depressa, porque Filipe acaba de receber Augusto com todas as demonstrações de sincero prazer e o faz entrar imediatamente para a sala.[157]

Isso diminuiu a visão e restringiu a liberdade de Macedo; daí por que o processo épico do seu romance está determinado exclusivamente pelos acontecimentos de primeiro plano. Não há, como em Alencar, Bernardo Guimarães e Taunay, a tentativa de construir um mundo, de integrar as personagens e os acontecimentos de primeiro plano na plenitude e profundidade de um mundo total; o que há é a preocupação de acompanhar o decurso horizontal, puramente exterior, de determinados acontecimentos. As possíveis exceções, que obras como *O moço louro* e o romance histórico *As mulheres de mantilha* poderiam constituir, não invalidam essa afirmativa. Um estudo particular das formas basilares do romance macediano viria, sem dúvida, revelar que o espaço de suas cenas e de seus quadros raras vezes ultrapassa as reduzidas dimensões de um palco. Da atitude narrativa em que se colocou, tendo a visão limitada pela falta de perspectiva, Macedo não podia ampliar seu espaço nem descer à profundidade de suas figuras.

Outro problema importante, em Macedo como nos demais romancistas da época, é o uso do diálogo na narrativa. Sem pretender entrar na discussão dessa questão fundamental, adiante-se apenas que, pelo menos em Macedo, o uso do discurso em forma de diálogo é também testemunho da influência que o teatro exerceu em seu romance. Sabe-se que a *conversa* como unidade fechada em si, como parte relativamente independente do conjunto, aparece principalmente no romance de sociedade dos séculos XIX e XX.[158] Mas é necessário resistir à tentação de adequar essa observação ao romance macediano. Na grande maioria das vezes em que usou o diálogo, Macedo o faz como se estivesse escrevendo uma peça de teatro, e não um romance; sente-se que o discurso direto é mais declamado do que falado. À ausência quase absoluta de formas típicas de linguagem falada, e de vocabulário caracteristicamente coloquial, junta-se a preocupação de ênfase, de efeito declamatório, que ainda mais acentua a natureza dramática de suas cenas. Longe de servir como auxiliar na caracterização das personagens, o diálogo é principalmente o elemento-base para o jogo de situações ao gosto teatral, como se pode observar, por exemplo, em vários trechos de *A moreninha*,[159] sobretudo aqueles em que, estando a cena cheia de personagens, Macedo enumera uma sequência de falas individuais curtas, geralmente exclamativas, inclusive sem vinculá-las, apenas com o objetivo de dar ao leitor a ideia de movimentação e de multiplicidade de personagens.[160] Esse mesmo processo, servindo aos mesmos objetivos, fora utilizado num romance anterior a *A moreninha*, e por um escritor[161] de menores possibilidades que Macedo.

Até o velho recurso de efeito dramático, de fazer uma personagem pensar alto sem ser ouvida pelos que estão em cena, até isso utilizou Macedo, complementando o discurso direto com a anotação de movimento cênico para ultimar o efeito:

> — Ah! vê-se que a sua delicadeza iguala à sua bondade, continuou ela com acento meio açucarado e terno.
> — Ó castigo de meus pecados!... pensou Augusto consigo: querem ver que a velha está namorada de mim! e recuou a cadeira meio palmo para longe dela.

— Não fuja... prosseguiu D. Violante, arrastando por sua vez a cadeira até encostá-la à do estudante, não fuja... eu quero dizer-lhe coisas que não é preciso que os outros ouçam.

— E então! pensou de novo Augusto, fiz ou não fiz uma galante conquista?... E suava suores frios.[162]

3. *Romance estrangeiro: o folhetim.* A influência estrangeira na formação do romance brasileiro se manifesta, principalmente, por intermédio do folhetim. E nem podia ser de modo diferente. Nascido, entre outras circunstâncias, do crescente desenvolvimento da imprensa, foi o folhetim que levou o romance a um público cada dia mais numeroso e mais fiel, graças à técnica, muito sua, de interessar o leitor, de prendê-lo ao desenrolar da intriga. Esse segredo de manter a atenção do leitor presa à ação da história levou não poucos escritores de romance, na Europa, a utilizarem recursos técnicos típicos do folhetim a fim de ganhar leitores. É o sucesso de Eugène Sue, por exemplo, que explica certos aspectos de *Les misérables*,[163] como o êxito do folhetim explica o fato de todos os escritores franceses, a partir de 1840, publicarem suas obras na imprensa diária.[164]

No Brasil, o êxito do folhetim não foi menor, a julgar pela impressionante divulgação que teve, a partir dos meados do século passado. O número de obras dessa natureza que foi traduzido e publicado em todo o país, àquela época, é testemunho insofismável desse êxito.

A partir de 1836, o público brasileiro passou a ler traduções de folhetins europeus, franceses principalmente, feitas, entre outros, por Caetano Lopes de Moura[165] e Justiniano José da Rocha,[166] este último um dos primeiros a escrever romances no Brasil e autor do talvez primeiro folhetim brasileiro, *Assassínios misteriosos ou A paixão dos diamantes*, cuja ação se passa em Paris. O interesse que despertava o folhetim pode ser deduzido não apenas do número dessas traduções, mas dos próprios anúncios de jornais da época, um dos quais, na província, publicando *O judeu errante*, estampava também anúncios deste teor:

> Nas livrarias de Carlos Pongetti se acham à venda os *Mistérios de Paris*. 10 volumes em 8; este romance é considerado, e com justiça, um modelo das composições deste gênero: a par do interesse e excitação que a imaginação sempre deseja encontrar nesta espécie de obras, vai uma pintura fiel e minuciosa dos costumes, prejuízos e índole da época, apresentando os caracteres com toda a exatidão histórica. Se alguma coisa precisamos acrescentar, ao que a fama tanto apregoa da obra, são os devidos louvores a esta perfeita tradução.[167]

Tudo isso contribui para demonstrar o grande interesse que aqui despertava o romance em forma de folhetim, não somente entre os leitores, mas também e principalmente entre os escritores que desejavam fazer romance e não tinham modelos nacionais que lhe servissem de exemplo. Foi precisamente o folhetim esse exemplo, durante largo período do processo de formação de nossa novelística.

Até a forma inicial de publicação revela essa influência. Não são poucos os romances românticos brasileiros publicados primeiramente em folhetins, na imprensa diária ou periódica, na corte como na província, e só depois é que apareceriam as edições em livro. Como exemplos, podem ser citados, entre os precursores, *A crônica do descobrimento do Brasil* e *Sumé*, de Varnhagen, *Jerônimo Corte Real* e *Religião, amor e pátria*, de Pereira da Silva, *Maria ou Vinte anos depois*, de Norberto, e da fase definitiva *O forasteiro*, *A carteira de meu tio*, *Romance da semana*, de Macedo, *Cinco minutos*, *O guarani*, *A viuvinha*, *Til* e *Encarnação*, de Alencar, *O ermitão de Muquém* e *O índio Afonso*, de Guimarães, *A trindade maldita*, *Os índios do Jaguaribe*, *A casa de palha*, *Lourenço* e *O sertanejo*, de Távora.

A influência definitiva, porém, aquela que realmente contribuiu para formar o nosso romance, dando-lhe recursos técnicos que seriam depois melhorados, essa influência foi a que se manifestou no problema do desenvolvimento da intriga e, por consequência, na configuração do tempo dentro da história. A técnica do corte no momento culminante de uma cena ou sequência de cenas, para que o leitor voltasse ao romance na publicação imediata, foi a que mais universalmente se difundiu, como característica essencial do folhetim. O seu objetivo mais imediato era esse, de prender o leitor à evolução da intriga, mas é fácil perceber que, por isso mesmo, ela introduziu numerosas modificações na estrutura geral do romance; algumas de suas consequências são o equilíbrio dos capítulos como unidades equivalentes, disso resultando certa simetria na divisão externa; a importância conferida aos acontecimentos de primeiro plano, que representam elos de uma cadeia de eventos; a simplificação e tipificação das personagens e, finalmente, o desenvolvimento da capacidade de movimentação dramática, a fim de subjugar a atenção do leitor.

Essa técnica, como é sabido, foi largamente utilizada no romance brasileiro, publicado ou não em folhetim. O corte no momento decisivo, remetendo-se o leitor para o capítulo imediato, vem desde *O filho do pescador*, de Teixeira e Sousa, e continua a ser empregado até muito depois do romance romântico. E ligado a ele está o desenvolvimento linear, horizontal do tempo, processando-se o decurso da ação em rigorosa sucessão cronológica. Romance de evento, muito mais que de figura ou de espaço, são os acontecimentos de primeiro plano que fornecem substância e organizam o mundo no romance romântico.

A construção desse mundo, modernamente, nem sempre ou quase nunca é estritamente determinada pelo decurso da ação; o romancista sempre oferece uma vasta perspectiva sobre as forças do destino, ao lado da perspectiva mais restrita sobre as criaturas, vítimas do destino.[168]

Além disso, o romance moderno, que se representa e evolui no espaço de quatro dimensões, definido pela ciência atual,[169] é antes de tudo o tempo vivido pela personagem ou personagens; daí por que o seu tempo não é homogêneo, sofre limitações ou ampliações segundo as variações que afetam o ritmo de vida das personagens. Já se observou, inclusive, que essa quarta dimensão dá ao romance atual

> une espèce de *relief* saisissant. C'est à ce point que le lecteur habitué aux techniques contemporains se trouve dépaysé dans les romans du siècle dernier: il y manque je ne sais quelle profondeur d'orchestration.[170]

Em verdade, o romance do século XIX, principalmente o romântico, oferece aos olhos do leitor atual uma técnica muito primitiva e mesmo ingênua. A construção da narrativa se efetua pelo decurso da ação, que é seriada segundo momentos que poderemos chamar determinantes, e o fluir do tempo é marcado por esse decurso, quase diríamos de modo objetivo. Para a época, isso significa considerável progresso sobre o romance anterior, clássico, em primeiro lugar pelas inovações referentes à própria duração do tempo e sua configuração, o que permitiu, através da presença do mundo exterior, a integração de elementos múltiplos que caracteriza o romance moderno. A técnica do folhetim contribuiu de modo decisivo para esse progresso. A organização da narrativa segundo momentos determinantes não só deu consistência à história, mas, também, forneceu ao romancista uma clara noção temporal, que se tornou não apenas indispensável, mas o problema fundamental do romance contemporâneo.

Foi de acordo com essa técnica de organização narrativa, ao lado dos elementos de literatura oral e de teatro, que os nossos primeiros romancistas construíram suas histórias. Em todos eles se observa o simples encadeamento de acontecimentos de primeiro plano, o decurso do tempo correndo em paralelo, em rigorosa e invariável sucessão cronológica. A variação consiste no modo de fazer a intriga passar de um capítulo a outro. Ora utilizam a técnica do corte no momento determinante, levando o restante da ação para o capítulo imediato — o que pode ser verificado em Teixeira e Sousa,[171] Macedo[172] Bernardo Guimarães[173] e Alencar,[174] ora finalizam a ação ao mesmo tempo que o capítulo, porém iniciam o imediato como sequência do anterior, no desenvolvimento da intriga e do tempo.[175]

É com Alencar, que também a utilizou largamente, que essa técnica vai começar a ser melhorada, complicando-se o desenvolvimento da intriga e alterando-se a sucessão cronológica. Sob possível inspiração de romancistas como Balzac, Stendhal e Flaubert, o autor de *O guarani*, já neste seu primeiro grande livro, introduziria modificações de considerável valor expressivo para a época, e que bem revelam a sua autêntica vocação de romancista. Em lugar do decurso horizontal e linear da intriga e do tempo, Alencar por vezes altera a sequência narrativa, fazendo com que a ação principal, que se deveria seguir ao capítulo imediatamente posterior, só venha a ser retomada dois capítulos adiante, o intermediário mostrando outro aspecto da história.[176]

JOSÉ DE ALENCAR E A FICÇÃO ROMÂNTICA

Mais significativo, porém, e processo técnico bastante avançado para a época, é a intercalação de planos narrativos dentro de um mesmo capítulo, com a ação e o tempo retroagindo até um ponto anteriormente narrado, sob outra perspectiva.[177] Tempos depois, Alencar aprimoraria ainda mais essa técnica. Em *Senhora*, que é dos seus romances o que talvez apresente melhor arquitetura narrativa, o desenvolvimento da intriga sofre recuo de considerável efeito estrutural: o início da história, que vai explicar toda a primeira parte já narrada, só vai ser contado do 1º ao 8º capítulo da segunda parte.[178]

Essa liberdade na evolução da intriga e do tempo era novidade no romance brasileiro daquele período, e só um autêntico romancista poderia com êxito utilizá-la.

Essa contribuição de Alencar à evolução da técnica do nosso romance, numa época em que nenhum autor se atrevia a tais liberdades, permitiu um progresso de certo modo rápido, aproveitado que foi, logo depois, por outros romancistas. Franklin Távora foi dos que imediatamente fizeram uso desses recursos técnicos, mas em seus romances a experiência resultou negativa. O caso narrativo de *O Cabeleira* é disso uma prova, principalmente entre o V e o X capítulos, trecho no qual se percebe com facilidade a inútil tentativa do autor no sentido de organizar com mais liberdade a sua história. Ao fim da leitura, o que resulta é a impressão de caos. Obrigado a narrar três vezes o mesmo decurso temporal, pois acontecimentos de primeiro plano ocorrem simultaneamente em espaços diferentes, o autor o faz de modo anárquico, desordenado ao ponto de, já tendo contado a morte de uma personagem, recuar a intriga para narrar os vários antecedentes dessa morte, fazendo a falecida personagem novamente entrar em cena, sem que a isso correspondam elementos de construção externa ou interna capazes de organizar a narrativa.

De qualquer sorte, porém, a experiência de Alencar estava lançada e teria decisiva influência no progresso da nossa prosa de ficção.

CARACTERÍSTICAS TEMÁTICAS

A análise a seguir não esgota a temática romântica, mas apenas estuda os temas que parecem mais significativos. É bem de ver que tais características não são próprias do Romantismo brasileiro, porém na maioria de importação estrangeira, variando no caso a fonte original.

1. *Solidão*. É quase impossível falar em Romantismo sem pensar em solidão. Já foi mesmo dito que, enquanto o Classicismo era *consciência de companhia*, o Romantismo foi consciência de solidão.[179] E é isso que explica a constância

do tema em todo o Romantismo europeu, preferentemente naquela poesia que vem da elegia a um cemitério, de Gray, às *Noites*, de Young, ou *às Meditações*, de Lamartine.

A solidão do homem romântico, que o leva a procurar a natureza, decorre daquele estado de alma que é fruto da insatisfação do mundo contemporâneo, da inquietude diante da vida e da tristeza sem motivo. O homem clássico aceitava a vida e a sociedade, apesar das imperfeições nelas contidas, numa atitude moral e espiritual essencialmente estática, derivada do mundo antigo e do cristianismo. Ao fim do século XVIII, porém, essa atitude começa a modificar-se. O frio equilíbrio racional das ideias e dos sentimentos clássicos ou neoclássicos já não exerce influência sobre os espíritos, e a fé cristã, mesmo para a maioria daqueles que a respeitavam, não era senão uma tradição, já esvaziada de conteúdo vivo.[180] Da desagregação desses dois elementos, em cuja base se assentava a atitude clássica, resultou, em grande parte, a revolução romântica, e dela o novo estado de espírito, a atitude solitária do homem que deseja uma nova fé, que aspira vaga e indefinidamente a um ideal que ele próprio é incapaz de precisar, mas que ele sente não estar nas formas de vida contra as quais protesta.

No Brasil, essa atitude solitária foi também um dos temas dominantes do Romantismo, porém sem a profundidade e a significação que lhe emprestaram os europeus. A solidão dos nossos heróis românticos é uma forma de isolamento social, de protesto passivo, quase sempre circunstancial, contra os preconceitos vigentes que se opõem à realização do amor sonhado. A irrequieta e travessa Moreninha, "irreconciliável inimiga da tristeza" e que não sabia "o que era estar melancólica dez minutos", antes mesmo de ter plena consciência do amor que lhe vai chegando

> mudou todo o seu viver: foge da família que a busca; e enquanto suas músicas se empoeiram, seu piano passa dias inteiros fechado, suas bonecas não mudam de vestido, ela vaga solitária pela praia, perdendo seus belos olhos na vastidão do mar, ou, sentada no banco de relva da gruta, descansa a cabeça em sua mão e pensa... Em quê?... quais serão os solitários pensamentos de uma menina de menos de quinze anos?...[181]

O mesmo ocorre com a Amália, em *Encarnação*, no qual já se identificou certo cunho naturalista.[182] Quando começa a ser envolvida pela fascinação de um sentimento apenas insinuado, abandona o ar alegre, expansivo e juvenil de adolescente:

> As futilidades brilhantes que dantes a alegravam e que ela chamava as flores da vida tornaram-se, para seu espírito mais calmo, flores do vento, rosas efêmeras e sem perfumes; e foi assim que a pouco e pouco se isolou do mundo. Sentia um tédio indefinível pelos divertimentos, e só achava prazer na solidão.[183]

Mais expressivo, em certos aspectos, é o exemplo que nos oferece Macedo, em *Vicentina*, com o isolamento, não apenas espiritual, mas social de Hortênsia Vicentina e sua filha, na ermida arruinada que aos olhos de uma personagem "tinha não sei quê de romântico". Nesse mesmo livro, aliás, há outra passagem que, como no exemplo anteriormente citado, liga a solidão à natureza, conferindo ao recolhimento, ainda que de modo acidental, o conteúdo apaziguador ou purificador do Romantismo europeu. Uma personagem apaixonada e em desespero

> procurava um retiro seguro e silencioso onde pudesse conversar a sós consigo mesmo e entregar-se a todos os sonhos que lhe inspirasse o seu amor;
>
> ....
>
> Havia ali no centro daquele bosque um sítio abrigado e aprazível, onde o rio corria docemente sobre um leito de pedrinhas claras e miúdas, e à sombra de árvores corpulentas e majestosas.[184]

Para não alongar a exemplificação, que mostraria, com pequenas variantes, a constante presença do tema em todos os nossos romancistas românticos, baste a citação de *O ermitão de Muquém*, de Bernardo Guimarães, tão rico de conteúdo ele se mostra, no particular. A transformação de Gonçalo, ou Itagiba, no ermitão arrependido e perdoado pela visão da Virgem mostra o enriquecimento do tema da solidão pela interferência de dois outros: um, o do retorno à natureza, e, o segundo, o do papel da religião no comportamento do homem.

Aliás, há a considerar ainda o tema da religião, dada a sua importância no Romantismo: não somente o papel da religião em geral, como concepção e inspiração da vida de heróis e heroínas, mas também o subtema da posição do padre, do pároco de aldeia na ficção romântica, são assuntos presentes a todo o Romantismo, e foram tratados em nossa literatura.

2. *Lealdade*. A individualidade romântica é uma unidade ideal, feita de atributos e qualidades que lhe são emprestados pelos princípios filosóficos que fundamentaram o movimento romântico, para os quais nasce o homem bom ou mau e assim se conserva durante toda a vida. Essa unidade não será quebrada, senão no momento em que a observação realista influir também na fixação dos tipos e se concordar em que a sociedade pode transformar o homem que nasceu bom ou mau, a educação devendo exercer nessa transformação papel de decisiva importância. Antes disso, o herói romântico é um tipo ideal, não um tipo que *é*, porém que *deve ser*, em cujo esboço o cavalheirismo medieval entra com uma parte não muito pequena.

Dentro dessa concepção, uma das qualidades fundamentais do herói romântico é a lealdade, sob cujo signo se desenvolvem todas as suas ações. Os que fogem a essa regra — e não são nunca os protagonistas da história romântica — simbolizam o mal, que deve ser invariavelmente castigado.

O Romantismo brasileiro não esqueceu o tema. Ao contrário, ele é uma das constantes características dos nossos heróis românticos. Os autores que o esquecem, ou lhe dão tratamento diverso, são aqueles que já começam a se distanciar do Romantismo, avolumando em seus livros a tendência realista. No momento em que isso ocorre, a individualidade deixa de ser unidade, passa a existir o dualismo psicológico; torna-se o homem anjo e besta ao mesmo tempo, como se observa no penetrante realismo de Machado de Assis.

José de Alencar, em *O guarani*, não se contentou, apenas, em desenhar os tipos românticos como homens leais; deu a um capítulo (o segundo da 1ª parte) o título de "Lealdade", e nele procura mostrar a lealdade de D. Antônio de Mariz aos reis de Portugal, bem como a da tropa a esse fidalgo português: Loredano, traidor que não pertence à tropa e nela aparece como símbolo do mal, é a própria deslealdade em ação, e por isso é finalmente punido. Em todas as obras do romancista cearense, os heróis são homens definitivamente românticos e, por excelência, cavalheiros leais. Poti é leal a Martin, como Iracema ao guerreiro branco; o sertanejo e o gaúcho são exemplos de dedicação e lealdade, e em sua obra são frequentes passagens como esta:

> ... ergueu a mão mas não chegou a retesar a seta. A águia não persegue a andorinha. Era indigno de um guerreiro, quanto mais de um chefe, empregar seu valor contra um menino.[185]

Nos romances urbanos, outro não é o procedimento. A moral social, feita de convenção e de mentira, tudo podia permitir:

> ... mentir a uma senhora, insinuar-lhe uma esperança de casamento, trair um amigo, seduzir-lhe a mulher, eram passes de um jogo social permitidos pelo código da vida elegante. A moral inventada para uso dos colégios nada tinha que ver com as distrações da gente de tom.
>
> Faltar porém, à palavra dada; retirar sem motivo uma promessa formal de casamento, era, no conceito de Seixas, ato que desairava um cavalheiro. No caso especial em que se achava, essa quebra de palavra tornava-se mais grave.[186]

Em Távora e Taunay, romancistas que podem ser considerados de transição entre o Romantismo e o Realismo, o tema tem tratamento diferente. Alguns dos heróis de suas histórias já não são definitivamente bons, nem definitivamente maus; já não se mostram leais em toda e qualquer circunstância, como convém a um bom romântico. Passam a agir segundo as oportunidades e as conveniências, e não de acordo com o caráter reto e firme que porventura tenham trazido do berço.

A romântica história de Inocência apresenta dois episódios de deslealdade, que são decisivos no desenrolar da intriga, sendo o mais importante o assassínio de Cirino pelo rival.[187]

Na obra de Franklin Távora os exemplos são numerosos, e o próprio fato de ser um bandido transformado em herói de romance é, por si mesmo, um sinal diferenciador. Se, em *Lourenço*, não são raros os exemplos de deslealdade, *O Cabeleira* é toda uma história de traição e deslealdade, cometidas por um homem

> em quem hoje veneraríamos, talvez, modelos de altas e varonis virtudes, se certas circunstâncias de tempo e lugar, que decidem dos destinos das nações e até da humanidade, não pudessem desnaturar os homens, tornando-os açoites das gerações coevas e algozes de si mesmos. Entra neste número o protagonista da presente narrativa, o qual se celebrizou na carreira do crime, menos por maldade natural do que por crassa ignorância, que em seu tempo agrilhoava os bons instantes e deixava soltas as paixões canibais.[188]

É fácil perceber a diferença, no comportamento dos heróis, que existe entre os citados trechos de Távora e de Alencar. O que é necessário acrescentar é que essa diferença ainda não é suficiente para retirar o autor de *Os índios do Jaguaribe* dos quadros do Romantismo brasileiro, que em sua obra deixou marcas tão profundas.

3. *Amor e Morte*. Exaltação da sensibilidade e da imaginação, é natural que o Romantismo, na poesia ou no romance, tenha dado ao amor lugar de importância singular, tratando-o de modo diferente do que até então fora feito. É verdade que, na Europa, o amor não inspirou a todos os românticos, pois vários escritores, na vida dos quais as mulheres exerceram papel importante, não concederam a essas mulheres senão um pequeno lugar na obra que publicaram.[189]

No Brasil, todos os românticos elegeram o amor tema fundamental de suas obras e, do ponto de vista do romance, é possível afirmar que foi esse tema que forneceu substância a todos os demais. A ideia central do nosso romance romântico não difere daquela que já foi caracterizada como núcleo central da novela camiliana:[190] todo ser tem direito de realizar a felicidade pelo amor, tem direito a escolher, sem constrangimento, o companheiro ou a companheira da sua vida. Tal é a conclusão que se pode tirar do exame de conjunto do romance romântico, seja ele urbano, histórico ou regionalista.

No romance urbano, *perfil de mulher* quase sempre, bem como no regionalista, constroem-se as intrigas em torno de três elementos fundamentais: a família, o casamento e o amor. É do conflito desses três elementos que resulta a história, a novela. Bons observadores, os nossos romancistas nunca se desligaram da realidade, e nessa espécie de romance a realidade nacional da época se encontra bem desenhada, na forma por que todos eles reproduziram os conflitos resultantes do jogo de interesse no problema do casamento e do amor. O patriarcalismo da sociedade brasileira do século passado regulava a constituição da família e legitimava a intervenção discricionária dos pais no casamento ou nos projetos de casamento dos filhos;[191] para defesa da família e da sociedade, os casamentos tinham de ser ditados, não pelo amor, mas pelos interesses familiares e sociais; a mulher devia desposar e amar aquele que lhe indicassem os pais, pois sua posição na sociedade lhe exigia o papel de guardar e transmitir riqueza, através do casamento de conveniência.[192] Contra essa moral burguesa é que lutam os românticos, heróis ou heroínas, defendendo os direitos do sentimento e do coração. Essa luta é feita de sofrimentos e provações, servindo-lhe de contraponto a permanente ideia de que a união de duas almas, pelo amor, poderá ser conseguida na morte, caso os conflitos não se resolvam romanticamente, como ocorre quase sempre.

Para o homem romântico, amar é um destino, e o casamento só é aceito quando realizado por amor, e não por conveniências ou interesses de qualquer outra espécie. Uma heroína de Alencar, que confessava não sentir o menor entusiasmo pelo casamento, quando se apaixona explica que

até então não conhecia senão a aparência do casamento, essa face material, que se vê de fora, e compõe sua fisionomia social. Agora compreendia por que essa união era mais do que um modo de vida; mais do que um hábito e uma conveniência. Era, devia ser, um destino.[193]

No romance histórico, mesmo no de feição indianista, o problema não é diferente, modificando-se apenas certos elementos particulares. E mais não se necessita fazer do que lembrar a união do indígena com o branco, por força de um amor que triunfa sobre os preconceitos, sobre a tradição de uma e de outra raça, sobre a lei dos homens. Esse é um símbolo acentuadamente rico de conteúdo, que não permite dúvida quanto ao fato de ser o amor, em lugar da riqueza ou do sangue, o único elemento capaz de unir duas almas românticas, por maiores que sejam as suas diferenças de raças ou de fortuna.

De tudo isso é possível concluir que o mundo dos nossos românticos, aquele mundo íntimo que se projeta acima do real pelo extravasamento de aspirações e anseios contrariados, está construído na base do amor ideal, do amor-princípio divino, que adquiriu direitos imprescritíveis dos quais não se afasta; e é precisamente essa base que permite a edificação de tudo mais, é nela que se alicerçam os demais temas que deram corpo e forma ao nosso romance romântico. Exemplo claro dessa afirmativa é o que nos dá *Encarnação*, cuja personagem principal era tida por todos como um viúvo doente mental, inclusive pela bonita e jovem vizinha, que vai depois amá-lo e reconstruir-lhe o mundo; ao descobrir que a doença de Hermano era obstinado amor e fidelidade à esposa falecida, Aurélia, que já começava a amá-lo sem saber, passa a distingui-lo dos outros homens, daqueles que procuravam o seu dote antes de desejarem o seu amor:

> Parecia-lhe que via nele pela primeira vez um homem, bem diverso da gente que povoava as salas e as ruas. Nesse habitava uma alma; e era uma alma superior ao mundo, que tinha o seu mundo em si.[194]

Essa ideia do mundo íntimo é tão forte no Romantismo que Alencar não receou o ridículo de materializá-lo, enchendo de figuras de cera e reminiscências da esposa morta o mundo subjetivo e doentio do viúvo de *Encarnação*.

No estudo do amor romântico, há um aspecto que merece particular atenção: é a permanente vinculação do amor à ideia da morte. E não somente à ideia ou à consciência da morte, mas, muita vez, à própria necessidade da morte. A partir do gesto desesperado de Werther, o Romantismo, na vida real ou na literatura, foi inundado de suicídios e de mortes.

Seres apaixonados e em luta contra uma sociedade injusta, saturada de preconceitos e interesses materiais, os heróis românticos não abdicam nunca do direito de serem felizes pela realização do seu amor; há neles perfeita consciência da fatalidade que espiritualmente os uniu, sentem o absurdo da vida que os leva a experimentar as maiores vicissitudes e os maiores sofrimentos, enfrentam e vencem todas as provações, mas não cedem nunca do objetivo que lhes indicou o destino — força superior e exterior aos homens, divindade a cujo império ninguém pode fugir. E quando é de todo impossível resistir, quando a conjuração dos preconceitos de casta ou dos interesses familiares é materialmente mais forte, a união entre os dois seres se realiza pela morte, cuja ideia atravessa todo o processo da existência. É possível que, no desenvolvimento desse tema, a bela história dos amantes de Verona tenha exercido influência poderosa; carregado sempre de violenta paixão e de subjetivismo extremo, o anjo romântico, que independe do objeto amado, encontra na morte a forma mais pura de realização. A esse respeito, a união, na morte, do monstruoso Quasímodo e da bela Esmeralda, ambos nobres de alma e de coração,[195] é um símbolo fortemente sugestivo.

Em nosso romance romântico, a vinculação do amor à ideia da morte é uma constante. O tema já está mesmo nos precursores, entre os quais Pereira da Silva nos oferece bom exemplo, no seu *Jerônimo Corte Real*; por preconceitos de casta, o protagonista que dá o título ao romance não pode desposar a mulher que ama, e por quem é amado, mas nenhum dos dois cede um passo no seu amor: Lianor morre simbolicamente para o mundo, entrando no convento num dia em que nascia para o mundo uma formosa manhã, e morria para o mundo uma formosa donzela.[196]

E a tal extremo de detalhes leva o autor a descrição desse episódio, que figura Lianor sendo conduzida ao túmulo,

estendida sobre ele, coberta com um manto preto salpicado de cruzes brancas, e simulando um cadáver.[197]

Acentua-se, ainda mais, o papel da morte como solução para o amor terrenamente impossível, quando Corte Real, ao saber que falecera a monja sua antiga amante, prepara-se para morrer e pede à "parca amiga" que venha arrancá-lo do mundo e reuni-lo a Lianor, em céus mais puros e mais ditosos ares.[198]

Teixeira e Sousa também desenvolveu o tema, quase sempre com os exageros de uma intriga cheia de peripécias, ao gosto do folhetim. Basta lembrar a história de Clara e Juliano, em *Tardes de um pintor*, toda ela entremeada de mortes simuladas, simbólicas, aparentes e reais, na dependência da intriga amorosa. No decorrer da história, há uma aparente morte de Juliano, e no final a morte simbólica dessa mesma personagem entrando para um convento, em virtude da morte real de Clara, que antes já tentara o suicídio.

Macedo não foge à regra, e leva o tema, muita vez, ao melodrama de pior gosto. Uma de suas heroínas diz, por exemplo, ao amado:

— O túmulo será a porta do templo da nossa eterna união...
— Vicentina! compreendes bem o pensamento que eu adivinho nas tuas palavras?
— Sim! eu te convido para um himeneu, cujo tálamo deve ser a sepultura![199]

Na obra de Alencar o tema está largamente desenvolvido. Álvaro e Isabel, Peri e Ceci, Martin e Iracema, todos esses são pares românticos marcados pela morte redentora, que os liberta dos preconceitos para uni-los em espírito. Em *A viuvinha*, a heroína é viúva de um esposo que finge suicídio na madrugada seguinte ao dia do casamento, para lutar pelo resgate de dívidas que mancham sua honra e a memória de seu pai; tido por morto durante cinco anos, a viúva se conserva fiel e, enlutada durante esse tempo, resiste ao amor de uma sombra que lhe aparece à janela, todas as noites; só depois descobre que essa sombra era o próprio marido em carne e osso, mais honrado e mais digno do que antes, e vai com ele, então, reiniciar a vida interrompida pela morte simulada. Em *As minas de prata*, o tema ganha todo o relevo que lhe emprestou o Romantismo; não lhe falta nem mesmo a morte aparente, e até os funerais, de Inês, que se prometera ao amado no túmulo porque dele não pudera ser em vida,[200] tão poderosos eram os preconceitos de casta que atuavam sobre a sociedade brasileira dos tempos coloniais.

Até mesmo em romancistas como Taunay e Távora o amor não se desliga da ideia da morte: Cirino morre sem conseguir desposar Inocência, e o Cabeleira, ao pretender regenerar-se pelo encontro da antiga namorada dos tempos de menino, surpreende Luísa morta durante a fuga que empreendiam para uma nova vida. A diferença está em que, num caso como noutro, a morte das personagens não tem a ambiência romântica dos exemplos anteriormente citados. São mortes naturais, realistas, não são mortes românticas; não implicam a união dos dois amantes, que a sociedade impedira fosse realizada em seu meio; não transferem do mundo dos mortais, para o mundo romanticamente concebido no íntimo de cada ser, a comunhão das almas apaixonadas. O amor de Cirino e do Cabeleira não se realiza além da morte, encerra-se com a morte. E esse é um dos traços que distinguem Taunay e Távora como escritores que transitam para o realismo, mas em cuja bagagem as peças românticas ainda são o maior peso.

Há, no estudo do sentimento do amor entre os românticos, outros aspectos menos importantes, e menos frequentes no romance brasileiro, porém que merecem referidos. Está nesse caso a dupla concepção da mulher amada: anjo mandado dos céus para purificar o coração do amante, enobrecer e fortificar sua alma, ou demônio que, pela fatalidade implacável de funesta paixão, se liga ao coração do amante para perdê-lo e torná-lo infeliz.[201] No romance nacional prevaleceu a primeira concepção, tendo a poesia feito da segunda um dos temas de sua preferência. Só por exceção os nossos romancistas, no desenho de suas heroínas, se deixariam dominar pela ideia da mulher demônio, e ainda assim sem as marcantes características que deram fama ao tipo europeu. Quando a ideia se insinua em algum deles, é para logo depois se desfazer o mistério ou a impressão anterior, transfigurando-se a suposta mulher fatal ou feiticeira no anjo da felicidade e do amor. Não é outra coisa o que ocorre, por exemplo, em *Vicentina*, de Macedo, onde, por vezes, não só se contrapõem as duas concepções da mulher amada, porém, o que é mais significativo, as duas expressões, anjo e demônio, com que o dicionário romântico indiscutivelmente as define. A heroína, que dá nome ao romance, quando aparece ao leitor é com os prováveis traços da mulher fatal, e só o jovem que a ama não percebe esses traços: recém-chegada, em companhia de uma velha e uma criança, à região onde se desenrola a intriga, solitária e desconhecida

> era a bela e misteriosa ermitoa; era *a doida*, conforme dizia o povo; era o *demônio*, segundo o pensar do Leocádio; era um *anjo*, na opinião de Camilo.[202]

E ela própria, ao recusar o amor do jovem apaixonado, a quem ama em segredo, aconselha-o a fugir do seu contato, que empesta, comparando-se a uma serpente e dizendo que é maldita e por isso não deve ser amada.[203] Pouco depois, porém, tudo se esclarece, transfigurando-se o demônio em anjo aos olhos de todos. Uma personagem de Alencar, que tem algo da filosofia de D. Juan, acha que o negro dá à mulher o quer que seja de satânico e lembra

> que ela também gerou-se da terra; não é somente anjo; não é somente filha do céu.
> ....
> A mulher era para ele a obra suprema, o verbo da criação. Toda a religião como toda a felicidade, toda a ciência como toda a poesia, Deus a tinha encarnado esse misto incompreensível do sublime e do torpe, do celeste e do satânico: amálgama de luz e cinzas, de lodo e néctar.[204]

Outro aspecto a ser mencionado é o da redenção da mulher perdida, a purificação de sua alma e de seu corpo pelo sentimento do amor, subtema largamente difundido no Romantismo europeu. No Brasil, os exemplos de Marion Delorme ou da Dama das Camélias não são muitos, mas existem. E o melhor deles é *Lucíola*, de Alencar, cuja arquitetura sofreu visível influência do romance de Dumas, aliás, leitura predileta da protagonista da história. A ideia da purificação, nesse livro, encontra sua melhor expressão na cena em que Lúcia, resistindo ao primeiro impulso do amante, prepara-se para entregar-lhe aquilo que resguardara dos homens aos quais vendera prazer: seu amor de corpo e de alma. Alencar configura a purificação com detalhes significativos, inclusive com um simbolismo de cor que é frequente em sua obra:

> Fui eu que procurei então o lábio que ela há pouco me oferecera.
> — Espere!...
> Lúcia demorou-se algum tempo. Quando apareceu, saía do banho fresca e viçosa. Trazia os cabelos ainda úmidos; e a pele rorejada de gotas d'água. Rica e inexaurível era a organização dessa moça, que depois de tão violento abalo parecia criar nova seiva e florescer com o primeiro raio de felicidade!
> Fora o acaso, ou uma doce inspiração, que arranjara o trajo puro e simples que ela trazia? Tudo era branco e resplandecente como a sua fronte serena: por vestes cassas e rendas; por joias somente pérolas. Nem uma fita, nem um aro dourado, manchava essa nítida e cândida imagem. Creio antes na inspiração. Lúcia tinha no coração o germe da poesia ingênua e delicada das naturezas primitivas, que se revela por um emblema e por uma alegoria. Ela me dizia no seu trajo o que nunca se animaria a dizer-me em palavras, que estava tão pura como eu a tinha deixado, do contato de outro homem.[205]

São esses os aspectos da temática do amor que mais interessaram aos nossos românticos. É possível que pesquisa mais demorada revele a frequência de outros, e uma primeira indicação é a da presença da legenda de Don Juan na formação do herói-tipo do nosso romance romântico, tal como aconteceu na literatura europeia, onde o Romantismo renovou a lenda e reabilitou Don

Juan como símbolo de afirmação dos direitos do indivíduo em face dos direitos da sociedade.[206] Outra indicação seria a do subtema da castidade, a que não foi alheio o nosso romance romântico.[207] Como quer que seja, porém, os aspectos acima estudados parecem mais significativos, pela frequência com que aparecem nas nossas obras românticas.

4. *Natureza.* Em nenhum dos escritores românticos deixou de estar presente o sentimento da natureza. Já em O *filho do pescador* ele se manifesta, pois é sob a evocação da natureza, em forma de epígrafe ao capítulo de abertura, que se inicia o primeiro romance de Teixeira e Sousa.[208] Pouco tempo depois, uma novela de Norberto avançaria mais, eliminando os vestígios da postura clássica que ainda se encontravam no trecho de Teixeira e Sousa. E o progresso maior seria o representado pela exaltação da natureza brasileira, em lugar da descrição ideal e abstrata, como se pode observar na seguinte passagem:

> ... divisou a cidade do Rio de Janeiro, com suas torres, com seus edifícios de diferentes formas, mas, mesquinha e pequena no meio do grandioso espetáculo da natureza que se desdobra com tanta pompa; aqui, o rochedo enorme, coroado de nuvens coloridas pelos últimos raios do astro do dia, lá, uma cadeia prodigiosa de montanhas de píncaros mais ou menos elevados que a órgãos se assemelham, e que se estendem como uma falange de gigantes, sob esse pavilhão imenso, essa abóbada de safira, cujas nuvens se ensanefam, e se tingem de rubro com a luz do sol do ocidente, tendo a seus pés essas ondas azuladas de um mar de ouro, que como uma campina se dilata, sorrindo-se ao beijar da brisa vespertina...[209]

Daí por diante, a natureza brasileira passaria a ser uma das primeiras, senão a primeira preocupação dos nossos escritores, romancistas ou poetas. Naqueles, particularmente, o sentimento da natureza difere do que foi habitual no Romantismo europeu. Quase nunca assume o sentido de fuga, de evasão melancólica em busca da solidão necessária ao monólogo lírico, a que foram levados os sacerdotes da dúvida. Para o romântico europeu, o sentimento da natureza, oriundo daquela vaga aspiração a um ideal mal definido, que sentem os pessimistas e desesperados portadores do *mal du siècle*, é a mais simples forma da sua necessidade de evasão, traduzida, de início, pela busca de solidão que, como já foi observado,[210] conduz os românticos para os campos, os bosques, as montanhas ou o mar, menos para descrever-lhes a beleza, como se fazia no século XVIII, do que para alimentar seus próprios devaneios e embalar sua melancolia.

No Brasil, a atitude romântica em face da natureza foi diferente. Certo que alguns dos nossos heróis foram, por vezes, levados à adoração panteísta da natureza, mas não foi essa atitude que prevaleceu. O nosso Romantismo, neste como em outros temas, evoluiu de modo diferente do europeu. E nem podia ser de outro modo, pois, do outro lado do Atlântico

> une momie sommeillait, depuis deux siècles, liée, ficelée dans son linceul grossier. Ni fluers, pour elle, ni regrets mais plutôt des sarcasmes et des anathèmes. Car c'était le moyen âge, sombre et barbare: avec sa nature primitive et grandiose, avec sa fantaisie sans bornes et son mysticisme exalté, avec ses anarchies de l'esprit et ses désordres du sentiment, avec ses passions "desmesurées", ses amours, ses haines, ses terreurs, ses innombrables contradictions, ses mélanges cocasses, son outrance, ses névroses, avec ses forêts, ses aventures, ses héros, ses ascètes, ses hallucinés, ses "fous", avec la Vierge et le Diable, avec Mort et Destinée. Et, à un certain moment, les liens se relâchèrent, se brisèrent: ivre de vie, la momie sortit de son linceul. Et ce fut le Romantisme. Car le Romantisme, tout le Romantisme n'est autre chose que la renaissance du moyen âge. D'un moyen âge passé à travers le classicisme, raffiné, compliqué, enrichi par le classicisme.[211]

Éramos nós, porém, um povo em formação, uma jovem nação iniciando o seu processo de desenvolvimento histórico, e querendo achar-se a si mesma nas raízes confusas das três etnias que a geraram. Não tínhamos densidade espiritual nem complicações filosóficas, capazes de permitir a profundidade de sentimento do Romantismo europeu, para o qual a natureza, que fora mero assunto poético durante o Classicismo, passou a ser elemento identificador; ao exaltar e adorar panteisticamente a natureza, o homem romântico exalta e adora a sua própria individualidade, o *eu* hipertrofiado que nela projetou. A origem mais imediata do tema está principalmente em Rousseau, cuja teoria de volta ao meio natural informou tantas obras, inclusive no Brasil.[212]

Para nós, porém, o problema era outro. O nosso sentimento da natureza era menos individualista e mais de afirmação nacional. O nosso romantismo engrandece a natureza brasileira, para nela projetar e ampliar o mundo ideal que constrói acima do real, que é dominado pelos colonizadores. Foi essa atitude a que dominou em nosso Romantismo; foi desse modo que, de preferência, tratamos o tema da natureza. Sem dúvida que outras atitudes podem ser observadas, mas, de modo geral, podemos classificá-las em três grupos:

a) atitude de contemplação sentimental, que foi a preferida por Macedo. Não há engrandecimento ou exaltação, mas, apenas, contemplação, como idealização de um mundo superior à realidade e cuja base é o sentimentalismo fácil dos amores contrariados;

b) atitude de calorosa exaltação e engrandecimento, que se observa principalmente em Alencar e Bernardo Guimarães. A natureza brasileira era o cenário majestoso das grandiosas ações dos índios, dos sertanejos, dos bandeirantes, dos heróis nacionais, que era preciso criar, com ou sem base histórica, para demonstrar a nossa vitalidade e o nosso direito de ser livres e independentes.

Nenhum escritor conseguiu, antes ou depois dele, exaltar e engrandecer tanto a natureza brasileira como José de Alencar. Costuma-se dizer que exagerou, que pintou com tintas doces e amenas, de sabor bucólico, uma natureza hostil e mesmo agressiva. Exagerar é próprio do Romantismo, e em Alencar o exagero, na pintura da natureza, correndo por conta de um legítimo orgulho de sua terra e de seu povo, era necessário, imprescindível aos seus objetivos de elevar nossos heróis, índios, sertanejos ou gaúchos, à categoria de símbolos de uma nacionalidade tão digna quanto as demais. No tratamento do tema, não esqueceu nem mesmo que a natureza, como ensinou Rousseau, é um livro superior a todos os outros. Essa metáfora, que vem desde a Idade Média latina até o Roma ntismo,[213] foi também por ele empregada, para identificar o sertanejo com a natureza que o criara;[214]

c) compreensão e explicação da natureza, atitude comum nos livros que, filiados ao regionalismo romântico e ainda apresentando algumas características da escola, dela começam a se distanciar, pelo tratamento nitidamente realista de certos aspectos. Em Franklin Távora, nos romances da "literatura do norte", embora não haja ainda compreensão e explicação da natureza, também já não se observam nem a contemplação sentimental nem a exaltação, habituais em Macedo e Alencar, respectivamente. O que há é simples descrição, mero registro de paisagens sem o entusiasmo sentimental dos românticos. Enquanto Alencar, em *O sertanejo*, não foge ao modo de ser romântico, quando descreve com realismo a paisagem seca do Ceará,

a chapada... tinha o aspecto desolado e profundamente triste que tomam aquelas regiões no tempo da seca.

Nessa época o sertão parece a terra combusta do profeta; dir-se-ia que por aí passou o fogo e consumiu toda a verdura, que é o sorriso dos campos e a gala das árvores, ou o seu manto, como chamavam poeticamente os indígenas.

Pela vasta planura que se estende a perder de vista, se erriçam os troncos ermos e nus com os esgalhos rijos e encarquilhados, que figuram o vasto ossuário da antiga floresta.

O capim, que outrora cobria a superfície da terra de verde alcatifa, roído até à raiz pelo dente faminto do animal e triturado pela pata do gado, ficou reduzido a uma cinza espessa que o menor bafejo do vento levanta em nuvens pardacentas.[215]

Franklin Távora regista com realismo e sem entusiasmo romântico a paisagem seca da fuga do Cabeleira com Luísa:

Estava em pleno deserto. Do lado direito protegiam-no estendidos tabocais e profundas gargantas de serra inacessíveis, sem uma habitação, sem viva alma; do outro lado do rio um espinhal basto, alguns serrotes escalvados, caatingas sem fim, brejos combustos do calor do sol completavam o largo amparo que lhe abria em seu seio a natureza.

Com a seca abrasadora, essa região, que nunca fora amena, ainda na força do verde, estava inóspita, árida, cruel.[216]

A atitude de compreensão e explicação da natureza está presente num livro em que predominam as características românticas, como é *Inocência*. A criação da personagem Meyer, naturalista alemão que vem caçar borboletas no interior do Brasil, inicia a mudança de atitude em face da natureza. Descrevendo com realismo os cenários e paisagens de sua história romântica, Taunay foi mais longe, ao criar a figura do cientista que estuda e explica a natureza. Essa personagem não é apenas um elemento antirromântico, mas, também, uma antecipação do Naturalismo.

5. *Nacionalidade*. Uma das tendências mais universais do Romantismo é o seu culto à nacionalidade, que se traduz, em cada país, na busca e exaltação do passado comum, ou na valorização de aspectos nacionais, contemporâneos ou não do movimento romântico. É essa tendência que explica a permanente ligação do Romantismo às lutas políticas de seu tempo.

No Brasil, a introdução do Romantismo coincide com o processo político de nossa independência, e com ele mantém relações de causa e efeito, que se aprofundaram e contribuíram de modo decisivo na formação de uma mentalidade nacional.

Do ponto de vista literário, foi essa tendência romântica que permitiu o desenvolvimento de características nacionais na obra dos nossos escritores. Em virtude dela foi que Machado de Assis pôde, em 1873, reconhecer como primeiro traço de nossa literatura um certo instinto de nacionalidade e dizer que, tanto na substância como nos acessórios, o romance procurava sempre a cor local e reproduzia geralmente a vida brasileira em seus diferentes aspectos e situações.[217] Na verdade, em qualquer das três grandes divisões em que se pode classificar o nosso romance romântico — o histórico, o regionalista e o urbano — é evidente o propósito de valorização nacional.

No romance histórico, o tema nacional preferido foi o índio, como tentativa de reconstrução de um passado próprio, capaz de afirmar a nacionalidade brasileira em face do europeu. O indianismo brasileiro é uma exaltação romântica de nossa nacionalidade, e a ele está intimamente ligado o sentimento da natureza. Fora da temática indianista, o nosso romance histórico também foi engrandecimento de qualidades e virtudes nacionais, bastando para comprovar essa afirmativa o *As minas de prata*, de Alencar. Do mesmo modo, o romance regionalista, cujo objetivo, como ficou assinalado anteriormente, era o de reencontrar o homem e identificá-lo pelos traços particulares que o situam no tempo e no espaço, pretendeu e realizou uma valorização do *ethos* brasileiro. O orgulho com que esses romancistas, de modo geral, se referem à região e aos costumes que reproduzem, ou às personagens que os simbolizam, é claro indício do consciente propósito valorizador de que estavam animados:

Esta imensa campina, que se dilata por horizontes infindos, é o sertão de minha terra natal.

Aí campeia o destemido vaqueiro cearense, que à unha de cavalo acossa o touro indômito no cerrado mais espesso, e o derriba pela cauda com admirável destreza.

Aí, ao morrer do dia, reboa entre os mugidos das reses a voz saudosa e plangente do rapaz que aboia o gado para o recolher aos currais no tempo da ferra.

Quando te tornarei a ver, sertão da minha terra, que atravessei há tantos anos na aurora serena e feliz de minha infância?[218]

Se o romance histórico fora a projeção de uma nacionalidade acima e anterior à realidade, o romance regionalista foi o encontro do espírito nacional com o mundo real, e, em ambos os casos, o objetivo motivador era o propósito de afirmar a nacionalidade, valorizar o *ethos* brasileiro.

No romance urbano, por definição mesmo, o sentimento de nacionalidade é menos acentuado, mas não deixa de estar presente, já no modo por que esses romancistas reproduziram o conjunto da sociedade fluminense da época — com os seus salões, as suas partidas, os seus divertimentos, os seus namoros, as suas modas, as suas relações entre pais e filhos, o seu funcionalismo público — já por terem eles, sem perfeita consciência do valor fundamental do detalhe, insinuado em seus romances certos pormenores nacionalmente significativos, esparsas anotações caracterizadoras do tipo humano brasileiro ou da nossa paisagem urbana.

Embora aparentemente pouco importantes, quando examinadas em conjunto ganham significação anotações como a que esclarece que a casa de uma chácara é abarracada, *ao gosto paulista*,[219] ou a que indica que a porta da casa de pequena e modesta propriedade aparece por entre *duas linhas de cafezeiros*,[220] ou a que registra que, enquanto pensa nas ocorrências do dia, uma personagem fuma seu charuto sentada à janela do sótão donde avista as *verdes encostas de Santa Teresa e mais longe o Corcovado*,[221] ou a que protesta contra a modificação que os usos e costumes estrangeiros trouxeram aos *íntimos e tranquilos serões de família da bela cidade do Rio de Janeiro*.[222] Ainda mais significativas se mostram essas anotações, quando dizem respeito a detalhes que caracterizam o tipo humano brasileiro:

> ... viu ele um engraçado semblante que atirava o seu tanto para o moreno (...) e que, além do mais, era animado por dous olhos vivos... belos... faiscantes... enfim, dous olhos brasileiros; porque, seja dito de passagem, tanto orgulho podem ter as espanholas de seu pequeno pezinho, e delgada cintura, como as brasileiras de seus lindos olhos pretos, que parecem haver passado para suas vistas todo o ardor da zona em que vivemos.[223]

Foi o próprio Macedo, aliás, quem prestou maior contribuição nesse sentido, criando o tipo da travessa moreninha, que se tornou símbolo da adolescente brasileira.

Procurando resumir as características do nosso romance romântico, Machado do Assis afirmou que nele havia geralmente viva imaginação, instinto do belo, ingênua admiração da natureza e amor às coisas pátrias.[224] Foi principalmente esse amor às coisas pátrias que lhe conferiu o caráter nacional, que é um dos seus títulos de glória.

LEGADO DO ROMANCE ROMÂNTICO

O exame do romance romântico conduz a conclusões que, uma vez aceitas, facilitam a compreensão do processo evolutivo da literatura brasileira, particularmente da sua prosa de ficção. É que o período romântico legou à sua posteridade uma série de contribuições, em cuja raiz se encontra a explicação de muitos dos nossos fenômenos literários, ainda hoje mal compreendidos. É possível esquematizá-las em cinco itens:

1. A adaptação da forma narrativa moderna, estranha ao nosso meio, com o estabelecimento de uma tradição novelística, que permite a indispensável continuidade;

2. A criação de uma técnica narrativa pelo exemplo de literaturas mais adiantadas, porém em cuja elaboração não se esqueceu o aproveitamento de elementos populares nacionais, ou anteriormente adaptados;

3. A criação de um estilo brasileiro, ou melhor, a adaptação, às peculiaridades nacionais, de uma língua literária, recebida pronta e alicerçada em rica e absorvente tradição;

4. A incorporação de assuntos brasileiros à sua temática;

5. O desenvolvimento preferencial que deu à tendência realista do Romantismo, abreviando o seu próprio período de vida e permitindo a emancipação de escritores que, nascidos de sua estética, logo evoluíram para um realismo, já não apenas de observação e captação da realidade, mas de concepção e interpretação da vida.

Da consideração em conjunto da ficção romântica, e do registro de seu resultado, ressalta a contribuição de José de Alencar. Na verdade, tanto no que concerne ao aspecto estrutural quanto ao temático, foi com ele que a ficção romântica atingiu o seu ponto máximo, graças ao vigor e originalidade com que o escritor fixou na sua obra as inovações técnicas oferecidas pelo Romantismo e à permanência com que, diferentemente dos demais, essas características nela se apresentam. Foi, além disso, por intermédio e pela influência de Alencar que o legado romântico se transmitiu aos romancistas posteriores, fazendo com que o gênero lograsse firmar, no Brasil, uma tradição, desenvolvida sob formas e temas peculiares, a ponto de se alçar à categoria da mais importante novelística sul-americana.

NOTAS

1 Paul Van Tieghem. *Le romantisme dans la littérature européenne*. Paris, A. Michel, 1948. p. 483.

2 Arqueles Vela. *Evolución historica de la literatura universal*. México, Fuente Cultural, 1941. p. 293.

3 Philippe Van Tieghem. *Histoire de la littérature française*. Paris, Fayard, 1940. p. 443.

4 Paul Van Tieghein. op. cit., pp. 484-486.

5 Alexandre de Gusmão. *A história do predestinado peregrino e de seu irmão Precito*. 1682.

6 Nuno Marques Pereira. *Compêndio narrativo do peregrino da América*. 1728.

7 Doroteia Engrassia Tavareda Dalmira. *Máximas de virtude e formosura com que Diáfanes, Climeneia e Hemirena, Príncipes de Tebas, venceram os mais apertados lances da desgraça (Aventuras de Diáfanes)*. 1752.

8 Ernesto B. Enes. Uma escritora portuguesa do século XVIII (in *Rev. Inst. Hist. e Geog. S. Paulo*. São Paulo, vol. XXXV, dez. 1938); Rui Bloem. "O primeiro romance brasileiro" (in *Rev. Arquivo Municipal*. São Paulo, vol. II, out. 1938); Tristão de Athayde. "Teresa Margarida da Silva e Orta, precursora do romance brasileiro" (in *O romance brasileiro*. Rio de Janeiro, O Cruzeiro, 1952).

9 Sílvio Romero. *História da literatura brasileira*. 3ª ed. Rio de Janeiro, José Olympio, 1943. I, pp. 41-42.

10 Rui Bloem, op. cit., p. 297.

11 Lucas José de Alvarenga. *Statira, e Zoroastes*, novela dedicada a S. A. A Imperatriz do Brasil. Rio de Janeiro, Imperial Tipografia de Plancher, 1826.

12 Alvarenga, op. cit., p. XVI.

13 Alvarenga op. cit., pp. XIV e XV.

14 Alvarenga, op. cit., pp. X e XI.

15 Alvarenga. *Observações à memória de Lucas José d' Alvarenga, com as suas notas e um resumo da sua vida*, escrito pelo mesmo L. J. A. Rio de Janeiro, Tip. do Diário, 1830.

16 Hélio Viana. "A primeira novela brasileira *à clef*" (in *Anuário brasileiro de literatura*. nos 7 e 8. Rio de Janeiro, Z. Valverde, 1943-1944. pp. 234-243).

17 Hélio Viana, op. cit., pp. 242-243.

18 Alvarenga, op. cit.

19 Alvarenga, op. cit., p. 54.

20 João Manuel Pereira da Silva (Rio de Janeiro, 1819-Paris, 1898), bacharel em Direito pela Universidade de Paris, jornalista, político, historiador, crítico, poeta e romancista. ROMANCES: *O aniversário de D. Miguel em 1828*. Rio de Janeiro, 1839; *Aspásia*, Rio de Janeiro, [1872?]; *Jerônimo Corte Real Noronha* (crônica do século XVIII). Rio de Janeiro, 1840; *Manuel de Morais* (crônica do século XVII). Rio de Janeiro, 1866; *Religião, amor e pátria*. Rio de Janeiro, 1839; *Uma paixão de artista*. Rio de Janeiro, 1838.

21 Justiniano José da Rocha (Rio de Janeiro, 1812-1862), humanidades na França, bacharel em Direito pela Faculdade de São Paulo (1833), professor, jornalista, historiador, tradutor e romancista. ROMANCES: *Os assassínios misteriosos ou A paixão dos diamantes*. Rio de Janeiro, 1839; *O pária da sociedade brasileira* (novela anunciada em 4 tomos, da qual não se conseguiu indicação de publicação).

22 Francisco Adolfo de Varnhagen (São Paulo, 1816-Viena, 1878), Visconde de Porto Seguro, historiador político e literário, romancista. ROMANCES: *Crônica do descobrimento do Brasil*. Rio de Janeiro, 1840; *Sumé*, Rio de Janeiro, 1855; *Caramuru*. Rio de Janeiro, 1852. Sobre Varnhagen, ver: Clado Ribeiro de Lessa. "Vida e obra de Varnhagen" (in *Rev. Inst. Hist. Geogr. Brasil.* n. 224, jul.-set. 1954; 225; abr.-jun. 1954; n. 226, jan.-mar. 1955).

23 Joaquim Norberto de Sousa Silva (Rio de Janeiro, 1820-1891), historiador, crítico, poeta, teatrólogo e romancista. ROMANCES: *As duas órfãs*. Rio de Janeiro, 1841; *Januário Garcia ou As sete orelhas* (in *Romances e Novelas*. Niterói, 1832); *Maria ou Vinte anos depois*. Rio de Janeiro, 1843-44; *O testemunho falso* (in *Romances e Novelas*. Niterói,1852).

24 Pereira da Silva. *Jerônimo Cortes Real*. Rio de Janeiro, Garnier, 1865. pp. 1-2.

25 Paul Van Tieghem. "Deux exemples de la formation de genres nouveaux dans le roman du XIX siècle" (in *Helicon*. Amsterdam, 1940. Vol. II, 2-3, p. 184).

26 Cf. S. Blake. *Dicionário bibliográfico*, II, p. 373.

27 Pereira da Silva, op. cit.

28 Gonçalves Dias.

29 Joaquim Manuel de Macedo.

30 Ferdinand Denis, *Résumé de l'histoire littéraire du Portugal, et du Brésil*. Paris, Legointe et Durey, 1826.

31 Paul Hazard. "De J'ancien au nouveau monde: les origines du romantisme au Brésil" (in *Revue de littérature comparée*. Paris, Champion, jan.-mars., 1927).

32 José Veríssimo. *História da literatura brasileira*. 3ª ed. Rio de Janeiro, José Olympio, 1955.

33 Teixeira e Sousa. *O filho do pescador*. Rio de Janeiro, Paula Brito, 1859. p. 9.

34 Ferdinand Wolf. *O Brasil literário*. Trad. Jamil Almansur Haddad. S. Paulo, Cia. Ed. Nac., 1955. p. 350.

35 José Veríssimo, Wolf e Sílvio Romero.

36 Antônio Cândido "Macedo, realista e romântico" (in *A moreninha*. São Paulo, Martins, 1952. p. 10).

37 Machado de Assis. *Crítica literária*. Rio de Janeiro, Jackson, 1937. p. 51.

38 José Veríssimo. *História da literatura brasileira*.

39 Astrojildo Pereira. *Interpretações*. Rio de Janeiro, CEB, 1944. p. 78.

40 Sílvio *Romero. História da literatura brasileira*. José Olympio, pp. 11-73.

41 Antônio Cândido, loc. cit.

42 Arqueies Vela, op. cit., p. 318.

43 Macedo. *As vítimas algozes, quadros da escravidão*. Rio de Janeiro, Tip. Americana, 1869. I, XIII.

44 Machado de Assis. *Crítica literária*. p. 333.

45 José Veríssimo. *História da literatura brasileira*. p. 228.

46 Nélson Werneck Sodré. "Posição de José de Alencar" (in Edição José Olympio, vol. XI, p. 11).

47 Rosário Fusco. Posição de José de Alencar (in *Revista Brasileira*. Rio de Janeiro, Acad. Brasil. Letras, 1941, 1, pp. 157-170); Gilberto Freyre. "José de Alencar, renovador

das letras e crítico social" (in Edição José Olympio, vol. X, pp. 11-32). Repr. in *José de Alencar*. Rio de Janeiro, MES, 1952 (Cad. Cultura); Eugênio Gomes "José de Alencar" (in *Correio da Manhã*, Rio de Janeiro, 30 maio 1954).

Gilberto Freyre aplicou à obra de Alencar o seu "critério familista, ao mesmo tempo sociológico e psicológico, de interpretação não propriamente literária, mas do fenômeno literário alongado do cultural e do social". Usando uma psicanálise moderada, analisa o gênio criador do romancista, à luz da história sociológica e psicológica da família, da vida sexual, como força biológica e social. Baseado em formulação psicanalítica, Eugênio Gomes assinalou que "a personalidade emocional do romancista tinha deveras na infância o espelho em que se mirava incessantemente", levando-o a trair a tendência narcisística. Para ele, a criança era o mais veemente duplo do próprio romancista, aparecendo nas suas criações infantis "uma galeria de meninos sofredores ou revoltados" (Araripe Júnior). Ademais, a psicologia infantil, conforme a análise de Eugênio Gomes, traduzir-se-ia na ficção alencariana pela imaturidade mental e pelo comportamento infantil de diversas personagens, bem como dos muitos silvícolas e crianças, passando assim o indígena a representar, para o romancista, não apenas um ideal de integração nativista, mas sim uma transferência do estado psicológico do escritor, preso às impressões infantis, conforme ensina a doutrina de que o menino se repete no adulto, assim como o primitivo repete a tradição ancestral. Também inspirada em interpretação psicológica é a página de Wanderley Pinho, em *Salões e damas do Segundo Reinado* (São Paulo, Martins, 1942. p. 141), em que mostra como a vaidade malferida de Alencar procurava compensações e desforra nas páginas de seus romances. Em *Diva* e *Senhora*, as heroínas são castigadas e vencidas depois de exporem os apaixonados (transferências do escritor) a humilhações e vexames, sobretudo relacionados com a ojeriza que dedicava à dança.

48 Olívio Montenegro. *O romance brasileiro*. 2ª ed. Rio de Janeiro, José Olympio, 1953. p. 52. O crítico pernambucano, aliás, vai muito mais longe na sua preocupação de negar Alencar. O capítulo que dedicou ao romancista cearense, tido como "penetrante estudo psicológico" (O. M. Carpeaux. *Pequena bibliografia...* p. 99), ilustra, como nenhum outro, esse tipo de crítica: Sem ter apreendido o romance alencariano como um fenômeno em movimento, Olívio Montenegro foi ao extremo de descuidar-se, também, na verificação de fatos concretos, e, no caso, de fácil comprovação, como são as datas, isso devendo ter influído no defeituoso ângulo em que se colocou para examinar o romancista de *Iracema*. Referindo-se a uma inexistente contradição de Alencar, diz que o autor do prefácio a *Sonhos d'ouro*, tendo inventado fatos para satisfazer a sua vaidade doentia, se "desmente nas suas memórias escritas vinte dois anos depois" (op. cit., pp. 51-52).

Ora, vinte e dois anos depois do *Sonhos d'ouro* (1872), portanto em 1894, já estava Alencar morto havia dezessete anos, desde 1877. Quis o crítico, como confessa mais adiante, referir-se à autobiografia literária de Alencar, *Como e por que sou romancista*, publicada em primeira edição no ano de 1893, mas escrita em maio de 1873, tal como se pode ver no final do texto dessa edição, e redigida, portanto, apenas dez meses após o "Bênção paterna" do *Sonhos d'ouro*, que está datado de julho de 1872. Sabe-se, aliás, que essa autobiografia, antes de ser publicada na já referida primeira edição, foi apresentada na exposição de história pátria de 1880 (cf. S. Blake. *Dicionário bibliográfico*. V, p. 80). Na mesma esteira, vai Pedro Dantas, no estudo em que nega a contradição lembrada por Olívio Montenegro (in *O romance brasileiro*. Rio de Janeiro, *O Cruzeiro*, 1952. p. 80).

49 José de Alencar. *Cartas sobre a Confederação dos Tamoios* por Ig (publicadas no *Diário*). Rio de Janeiro, Empresa Tipográfica Nacional do *Diário*, 1856.
50 Alencar, op. cit., p. 7.
51 Alencar, op. cit., pp. 24 e 25.
52 Alencar, op. cit., p. 8.
53 Alencar, op. cit., p. 57.
54 No *Diário do Rio de Janeiro*, em 1857.
55 Visconde de Taunay. *Reminiscência.* p. 81.
56 Alencar. "Como e por que sou romancista" (in Edição José Olympio. Vol. I, p. 58).
57 Alencar, op. cit., p. 59.
58 Alencar, op. cit., p. 61.
59 Alencar, op. cit., p. 66.
60 Alencar, Bênção paterna. (in Edição José Olympio, vol. XI, pp. 34 e 35).
61 Alencar, op. cit., p. 35.
62 Alencar, op. cit., p. 35.
63 Araripe Júnior, *José de Alencar*. Rio de Janeiro, Fauchon, 1882.
64 Rosário Fusco, op. cit., p. 169.
65 Machado de Assis, op. cit., pp. 133 e 134.
66 Capistrano de Abreu. *Ensaios e estudos*. Rio de Janeiro, Soc. Capistrano de Abreu, 1931. Iª sér.
67 Sílvio Romero. *História da literatura brasileira*. V. p. 75.
68 Artur Mota. *José de Alencar (o escritor e o político); Sua vida e sua obra*. Rio de Janeiro, Briguiet, 1921. pp. 44-116.
69 Paul Van Tieghem. "Deux exemples" (...), loc. cit., p. 187.
70 Guillermo de Torre. *Problematica de la literatura*. Buenos Aires, Losada, 1951. p. 55.
71 José Oiticica. "José Alencar e o romance histórico" (in *Studia*. Rio de Janeiro, Colégio Pedro II, Ano I, n. I, dez. 1950, p. 43).
72 Artur Mota, op. cit., pp. 82-84.
73 Luís da Câmara Cascudo "O folclore na obra de José de Alencar" (in Edição José Olympio, vol. IV, p. 14).
74 Antônio Cândido. loc. cit., pp. 19-20.
75 José de Alencar. *Encarnação* (in Edição José Olympio, vol. III, p. 300).
76 G. Roger. *Situation du roman régionaliste français*. Paris, Jouve, 1951. p. 44.
77 G. Roger, op. cit., p. 45.
78 Pierre Brodin. *Le roman régionaliste américain*. Paris, Maisonneuve, 1937. p. 6.
79 Luís da Câmara Cascudo. op. cit., p. 16.
80 Agripino Grieco. Alencar (in Edição José Olympio, vol. IX. p. 11).
81 Alencar. *Cartas sobre A confederação dos tamoios*, p. 36.
82 Alencar, op. cit., p. 51.
83 Alencar, in "Notas", op. cit., pp. 10 e 11.
84 Pinheiro Chagas. *Novos ensaios críticos*. Porto, 1867. p. 221.
85 Antonio Henriques Leal. *Lucubrações*. Lisboa, 1874. pp. 214 e 215.
86 *Questões do dia.* "Observações políticas e literárias escritas por vários e coordenadas por Lúcio Quinto Cincinato". Rio de Janeiro, Imparcial, 1871. 3 vols. pp. 316 -319.
87 Gládston e Chaves de Melo. Introdução ao vol. XV da Edição José Olympio. p. 20.
88 Alencar. Pós-escrito à 2ª ed. de *Iracema* (in Edições José Olympio, vol. VIII, p. 192).
89 Alencar, op. cit., p. 190.
90 Alencar, op. cit., p. 195.
91 Alencar, op. cit., p. 200.

92   Alencar, op. cit., p. 203.

93   Joaquim Nabuco. *Minha formação*. Rio de Janeiro, Garnier, 1900. p. 87.

94   Machado de Assis. *Páginas recolhidas*. Rio de Janeiro, Garnier [s.d.]. p. 129.

95   José Veríssimo. *História da literatura brasileira*. p. 238.

96   Agripino Grieco. *Evolução da prosa brasileira*. 2ª ed. Rio de Janeiro, José Olympio, 1947. p. 35.

97   Sílvio Romero. *História da literatura brasileira*. III, p. 307.

98   Bernardo Guimarães. O *ermitão do Muquém*. São Paulo, Martins, 1952. pp. 23-24.

99   Sílvio Romero. op. cit.

100 José Veríssimo, op. cit., p. 238.

101 Basílio de Magalhães. *Bernardo Guimarães (esboço biográfico e crítico)*. Rio de Janeiro. Anuário do Brasil, 1926. p. 135.

102 Em rodapé, na primeira página do *Jornal do Recife*, de 5 de jul. a 6 de ago. de 1866.

103 João Alphonsus Bernardo Guimarães, romancista regionalista (in *O romance brasileiro*. Rio de Janeiro, *O Cruzeiro*, 1952. p. 94).

104 Basílio de Magalhães, op. cit., p. 181.

105 José Veríssimo, op. cit., p. 239.

106 Basílio de Magalhães, op. cit., p. 80.

107 Sílvio Romero, op. cit., p. 307.

108 Basílio de Magalhães, op. cit., p. 143.

109 Lúcia Miguel Pereira. "Três romancistas regionalistas" (in *O romance brasileiro*. Rio de Janeiro, *O Cruzeiro*, 1952. p. 102).

110 Sílvio Romero. *História da literatura brasileira*. V. p. 97.

111 Sílvio Romero, op. cit., p. 95.

112 José Veríssimo, op. cit., p. 270.

113 Coelho Neto. *Compêndio de literatura brasileira*. 2ª ed. Rio de Janeiro, F. Alves, 1913. p. 114.

114 Franklin Távora. *O Cabeleira*. Rio de Janeiro, Garnier, 1902. pp. XII-XIII.

115 José Veríssimo. "Franklin Távora e a 'literatura do norte'" (in *Estudos de literatura brasileira*. 5ª série. Rio de Janeiro, Garnier, 1905. p. 131).

116 Alencar. "Bênção paterna" (in *Sonhos d'ouro*. ed. José Olympio, vol. XI, p. 29-38).

117 Lúcia Miguel Pereira, op. cit., p. 103.

118 Franklin Távora. *Lourenço (crônica pernambucana)*. Rio de Janeiro, Garnier, 1902. pp. 7, 197 e outras.

119 Pierre-Daniel Huet. *Lettre à M. Segrais sur l'origine des romans*. 1670. (Prefácio à edição da novela de Mme. de la Fayette, *Bayde*, publicada como de autoria de Jean Regnault de Segrais).

120 José Aderaldo Castelo. Notas sobre o romance brasileiro" (in *Diário de São Paulo*, 15-22 maio 1949).

121 Franklin Távora (Semprônio). *Questões do dia*. Rio de Janeiro, Imparcial, 1871. Vol. 1, nº 14, p. 10.

122 Franklin Távora, op. cit. p. 8.

123 Franklin Távora. "Carta a Rangel de Sá Paio" (in *Um casamento no arrabalde*. Rio de Janeiro, Garnier, 1903. p. 92).

124 Rangel de Sá Paio. "Carta a Franklin Távora", op. cit. p. 75.

125 Rangel de Sá Paio, op. cit. pp. 88-89.

126 Lúcia Miguel Pereira, op. cit., p. 105.

127 "Bibliografia de Inocência". Apêndice à 20ª ed. São Paulo, Melhoramentos, [s. d.].

128 Apud José Veríssimo. *Estudos de literatura brasileira*. 2ª série. Rio de Janeiro, Garnier, 1901. p. 265.

129 José Veríssimo, op. cit. p. 268.

130 Lúcia Miguel Pereira, op. cit., p. 109.

131 Olívio Montenegro. *O romance brasileiro*. 2ª ed. Rio de Janeiro, José Olympio, 1953. p. 71.

132 João Gaspar Simões. *Ensaio sobre a criação no romance*. Porto, Educação Nacional, 1944. p. 8.

133 Teixeira e Sousa. *Tardes de um pintor ou As intrigas de um jesuíta*. 2ª ed. Rio de Janeiro, Cruz Coutinho, 1868. p. 23.

134 Bernardo Guimarães. *O ermitão de Muquém*. p. 32.

135 Luís da Câmara Cascudo. "Literatura oral" (*Hist. da lit. brasileira*. Dir. Álvaro Lins, vol. VI). Rio de Janeiro, José Olympio, 1952, p. 253.

136 Joaquim Norberto de Sousa e Silva. *"Maria ou Vinte anos depois"* (in *Minerva Brasiliense*, nº 11. Rio de Janeiro, abr. 1844, p. 322).

137 Macedo. *A moreninha*. São Paulo, Martins, 1952. pp. 138-145.

138 Macedo. *Os dois amores*. São Paulo, Melhoramentos, [s. d.). pp. 112-124.

139 Franklin Távora. *Um casamento no arrabalde*. Rio de Janeiro, Garnier, 1903, p. 1.

140 Franklin Távora. *O Cabeleira*. Rio de Janeiro, Garnier, 1902, p. 2.

141 Franklin Távora, op. cit., p. 15.

142 Bernardo Guimarães. *O garimpeiro*. São Paulo, Martins, 1952, p. 209.

143 Bernardo Guimarães, op. cit., p. 207.

144 José de Alencar. *Como e por que sou romancista* (in ed. José Olympio, vol. I, p. 56).

145 Alex Comfort. *La novela y nuestro tiempo*. Buenos Aires, Realidad, 1949, p. 56.

146 Wolfgang Kayser. *Fundamentos da interpretação e da análise literária*. São Paulo, Saraiva, 1948. Vol. II, p. 215.

147 Kayser, op. cit., p. 212.

148 Ortega y Gasset. "Ideas sobre la novela" (in *Obras*, Madrid, Espasa Calpe, 1932, p. 922).

149 Kayser, op. cit., 212.

150 Macedo. *Os dois amores*. São Paulo, Melhoramentos, 1949. p. 27.

151 Macedo. "Luxo e vaidade" (in *Teatro do doutor Joaquim Manuel de Macedo*. 3 vols. Rio de Janeiro, Garnier, 1863, vol. 1, p. 93).

152 Kayser, op. cit., vol. I, pp. 295-296.

153 Macedo. *As mulheres de mantilha*. 2 vols. Rio de Janeiro, Garnier, vol. I, p. 121.

154 Macedo, op. cit., p. 142.

155 Macedo, op. cit., p. 147.

156 Macedo. *A moreninha*. São Paulo, Martins, 1952. pp. 57-58.

157 Macedo, op. cit., p. 58.

158 Kayser, op. cit., I, p. 313.

159 Macedo, op. cit., pp. 65-66-67.

160 Macedo, op. cit., p. 180.

161 Teixeira e Sousa. *O filho do pescador*, p. 28.

162 Macedo, op. cit., p. 65.

163 Philippe Van Tieghem. *Histoire de la littérature française*. Paris, Fayard, 1949. p. 443.

164 Nora Atkinson. *Eugene Sue et le roman-feuilleton*. Paris, Nizet-Bastard, 1929. p. 12.

165 Caetano Lopes de Moura (Bahia, 1780-Paris, 1860) contribuiu de modo decisivo para a divulgação do romance no Brasil, traduzindo para o português, durante o longo período em que viveu em Paris, numerosos romances de Walter Scott (*Os puritanos da Escócia*, 1837; *O talisman ou Ricardo na Palestina*, 1837; *Quintino Durward, ou O*

escocês na corte de Luís XI. 1838; *A prisão d'Edimburgo*; *O misantropo ou O anão das pedras negras*, 1838; *Waverley ou Há dezoito anos*, 1844; *Ivanhoé, ou O regresso do cruzado*); de Cooper (*O derradeiro moicano, história americana acontecida em 1757*, 1838; *O piloto*, 1838; de Chateaubriand (*Os Natchez*, 1837), além de uma tradução das *Cartas de Heloísa e Abelardo*, 1838.

166 Justiniano José da Rocha, já estudado na parte dedicada aos precursores, traduziu, entre outros, os seguintes romances: *A rosa amarela*, 1839, e *A pele do leão*, 1842, de Charles Bernard; *As armas e as letras*, 1840, de Alexandre de Lavergne; *O conde de Monte Cristo*, 1845, de Alexandre Dumas, que no mesmo ano foi publicado em folhetins, no *Jornal do Comércio*, e teve segunda edição logo em 1847; *Os miseráveis*, de Victor Hugo, tradução que foi interrompida, em 1862, em virtude da morte do seu editor, e depois concluída por Antônio José Fernandes dos Reis.

167 In *O Commercio*. Bahia, 19 fev. 1845, nº 41, p. 4.

168 Kayser, op. cit., p. 253.

169 André Vial. *Guy de Maupassant et l'art du roman*. Paris, Nizet, 1954. p. 455.

170 Jean Onimus. "L'expression du temps dans le roman contemporain" (in *Revue de littérature comparée*. Paris, Marcel Didier, Juillet-Sept., 1954. p. 300).

171 Teixeira e Sousa. *Tarde de um pintor ou As intrigas de um jesuíta*. 2ª ed. Rio de Janeiro, Cruz Coutinho, 1868. pp. 218-219.

172 Macedo. *A moreninha*, pp. 69-71, 78-79.

173 Bernardo Guimarães. *A escrava Isaura*. Rio de Janeiro, Garnier, 1910. pp. 14-15.

174 Alencar. *Cinco minutos*, pp. 39-40.

175 Macedo, op. cit., 55-57.

176 Alencar. *O guarani*, pp. 430-431-439; As *minas de prata*, pp. 57, 760, 767.

177 Alencar. *O guarani*, p. 448.

178 Alencar. *Senhora*, pp. 183-230.

179 Eugenio Montes, apud Guilhermo Diaz-Plaja. *Introducción al estudio dei romanticismo español* 2ª ed. Madrid, Espasa Calpe, 1942. p. 83.

180 Paul Van Tieghem, op. cit., p. 248.

181 Macedo, op. cit., p. 249.

182 Araripe Júnior, op. cit.

183 Alencar. *Encarnação*, p. 332.

184 Macedo. *Vicentina*. São Paulo, Melhoramentos [s. d.]. p. 267.

185 Alencar. *Ubirajara*, p. 315.

186 Alencar. *Senhora*, p. 210.

187 Taunay. *Inocência*. 20ª ed. São Paulo, Melhoramentos [s. d.]. p. 243.

188 Franklin Távora. *O Cabeleira*. Rio de Janeiro, Garnier, 1902. pp. 1-2.

189 Paul Van Tieghem, op. cit., p. 265.

190 Jacinto do Prado Coelho. *Introdução ao estudo da novela camiliana*. Coimbra, Atlântida, 1946. p. 503.

191 Astrojildo Pereira. *Interpretações*. Rio de Janeiro, CEB, 1944. p. 22.

192 Antônio Cândido. "Macedo, realista e romântico", op. cit., pp. 19-20.

193 Alencar. *Encarnação*, p. 329.

194 Alencar, op. cit., p. 331.

195 Philippe Van Tieghem, op. cit., p. 454.

196 Pereira da Silva. *Jerônimo Corte Real*, p. 77.

197 Pereira da Silva, op. cit., p. 80.

198 Pereira da Silva, op. cit., 228.

199 Macedo, op. cit., p. 331.

200 Alencar. *As minas de prata*, p. 998.
201 Paul Van Tieghem, op. cit., p. 269.
202 Macedo, op. cit., p. 220.
203 Macedo, op. cit., p. 223.
204 Alencar. *A pata da gazela*, pp. 172-176.
205 Alencar. *Lucíola*, pp. 122-123.
206 G. G. de Bévotte. *La légende de Don Juan, son évolution dans la littérature des origines au romantisme*. Paris, Hachette, 1906. p. 513.
207 Como exemplos do subtema podem ser citados: *A moreninha, Ubirajara*, p. 295, *O guarani*, pp. 427-429, *A viuvinha*, p. 81.
208 Teixeira e Sousa. *O filho do pescador*, p. 9.
209 Joaquim Norberto de Sousa e Silva. "Maria ou Vinte anos depois" (in *Minerva Brasiliense*. Rio de Janeiro, n. 11, abril de 1844, p. 327).
210 Paul Van Tieghem. *Le romantisme dans la litterature européenne*. pp. 257-258.
211 Italo Siciliano. *François Villon et les themes poétiques du moyen âge*. Paris, Colin, 1934. p. 531.
212 *O ermitão de Muquém*, de Bernardo Guimarães.
213 E.R. Curtius. *Literatura europea y Edad media latina*. Ed. esp. México, Fondo de Cult. Econ:, 1955. I, pp. 448-457.
214 Alencar. *O sertanejo*, p. 94.
215 Alencar, op. cit., p. 30.
216 Franklin Távora. *O Cabeleira*. Rio de Janeiro, Garnier, 1902. p. 182.
217 Machado de Assis. "Instinto de nacionalidade" (in *Crítica literária*. Rio de Janeiro, Jackson, 1937. pp. 125-133).
218 Alencar. *O sertanejo*, p. 27.
219 Alencar. *Sonhos d'ouro*, p. 356.
220 Alencar, op. cit., p. 71.
221 Alencar, op. cit., p. 367.
222 Alencar. *A viuvinha*, p. 82.
223 Macedo. *O moço loiro*. Rio de Janeiro, Garnier [s. d.]. p. 11.
224 Machado de Assis, op. cit., p. 137.

29. *Afrânio Coutinho*

A CRÍTICA LITERÁRIA ROMÂNTICA

Origens. O ideário crítico: sentimento da natureza; ideias da nacionalidade e originalidade: Santiago Nunes Ribeiro, Joaquim Norberto. Indianismo. Macedo Soares, José de Alencar. Definição de "escritor brasileiro". Início da historiografia literária. Literatura da fase colonial. Problema da periodização. Sociedades e periódicos. Machado de Assis crítico: sua doutrina estética, sua prática. Outros críticos.

Durante o Romantismo, criação e crítica literária marcharam a par. Desde antes de 1830, segundo testemunho de João Salomé Queiroga,[1] os jovens reunidos na recém-fundada Faculdade de Direito de São Paulo (1827) debatiam ideias e formulavam proposições já perfeitamente ao sabor das correntes que iriam corporificar-se nas doutrinas poéticas e críticas do Romantismo. E que constituem, em verdade, o início da crítica literária brasileira, mesmo levando-se em conta os esboços de crítica devidos aos membros das academias do século XVIII e aos árcades. Mas eram manifestações esporádicas, muitas em verso, e não constituem um corpo de ideias literárias. Estas só vieram a formar um sistema coerente e autônomo no Romantismo, servindo de embasamento à concepção da literatura brasileira e ao pensamento crítico a ela pertencente.

A partir de 1830, pois, desenvolveram-se as ideias literárias características não somente do Romantismo, senão também, em grande parte, do século XIX, porquanto muitas delas se prolongaram pelo Realismo.

I — O IDEÁRIO CRÍTICO

O ponto de partida do ideário crítico romântico foi a busca do caráter brasileiro da literatura, ou do caráter que devia assumir a literatura no Brasil para ser uma literatura nacional. Que vinha a ser o nacional em literatura? Que deveriam fazer os escritores para tornar nacional a literatura a ser produzida no Brasil? Qual ou quais as fórmulas para a nacionalização da literatura? Quais as características nacionais da literatura brasileira, se é que as possuía? Que deveria ser uma estética brasileira?

Essas as questões que pairavam no ar ou que se faziam nas rodas literárias ou nos artigos e manifestos da época. E quais as respostas que foram propostas?

a) *O sentimento da natureza*. Em 1826, Almeida Garrett, no prefácio intitulado "Bosquejo da História da Poesia e Língua Portuguesa", do seu *Parnaso lusitano*, antologia de "poesias seletas de autores portugueses antigos e modernos", embora considerando como portugueses os escritores nascidos no Brasil por causa do vínculo político ainda existente entre os dois povos no tempo a que se referia, lamenta que os brasileiros não dessem o devido lugar na sua produção à natureza brasileira:

> Certo é que as majestosas e novas cenas da natureza naquela vasta região deviam ter dado a seus poetas mais originalidade, mais diferentes imagens, expressões e estilo, do que neles aparece: a educação europeia apagou-lhes o espírito nacional: parece que receiam de se mostrar americanos, e daí lhes vem uma afetação e impropriedade que dá quebra em suas melhores qualidades.

Aí estava a sugestão de que para ser mais originais, mais "americanos", expressão que pegaria e seria muito tempo usada pelos brasileiros, os poetas d'aquém-mar deveriam deixar-se influenciar pelo que havia de novo nas "majestosas" cenas da natureza brasileira, pintando "os seus painéis com as cores do país onde os situou", em vez de se deixar levar, como Gonzaga, para "debuxar no Brasil cenas da Arcádia, quadros inteiramente europeus". Implícita nesse trecho era a tese de que o caráter original e nacional de uma literatura decorria da influência da natureza, da paisagem.[2] Que o espírito nacional se confundia com a Natureza.

Essa sugestão de Garrett veio a tornar-se uma das teses centrais da doutrina literária romântica no Brasil: a nacionalidade literária confunde-se com a originalidade e esta decorre da adaptação da literatura à natureza local. É a doutrina resultante da entrada na crítica e criação literárias do século XVIII da "ideia de natureza" ou "sentimento de natureza", ou influência da natureza na poesia, ideia que caracterizou o Pré-romantismo nas literaturas ocidentais, europeias e americanas.

Passaram os críticos e criadores literários a defender a necessidade de incorporar a natureza exterior brasileira à criação literária em ordem a torná-la genuinamente brasileira. Os poetas novos, em vez da imitação dos antigos, deveriam antes preocupar-se em reproduzir a natureza. Para ser originais, os poetas deviam incorporar a natureza, isto é, a paisagem, o mar, as árvores, as montanhas, o céu, os astros, o campo, a floresta, o luar, tudo isso como locais de refúgio e sonho, ou objeto de culto e contemplações. O poeta identifica-se com a natureza, vive no seu seio, ama-a, descreve-a em verdadeiro êxtase, procura fundir-se com ela, com a sua solidão e melancolia. A literatura brasileira, para ser verdadeiramente nacional, tinha que olhar em torno e reproduzir a natureza "americana", adquirindo a cor local de sua caracterização nacional.

Antes do Romantismo, os poetas árcades não haviam sido indiferentes à natureza brasileira, a despeito de sua fidelidade à natureza arcádica. Tendo-lhes exprobado esse defeito, Garrett não foi justo. Os árcades bebiam na natureza as sugestões para o lirismo. E não só reproduziam a natureza como eram possuídos de consciência crítica a respeito do problema, ao contrário dos poetas do século XVII, para quem a natureza só interessava pelo pitoresco. Com Cláudio Manuel da Costa, Basílio da Gama, Silva Alvarenga, Tomás Antônio Gonzaga, Sousa Caldas, o lirismo já incorpora a natureza brasileira, e mais que isso, com Cláudio e Silva Alvarenga, essa incorporação faz-se com uma nítida consciência crítica. Era a realidade americana brasileira que despontava para a poesia. E o Arcadismo foi a fase de transição.

No Romantismo, porém, essa incorporação obedece a um impulso consciente e coletivo, sob a égide do nacionalismo, agora exacerbado, contra Portugal, em favor da autonomia literária e linguística.

Em todos os momentos por que passou o pensamento literário encontra-se explícita ou implícita a ideia da natureza brasileira incorporada à literatura como expressão de independência.[3]

A preocupação com os motivos oferecidos pela natureza brasileira cresce progressivamente a partir dos poetas arcádicos. A década de 1830 é decisiva para o nacionalismo literário, consolidando-se o processo de definição da literatura nacional brasileira.

Para Gonçalves de Magalhães,[4] os "princípios ativos" de originalidade que marcariam a nacionalidade literária brasileira seriam: um céu (ou uma natureza), o índio e o gênio criador. Esses três elementos constituíram os polos do pensamento crítico do Romantismo. A individualidade criadora, a natureza e a tradição indígena se harmonizariam nos críticos românticos. Pereira da Silva, Varnhagen, João Salomé Queiroga, Justiniano José da Rocha, Santiago Nunes Ribeiro, Joaquim Norberto de Sousa e Silva, Gonçalves Dias, Macedo Soares, Tavares Bastos, José de Alencar, até Machado de Assis na década 70 e Sílvio Romero na de 80, em todos os escritores — poetas ou ficcionistas — que meditaram e discutiram o problema da nacionalidade literária brasileira a ideia da natureza está subjacente. A própria fórmula da "poesia americana", que é uma constante da poesia do século, inclui o sentimento de natureza.[5] Para acentuá-lo, basta rememorar o que diz Alencar, nas *Cartas sobre a confederação dos tamoios*, quando, ao se confessar um leitor do "livro da natureza", afirma que o poema, a fim de ser brasileiro, tem que refletir a luz e a beleza do país, as cores, a forma graciosa das suas flores, teria de ser como "essa tela brilhante de uma natureza virgem e tão cheia de poesia", deveria "procurar o belo das coisas".

b) *As ideias da nacionalidade e da originalidade.* Através de todo o pensamento literário romântico, encontra-se o esforço por encontrar a nacionalidade para a literatura que se produzia no país. Era a busca do espírito brasileiro para estabelecer a fórmula que criaria a "literatura nacional". Os caminhos seguidos, as sugestões estéticas, os conceitos da nacionalidade literária, a conscientização crítica do problema podem ser apontados nos escritos dos pensadores literários ao longo do século. Há uma constante nesse pensamento, que evolui gradativamente e coerentemente; a procura da definição acerca do problema da nacionalidade literária e o estabelecimento do divisor de águas entre a velha literatura geradora e o novo rebento ultramarino.

Dois aspectos dividem o problema: de um lado, o da definição da nacionalidade literária; do outro, o do início da literatura brasileira (periodização). Será neste ponto examinado o primeiro deles e adiante o segundo.

Que é nacionalidade literária? Que devem fazer os escritores para tornar "nacional" a literatura que produzem? Questão complexa, controversa, sutil e de máxima importância, a que deram várias respostas os pensadores literários e críticos brasileiros.

Foi estudado no item anterior a fórmula da incorporação da natureza. Constitui uma das respostas. E definitivamente integrada na consciência crítica brasileira, como um dos aspectos por que se distinguem a nacionalidade e originalidade da literatura do Brasil.

Mas o problema da nacionalidade, estritamente ligado ao da originalidade, foi o mais agudo problema intelectual do Romantismo, tendo dado lugar a um permanente debate entre os escritores. Revela, pela sua generalidade, como a consciência brasileira se preocupava então com a nacionalização cultural, paralela à independência política.

Abrindo os debates, e de importância excepcional, é a polêmica da *Minerva Brasiliense*, periódico publicado entre 1843 e 1845, no Rio de Janeiro, travada por Santiago Nunes Ribeiro, Abreu e Lima e o português José da Gama e Castro.[6]

A essência da polêmica é a tese, defendida pelo jornalista luso, de que as produções literárias dos brasileiros pertencem à literatura portuguesa, porquanto são escritas na mesma língua que a portuguesa e não há diferença de qualidade entre brasileiros e portugueses. Daí falar-se em literatura brasileira por hábito ou por vício ou por excesso de patriotismo: "...literatura brasileira é uma entidade que não só não tem existência real, mas que até não pode ter existência possível." Para ele, "a literatura não toma o nome da terra, toma o nome da língua". Por isso, a literatura da língua é uma só, a portuguesa, "enriquecida com as obras dos brasileiros", tese igual à de Garrett. "Os literatos são brasileiros, porém a literatura que eles escrevem é portuguesa."

Assim, essa concepção extremista nega a possibilidade de existência de literatura brasileira.

A CRÍTICA LITERÁRIA ROMÂNTICA   323

Mas há outra teoria, para a qual a literatura escrita no Brasil é brasileira, mas apenas na parte posterior à Independência política. É a doutrina que faz a literatura depender da política, só existindo literatura nacional quando corresponde aos estados-nações, independentes. Desta teoria decorre a periodização da literatura produzida no Brasil em "literatura colonial" e "literatura nacional", relativas às duas fases da evolução política brasileira, periodização que foi adotada não só por historiadores portugueses como também por muitos brasileiros.

SANTIAGO NUNES RIBEIRO[*]

Nesta altura, aparece a figura desse escritor, chileno de nascimento mas radicado no Brasil desde a infância, e que revela sentir de modo perfeito o problema do ponto de vista brasileiro. Em dois artigos sobre "Da Nacionalidade da Literatura Brasileira", discutiu ele as teses defendidas por Gama e Castro, refutando-as cabalmente em nome da nacionalidade da literatura brasileira e sua expressão autônoma e original. Sua argumentação lúcida é ainda atual como doutrina sobre o assunto.

Em primeiro lugar, contesta a ideia da classificação das literaturas pelas línguas em que se escrevem. Prefere a divisão que atenda "ao espírito, que anima, à ideia que preside aos trabalhos intelectuais de um povo, isto é, de um sistema, de um centro, de um foco de vida social". E continua:

> Este princípio literário e artístico é o resultado das influências, do sentimento, das criações, dos costumes e hábitos peculiares a um certo número de homens, que estão em certas e determinadas relações e que podem ser muito diferentes entre alguns povos, embora falem a mesma língua.

Ao lado desses fatores, alinha a influência do clima e do meio social. Não acredita possível que as condições sociais e o clima do Novo Mundo não modificassem as obras escritas aqui, mesmo se escritas nas línguas europeias, sabendo-se quão influenciáveis são até os organismos vivos. Se o povo tem uma índole especial, "um modo próprio de sentir, conceber, diante dessas diversas causas, modificadas umas pelas outras", isto é, se tem caráter nacional

---

[*] Santiago Nunes Ribeiro, nascido no Chile, veio muito moço para o Brasil, em companhia de um tio padre, exilado político. Foi empregado no comércio, fez as humanidades, aprofundando-se no estudo das línguas e letras. Foi professor particular e, depois, do Pedro II, de Retórica e Poética. Fundou e dirigiu a *Minerva Brasiliense*, pertenceu ao Instituto Histórico e Geográfico Brasileiro.

baseado em instituições, usos e costumes próprios, terá uma produção intelectual própria.

A literatura é a expressão da índole, do caráter, da inteligência social de um povo ou de uma época.

Prova, em seguida, a sem-razão dos que identificam literatura e língua, exemplificando com inúmeros casos em que duas literaturas diferentes se escrevem numa mesma língua (quatro literaturas em língua inglesa). E conclui que a classificação das literaturas deve ser feita

não em relação às línguas, mas com respeito ao princípio íntimo que as anima, e às tendências que as distinguem.

Para isso, mostra ser necessário identificar-se os predicamentos peculiares, os traços característicos que as diferençam entre si. E o faz através de três partes: a refutação da tese da imitação da literatura brasileira, um paralelo entre poetas portugueses e brasileiros, uma tentativa de periodização da literatura brasileira.

Salienta a peculiaridade nacional da literatura anterior à Independência, pois ela foi "o que devia ser", não sendo "lícito exigir de um século aquilo que ele não pode dar". Daí que os poetas daquela época pintassem a natureza doutra maneira, pois a sociedade não os entenderia. Imitativa é toda literatura, e o uso da mitologia, de que se acusam os poetas dos tempos coloniais, é também encontradiço nos posteriores à Independência.

De referência à periodização, pensa que a literatura brasileira começou com Anchieta, de poderosa influência na literatura popular. E com agudo senso do problema, reivindica um sistema de periodização independente da evolução política, antes atendendo "às evoluções íntimas da literatura" e ao princípio que as determina. É uma antecipação das modernas tendências periodológicas de sentido propriamente literário.

Em suma, a diferenciação brasileira deu, para ele, lugar a uma literatura própria, "expressão da índole, do caráter, da inteligência social" de um povo que se diferenciou através dos séculos, sob a nova ambiência geográfica e os novos hábitos sociais. Coloca-se, aliás, numa posição equilibrada para falar da influência do meio físico e geográfico. E afirma que não se deve reduzir à consideração dos aspectos exteriores da arte, mas sobretudo "ao sentido oculto, à intimidade".

Nunes Ribeiro, pela justeza e segurança de sua doutrinação, merece lugar de relevo na história da crítica e das ideias literárias brasileiras. Sua teoria está em consonância com a de Mennechet, quando em congresso em 1843, em Paris, afirmou que a literatura é nacional quando está em harmonia perfeita com a natureza e clima do país e ao mesmo tempo com a religião, os costumes, as leis e a história do povo que o habita.

Ao ler em Machado de Assis, no ensaio sobre "Instinto de nacionalidade", de 1873, referência ao "sentimento íntimo" como a marca essencial da nacionalidade literária, não podemos deixar de sentir o eco das palavras de Nunes Ribeiro quando realça o "sentido oculto" ou a "intimidade" do fenômeno. Igual símile nos é lícito encontrar entre suas expressões e as de Mário de Andrade sobre o "caráter psicológico" que deve exibir a literatura nacional, ou ainda com as de José Osório de Oliveira ao afirmar a existência de um "estilo de vida nacional e social".

Tudo isso demonstra que houve uma continuidade e coerência na evolução do pensamento crítico brasileiro em relação à ideia de nacionalidade. Os críticos românticos estabeleceram os alicerces dessa compreensão.

JOAQUIM NORBERTO DE SOUSA E SILVA[*]

É o caso desse crítico e historiador literário, por cujos trabalhos extremamente meritórios merece o maior acatamento. É valiosa a sua contribuição à literatura brasileira, em especial no terreno da crítica, erudição e história literária. Publicou uma série de edições de escritores brasileiros, enriquecidas de estudos biográficos e históricos, que, ainda hoje, constituem fonte obrigatória de consulta. Planejou uma história da literatura brasileira, na qual estabelecia critérios de periodização e determinava o seu início no século XVI. Em colaborações na *Revista Popular* deu começo à publicação dos capítulos da história, com alguns dos quais discutiu o problema da nacionalidade e originalidade, da inspiração que a Natureza oferece aos poetas, e pôs em grande destaque a contribuição indígena, estudando a tendência dos selvagens para a poesia. Mas o que releva sobretudo assinalar é a sua tomada de posição nítida em favor da

---

[*] Joaquim Norberto de Sousa e Silva (1820-1891), poeta, romancista, crítico e historiador literário, nascido no Rio de Janeiro, e falecido em Niterói, funcionário público, membro e presidente do Instituto Histórico e Geográfico Brasileiro. De sua vasta produção, destacam-se as edições de diversos escritos, memórias e estudos da literatura brasileira, biografias de Bento Teixeira, Casimiro de Abreu, Teixeira e Sousa, Laurindo Rabelo, Cláudio Manuel da Costa, etc. Na *Revista Popular* (1862), na *Minerva Brasiliense* (1843) e na *Revista do Instituto Histórico e Geográfico* (tomo 16) publicou alguns capítulos de uma projetada história da literatura brasileira, nos quais estudou os problemas da nacionalidade e originalidade, a literatura do século XVII, a influência dos indígenas.

caracterização da literatura brasileira, sua qualificação nacional, sua condição de literatura própria.

Afirma, então, que o Brasil ainda não era uma nação politicamente independente e já o era pela sua literatura.[7] Assim, de uma parte, reconhece a nacionalidade da literatura brasileira, de outra, a sua existência antes da Independência, o que significa a separação entre nacionalidade literária e nacionalidade política, pensamento de extrema coragem e novidade na época (1859) e ainda atualmente. Era a fixação da noção da autonomia e nacionalidade da literatura brasileira.

Trata ainda do problema da periodização; estuda o teatro jesuítico; analisa o cultismo, reitera (em 1860) a tese de Nunes Ribeiro sobre a existência da nacionalidade literária; revida a teoria da identificação da língua e literatura como critério classificatório das literaturas, pois

> não são as literaturas a representação ou símbolos das línguas, mas sim a expressão, a voz da inteligência de qualquer povo, o testemunho de suas diversas épocas, quer marche em progresso, quer em decadência, de acordo com os seus usos, provenientes de seu caráter, de suas leis, e de sua religião.

É o mesmo pensamento de Nunes Ribeiro: "A identidade da língua não pode pôr em dúvida a nacionalidade de suas literaturas." A língua não é mais do que o instrumento para traduzir o pensamento, que, por sua vez, é moldado por inteligência, instituições, fisionomia do país, leis, usos, costumes, religião, caráter. Para mostrar a diferenciação que houve entre os dois povos desde o início da colonização, historia o movimento nativista, bem precoce na história brasileira, como um índice da separação espiritual e social dos dois povos. E conclui: "Passe em aresto a questão da nacionalidade da nossa literatura. Para os brasileiros é ela mais que líquida."

Destarte, a doutrina da nacionalidade literária, iniciada em 1840, atinge o seu termo em 1860. Nunes Ribeiro e Joaquim Norberto foram os principais artífices dessa doutrina, continuados por todos os demais críticos românticos. Identificavam-se no seu pensamento as ideias da origem remota da literatura brasileira e da sua nacionalidade desde o início da colonização, através do processo de diferenciação cedo operado na consciência do povo.

Em 1848, Gonçalves Dias, no prefácio às *Sextilhas de Frei Antão*, coloca em termos definitivos a tese brasileira:

> As literaturas brasileira e portuguesa hão de ser duas, mas semelhantes e parecidas, como irmãs, que descendem de um mesmo tronco, e que trajam os mesmos vestidos, embora os trajem por diversa maneira, com diverso gosto, com outro porte e graça diferente.

A CRÍTICA LITERÁRIA ROMÂNTICA   327

Depois dele, todos os críticos brasileiros sustentam a mesma teoria, quer sob a égide do Romantismo, do Realismo, ou, afinal, do Modernismo.

Para ilustrá-lo, basta relembrar as teorias de José de Alencar, Machado de Assis e Mário de Andrade.

c) *Indianismo*. Ao procurar a fórmula para dar expressão literária à nacionalidade e à originalidade da literatura brasileira, o pensamento literário do Romantismo foi levado à ideia do Indianismo. O índio, primeiro habitante e proprietário da terra, seria o ideal que melhor encarnaria o brasileiro típico. A literatura deveria, assim, incorporá-lo com a sua cosmovisão peculiar, seus costumes, suas lendas, suas tendências líricas. Era o verdadeiro brasileiro, o representante legítimo da nova civilização. A busca da originalidade brasileira não podia ser mais bem atendida senão com a introdução na literatura daquilo que a civilização americana oferecia de mais peculiar, o índio. Era uma forma de incorporação do sentimento da natureza, pois o índio era parte da natureza local, e realmente o verdadeiro intérprete da "originalidade das formas nacionais".

A princípio esse "indianismo" reduziu-se ao pitoresco, ao uso do vocabulário indígena, dos trajos, dos utensílios, da tecnologia e cosmologia indígena, segundo uma maneira puramente descritiva, sem o sentimento e a autenticidade necessárias.

A esse indianismo exterior e pitoresco opôs-se uma reação vigorosa, iniciada com as "poesias americanas" dos *Primeiros cantos* (1846) de Gonçalves Dias (1823-1864), já caracterizada, aliás, na "Nênia" (1837), de Firmino Rodrigues Silva (1815-1879), a primeira manifestação indianista no Romantismo.[8] Mas foi Gonçalves Dias quem melhor utilizou o tema indianista na poesia, fundindo-o com o sentimento da natureza brasileira.

O indianismo, aliás, nasceu com a própria civilização brasileira. Já em Anchieta, o índio é tema literário, com ser objeto de catequese. Na imaginação do europeu, o índio e a terra americana identificavam-se, o que tornou o indianismo um movimento verdadeiramente nativo.

No século XVIII, a teoria do *bon sauvage* e da bondade natural de Rousseau deu ao americanismo um sentido de exaltação da terra e do personagem nativo. Ganhou com isso a tradição indianista brasileira uma dimensão nova, de que são expressões os livros *Uraguai* (1761), de Basílio da Gama, e *Caramuru* (1781), de Santa Rita Durão.

Daí em diante, o indianismo forma uma linha constante nas letras brasileiras, em poesia e ficção. Oriundo das próprias raízes da nacionalidade, torna-se um estímulo interno sobremodo forte, máxime atingido o auge durante o Romantismo, e, transformando-se em outros tantos movimentos centrífugos, como o sertanismo, o caboclismo, o regionalismo, até reaparecer mais tarde sob a égide do Modernismo, com os grupos da Anta e do Antropofagismo.

No Romantismo, o indianismo penetrou mui precocemente. No pensamento crítico, aparece desde 1843 em artigo de Joaquim Norberto na *Minerva*

Brasiliense. Apoia o ponto de vista de Gonçalves de Magalhães sobre a necessidade de se recolherem as manifestações poéticas dos indígenas. Também em Ferdinand Dénis há idêntica sugestão. Ao lado dessa preocupação com o gosto do índio pela poesia, os românticos colocaram a exaltação mítica do índio, a sua poetização e idealização como personagem e motivo literário. Concepção de vida, costumes, cosmogonia, gostos, ideais, características da vida indígena, foram incorporados à literatura desde então. Uma série de obras indianistas marca a evolução do tema desde a "Nênia" de Firmino Rodrigues Silva, de 1837. Os *Primeiros cantos* (1846) constituíram a sua primeira grande expressão literária. Seguiram-se-lhes obras de Teixeira e Sousa, Junqueira Freire, Gonçalves de Magalhães, José de Alencar, Joaquim Norberto, Bernardo Guimarães, Couto de Magalhães, Fagundes Varela, Araújo Porto-Alegre, Luís Guimarães, Machado de Assis, que encerrou a fila em 1875 com *As americanas.* Mas no Realismo e no Parnasianismo, ainda reencontramos o tema em Araripe Júnior e Olavo Bilac.

Para o Romantismo, tanto no pensamento dos críticos como "na realização" de poetas e ficcionistas, o indianismo foi a realização legítima da nacionalidade na literatura brasileira.

Nos meados do século, conjugando na sua obra teórica os debates críticos em torno das ideias literárias que apaixonavam os espíritos — a do sentimento da natureza, a da nacionalidade e originalidade e a do indianismo —, duas grandes figuras se impõem pela elevação e segurança doutrinária, as de José de Alencar e Macedo Soares, que assim oferecem interesse relevante para a história da crítica e das ideias literárias do Romantismo.

MACEDO SOARES[*]

Pela segurança e justeza do pensamento, pela coerência de princípios, pela lucidez de ideias, Macedo Soares merece lugar de destaque na história da

---

[*] Antônio Joaquim de Macedo Soares (Maricá, RJ, 1838-Rio de Janeiro, 1905). Bacharel pela Faculdade de Direito de São Paulo, magistrado, deputado provincial. Pertenceu ao grupo da sociedade Ensaio Filosófico Paulistano.

Bibliografia
Harmonias brasileiras, 1859 (poes.); *Lamartinianas,* 1869 (poes.); estas duas obras são antologias de diversos poetas; *Meditações,* 1889 (poes.); *Nininha,* 1859 (rom.). A sua produção crítica foi dispersa pelos jornais do tempo: *Revista Mensal do Ensaio Filosófico Paulistano, Correio Paulistano, Revista Popular, Correio Mercantil.* Diversos ensaios seus estão hoje reunidos em: *Textos que interessam à História do Romantismo.* Org. J. Aderaldo Castelo. 2 vols., São Paulo, Comissão Estadual de Cultura, Coleção Textos e Documentos, 1960 e 1963.

crítica brasileira. Ao integrar-se no conjunto de ideias defendidas pelos críticos românticos, ele o fazia, contudo, de maneira equilibrada, sem extremismos.

Concorda em que a nacionalização era uma necessidade "em todas as ordens de conhecimento". Para ele, a nacionalidade era a palavra mágica que apaixonava intelectuais e homens de estado. Condena as formas de cosmopolitismo, em Gonçalves de Magalhães, bem como o byronismo de Álvares de Azevedo, em oposição aos "brilhantes resultados da escola nacional", chefiada por Gonçalves Dias. O pensamento clássico e estrangeiro foi derrotado pela inspiração da selva brasileira e pela força da tradição indiana. A propósito de Teixeira de Melo, Bittencourt Sampaio e Gonçalves Dias, em ensaios de extrema argúcia, sustenta as ideias da nacionalidade literária e do sentimento da natureza.[9]

Compara o uso da natureza nos poetas norte-americanos e brasileiros, e pensa que há um defeito nos últimos: o de se deixar ficar pela rama, na exterioridade, embora "com mais fogo, mais sentimentalismo", com mais brilhante imaginação. Acredita que a causa disso é a "maneira errada por que tem sido compreendido o nacionalismo na arte", porquanto "tem-se feito desse caráter de toda verdadeira poesia um sistema, quando não devia ser senão uma condição local, necessária embora, de sua projeção no espaço e no tempo". Em Gonçalves Dias mesmo ele aponta o defeito no excesso de imagens e na profusão de cores e ornatos, que "obscurecem a marcha da ideia no seu desenvolvimento lógico", ou "prejudica ao fundo da ação épica".

Para ele, não se pode separar a originalidade da nacionalidade. Combate o cosmopolitismo porque não se funda na imaginação popular, nas crenças e tradições, nas cores locais. Pensa que "ser nacional, isto é, de seu século e país, equivale a ter feições próprias suas, um caráter distinto e peculiar, uma fisionomia original"; e que "não é nacional a literatura que não distingue um povo na comunhão dos outros povos". Mas pergunta qual o caráter dessa "originalidade das formas nacionais", que é, a seu ver, o "assunto vital, questão de ser ou não ser da poesia brasileira".

A propósito, diverge dos que anteriormente haviam discutido a questão, os quais teriam sido levados a exageros, tais como o uso de vocabulário tirado aos dialetos indígenas. Resultou uma poesia ininteligível, meramente descritiva de usos e utensílios indígenas, "tudo exterior, tudo falso e descorado, sem a luz do sentimento". Afirma que "a nacionalidade não podia estar nas palavras" e que a Gonçalves Dias é que se deveu a reação justa num indianismo e numa representação da natureza que, apesar de certos excessos, não permaneceram no puro pitoresco, alçando-se ao plano das ideias, da interpretação, do símbolo.

Vê-se, pois, como Macedo Soares acompanhava, não sem originalidade, a marcha do pensamento nacionalista, procurando, como os seus companheiros, caracterizar a ideia da nacionalidade em literatura. Em 1860, afirma que "ainda não estão firmemente assentadas, creio eu, as bases da nacionalidade literária". Sua posição era a favor da ideia, mas sem ser "de maneira muito exclusiva", como diz a propósito de Gonçalves Dias. Em 1873, Machado de Assis desenvolve de modo definitivo as ideias que estão em germe no pensamento equilibrado de Macedo Soares. E a despeito das restrições, considera que "as Poesias Americanas foram a pedra angular da poesia nacional".

JOSÉ DE ALENCAR[*]

A posição de Alencar (1829-1877) é da maior importância para a crítica brasileira. Escritor consciente, quanto à teoria literária, tendo feito a sua formação, como ele mesmo relata em *Como e por que sou romancista*, na leitura e meditação dos grandes doutrinadores literários antigos e modernos, e na observação da prática dos criadores nos diversos gêneros, formou para si uma concepção acerca do fenômeno literário, que procurou na discussão teórica através de polêmicas, prefácios, ensaios, em grande parte na defesa de sua própria produção.

Em três grandes polêmicas: sobre *A confederação dos tamoios* de Gonçalves de Magalhães; com Franklin Távora e J. Feliciano de Castilho; e com Joaquim Nabuco, além de em uma série de ensaios, está a sua obra crítica e doutrinária.

A primeira manifestação é a polêmica em 1856 em torno de *A confederação dos tamoios*, poema épico indianista, estampado por Gonçalves de Magalhães, então o chefe incontestado da literatura brasileira, inclusive com apoio do Imperador D. Pedro II. Em uma série de cartas, publicadas na imprensa, sob o pseudônimo de Ig, Alencar submete o poema a uma severa análise, tanto mais audaciosa quanto partida de um jovem sem qualquer nomeada, iniciando timidamente a carreira literária. A justeza das críticas mostrou o malogro da tentativa

---

[*] Ver nota biobibliográfica neste volume cap. 28 — Os textos críticos de Alencar estão reunidos no vol. IV da *Obra completa*, edição Aguilar. São os seguintes: "A comédia brasileira" (1857); "Prólogo a *As asas de um anjo*" (1859); "Posfácio a *Diva*" (1865); "Castro Alves" (1868); "Pós-escrito a *Iracema*" (1870); "Bênção paterna", prefácio a *Sonhos d'ouro* (1872); *Como e por que sou romancista* (1873); "Questão filológica" (1874); "O nosso cancioneiro" (1874); "O vate bragantino" (1874); "Teatro brasileiro: a propósito de O *jesuíta*" (1875); "O protesto" (1875).
Deve-se incluir ainda: *Cartas sobre A confederação dos tamoios* (1856), hoje incluída em José Aderaldo Castelo, *A polêmica sobre "A confederação dos tamoios"*. São Paulo, Faculdade de Filosofia, Ciências e Letras da Univ. de São Paulo, 1953 (Coleção Textos e Documentos, nº 2); *Questões do dia*. 3 tomos. Rio de Janeiro, Tip. e Lit. Imparcial, 1871-1872 (Polêmica com Franklin Távora e J. Feliciano de Castilho); *A polêmica Alencar-Nabuco* (1875). Org. Afrânio Coutinho. Rio de Janeiro, Edições Tempo Brasileiro, 1965; *Ao correr da pena* (1874) (crônicas). — Sobre Alencar crítico, ver para maiores desenvolvimentos Afrânio Coutinho. *A tradição afortunada*, caps. 9 e 11.

de Magalhães. Discute pontos técnicos de gramática, métrica, composição, estilo, gêneros, concepção, além do conceito, àquela altura em plena efervescência na mente dos críticos, acerca da nacionalidade. Eram, pela primeira vez, postos em equação não somente os aspectos técnicos e formais, senão também a discussão sobre quais os gêneros literários que mais convinham à incorporação da natureza, dos costumes e assuntos brasileiros à literatura.

Em primeiro lugar, repele a adequação do poema épico a esse objetivo. Era um gênero esgotado pelo classicismo e pelas literaturas de outros povos, inadequado à nova situação histórica e social brasileira e ao gosto do público moderno. Optava pelo romance, que, pela técnica e flexibilidade, mais se coadunava à temática e à realidade brasileiras. (Em *O guarani* de 1857, ele iria comprovar na prática o acerto de sua teoria. Alencar, em realidade, criou a ficção brasileira, não somente sob a forma indianista, mas também escolhendo as fórmulas e realizando as experiências técnicas e temáticas de extrema fecundidade para o desenvolvimento do romance e do conto.)

Ao lado da temática indianista situa o sentimento da natureza como a fórmula ideal da nacionalidade literária. Confessa-se um leitor do "livro da natureza", mais próprio como mestre de poesia do que os livros estrangeiros. Pensa que "em tudo há poesia" e que se deve "procurar o belo nas coisas". Combate o indianismo de exterioridades e vocabulário, para defender uma poesia que parta dos usos e tradições indígenas que cante o heroísmo, a psicologia e o sentimento dos índios, dentro das leis eternas da arte e dos gêneros.

Assim, Alencar propunha aos escritores que mergulhassem no magma nacional, na realidade histórica e social, da cidade e dos campos, aí buscando a matéria-prima com que construiriam a literatura brasileira.

Tal sugestão, Alencar procurou, ele mesmo, aplicar à composição de sua obra de romancista, ligando-a às três fases do desenvolvimento do Brasil; a fase primitiva ou aborígine, a fase colonial e a fase moderna. A primeira, dominada pelo primitivo habitante (*Iracema*, etc.), a segunda, quando o colonizador entra em choque com o indígena (*O guarani*, etc.), a terceira, quando a civilização adquire hábitos de vida doméstica e urbanizada ou de organização rural (*Diva*, *Senhora*, *Tronco do ipê*, etc.). Era a ideia do romance da nacionalidade, reunindo costumes, lendas, superstições nacionais, além de um retrato da paisagem natural e urbana.

A posição crítica de Alencar torna-se ainda mais clara na polêmica travada com Joaquim Nabuco, em 1875,[10] momento culminante da evolução da ideia nacional, pois coincide com o luminoso pronunciamento de Machado de Assis, com o ensaio "Instinto de nacionalidade", adiante comentado.

Em Alencar e Nabuco defrontam-se as duas concepções da civilização brasileira: a europeizante ou ocidentalista e a brasilista ou nacional. A primeira acentua a dependência brasileira à cultura ocidental; a segunda realça o papel brasileiro, original na civilização que aqui se formou. Para Nabuco, é a sociedade branca, dominante, herdada da europeia, a verdadeiramente brasileira, ao passo que, para Alencar, é a que resultou do mestiçamento entre o branco, o negro e o índio.

Sem que possa considerar-se um crítico literário no sentido estrito, Alencar foi, todavia, um teorizador da literatura dos mais seguros, o que não deixa de ser crítica.[11] Daí o fato de que nenhum outro escritor desempenhou maior papel no processo da integração nacional da literatura. É que o fez mediante a conscientização teórica dos diferentes problemas que desafiavam o escritor brasileiro naquela era crítica que foi o século XIX.

Outro ponto da teorização alencariana refere-se ao problema da nacionalização da linguagem, e, contra os que sustentavam o purismo classicizante, defendeu ele o direito à evolução do idioma e à diferenciação brasileira.

Assim, em todos os aspectos, Alencar foi o teorizador da independência literária brasileira.

Para ele, "o escritor verdadeiramente nacional acha na civilização de sua pátria, e na história já criada pelo povo, os elementos não só da ideia, como da linguagem que a deve exprimir". Pensa que a "diversidade dos costumes e da índole (contribuía) a formar essa literatura brasileira cuja independência mais se pronuncia de ano em ano". Vê a literatura como nascendo da realidade, isto é, da "reprodução da natureza e da vida social". Para que uma literatura seja nacional, é-lhe mister adquirir certo "sentimento íntimo", como disse Machado de Assis, segundo o qual os personagens atuam de maneira que só o nacional do país pode fazer. Não basta a natureza, mas o conjunto de natureza e vida social é que constitui o fundo de cena da literatura, a alma da pátria imanente a toda a maneira de ser e agir do povo. Essa é que forma "a especialidade da vida brasileira", por sua vez responsável pela diferenciação literária e linguística. A obra literária — e a sua foi isso — é um retrato e uma síntese da civilização em que surge. Assim, a nacionalidade literária é um reflexo da influência do meio e, ao mesmo tempo, da vida social.

O pensamento crítico de Alencar chega, assim, a uma etapa em que se firma a doutrina da nacionalidade literária. Machado de Assis põe em termos críticos definitivos a codificação desse pensamento. Na década de 70, esse pensamento atinge, portanto, sua fase culminante, com José de Alencar e Machado de Assis.

d) *Quem era o escritor brasileiro*. Outro aspecto do debate romântico referente à ideia da nacionalidade foi o de saber-se quem eram os escritores brasileiros; em outras palavras, qual o critério a adotar-se para a separação entre escritores portugueses e brasileiros. Esse problema surgiu ligado sobretudo à organização das antologias e histórias literárias. E as opiniões giraram em torno do critério do nascimento ou não no Brasil.

O registro da produção literária no Brasil foi feito em livros gerais de história, nos dicionários biográficos ou nas antologias de intenção didática.

Esses livros, escritos alguns antes da Independência (1822), outros depois, denotam uma concepção clara quanto à natureza brasileira dos escritores que cultivaram as letras, fosse mesmo no período colonial. Incluíram como representantes da literatura brasileira os escritores anteriores à Independência.

Exemplificam essa assertiva: Diogo Barbosa Machado, *Biblioteca lusitana* (1744-51); Loreto do Couto, *Desagravos do Brasil e glórias de Pernambuco* (1757); Januário da Cunha Barbosa, *Parnaso brasileiro* (1829-1830); Pereira da Silva, *Parnaso brasileiro* (1843); Francisco Adolfo Varnhagen, *Florilégio da poesia brasileira* (1850).

O objetivo era, como diz Januário da Cunha Barbosa, "tornar ainda mais conhecido no mundo literário o gênio daqueles brasileiros" que faziam literatura. No seu livro, como no de Pereira da Silva, são escritores brasileiros os vários poetas da fase colonial, de Gregório de Matos a José Bonifácio. Varnhagen, no prólogo à sua obra, que é um manifesto em prol da nacionalidade brasileira, acentua que "vai já para dois séculos havia no Brasil quem julgava que se podia fazer poesia sem ser só com coisas de Grécia e Roma". Para ele as literaturas de Portugal e do Brasil eram duas, a despeito "da uniformidade da língua". Quanto ao critério de inclusão na antologia, é o do nascimento no Brasil o mais natural. E são os poetas da escola baiana os que iniciam o seu florilégio.

Como ele, também Ferdinand Denis, no *Resumé de l'histoire littéraire du Portugal suivi du resumé de l'histoire littéraire du Brésil* (1826), encara como literatura brasileira o que se produziu no Brasil desde o século XVII.

e) *O início da historiografia literária*. Esses livros acima referidos são o primeiro passo da historiografia literária. Constituem a fase primitiva, biobibliográfica e antológica, a que emprestou metodologia científica Varnhagen, por isso, o pai da historiografia literária brasileira. Com os "parnasos" e "florilégios"; além da colheita e inclusão da produção literária, inicia-se também a dos "bosquejos" e "resumos", primeiras tentativas de historiar a produção literária, especialmente a poesia.

O primeiro esboço é o de Pereira da Silva, no seu *Parnaso brasileiro*, a que se seguem o de Varnhagen, no *Florilégio*, o de Ferdinand Denis, no *Resumé*, e o de Gonçalves de Magalhães, "Discurso sobre a História da Literatura do Brasil", publicado em 1836, na *Niterói, Revista Brasiliense*.

Os primeiros já foram considerados acima. Resta examinar Gonçalves de Magalhães. Partindo da ideia de que "cada povo tem sua literatura própria", concebe a brasileira como extensiva, abrangendo a produção de logo após o descobrimento. Há nele um germe de pensamento ou de uma teoria historiográfica, quando declara "que o nosso propósito não é traçar cronologicamente as biografias dos autores brasileiros, mas sim a história da literatura do Brasil"; e acrescenta que "toda história, como todo drama, supõe uma cena, atores, paixões, e um fato que progressivamente se desenvolve, que tem sua razão, e um fim; sem estas condições não há história, nem drama". É uma filosofia da história que ele busca.

334   ERA ROMÂNTICA

f) *A literatura da fase colonial.* Entre os temas debatidos pelos críticos românticos esteve o da natureza portuguesa ou brasileira da produção literária da fase colonial.

O assunto foi colocado pelo vate lusitano Almeida Garrett, no prefácio do *Parnaso lusitano* (1826), no qual afirma que "mui distinto lugar obteve entre os poetas portugueses desta época Cláudio Manuel da Costa"; para ele, "o Brasil o deve contar seu primeiro poeta (em antiguidade), e Portugal entre um dos melhores". Está claro o pensamento de que o escritor, embora nascido no Brasil, pertencia à literatura portuguesa pelo fato de o Brasil ser dependência política de Portugal. Lamenta apenas que esses poetas não houvessem procurado inspiração na natureza brasileira. Mas, de qualquer modo, achava que a literatura portuguesa começava "a avultar e enriquecer-se com as produções dos engenhos brasileiros".

Essa tese teria grande fortuna, inclusive entre brasileiros, e segundo ela seria estabelecido, por muito tempo vigorante, o princípio de que a fase chamada colonial da literatura brasileira pertenceria à literatura portuguesa. Em decorrência dele, criou-se a norma, adotada por muitas antologias, de apresentar de mistura as produções literárias dos portugueses e brasileiros. Seguiram essa norma as obras do Cônego Joaquim Caetano Fernandes Pinheiro (1825-1876); *Curso elementar de literatura nacional* (2ª ed. 1883) e *Resumo da história literária* (1873). De igual orientação é o *Curso de literatura portuguesa e brasileira* (1866-68, 73) de Sotero dos Reis (1800-1871). Na mesma linha seguiam os tratadistas portugueses: Camilo Castelo Branco, Teófilo Braga, Fidelino Figueiredo, até os dias presentes com Oscar Lopes, Antônio José Saraiva, João Gaspar Simões.

Esse princípio diretor também vigoraria mesmo entre brasileiros modernos, e nele se fundou José Veríssimo, para, em sua *História da literatura brasileira* (1916) adotar a divisão em períodos colonial e nacional.

Como se depreende, nesse critério há a subordinação da literatura à política, no pressuposto de que um país só tem literatura própria quando independente politicamente; é claro que no caso de países que, como o Brasil, resultantes da colonização por outro. Contra ele, reagiram os brasileiros, como foi referido, considerando a produção da fase colonial como expressão literária já brasileira.

g) *O problema da periodização.* Correlato a esse aspecto, surgiu o debate sobre a periodização na história literária brasileira.

Esse importante problema de filosofia da história preocupou a historiografia brasileira desde o início. Gonçalves de Magalhaes foi o primeiro a propor um sistema, no "Discurso" de 1836. Abandonando o método cronológico puro, adotado por Ferdinand Denis, fugindo à confusão entre historiografia, catálogos bibliográficos e antologia, conforme o texto acima citado, libertou a história literária, procurando estabelecer um nexo no desenvolvimento da literatura através dos séculos, "o caráter e o progresso que mostra a nossa literatura", para culminar no século XIX com a ideia de pátria.

Santiago Nunes Ribeiro aprofunda o problema, afirmando que "nas diversas propostas não se atendeu às evoluções íntimas da literatura, nem ao princípio que as determinava, mas tão somente aos fastos e épocas da história política". É notável a sua compreensão do assunto, ao sugerir que a periodização deve levar em conta "as evoluções íntimas da literatura" e "o princípio que as determinava". Sua divisão é em três períodos, o primeiro até o meado do século XVIII, com Cláudio como transição para o segundo, que vai até 1830, com os padres Caldas e J. Carlos e José Bonifácio como transição para o terceiro.

Joaquim Norberto, Ferdinand Wolf (1863), Fernandes Pinheiro encaram o problema, sem todavia conseguir libertar-se da cronologia pura ou da política.

De todo modo, o esforço periodológico, em pleno Romantismo, é mais um aspecto da nacionalização. Mas, a periodização, pelos brasileiros, é quase unânime em reconhecer o fato literário colonial como parte integrante da literatura brasileira. É o reconhecimento da nacionalidade brasileira, como existindo na literatura desde o início da colonização.

*

Em resumo, para os críticos e teóricos românticos:

a) a literatura brasileira começou no início da colonização, tendo sido para uns Bento Teixeira o primeiro escritor e para outros Anchieta; desde o início não foi um simples ramo ultramarino da portuguesa;

b) os escritores de antes da Independência são brasileiros, porque praticam literatura brasileira, mesmo quando não nascidos no Brasil;

c) para a organização das antologias e histórias literárias o critério mais válido é para uns o do nascimento no Brasil, para outros o do exercício da literatura no Brasil;

d) a periodização deve abranger os escritores do período colonial do Brasil;

e) a diferenciação da literatura brasileira, a sua nacionalidade e originalidade fizeram-se pela incorporação da natureza brasileira, dos costumes diversos, da vida social, dos acontecimentos históricos, das lendas e mitos nacionais. Desde o início, o Brasil era Brasil.

Esse conjunto de pontos constituiu um bloco de doutrina coerente e progressiva.

II — SOCIEDADES E PERIÓDICOS. OUTROS CRÍTICOS

O debate crítico do Romantismo produzia-se sobretudo em São Paulo, em torno da Faculdade de Direito, e no Rio de Janeiro, nos jornais e revistas.

O primeiro a se constituir como grupo é o fluminense, que abrangeu Gonçalves de Magalhães, Torres Homem e Araújo PortoAlegre.[12] A *Niterói, Revista Brasiliense*, fundada por Magalhães em Paris, em 1836, é o órgão do grupo. A publicação estampa o seu "Discurso sobre a *História da literatura no Brasil*", em que expõe suas ideias renovadoras, de cunho romântico e nacionalista, mostrando como a literatura começou no Brasil, a sua origem, o seu caráter, as fases de seu desenvolvimento, as relações da literatura com o povo, as fontes bibliográficas, etc., manifestando otimismo acerca do que já haviam realizado literariamente os brasileiros, a despeito das péssimas condições adversas da colônia. Condena a imitação dos antigos, reivindica a incorporação da natureza brasileira, bem como os costumes e crenças do povo. Para a natureza, o índio e o gênio criador seriam os princípios dinamizadores da literatura brasileira, e esses princípios constituem a essência do pensamento crítico romântico.

Na década de 40, o debate crítico foi focalizado na *Minerva Brasiliense* (1843 a 1845), com a polêmica em torno do problema da nacionalidade, em que se destacou Santiago Nunes Ribeiro. Em seguida, e na mesma linha nacionalizante, a *Revista Popular* (1859-62) e a *Revista do Instituto Histórico e Geográfico Brasileiro*, órgão fundado em 1838. Destacaram-se as figuras de Joaquim Norberto de Sousa e Silva, do Cônego Januário da Cunha Barbosa e Francisco Adolfo Varnhagen. Em todos, o mesmo ideal nacionalista, o espírito moderno em luta contra o antigo, contra o mitológico e a imitação, em favor da natureza brasileira e dos costumes locais, sobretudo indígenas.

Outros jornais tiveram atuação marcante: *Diário do Rio de Janeiro* (1821-1878), *Jornal do Comércio* (1827), *Ostensor Brasileiro* (1845), *Correio Mercantil* (1848-68), *O Correio da Tarde* (1855-62), *A Marmota Fluminense* (1852-1857), *Guanabara* (1850-56), *A Reforma* (1851-52), *Revista Brasileira* (1855, 1857-1861, 1879, 1895), *A Semana* (1855-56), *O Espelho* (1859-60), *A Semana Ilustrada* (1860-1876), *O Jornal das Famílias* (1863-1878), *O Futuro* (1862-1863), *Vida Fluminense* (1868-1875), *O Mosquito* (1869-77), *Gazeta de Notícias* (1875) etc.[13]

Em São Paulo, como informa João Salomé Queiroga, a movimentação estudantil em prol das ideias renovadoras, na Faculdade de Direito, é anterior a 1830. A primeira grande manifestação é, porém, a *Sociedade Filomática*, fundada em 1833, por alunos da Faculdade,[14] a qual publicou uma *Revista da Sociedade Filomática*.[15] A doutrinação romântica é bem expressa pelos colaboradores, Queiroga sendo o mais destacado.

Outra agremiação de estudantes da Faculdade de Direito de São Paulo foi a Sociedade Ensaio Filosófico Paulistano, fundada em 1859 por Álvares de

A CRÍTICA LITERÁRIA ROMÂNTICA   337

Azevedo,[16] a qual editou uma *Revista Mensal*, rica de colaboração significativa do ponto de vista da doutrinação romântica. Embora propendendo àquela altura para a exacerbação ultrarromântica, na linha do mal do século, essa geração ainda é fiel ao ideal nacionalista.

Nas páginas da revista do grêmio[17] encontram-se numerosos trabalhos críticos, máxime de Macedo Soares, já estudado antes, e de Antônio da Silva Prado, Salvador de Mendonça, Álvares de Azevedo, etc. Deste último, a produção crítica está contida em alguns discursos e em estudos sobre George Sand, Musset, e problemas de Teatro. Em todos está o poeta máximo do mal do século.

De São Paulo também são as revistas *O Acaiaba* (1852-53) e *Guianá* (1856). Citam-se os nomes de Couto de Magalhães, Tavares Bastos, etc.

III — MACHADO DE ASSIS[*]

O código crítico do Romantismo, no seu aspecto nacionalista, empreendido no Brasil ao longo de quatro décadas, atinge o ponto culminante no ensaio de Machado de Assis, "O instinto de nacionalidade", publicado em começos de 1873, na revista *O Novo Mundo*, editada em Nova Iorque por José Carlos Rodrigues. Ao fazer tal afirmação não se quer significar ser o autor do *Dom Casmurro* um crítico tipicamente romântico. Como em tudo o mais, ele superou as limitações e características de qualquer escola ou movimento. Contudo, suas raízes foram românticas, embora, graças ao seu gênio literário, ele houvesse formado uma doutrina estética própria, independente de escolas, ou antes, que incorporava elementos de todas e da melhor tradição. Estudando o processo da criação literária nos grandes autores, absorvendo as doutrinas dos teóricos antigos e modernos, Machado formou uma concepção do fenômeno e da prática literária para seu próprio uso. Disse Mário de Alencar, no prefácio ao volume da *Crítica literária*, por ele pela primeira vez reunido e publicado, que Machado teria sido o nosso maior crítico se tivesse continuado a exercer o ofício. Essa restrição parece descabida, porquanto, se não pela quantidade da produção crítica, mas pela qualidade e justeza de conceituação é Machado quiçá o maior crítico brasileiro.

Alguns de seus ensaios, como "O instinto de nacionalidade", "Ideal do crítico", "Ideias sobre o teatro", "Literatura realista — O primo Basílio", "A nova geração", "O passado, o presente e o futuro da literatura", os ensaios sobre Castro Alves, Fagundes Varela, José de Alencar (*Iracema*), pertencem

---

[*] Ver nota biobibliográfica no cap. 35 desta obra. A obra crítica de Machado está reunida em *Crítica literária* e *Crítica teatral* (Edições Jackson). Ver também: *Machado de Assis. Crítica*. Org. J. A. Castelo. Rio de Janeiro, Liv. Agir, 1959. Col. Nossos Clássicos, nº 38.

ao que de mais alto já produziu a crítica brasileira. A não ser essa ou aquela página esporádica, a sua principal produção crítica estendeu-se entre 1858 e 1879. Afirma-se que teria perdido o encanto com o mister. Parece mais justo afirmar que encontrou na ficção o seu meio de expressão mais adequado e nele se realizou. Mas crítico permaneceu a vida toda, sobretudo "o mais rigoroso crítico de si mesmo", realizando uma obra que é uma síntese de espírito criador e espírito crítico.

Não foi Machado um crítico impressionista, se tomarmos essa variedade como a expressão dos passeios da alma entre as obras-primas, como queria Anatole France. O crítico impressionista é o escritor de gosto e sensibilidade apurados e que, em face das obras, oferece as "impressões" de seu espírito por elas provocadas. Não compara, não analisa, não documenta, não julga. Opina e dá impressões. Foram assim um France, um Lemaitre, um Pater, uma Virginia Woolf. Grandes artistas ou espíritos criadores que refletiam suas reações ante as obras-primas.

Machado de Assis, ao contrário, possuía uma doutrina, um código de valores, um sistema de critérios estéticos, à luz dos quais julgava as obras, depois de analisá-las.

Para Machado, a crítica deveria ser normativa e reguladora, da qual decorreria a boa literatura. Em 1865, diante da crise literária de então, perguntava: "Quereis mudar essa situação aflitiva? Estabelecei a crítica." Essa ideia desenvolve-a no "Instinto de nacionalidade" (1873):

> Estes e outros pontos cumpria à crítica estabelecê-los se tivéssemos uma crítica doutrinária, ampla, elevada, correspondente ao que ela é em outros países. Nada temos. Há e tem havido escritos que tal nome merecem, mas raros, a espaços, sem a influência quotidiana e profunda que devem exercer. A falta de uma crítica assim é um dos maiores males de que padece a nossa literatura: é mister que a análise corrija ou anime a invenção, que os pontos de doutrina e de história se investiguem, que as belezas se estudem, que os senões se apontem, que o gosto se apure e eduque, para que a literatura saia mais forte e viçosa, e se desenvolva e caminhe aos altos destinos que a esperam.

Esse texto luminoso é um verdadeiro credo estético, a fundamentar outrossim a obra de criação de Machado. Ele exigia uma crítica doutrinária, normativa, reguladora, apuradora do gosto, corretora e animadora da invenção, portanto que atuasse nos outros e em cada um, que fosse crítica e autocrítica. "A crítica tem por fim analisar, e para analisar completamente há mister de conhecimentos mais latos e documentos mais verdadeiros." Todos os degraus do processo crítico estão previstos no trecho acima: a análise a corrigir ou animar a invenção (aspecto analítico ou de dissecação do texto); a investigação sobre pontos de história ou doutrina (crítica histórica ou ideológica); estudo das belezas (análise e comparação); indicação dos senões, educação do gosto (normativa) para que a literatura progrida e cresça (influência nos autores e no público).

Isso é a negação do impressionismo crítico.

Ao invés de simples passeios impressionistas, o que Machado visava era uma crítica "doutrinária, ampla, elevada", meditada, baseada nas leis que governam a literatura, cultivando a "ciência literária", aferindo o valor à luz de um corpo de princípios e critérios de julgamento, de uma arte poética. Em lugar de impressões subjetivas, para ele a crítica é a análise e julgamento das obras literárias, visando à melhoria da literatura. É judicante e normativa, e ele mesmo o afirmou, no estudo sobre *O primo Basílio* de Eça de Queirós, preferir, "às generalidades do diletantismo literário a análise sincera e a reflexão paciente e longa".

Essa concepção da crítica é a que podemos chamar estética. Encara a literatura como um fenômeno estético, composto de elementos estéticos, intrínsecos, específicos, imanentes à sua própria natureza, os quais hão que ser analisados, compreendidos e julgados à luz de métodos estéticos, adequados à natureza do fenômeno.

É uma concepção de fundo clássico, e foi aos antigos que Machado buscou-a à tradição crítica oriunda da *Poética* de Aristóteles. Para ele, a criação tem que basear-se no estudo das técnicas da arte literária através da observação dos modelos e das leis da poética. Destarte, há um verdadeiro ideário crítico na sua obra.

Em primeiro lugar, a regra aristotélica da distinção entre verdade estética e verdade ética ou política:

> Julgar de uma composição pelo que toca às ofensas feitas à moral, às leis e à religião, não é discutir-lhe o mérito puramente literário, no pensamento criador, na construção cênica, no desenho dos caracteres, na disposição das figuras, no jogo da língua.

Eis aí bem nítidos os elementos propriamente literários, que compõem a obra literária, e que exigem tratamento crítico de cunho também literário. Essa crítica de natureza literária, estética ou poética — preocupada com os elementos puramente literários da obra (construção cênica, desenho dos caracteres, etc.) — ele aplicou à análise de *O primo Basílio*. E apontou com segurança a inconsequência e a falta de coerência interior do personagem, que é antes um títere, a estrutura inartística, os defeitos de concepção, os erros do enredo, a ação confundida com a anedota, que não desperta o interesse moral mas o interesse da curiosidade, o exagero do realismo, tudo o que sacrificava a verdade estética.[18]

Assim distinguindo arte e moral, verdade estética e verdade histórica, foi ele levado a repelir o Realismo, sem todavia desdenhar da realidade. "A realidade é boa, o Realismo é que não presta para nada." O problema era de ênfase.

Ao fugir do Romantismo estafado, não iria pender para o excesso oposto, o que "não é regenerar nada: é trocar o agente da corrupção". Mas "alguma coisa há no Realismo que pode ser colhida em proveito da imaginação e da arte". A técnica do inventário do Realismo "é a negação mesma do princípio da arte", pois "há um limite intranscendível entre a realidade, segundo a arte, e a realidade, segundo a natureza". A arte não é "a reprodução exata das coisas, dos homens e dos fatos", e "dado que seja a realidade pura, a ficção poética não podia admiti--la, sem restrição".

Portanto, a crítica machadiana, ao aconselhar que "voltemos os olhos para a realidade mas excluamos o realismo", pois "assim não sacrificaremos a verdade estética", coloca-se nitidamente na linha da poética aristotélica, para a qual a arte não é cópia mas imitação, transfiguração, transposição da realidade. Nessa ordem de ideias, a sua crítica, em vez de subjetiva e impressionista, é objetiva, pois "nem basta ler; é preciso comparar, deduzir, aferir a verdade do autor", isto é, deve colocar-se no ponto de vista da obra, apreender a sua verdade e verificar se a obra é fiel a essa verdade.

Numa época em que o Romantismo exaltava o indivíduo e a crítica de Sainte-Beauve exaltava a biografia como elemento imprescindível ao ato crítico, afirmou Machado o contrário (1859):

> Estou mesmo certo de que, em geral, há alguma coisa do escritor nas suas obras capitais: muitas vezes as faces da criação são coradas com o próprio sentimento. Mas que vale isso aqui? Do alto dessas páginas só conheço a obra e o escritor; o homem desaparece.

É a posição sustentada pela poética da nova crítica em pleno século XX, em reação contra o biografismo e o determinismo geográfico e social. É a posição da verdadeira crítica estética ou poética, intrínseca, egocêntrica.

Outro aspecto em que a crítica machadiana se destaca pelo equilíbrio de doutrina foi em relação ao princípio da nacionalidade. Seu ensaio sobre "Instinto de nacionalidade" é das obras-primas da crítica brasileira. O problema da nacionalidade na arte é aí formulado em moldes definitivos, reunindo o pensamento dos críticos até aquele momento. Mostrou que, ao afirmar a nacio-nalidade de seu caráter, uma literatura não o faz apenas em termos de traços exteriores, na paisagem e no vocabulário locais, "o que pode dar uma naciona-lidade de vocabulário e nada mais". O espírito nacional não se confunde com a cor local. Pensa que "aprecia-se a cor local, mas é preciso que a imaginação lhe dê os seus toques, e que estes sejam naturais, não de acarreto". É a diferença entre arte e vida, pois ao artista cabe transfigurar a realidade.

O espírito nacional está antes em "certo sentimento íntimo, que o tome (o escritor) homem do seu tempo e do seu país, ainda quando trate de assun-tos remotos no tempo e no espaço". Procura assim conciliar a nacionalidade e a universalidade, mediante esse nacionalismo interior, que funde a fisionomia exterior da sociedade com "uma ordem de ideias mais elevadas", com "os elementos que guardam a vida, mesmo através das mudanças do tempo". Para ele, pois, o nacionalismo literário é ponto pacífico. Apenas sem sacrificar as leis eternas e universais da arte, e existe sobretudo no sentimento íntimo que distingue a obra literária, ao lado dos quadros da natureza, da reprodução dos usos e tradições, das aspirações e feitos, do país e seus habitantes.

De conformidade com essa estética, Machado também apontou ao escritor as normas para a realização e a conduta adequadas ao seu ofício. Deveria pedir "ao tempo, ao estudo, à observação e à poesia, os materiais de suas obras". E afirma:

> Aponto-lhe o melhor dos mestres, o estudo: e a melhor das disciplinas, o trabalho. Estudo, trabalho e talento são a tríplice arma com que se conquista o triunfo.

Para o exercício da crítica e o julgamento de uma obra cumpre ao crítico "meditar profundamente sobre ela, procurar-lhe o sentido íntimo, aplicar-lhe as leis poéticas", para o que "não basta uma leitura superficial dos autores, nem a simples reprodução das impressões de um momento". É necessário analisar, dissecar,

> saber a matéria em que fala, procurar o espírito de um livro, descarná-lo, aprofundá-lo até encontrar-lhe a alma, indagar constantemente as leis do belo, tudo isso com a mão na consciência e a convicção nos lábios, adotar uma regra definida, a fim de não cair na contradição, ser franco sem aspereza, independente sem injustiça...

Esse ideal encerra tudo que a nova crítica atual exige como etapas do ato crítico: análise, dissecação, comparação, explicação, compreensão, julgamento, mediante o estabelecimento de uma "ciência literária".

Situando-se na encruzilhada entre Romantismo e Realismo, Machado de Assis, como crítico, colhendo nas teorias estéticas de ambas as escolas aquilo que têm de útil, e somando-as aos princípios eternos da arte literária, criou uma doutrina altamente seminal, ainda hoje válida, graças à independência e superioridade com que se situou. Sua teoria e sua prática encontram-se no mesmo grau de excelência.[19]

*

Resta mencionar alguns escritores que, dessa ou daquela forma, dedicaram reflexões aos problemas teóricos e críticos durante a fase romântica: Dutra e Melo (1823-46), Carlos Emílio Adet (1818-67), Antônio Pedro Lopes de

Mendonça (1826-65), Alexandre José de Melo Morais (1816-82), Quintino Bocaiúva (1836-1912), Antônio Joaquim de Melo (1795-1873), Inocêncio Francisco da Silva (1810-76), João Francisco Lisboa (1812-63).

NOTAS

1   João Salomé Queiroga (1810?-1878), poeta e crítico, nascido em Minas Gerais (Serro ou Ouro Preto), estudou direito em São Paulo e em Olinda, onde se diplomou em 1837. Fundou e fez parte da Sociedade Filomática, em 1828, em São Paulo, com outros colegas. Foi um nacionalista convicto e exaltado, difundindo a nacionalização temática e linguística da literatura no Brasil. Sua poesia é de intenção nacional, de motivos populares e em linguagem brasileira. Sua posição é de um doutrinador romântico. Ver Castelo, *Textos*, I, pp. 21-64, e Afrânio Coutinho, *A tradição afortunada*. Rio de Janeiro, Liv. José Olympio, 1968. V. 3.

2   Acerca do problema da Natureza e do sentimento de Natureza na literatura ocidental, ver Afrânio Coutinho, op. cit.

3   Ver sobre isso Afrânio Coutinho. *A tradição afortunada* — O presente capítulo é uma síntese desse trabalho.

4   No "Discurso sobre a história da literatura no Brasil", publicado na *Niterói, Revista Brasiliense* (1836).

5   Para maiores minúcias, ver Afrânio Coutinho, op. cit.

6   Sobre o assunto, ver Afrânio Coutinho, op. cit., cap. IV — Os artigos de Nunes Ribeiro saíram na *Minerva Brasiliense*, vol. I, fases 1 e 2, 1843. Os de Gama e Castro e outros vieram a lume no *Jornal do Comércio*, Rio de Janeiro, 19, 21, 24, 29 jan. 1842. Ver *Caminhos do pensamento crítico*. Org. Afrânio Coutinho.

7   "Introdução histórica", *Revista Popular*, tomo 4, pp. 357-358. Ver ainda Afrânio Coutinho, op. cit. Outro escritor da época, Paula Meneses, chega a asseverar que é a nacionalidade literária que prepara a política.

8   Sobre o assunto ver: Afrânio Coutinho, op. cit., e Péricles Eugênio da Silva Ramos. *Poesia romântica*. São Paulo, Melhoramentos, 1965, p. 44.

9   Ver *Textos que interessam à história do Romantismo*, vol. II, pp. 83-4. Ver também Afrânio Coutinho, op. cit. e *Caminhos do pensamento crítico*.

10   Sobre a polêmica ver Afrânio Coutinho, op. cit., cap. II, e "Introdução" de *A polêmica Alencar-Nabuco*.

11   Ver René Wellck, "Literary Theory, Criticism, and History", in *Concepts of Criticism*. New Haven, Yale Univ. Press, 1963. Sobre Alencar crítico, ver A. Amoroso Lima. *Estudos*. 4ª série, Rio de Janeiro, Centro D. Vital, 1931.

12   Ver cap. "Os pródromos do Romantismo", deste volume, inclusive para a nota biobibliográfica de Magalhães.

13   Ver Gondim da Fonseca. *Biografia do jornalismo carioca*. Rio de Janeiro, Quaresma, 1941; Hélio Viana. *Contribuição à história da imprensa brasileira*. Rio de Janeiro, Imprensa Nacional, 1945.

14   Ver J. Aderaldo Castelo. *A literatura brasileira*. Vol. I. Manifestações Literárias da Era Colonial. São Paulo, Editora Cultrix, 1962.

15 Ver *Textos que interessam à história do Romantismo.* A intensa atividade paulista pode ser hoje aquilatada nessa publicação, em três volumes, organizada por J. Aderaldo Castelo.

16 Ver nota biobibliográfica no cap. 20 deste volume.

17 Ver *Textos...*

18 Igual lição encontra-se em Aristóteles. Enquanto Aristóteles censura Eurípides à luz de uma compreensão de que o poeta deveria ter uma função moral, Aristóteles o condena por defeitos artísticos: estrutura errônea, má pintura dos caracteres, mau funcionamento do coro, etc. O seu juízo crítico é assim estético, não moral, e o critério da correção é literário.

19 Este capítulo sobre Machado muito deve aos livros de Afrânio Coutinho, *Machado de Assis na literatura brasileira.* Rio de Janeiro, São José, 1960, e *A tradição afortunada.* Rio de Janeiro, José Olympio, 1968.

30. *Josué Montello*
MANUEL ANTÔNIO DE ALMEIDA*

Romantismo ou Realismo? Influência de Balzac. Obra picaresca, influência espanhola. As Memórias e O guarani. *O Romantismo dominante. Fortuna da obra.*

As *Memórias de um sargento de milícias* foram primitivamente publicadas em folhetins do *Correio Mercantil* do Rio de Janeiro, no período de 27 de junho de 1852 a 31 de julho do ano seguinte. Não traziam nome de autor. Em 1854 e 1855, ao saírem em volume, nos seus dois tomos respectivos, persiste o esconderijo literário do romancista, que então se manifesta, singelamente, na folha de rosto do livrinho — *Um brasileiro.*

Manuel Antônio de Almeida, que as redigira para o suplemento do *Correio,* realizara uma obra-prima sem dar por isso. O pequeno romance, desataviadamente construído, sem os adornos e truques do Romantismo ainda em voga, constituía uma realização feliz, que lhe asseguraria existência duradoura e lugar definitivo na história da ficção brasileira.

Cinco anos depois do aparecimento das *Memórias* no *Correio Mercantil,* começou a ser publicado, em folhetins do *Diário do Rio de Janeiro,* O guarani, de José de Alencar.

---

* Manuel Antônio de Almeida (Rio de Janeiro, 1830-Magé, Estado do Rio, 1861) com grandes dificuldades formou-se em medicina, mas para ganhar a vida dedicou-se ao jornalismo e à tradução. Depois de tentar sem êxito a clínica, ingressou no funcionalismo público, chegando a administrador da Tipografia Nacional.

Bibliografia
ROMANCE: *Memórias de um sargento de milícias* (1854-55. 2 v.). TEATRO: *Dous amores,* 1861. Há numerosas edições das *Memórias,* por editores vários.

Consultar
Andrade, Mário. *Aspectos da literatura brasileira.* Rio de Janeiro, Americ. Edit., 1943; *Autores e livros.* V. 4, nº 10, 21-3-1943; Frieiro, Eduardo. "Do Lazarilho de Tormes ao filho do Leonardo Pataca" (in *Kriterion.* Belo Horizonte, nº 27-28, janeiro-junho 1954); Gomes, Eugénio. "Manuel Antônio de Almeida e o Romantismo" (in *Correio da Manhã,* 13 fev. 1954) idem. *Aspectos do romance brasileiro.* Bahia, Publicações da Universidade, 1958; Pereira, Astrojildo. "Romancistas da cidade" (in *O romance brasileiro de 1753 a 1930.* Rio de Janeiro, 1952); Rebelo Marques. *Vida e obra de Manuel Antônio de Almeida.* Rio de Janeiro, INL, 1953 [e] *Bibliografia de Manuel Antônio de Almeida.* Rio de Janeiro, INL, 1951.

O escritor cearense vai dominar, durante longo período, como a sua primeira figura, o romance brasileiro. *O guarani* assinala o início de uma popularidade fulgurante. Narra o Visconde de Taunay, nas suas reminiscências da vida política e literária, que, à chegada do correio com os números do jornal onde Ceci e Peri viviam o seu idílio romântico, formavam-se grupos, à luz dos lampiões, na capital paulista: eram os primeiros devotos do romancista que assim acompanhavam as peripécias de seus heróis diletos, na impaciência da leitura feita ao relento e em voz alta por um dos presentes.

Nesse ambiente de aplauso à literatura romântica, as *Memórias de um sargento de milícias* teriam de ser, fatalmente, uma obra deslocada. Sua principal característica consubstanciava-se na impressão de verdade objetiva que saltava de suas páginas. Nos seus quadros, nas suas figuras, nos seus diálogos, no seu entrecho, havia um contraste flagrante de realidade cotidiana com o idealismo das construções literárias então aclamadas pela sociedade do tempo do Império.

Em 1863, por iniciativa de Quintino Bocaiúva, o romance de Manuel Antônio de Almeida torna a vir a lume, em nova edição. Essa reaparição, acolhida com elogios discretos, pouco acrescenta ao renome do romancista. A propósito, assinala-se a circunstância de que, em *Le Brésil littéraire,* que foi também publicado em 1863 e recebeu orientação evidente de Domingos José Gonçalves de Magalhães, Ferdinand Dénis deixa de aludir às *Memórias*, no levantamento de uma literatura que contava número bem pequeno de figuras expressivas e de grandes obras.

Machado de Assis, que então redigia uma resenha quinzenal para *O Futuro*, alude, na sua crônica de 15 de fevereiro, ao aparecimento da edição de Quintino Bocaiúva, mas o faz em termos de extrema sobriedade, com a escapatória de ser bem conhecida a obra e bastante apreciada a inteligência de seu autor.

Não obstante o comedimento de louvores com que continuavam a ser recebidas, por parte dos críticos literários, as *Memórias* já dispunham de um público, conforme se depreende deste passo do breve registro de Machado de Assis: "Enquanto se não reúnem em um volume os escritos dispersos de Manuel Antônio de Almeida, entendeu Quintino Bocaiúva dever fazer uma reimpressão das *Memórias*, hoje raras e cuidadosamente guardadas por quem possui algum exemplar."

Um fato expressivo comprova a existência desse público: antes da nova impressão de Quintino Bocaiúva, as *Memórias* tinham vindo a lume, numa edição clandestina, que se fizera em Pelotas, em 1862.

Mas só depois do advento do Naturalismo em nossa literatura, ou seja, no derradeiro quartel do século XIX, far-se-ia justiça aos merecimentos de Manuel Antônio de Almeida, conferindo-se-lhe então o papel de antecipador do Realismo literário no romance brasileiro.

Daí por diante, iria sempre crescendo a glória do romancista. E as *Memórias de um sargento de milícias*, analisadas através de sucessivas gerações, estão hoje em nossas letras como algo de definitivo, senão como obra-prima, pelo menos como obra viva, não envelhecida pelo tempo.

Numa época em que era de bom-tom falsear a realidade para embelezá-la, Manuel Antônio de Almeida pinta os seus tipos e descreve as suas cenas sem as deformações do Romantismo ainda em moda em nossa literatura. Não fosse o desenvolver da narrativa, obediente à estrutura romanesca, poder-se-ia supô-la mais uma crônica do Rio de Janeiro do tempo do rei, feita por alguém que nesses anos vivera, do que uma hábil composição de cenários e figuras, levada a bom termo por uma pena de romancista que se exercitava na criação literária.

Escrito em 1852, o romance de Manuel Antônio de Almeida abrange o período imediatamente anterior à Independência, conforme se acha explícito logo no início da narrativa: "Era no tempo do rei."

Manuel Antônio de Almeida fixa nas *Memórias* um ambiente que antecede, e muito, o do ano de seu nascimento. Seu trabalho não terá sido, assim, de simples reminiscências, com tipos e episódios guardados na memória, porquanto lhe faltava o seu próprio testemunho presencial, a ajudar a elaboração novelística. O romancista, além de criar as personagens e as situações, precisou restaurar o cenário em que se passa o seu romance. A criação não poderia ser arbitrária, embora o Romantismo vigente oferecesse exemplos de narradores que se utilizavam do passado com as idealizações mais desenvoltas e livres.

Contrapondo-se à libérrima orientação romântica, o narrador das *Memórias de um sargento de milícias* restaurou, com fidelidade, o período abrangido por elas: os tipos, as modas, os costumes. Não lhe faltou, mesmo, o tipo que na verdade existiu, na pessoa do Major Vidigal, famoso comandante da polícia do tempo do rei, expressivamente caricaturado na quadrilha popular que Alfredo Pujol colheu na memória das ruas:

> Avistei o Vidigal
> Fiquei sem sangue.
> Se não sou ligeiro
> O quati me lambe.

José Veríssimo, ao estudar as *Memórias*, na sua *História da literatura brasileira*, acentua que o romance de Manuel Antônio de Almeida "foi concebido e executado sem imitação ou influência de qualquer escola ou corrente literária que houvesse atuado na nossa literatura, e antes pelo contrário a despeito delas, como uma obra espontânea e pessoal". E aduz, em outro trecho do mesmo estudo, que Manuel Antônio de Almeida foi realista, ou mesmo naturalista, muito antes do advento, na Europa, das doutrinas literárias que receberam tais denominações.

Há nessas palavras de José Verissimo, comumente discreto e sóbrio nos seus louvores, não apenas exagero e demasia, mas equívoco evidente, que necessita retificação, porquanto tem sido ponto de partida a juízos precipitados sobre a condição de precursor do Realismo, continuamente atribuída ao narrador das *Memórias de um sargento de milícias*.

Manuel Antônio de Almeida não poderia antecipar-se ao Realismo literário, escrevendo uma obra que veio a público dois anos depois de a morte haver imobilizado a mão que escrevera a *Comédia humana*. Toda a obra de Balzac já se havia disseminado pelo mundo, quando o jovem romancista brasileiro começou a publicar no suplemento do *Correio Mercantil* os capítulos de seu romance. E não será fora de propósito lembrar-se que, nesse mesmo jornal, em 1854, na crônica intitulada "A fisiologia da voz", alude ele a Balzac, para justificar o seu artigo: "Balzac pôs a fisiologia em moda; por ele e depois dele todos os sentimentos, todas as funções, os gostos, as ocupações, certos sacramentos, e até certas desgraças, foram explicadas em seu modo de ver."

Seria permitido atribuir-se a essa alusão a Balzac simples valor acidental, sem maior significação, se não houvesse, na elaboração das *Memórias de um sargento de milícias*, similitude de processo em relação a *Les chouans*, primeiro grande romance da galeria balzaquiana.

O método empregado para a captação da verdade histórica em que ambos os romances se situam é idêntico: se Balzac se socorre das reminiscências de um amigo na pessoa do General Pommereul, para escrever *Les chouans*, é também da impressão alheia, na pessoa de um companheiro do *Correio Mercantil*, o português Antônio César Ramos, que Manuel Antônio de Almeida se utiliza para recompor a época das *Memórias de um sargento de milícias*.

Embora sem apresentar argumentos convincentes que lhe apoiassem a conclusão, Ronald de Carvalho explica Manuel Antônio de Almeida, na sua *Pequena história da literatura brasileira*, como um discípulo de Balzac, "não só pela felicidade com que desenvolvia as situações, mas também pela exuberância de seu temperamento".

Manuel Antônio de Almeida, ao contrário do que afirma Ronald de Carvalho, não nos parece revelar a exuberância de temperamento que o crítico de *Espelho de Ariel* nele descobre. Tanto no testemunho de seus escritos como na impressão que deixou em seus contemporâneos, o romancista se revela como de feitio discreto, mais tímido que expansivo, com uma sobriedade de atitudes que se espelha na economia de seu estilo. Por isso mesmo, somente o aproximaremos de Balzac na fidelidade com que refletiu a realidade a que visavam as *Memórias*.

Nesse ponto é ele o nosso melhor historiador — não da sociedade de seu tempo, como pretendia ser Balzac, no mundo da *Comédia humana* — mas da sociedade fluminense do tempo do rei. "As *Memórias*" — já o disse Marques Rebelo, nos dois exaustivos estudos que dedicou ao romancista — "vieram como que para completar a obra de Debret" e constituem a crônica das ruas, dos costumes populares, das superstições e crendices, dos tipos e das festas de antanho, dos padres de vida airada e dos simpáticos vadios dos velhos tempos, num Rio de Janeiro que apenas estava sendo registrado, nos seus mexericos da corte e nos seus aspectos desagradáveis, através das cartas escritas por Santos Marrocos e mandadas a Lisboa.

Mas o Realismo das *Memórias de um sargento de milícias*, não obstante os pontos de contato que possa oferecer com os dos romances de Balzac, bem poderia prescindir da influência destes, sem com isto se elevar à categoria de obra espontânea e original.

Ao apontar a Pinheiro Guimarães, a propósito de um de seus livros, o mestre do romance moderno, não é a Balzac que Manuel Antônio de Almeida alude, em artigo publicado no *Correio Mercantil*, de 20 de julho de 1856; é a Alexandre Dumas, "cujo engenho assombroso quase não tolera a possibilidade da imitação".

No entanto, não se denotam identidades flagrantes no processo de composição romanesca do criador de *Os três mosqueteiros* e do romancista brasileiro, seu exaltado admirador. Apenas um ponto os aproxima: o gosto comum do espírito de aventura, próprio de suas personagens características. Mas essa aproximação é apenas rápido acidente, porque logo os dois romancistas se dissociam: enquanto o velho Alexandre Dumas se decide pelo cavaleiro, que se atira à aventura nos lances da espada desembainhada, Manuel Antônio de Almeida dá preferência ao herói modesto, que se defende das hostilidades do mundo com o improviso de embustes e ardis, ou seja: ao pícaro, da velha tradição literária espanhola.

Se há na literatura brasileira exemplo objetivo de novela picaresca, identificá-lo-emos certamente nas *Memórias de um sargento de milícias*. Essa identificação não será unicamente no paralelismo entre o comportamento do herói principal do romance de Manuel Antônio de Almeida e as atitudes de insubordinação social do pícaro espanhol. Muitas situações aproximam das *Memórias* a novelística picaresca. Nos capítulos de *La vida del buscon*, de *Etebanillo Gonzalez*, de *Lazarrillo de Tormes*, para citar algumas obras fundamentais dessa novelística, poderemos rastrear pontos de contato que aprofundam as raízes do romance brasileiro.

Dessas raízes picarescas promana o realismo das *Memórias de um sargento de milícias*. E é realismo que nada tem de espontâneo, porque é intencional desde o título, no qual o narrador procura fazer crer que elaborou a narrativa à base de reminiscências.

Na novela picaresca tradicional, domina igualmente a feição evocativa: para emprestar-lhe autenticidade, o novelista se identifica com a sua personagem central, desdobrando a narrativa na primeira pessoa.

A similitude de episódios e figuras, além da circunstância de ser o Leonardo das *Memórias* um pícaro perfeito, induz-nos à convicção de que a novela picaresca espanhola influiu na elaboração do romance de Manuel Antônio de Almeida. E talvez nos baste, no caso, para confirmá-lo, apenas um cotejo.

No primeiro capítulo do *Estebanillo Gonzalez*, em que se "da cuenta de su nacimiento, estudios y travesuras", o herói, depois de ter sido surrado pelo pai, é levado por este para a casa de um amigo, barbeiro de profissão. No romance de Manuel Antônio de Almeida, também o herói, depois de castigado pelo pai, encontra refúgio na casa de um barbeiro, também amigo. Ainda no *Estebanillo Gonzalez*, o herói, obrigado a fugir ante a cólera de um freguês da barbearia, sai a correr aventuras e termina encontrando dois desocupados que o convidam a comer e beber e a quem ensina, com baralhos de novos naipes, a roubar no jogo. Nas *Memórias*, se o baralho é antigo e o jogo inocente, lá estão igualmente as cartas, também depois de uma fuga, quando Leonardo deixa a casa do pai, perseguido por este, e termina encontrando um rancho de alegres e desocupadas criaturas.

Simples coincidências? Parecem-nos por demais frequentes e claras para serem meros encontros ocasionais, mormente se atentarmos ainda para a circunstância de que, na denominação dos capítulos, na escolha dos temas, no desenho das figuras, esses encontros se multiplicam, não apenas em relação ao *Estebanillo Gonzalez*. A figura do cego e mestre de rezas, nas *Memórias*, além de apanhado à vida real no Rio de outrora, está no *Lazarillo de Tormes*, no tipo do cego que "ciento y tantas oraciones sabia de coro", e a quem toda gente seguia, "especialmente mujeres, que cuanto les decía creían".

É possível que, sobre esse fundo de nítida expressão picaresca, tenha ocorrido influxo de Balzac, no livro famoso de Manuel Antônio de Almeida. Mas o seu Realismo, que levou Ronald de Carvalho a filiá-lo ao gênio que construiu a *Comédia humana*, recua a fontes mais distantes as suas origens literárias. Como um influxo de Balzac, poder-se-iam apontar os meirinhos do romance e os episódios forenses que nele existem e que participam igualmente do mundo balzaquiano.

Mas o memorialista do *Sargento de milícias* não precisava ir tão longe para apanhar fora da vida os elementos subsidiários de seu livro. Dos meirinhos havia tratado Martins Pena, numa comédia que aqui se representou em 1846, da mesma forma que já havia fixado, com habilidade e graça, a figura do juiz de paz, em outra comédia, representada em 1838.

No teatro de Martins Pena, há igualmente o feitio realista que se observa no romance de Manuel Antônio de Almeida. A mesma pintura de costumes, o mesmo pendor para a comicidade das situações, a mesma fidelidade na caracterização dos tipos que são apanhados à realidade objetiva e transpostos à obra literária. De tal forma que as *Memórias de um sargento de milícias* poderiam ser uma comédia de Martins Pena, narrada em forma de romance.

Escritas em 1852, como obra despretensiosa de imatura vocação de romancista, as *Memórias* constituem um acontecimento literário, de cuja importância não tiveram exata noção o seu autor e os contemporâneos deste. E dir-se-iam uma narrativa fácil, sem genealogia literária, mais um milagre de adivinhação do que criação consciente.

350   ERA ROMÂNTICA

A verdade, no entanto, é que o romance de Manuel Antônio de Almeida apresenta fundamentos evidentes, que o despojam da espontaneidade instintiva que a crítica, à falta de análise mais serena, durante muito tempo lhe atribuiu. Nem constitui antecipação do Realismo, que este já estava na tradição literária, quando o livro apareceu. Em relação ao meio literário brasileiro, todavia, as *Memórias*, como a obra de Martins Pena, denotam alguns caracteres que seriam os da escola realista.

Publicadas de início sem nome de autor, as *Memórias* destinavam-se a viver apenas o êxito efêmero dos folhetins de jornal. Reunidas em livro, assinou-as modestamente ou precavidamente — *Um brasileiro*. No anonimato ou no esconderijo do pseudônimo, claramente se depreende que Manuel Antônio de Almeida não as considerava à altura de seu nome. Ele as escrevera por simples exercício da pena, sem pretensões literárias. E parece ter sido, paradoxalmente, esta "ausência de literatura" que acabou por atribuir categoria literária às *Memórias de um sargento de milícias*.

BIBLIOGRAFIA SOBRE O ROMANTISMO

É vastíssima a bibliografia sobre o Romantismo. Maiores detalhes bibliográficos encontram-se na obra de Van Tieghem, *Le Romantisme dans la littérature européenne*, que deve ser consultada pela abundante bibliografia que oferece. Indicam-se aqui apenas as obras principais.

Abrams, M. H. *The mirror and the lamp* (Romantic theory). Oxford, 1953; Asselineau, F. A. C. *Bibliographie romantique*. 3ª ed. Paris, 1873; Babbitt, I. *Rousseau and Romanticism*. Boston, Hughton, 1930; Barat, E. *Le style poétique et la révolution romantique*. Paris, Hachette, 1904; Barzum, J. *Romanticism and the modern ego*. Boston, Atlantic, 1943; Bate, W. J. *From classic to romantic*. Cambridge, Mass., 1946; Beach, J. W. *The concept of nature in 19th Century English Poetry*. NY, 1946; Béguin, A. *L'âme romantique et le rêve*. Paris, Corti, 1946; Bell, A. F. G. *Studies in Portuguese literature*. Londres; Beers, H. A. *English Romanticism in the 18th century*. NY, 1902; Bernbaum, E. *Anthology and guide through the romantic movement*. NY, Ronald, 1929, 5 vols.; Bertaut, J. *L'époque romantique*. Paris, Tallandier, 1947; Boas, G. *French philosophies of the romantic period*. Baltimore, 1925; Borgese, G. *Storia della critica romantica in Italia*. Milano, 1920; Bowra, C. M. *The romantic imagination*. Oxford, 1950; Braga, T. *História do Romantismo em Portugal*. Lisboa, 1880; idem. *Garrett e os dramas românticos*. Porto, 1905; Bray, R. *Chronologie du Romantisme*. Paris, 1932; Des Granges, C. M. *Le Romantisme et la critique*. Paris, 1907; Diáz-Plaja, G. *Introducción al estudio del Romanticismo español*. Madrid, 1947; Espinar, J. *El Romanticismo*. Buenos Aires, Atlantida, 1947; Fairchild, H. N. *The romantic quest*. New York, Columbia, 1931; Farinelli, A. *Il Romanticismo nel mondo latino*. Turim, Bocca, 1927, 3 vols.; Figueiredo, F. de. *História da literatura romântica portuguesa*. Lisboa, Clássica, 1913; idem. *História da crítica literária em Portugal*. Lisboa, Clássica, 1917; Folkierski, W. *Entre le classicisme et le romantisme*. Paris, Champion, 1925; Friederich, W. P. *Outline of comparative literature*. Chapel Hill, 1954; Garcia Mercadal, J. *Historia del Romanticismo en España*. Madrid, 1943; Girard, H. (e) Mandei, H. *Pour et contre le Romantisme. (bibliogr.)*. Paris, 1926; Giraud, J. *L'école ràmantique française*. Paris, 1927; Grierson, H. J.C. *Classical and romantic*. Cambridge, 1923; Henning, J. *L'Allemagne de Mme. de Stäel et la politique*. Paris, 1929; Huch, R. *Les romantiques allemands*, Paris, Stock, 1933; Lasserre, P. *Le Romantisme français*. Paris, 1919; Lucas, F. L. *The decline and fall of the romantic ideal*. Cambridge, 1936; Magnino, B. *Storia del Romanticismo*. Roma, Mazara, 1950; Martino, P. *L'époque romantique en France*. Paris, 1944; Melian Lafinur, A. *El Romanticismo literario*. Buenos Aires, Columba, 1954; Menéndez Pelayo, M. *Historia de las ideas esteticas en España*. Madrid, 1886, vol. VII; Michaelis, C. *A Saudade portuguesa*. Porto, 1914; Momigliano, A. *Problemi ed orientamenti critici*. Vol. III. Questioni e correnti. Milano, Marzorati, 1949 (com bibliografia); Monglond, A. *Le Pré-romantisme français*. Paris, 1930, 2 vols.; Monteiro, C. *Traços do Romantismo na poesia brasileira*. Rio de Janeiro, 1929; Moreau, P. *Le Romantisme*. Paris, Gigord, 1932; idem. *Le classicisme*

352

des romantiques. Paris, 1932; Mornet, D. *Le sentiment de la nature en France.* Paris, 1907; idem. *La pensée française au XVIII siècle.* Paris, Mowat, R. B. *The Romantic age.* Londres, Harrap, 1937; Nemésio, V. *Redações francesas do Romantismo português.* Coimbra, 1937; Omond, T. S. *The romantic triumph.* Londres, 1909; Peers, E. A. *A History of the Romantic movement in Spain.* Cambridge, 1940. 2 vols. (ed. esp. *História del movimiento romantico español.* Madrid, Gredos, 1954, 2 vols.); Pellicier, G. *Le réalisme des romantiques.* Paris, 1912; Picard, R. *Le Romantisme social.* NY, Brentano's, 1944; Praz, M. *La carne, la morte e il diavolo nella letteratura romantica italiana.* Milano, 1920 (ed. ingl. *The romantic agony.* Oxford, 1933); Reynaud, L. *Le Romantisme. Les origines anglogermaniques.* Paris, 1920; Romanticism: a symposium. *PMLA,* 1940; Romantisme allemand. N. spécial de *Cahiers du Sud.* Marseille, 1937; Romantisme anglais. N. spécial de *Les Lettres.* Paris, 1946; *Le Romantisme et les Lettres.* Paris, 1929; Saulnier, V. L. *La Littérature du siècle romantique.* Paris, PUF, 1945; Seillière, E. *Le mal romantique.* Paris, 1908; Souriau, M. *Histoire du Romantisme en France.* Paris, 1927, 3 vols.; Trahard, P. *Les maîtres de la sensibilité française au XVIII siècle.* Paris, 1931-33, 4 vols.; Tronchon, H. *Romantisme et Pré-romantisme.* Paris, 1930; Van Tieghem, P. *Le mouvement romantique.* Paris, Vuibert, 1940; idem. *Le Pré-romantisme.* Paris, Sfelt, 1947-1948, 3 vols.; idem. *Le Romantisme dans la littérature européenne.* Paris, A. Michel, 1948; idem. *Histoire littéraire de l'Europe et de l'Amérique.* Paris, Colin, 1941; Van Tieghem, Ph. *Le romantisme français.* Paris, 1944; Vial. Fr. (e) Denise, L. *Idées et doctrines littéraires.* Paris, 1909-1928. 3 vols.; Viatte. A. *Les sources occultes du Romantisme.* Paris, 2 vols.; Vinciguerra, M. *Romantismo.* Bari, Laterza, 1947; Walzel, O. *German romanticism.* Ed. ingl., NY, Putnam, 1932; Von Aesch, A. G. *El Romanticismo aleman y las ciencias naturales.* Ed. esp. Buenos Aires, Espasa-Calpe, 1947.

Sobre o Romantismo brasileiro, suas características e significado, ver, entre outros: Alves, C. A sensibilidade romântica (in *Rev. Acad. Letras,* 1928, n. 73); Andrade, Mário de. *O Aleijadinho e Álvares de Azevedo.* Rio de Janeiro, R. A. Editora, 1935; Andrade Murici, J. Elogio do Romantismo brasileiro (in *Suave convívio.* Rio de Janeiro, Anuário do Brasil, 1922); Bandeira, Manuel. Prefácio à *Antologia dos poetas brasileiros da fase romântica.* 3ª ed. Rio de Janeiro, Inst. Nac. Livro, 1949; idem. *Apresentação da poesia brasileira.* Rio de Janeiro, CEB, 1946; Beviláqua, C. Esboço sintético do movimento romântico brasileiro (in *Esboços e individualidades.* Rio de Janeiro, Garnier, 1888); Capistrano de Abreu, J. *Ensaios e estudos.* 1ª sér. Rio de Janeiro, Briguiet, 1931; Carvalho, R. de. *Pequena história da literatura brasileira.* Rio de Janeiro, Briguiet, 1919 (ref. 4ª ed., Rio de Janeiro, Briguiet, 1929); Cortes de Lacerda, V. *Unidades literárias.* São Paulo, Cia. Ed. Nac., 1944; Fernandes Pinheiro, J. C. *Literatura Nacional.* Rio de Janeiro, Garnier, 1893; Hazard, P. As origens do Romantismo no Brasil (in *Rev. Acad. Brasil. Letras.* 1927, n. 69); Magalhães, F. O Romantismo liberal (in *Rev. Acad. Brasil. Letras.* 1927, n. 69); Monteiro, C. *Traços do Romantismo na poesia brasileira.* Rio de Janeiro, 1929; Orlando, A. Teorias literárias no Brasil (in *Filocrítica.* Rio de Janeiro, Garnier, 1886); Paranhos, H. *História do Romantismo no Brasil.* S. Paulo, Cultura Brasileira, 1937-1938. 2 vols.; Peixoto, Afrânio. O romantismo e seu significado (in *Pepitas.* São Paulo, Cia. Ed. Nac., 1942); idem. *Noções de história da literatura brasileira.* Rio de Janeiro, Alves, 1931; Putman, S. *Marvelous Journey.* New York, Knopf, 1948; Romero S. *História da literatura brasileira.* Rio de Janeiro, Garnier, 1888; Ureña, H. P. *Literary currents in Latin America.* Cambridge, Harvard, 1945; Veríssimo, J. *História da literatura brasileira.* Rio de Janeiro, Alves, 1916; Wolf, F. *O Brasil literário.* Ed. Brasil. São Paulo, Cia. Ed. Nac. 1955.

Sobre definição de Romantismo, ver: Baldensperger, F. Romantique, ses analogues et équivalents (in *Harvard studies and notes in philology and literature*, XIV, 1937, pp. 13-105); Lovejoy, A. On the discrimination of Romanticisms (in *Essays in the History of Ideas*. Baltimore, 1948); Smith, L. P. *Words and idioms*. Boston, 1925; Van Tieghem, P. *Les Romantisme dans la littérature européenne*. Paris, 1948. pp. 2-5; Wellek, R. The concept of Romanticism in literary history (in *Comparative literature*. I, n. 1, Winter, e n. 2, Spring, 1949, repr. em: *Concepts of Criticism*. Yale Univ. Pr., 1963).